高等学校经济与工商管理系列教材

资产评估学

（第 3 版）

主　编　陈昌龙

清 华 大 学 出 版 社
北京交通大学出版社
·北京·

内 容 简 介

本书系统介绍和总结了资产评估的基本理论与操作实务，共 12 章，包括总论、资产评估程序、资产评估基本方法、资产评估职业道德与法律规范、流动资产评估、长期投资评估、机器设备评估、房地产评估、资源资产评估、无形资产评估、企业价值评估和资产评估报告。

本书结构严谨、体例新颖、内容丰富、行文简洁，具有较强的可读性，适合在经济、管理领域学习研究的师生及从业人员阅读。

图书在版编目（CIP）数据

资产评估学/陈昌龙主编．—3 版．—北京：北京交通大学出版社：清华大学出版社，2021.6
高等学校经济与工商管理系列教材
ISBN 978-7-5121-4392-0

Ⅰ.①资…　Ⅱ.①陈…　Ⅲ.①资产评估-高等学校-教材　Ⅳ.①F20

中国版本图书馆 CIP 数据核字（2021）第 006441 号

资产评估学
ZICHAN PINGGUXUE

责任编辑：黎　丹
出版发行：清华大学出版社　　邮编：100084　　电话：010-62776969　　http://www.tup.com.cn
　　　　　北京交通大学出版社　邮编：100044　　电话：010-51686414　　http://www.bjtup.com.cn
印 刷 者：北京时代华都印刷有限公司
经　　销：全国新华书店
开　　本：185 mm×260 mm　　印张：18.25　　字数：468 千字
版 印 次：2006 年第 1 版　　2021 年 6 月第 3 版　　2021 年 6 月第 1 次印刷
印　　数：1~3 000 册　　定价：49.00 元

本书如有质量问题，请向北京交通大学出版社质监组反映。对您的意见和批评，我们表示欢迎和感谢。
投诉电话：010-51686043，51686008；传真：010-62225406；E-mail：press@bjtu.edu.cn。

前　言

　　资产评估是现代高端服务业，是经济社会发展的重要专业力量，是财政管理的重要基础工作。我国资产评估行业发展至今，在政府购买服务、国企改革、资本市场中发挥着重要作用，是我国市场经济中提供高端财经服务的中坚力量。我国资产评估行业在评估准则建设方面也从跟行、并行发展到引领阶段，建立了全体系的资产评估准则。

　　针对 2017 年发布的资产评估准则的实施情况，在财政部的指导下，中国资产评估协会根据《资产评估基本准则》，对《资产评估执业准则——资产评估程序》等进行了修订，标志着我国资产评估行业专业标准建设已经进入更加完善的阶段，同时确保资产评估准则对资产评估相关当事人、资产评估行为及资产评估专业人员依法规范和依法指引。

　　修订后的资产评估准则体系包括 1 项基本准则、1 项职业道德准则和若干项执业准则。其中，执业准则和职业道德准则依据基本准则分别从业务和职业道德两方面系统地规范资产评估行为。

　　根据《中华人民共和国资产评估法》、修订后的资产评估准则体系，结合教学实践的需要，我们对第 2 版《资产评估学》教材进行了全面修订。

　　第 3 版《资产评估学》仍设置 12 章，分别为总论、资产评估程序、资产评估基本方法、资产评估职业道德与法律规范、流动资产评估、长期投资评估、机器设备评估、房地产评估、资源资产评估、无形资产评估、企业价值评估和资产评估报告。

　　本书由陈昌龙担任主编，负责全书整体框架与撰写体例设计，提出编写大纲，并对全书初稿进行修改与总纂。各章具体分工如下：陈昌龙修订第 1 章、第 3 章、第 6 章、第 7 章、第 11 章，李海香修订第 2 章，顾远修订第 4 章，王长莲修订第 5 章，张红侠修订第 8 章，周芹修订第 9 章，梅艳晓修订第 10 章，刘倩修订第 12 章。

　　本书配有教学课件和相关资源，有需要的读者可以发邮件至 cbsld@ jg. bjtu. edu. cn 索取。

　　本书在修订过程中参考了大量资产评估学教材与相关著作，在此深表谢意！

　　由于时间和水平有限，书中可能存在不足与不当之处，敬请专家和读者批评指正。

编　者

2021 年 3 月

目　　录

第1章 总 论

本章导读

资产评估是商品经济发展的必然产物，它脱胎于原始评估阶段、历经经验评估阶段的长期专业积淀，已经昂首跨入科学评估新时代，成为市场经济体系不可或缺的社会中介行业之一。我国的资产评估行业从20世纪80年代末开始，经过30多年的迅速发展，资产评估执业活动也已不断趋向规范化与科学化。

资产评估，是指资产评估机构及其评估专业人员根据委托对不动产、动产、无形资产、企业价值、资产损失或者其他经济权益进行评定、估算，并出具评估报告的专业服务行为。资产评估具有评估主体、评估客体、评估依据、评估目的、评估原则、评估程序、价值类型和评估方法八大基本要素，这些要素相互联系，共同构成了资产评估活动的有机整体。

资产评估与会计和审计都是现代市场经济赖以正常运行的基础性服务行业，前者提供以价值判断为主要内容的服务，后者则提供以事实判断为主要内容的服务，它们既有特定联系又有明显区别。

在资产评估活动中，主要存在交易假设、公开市场假设、持续使用假设、清算假设等基本假设。资产评估具有评值、评价、鉴证等基本职能；具有市场性、专业性、公正性、咨询性等特征。

1.1 资产评估的产生与发展

1.1.1 资产评估发展历程

资产评估是商品经济发展的必然产物，其业务涉及企业改制、重组、投资、参股、上市、抵押、质押、破产、清算、诉讼、纳税、保险、管理、租赁等经济行为。资产评估活动的产生与人类社会的资产交易行为一样久远，历经长期的发展与完善，已经成为现代市场经济中发挥基础性作用的专业服务行业之一。资产评估大体经历了以下3个阶段。

1. 原始评估阶段

原始社会后期，随着剩余财产与私有制的出现，产生了产品或资产的交易。基于产品或资产的交易必须遵循等价交换规律的客观要求，于是产生了估计剩余财产价值的最原始意义上的资产评估活动。这一阶段资产评估的特点主要表现在以下3个方面。

① 非专业性。在资产评估专业化尚未形成的原始评估阶段，整个社会还缺乏独立的评估机构与专业人员，一般是由交易双方或一方指定的人员进行评估，这些人往往是那些缺乏评估知识、不具备专业评估方法与技能但可能在一定地域与特定专业领域内德高望重的

人员。

② 直观性。评估人员主要依赖其直观感觉、主观偏好进行估价，很少借助其他专业测评手段。

③ 无偿性。当时的资产交易双方无须支付评估人员报酬。这一特点是与早期资产评估业务的偶发性、方法的简单性及评估过程的非专业性特点相适应的。目前在经济发展水平相对落后的广大农村地区，对偶然发生的资产交易特别是自制生产资料进行评估时，依然采用这种原始评估方法。

2. 经验评估阶段

随着商品经济的日益发达，资产交易频率不断提高，社会对资产评估的需要与日俱增，资产评估业务逐步走向专业化。伴随着资产评估业务的专业化进程，社会上产生了一批具有一定实务经验的评估人员。这些评估人员利用经验数据，依托自身长期实践所积累的评估知识与经验开展工作，使得其对财产价值的评定更加准确，资产交易双方都愿意委托他们进行评估，从而推动了资产评估业务的进一步繁荣。这一阶段资产评估的特点主要表现在以下 3 个方面。

① 经验性。频繁发生的资产评估业务，使得评估人员得以积累丰富的执业经验，这些经验直接决定了评估结果的准确性。由于这些经验缺乏理论上的提升，因而并未形成系统化的评估理论与方法，评估的科学性有待提高。

② 有偿性。与原始评估阶段不同，经验评估阶段的评估人员对资产评估业务进行有偿服务。

③ 责任性。评估机构或评估人员对评估结果特别是对因欺诈行为和其他违法行为而产生的后果负有法律上的责任。

3. 科学评估阶段

产业革命促使资本主义经济飞跃发展，生产要素市场日臻发达，资产业务急剧扩大，资产业务的社会化分工日益细密，从而推动了资产评估活动向职业化方向不断发展。公司化的资产评估机构和评估专业人员开始出现，评估理论与方法日趋成熟，行业管理逐渐规范，资产评估发展已经步入了科学评估阶段。当前我国的资产评估正在向科学评估阶段过渡，市场经济发达国家（包括我国一些发达地区）的资产评估一般都属于科学评估阶段。这一阶段资产评估的特点主要表现在以下 5 个方面。

① 公司化的评估机构。资产评估机构通常是产权明晰、权责明确、政企分开、管理科学的现代服务型企业，以自主经营、自负盈亏的企业法人形式进行经营管理。其客户就是参与资产业务的交易双方，其产品就是以资产评估报告形式提交客户的优质评估结果。

② 专业化的评估人员。资产评估机构是知识密集型组织，其经营人员可以分为三类：一是由董事、经理和其他管理人员构成的评估机构管理层，主要负责机构的经营管理工作；二是评估机构的销售人员，负责评估业务承揽；三是评估专业人员，以专业工程师和各类专家（包括会计师）居多，负责完成评估业务的技术性工作，构成资产评估机构的骨干力量。评估机构中的专业人员必须了解、掌握资产评估的专业理论与业务知识，资产评估报告只能由评估专业人员或者评估师签发，这些人员将资产评估作为他们的职业。

③ 多元化的评估业务。激烈的市场竞争迫使评估机构注重品牌培植，树立经营特色，同时不断通过优质服务拓展业务范围，实施多元化经营战略。资产评估内容十分丰富，不仅包括有形资产和无形资产的评估，而且细化到资源资产、金融资产等方面的评估，从整个资

产评估行业看，评估业务几乎无所不包。

④ 科学化的评估方法。现代科学技术与方法在资产评估中的广泛运用，极大地提高了资产评估结果的准确性与科学性。

⑤ 法律化的评估结果。资产评估专业人员必须在共同完成的评估报告上签章，资产评估机构及其评估专业人员对签章的资产评估报告须负相应的法律责任。

总之，现代资产评估脱胎于原始评估、历经经验评估阶段的长期专业积淀，已经昂首跨入科学评估新时代，成为举世公认的市场经济体系不可或缺的社会中介行业之一。

1.1.2　资产评估在中国的发展

中华人民共和国成立后长期实行大一统的计划经济体制，企业资产归根到底是国有资产，产权主体表现为单一的国家，因此资产转移通过国家计划调拨的方式进行。在这样的条件下，资产业务主要表现为少量的民间交易和规模有限的对外经济贸易，很难催生科学化、规范化的资产评估活动。

我国资产评估行业诞生于 20 世纪 80 年代末，虽然经历时间不长，但是发展迅速。历经 30 多年的发展，资产评估活动及其行业已经与注册会计师行业、律师行业一样，成为我国发展市场经济、促进改革开放不可缺少的基础性中介服务行业，在经济发展和社会进步的历史进程中发挥着日益重要的作用。回顾资产评估事业在我国发展的历程，大体将其分为以下 4 个阶段。

1989—1992 年，产生与初步奠定基础阶段。改革开放以后，国有企业对外合资合作、承包租赁、兼并破产等产权行为日益增多，为确定合理的产权转让价格，维护所有者的合法权益，防止国有资产流失，在 20 世纪 80 年代末期出现了国有资产评估活动。1989 年，原国家国有资产管理局颁发了《关于在国有资产产权变化时必须进行资产评估的若干暂行规定》。1990 年，原国家国有资产管理局批准组建资产评估中心，负责全国的国有资产评估工作。1991 年 11 月，国务院发布《国有资产评估管理办法》，这是我国第一部对资产评估行业进行政府管理的行政法规，标志着我国资产评估行业走上了法制化的道路。

1993—1995 年，行业自律与初具规模阶段。1993 年 12 月，中国资产评估协会正式成立，开始了资产评估的政府监督指导下的行业自律性管理体制，评估对象扩展到除国有资产以外的其他各类所有制性质的资产。1995 年 3 月，中国资产评估协会代表中国评估行业加入国际评估准则委员会，标志着我国资产评估行业管理组织已经与国际评估组织接轨。1995 年 5 月，我国发布了《注册资产评估师执业资格制度暂行规定》和《注册资产评估师执业资格考试实施办法》，建立了注册资产评估师制度，组织了全国统一考试，在公平竞争的机制下，确认了我国第一批注册资产评估师。

1996—2000 年，科学化与规范化阶段。1996 年 5 月，我国发布施行了《资产评估操作规范意见（试行）》①，标志着资产评估行业从此走上科学化、规范化操作的新阶段。该法规的出台，不仅有利于提高资产评估业务水平，规范资产评估业务，同时也为以后制订评估准则奠定了基础。1998 年 6 月 1 日，我国开始实行注册资产评估师签字制度，旨在强化注册资产评估师的责任，增强其风险意识。这一制度使评估师的责权利有机结合起来，进一步规范了评估师的行为。迅速发展的资产评估事业，在体制改革与对外开放中，维护了资产业

---

①　在资产评估准则出台前，该规范是我国国有资产评估业务的技术规范，于 2011 年 2 月 21 日废止。

务所涉及的各类产权主体的利益，在促进我国市场经济发展的同时，也得到了国际评估界的认可与重视。在 1999 年北京国际评估准则委员会年会上，中国成为国际评估准则委员会常任理事国，2000 年 7 月中国注册资产评估师赴美国参加世界评估师大会等，进一步加强了中外评估师的联系。

　　2001 年至今，初步建立资产评估准则体系。到目前为止，我国关于资产评估师的职业法律规范已有雏形，资产评估执业标准体系也已完成理论设计与论证，正陆续出台已经成熟的资产评估准则。2004 年 2 月，财政部发布《资产评估准则——基本准则》和《资产评估职业道德准则——基本准则》；中国资产评估协会印发《注册资产评估师注册管理办法（试行）》（自 2005 年 7 月 1 日起施行）；财政部于 2009 年 2 月 24 日印发《资产评估机构职业风险基金管理办法》；中国资产评估协会于 2009 年 12 月 18 日印发《投资性房地产评估指导意见》和《资产评估准则——珠宝首饰》；中国资产评估协会于 2010 年 12 月 18 日印发《金融企业国有资产评估报告指南》和《著作权资产评估指导意见》；财政部于 2011 年 6 月 16 日印发《关于金融企业国有资产评估监督管理有关问题的通知》；中国资产评估协会于 2014 年 3 月 5 日印发《中国资产评估协会非执业会员管理办法》；财政部于 2016 年 9 月 30 日印发《资产评估行业随机抽查工作细则》；2016 年 7 月 2 日第十二届全国人大常委会审议通过《中华人民共和国资产评估法》（自 2016 年 12 月 1 日起施行）；人力资源社会保障部和财政部于 2017 年 5 月 23 日修订印发《资产评估师职业资格制度暂行规定》和《资产评估师职业资格考试实施办法》；2017 年 5 月 15 日财政部正式发布《资产评估行业财政监督管理办法》（2017 年 6 月 1 日起实施）；财政部于 2017 年 7 月 14 日印发《关于做好资产评估机构备案管理工作的通知》；财政部于 2017 年 7 月 19 日印发《关于中央文化企业国有资产评估管理的补充通知》；2017 年 9 月 14 日财政部印发《资产评估基本准则》①（2017 年 10 月 1 日起实施）；2017 年 9 月 13 日中国资产评估协会印发《实物期权评估指导意见》《投资性房地产评估指导意见》《金融不良资产评估指导意见》《资产评估对象法律权属指导意见》《资产评估机构业务质量控制指南》《以财务报告为目的的评估指南》《资产评估执业准则——森林资源资产》《资产评估执业准则——珠宝首饰》《资产评估执业准则——机器设备》《资产评估执业准则——不动产》《资产评估执业准则——无形资产》《资产评估执业准则——利用专家工作及相关报告》《资产评估执业准则——资产评估委托合同》《资产评估职业道德准则》（均于 2017 年 10 月 1 日实施）；同时修订了《商标资产评估指导意见》《著作权资产评估指导意见》《专利资产评估指导意见》《资产评估价值类型指导意见》《知识产权资产评估指南》《金融企业国有资产评估报告指南》《企业国有资产评估报告指南》（均于 2017 年 10 月 1 日实施）；中国资产评估协会于 2018 年 10 月 30 日印发修订后的《资产评估执业准则——资产评估报告》《资产评估执业准则——资产评估程序》《资产评估执业准则——资产评估档案》《资产评估执业准则——企业价值》（均于 2019 年 1 月 1 日实施）等，截止到 2019 年 1 月 1 日，中国资产评估体系包括 1 项基本准则、1 项职业道德准则和 25 项执业准则，这些执业准则与指导意见的发布并实施标志着中国资产评估制度基本建立。

---

① 中国资产评估协会根据本准则制定资产评估执业准则和职业道德准则。资产评估执业准则包括各项具体准则、指南和指导意见。

1.2　资产评估的基本要素

资产评估，是指资产评估机构及其评估专业人员根据委托对不动产、动产、无形资产、企业价值、资产损失或者其他经济权益进行评定、估算，并出具评估报告的专业服务行为。资产评估具有八大基本要素，即评估主体、评估客体、评估依据、评估目的、评估原则、评估程序、价值类型和评估方法。

1.2.1　资产评估主体

资产评估主体，是指资产评估机构及其评估专业人员。由于资产评估是一项法律性、专业性与准确性要求均较高的工作，因此世界各国对资产评估主体的要求相对也较高。

1. 资产评估机构

资产评估机构应当依法采用合伙或者公司形式，聘用资产评估专业人员开展资产评估业务。合伙形式的资产评估机构，应当有两名以上资产评估师；其合伙人三分之二以上应当是具有 3 年以上从业经历且最近 3 年内未受停止从业处罚的资产评估师。公司形式的资产评估机构，应当有 8 名以上资产评估师和两名以上股东，其中三分之二以上股东应当是具有 3 年以上从业经历且最近 3 年内未受停止从业处罚的资产评估师。资产评估机构的合伙人或者股东为两名的，两名合伙人或者股东都应当是具有 3 年以上从业经历且最近 3 年内未受停止从业处罚的资产评估师。

设立资产评估机构，应当向工商行政管理部门申请办理登记。资产评估机构应当自领取营业执照之日起 30 日内向有关资产评估行政管理部门备案①。资产评估行政管理部门应当及时将资产评估机构备案情况向社会公告②。

资产评估机构应当依法独立、客观、公正地开展业务，建立健全质量控制制度，保证资产评估报告的客观、真实、合理。资产评估机构应当建立健全内部管理制度，对本机构的资产评估专业人员遵守法律、行政法规和资产评估准则的情况进行监督，并对其从业行为负责。资产评估机构应当依法接受监督检查③，如实提供资产评估档案及相关情况。

资产评估机构从事资产评估业务，依法不受行政区域、行业限制，任何组织或者个人不得非法干预。委托人拒绝提供或者不如实提供执行资产评估业务所需的权属证明、财务会计信息和其他资料的，资产评估机构有权依法拒绝其履行合同的要求。委托人要求出具虚假资产评估报告或者有其他非法干预资产评估结果情形的，资产评估机构有权解除合同。

资产评估机构不得有下列行为：

① 利用开展业务之便，谋取不正当利益；

② 允许其他机构以本机构名义开展业务，或者冒用其他机构名义开展业务；

---

① 资产评估机构的备案信息不齐全或者备案材料不符合要求的，省级财政部门应当在接到备案材料 5 个工作日内一次性告知需要补正的全部内容，并给予指导。资产评估机构应当根据要求，在 15 个工作日内补正。逾期不补正的，视同未备案。

② 备案材料完备且符合要求的，省级财政部门收齐备案材料即完成备案，并在 20 个工作日内将下列信息以公函编号向社会公开：资产评估机构名称及组织形式；资产评估机构的合伙人或者股东的基本情况；资产评估机构执行合伙事务的合伙人或者法定代表人；申报的资产评估专业人员基本情况。

③ 财政部门对资产评估行业的监督管理，实行行政监管、行业自律与机构自主管理相结合的原则。

③ 以恶性压价、支付回扣、虚假宣传，或者贬损、诋毁其他资产评估机构等不正当手段招揽业务；

④ 受理与自身有利害关系的业务；

⑤ 分别接受利益冲突双方的委托，对同一资产评估对象进行资产评估；

⑥ 出具虚假资产评估报告或者有重大遗漏的资产评估报告；

⑦ 聘用或者指定不符合规定的人员从事资产评估业务；

⑧ 违反法律、行政法规的其他行为。

资产评估机构根据业务需要建立职业风险基金，或者自愿办理职业责任保险，完善风险防范机制[1]。

2. 资产评估专业人员

资产评估专业人员包括资产评估师和其他具有资产评估专业知识及实践经验的评估从业人员。资产评估师是指通过中国资产评估协会组织实施的资产评估师资格全国统一考试的资产评估专业人员[2]。其他资产评估从业人员从事规定的资产评估业务，应当接受财政部门的监管。除从事法定资产评估业务外，其所需的资产评估专业知识和实践经验，由资产评估机构自主评价认定。按照《资产评估基本准则》的要求，资产评估专业人员应当具备相应的资产评估专业知识和实践经验，能够胜任所执行的资产评估业务，保持和提高专业能力。资产评估专业人员从事资产评估业务，应当加入资产评估机构，并且只能在一个资产评估机构从事资产评估业务。

资产评估专业人员从事资产评估业务，应当遵守法律、行政法规和资产评估行业财政监督管理办法的规定，执行资产评估准则及资产评估机构的各项规章制度，依法签署资产评估报告，不得签署本人未承办业务的资产评估报告或者有重大遗漏的资产评估报告。未取得资产评估师资格的人员，不得签署法定资产评估业务资产评估报告，其签署的法定资产评估业务资产评估报告无效。资产评估专业人员应当接受资产评估协会的自律管理和所在资产评估机构的自主管理，不得从事损害资产评估机构合法利益的活动。加入资产评估协会的资产评估专业人员，平等享有章程规定的权利，履行章程规定的义务。

资产评估专业人员享有下列权利：

① 要求委托人提供相关的权属证明、财务会计信息和其他资料，以及为执行公允的评估程序所需的必要协助；

② 依法向有关国家机关或者其他组织查阅从事业务所需的文件、证明和资料；

③ 拒绝委托人或者其他组织、个人对资产评估行为和评估结果的非法干预；

④ 依法签署资产评估报告；

⑤ 法律、行政法规规定的其他权利。

资产评估专业人员应当履行下列义务：

① 诚实守信，依法独立、客观、公正地从事评估业务；

---

[1] 《资产评估行业财政监督管理办法》第十四条规定，资产评估机构从事资产评估业务，应当遵守资产评估准则，履行资产评估程序，加强内部审核，严格控制执业风险。

[2] 中国资产评估协会按照国家规定组织实施资产评估师资格全国统一考试。具有高等院校专科以上学历的公民，可以参加资产评估师资格全国统一考试。中国资产评估协会应当在其网站上公布资产评估师名单，并实时更新。因故意犯罪或者在从事评估、财务、会计、审计活动中因过失犯罪而受到刑事处罚，自刑罚执行完毕之日起不满5年的人员，不得从事资产评估业务。

② 遵守资产评估准则，履行调查职责，独立分析估算，勤勉谨慎地从事评估业务；

③ 完成规定的继续教育，保持和提高专业能力；

④ 对资产评估活动中使用的有关文件、证明和资料的真实性、准确性、完整性进行核查和验证；

⑤ 对资产评估活动中知悉的国家秘密、商业秘密和个人隐私予以保密；

⑥ 与委托人或者其他相关当事人及资产评估对象有利害关系的，应当回避；

⑦ 接受资产评估行业协会的自律管理，履行资产评估行业协会章程规定的义务；

⑧ 法律、行政法规规定的其他义务。

资产评估专业人员不得有下列行为：

① 私自接受委托从事评估业务、收取费用；

② 同时在两个以上资产评估机构从事评估业务；

③ 采用欺骗、利诱、胁迫，或者贬损、诋毁其他资产评估专业人员等不正当手段招揽评估业务；

④ 允许他人以本人名义从事评估业务，或者冒用他人名义从事评估业务；

⑤ 签署本人未承办业务的资产评估报告；

⑥ 索要、收受或者变相索要、收受合同约定以外的酬金、财物，或者谋取其他不正当利益；

⑦ 签署虚假资产评估报告或者有重大遗漏的资产评估报告；

⑧ 违反法律、行政法规的其他行为。

需要说明的是，资产评估主体和资产评估人员是既有联系又有区别的两个概念。资产评估主体是对资产评估工作进行管理和负责的资产评估机构或个人；资产评估人员是直接从事评估业务的专业人员。当资产评估人员和资产评估主体分离时，资产评估人员对资产评估主体负责，资产评估主体对资产评估人员进行管理并对委托方负责；当资产评估人员和资产评估主体合一时，资产评估人员对委托方负责并自行管理评估工作。

【例1-1】　假定甲企业拟将部分资产转让给乙企业，甲、乙双方同意委托 ABC 资产评估公司对转让的部分资产进行评估，则 ABC 资产评估公司就是该资产业务的资产评估主体。实际操作中，ABC 资产评估公司就会指定专人对被评估资产进行评估，被指定的专人就是资产评估人员。如果双方同意委托某资产评估师而不是评估公司进行评估，评估的结果双方同意并具有法律效力，则资产评估主体和资产评估人员就都是某资产评估师，此时资产评估主体和资产评估人员合二为一。

1.2.2　资产评估客体

资产评估客体，是资产评估的对象，包括不动产、动产、无形资产、企业价值、资产损失或者其他经济权益。

被评估的资产可分为有形资产和无形资产两大类。包括：

① 流动资产，如库存材料、库存商品、库存现金、银行存款等；

② 长期股权投资，如投资方持有的对联营企业、合营企业以及对子公司的投资；

③ 金融资产，如以摊余成本计量的金融资产、以公允价值计量且其变动计入其他综合收益的金融资产、以摊余成本计量且其变动计入当期损益的金融资产等；

④ 固定资产，如机器设备、厂房、道路、桥梁等；

⑤ 专项资产，如专项工程物资、专项基金、专项储备等；

⑥ 自然资源资产，如土地、矿藏、森林、水利资源等。

根据我国《资产评估执业准则——无形资产》的规定："无形资产，是指特定主体拥有或者控制的，不具有实物形态，能持续发挥作用并且能带来经济利益的资源。执行无形资产评估业务，应当根据具体经济行为，谨慎区分可辨认无形资产和不可辨认无形资产，单项无形资产和无形资产组合。可辨认无形资产包括专利权、商标权、著作权、专有技术、销售网络、客户关系、特许经营权、合同权益、域名等。不可辨认无形资产是指商誉。"

从资产评估对象角度，资产评估可划分为单项资产评估和整体资产评估两种类型。以单项可确指资产为对象的评估，称为单项资产评估，如机器设备评估、建筑物评估、著作权评估等；以若干单项资产组成的资产综合体所具有的整体生产能力或获利能力为评估对象，称为整体资产评估，如企业价值评估。显然，整体资产评估考虑因素众多，比单项资产评估复杂得多。

可以看出，作为资产评估对象的资产比会计学上的资产含义更广。在资产评估中，资产是指由特定主体拥有或控制的预期会给该主体带来经济利益的经济资源。

应当指出，就具体资产评估活动而言，评估对象应视资产业务范围而定。资产评估是应资产业务需要（如产权转让、资产抵押、资产纳税、资产补偿等）进行的，故只有纳入资产业务范围内的资产，才需要进行资产评估。资产业务的范围框定了资产评估客体的边界，不能越界。

1.2.3 资产评估依据

资产评估依据是指资产评估工作所遵循的法律、法规、专业准则、经济文件、重大合同协议及价格标准、其他参考依据等。

我国资产评估行业是在改革中诞生，并随着市场经济发展起来的重要中介服务行业。30多年来，资产评估行业在保证国有资产安全、保护投资者权益、保护私人财产、维护经济秩序、防范金融风险、保障交易公平等方面都具有不可替代的作用。截至 2018 年底，我国共有执业资产评估师 36 232 人，资产评估机构 4 272 家，社会影响日益增强。

现行资产评估法律制度中，主要包括《资产评估法》《资产评估基本准则》《资产评估职业道德准则——基本准则》《资产评估执业准则——珠宝首饰》等。此外，公司法、证券法、合伙企业法等多部法律和部门规章中都有相关内容。当前，我国资产评估执业准则体系正在有条不紊地进行，资产评估工作逐渐完善。例如，《资产评估基本准则》第二条规定："资产评估机构及其评估专业人员开展资产评估业务应当遵守本准则。法律、行政法规和国务院规定由其他评估行政管理部门管理，应当执行其他准则的，从其规定。"

资产评估依据为资产业务提供公平的价值尺度，当然离不开资产业务所涉及的经济行为文件、重大合同或协议。这些文件、合同、协议明确了资产业务的性质与评估目的，决定了资产评估价值类型与相应评估方法的选择，是资产评估结果赖以形成的重要基础，因而构成资产评估的重要依据。

资产评估必须遵守统一的价格基准，具体包括：统一的资产价格构成要素，如被评估资产的生产成本、流通费用等；统一的定价标准，如被评估资产在生产过程中耗费的物化劳动和活劳动定额；统一的价格层次，如相同被评估资产必须执行统一的市场价格或国家优惠价格；统一的资产类型，即被评估资产类别、型号与规格有统一的技术性能指标等。

> **【例 1-2】** ABC 公司拟与一外商进行合资经营，双方签署的投资协议规定：ABC 公司以其拥有的土地使用权作价投资。合营企业（筹）根据现行规定，聘请 XYZ 资产评估有限公司对该土地使用权投资价值进行评定，其评估结果作为确定 ABC 公司在合营企业所占股东权益的依据。XYZ 资产评估有限公司根据该资产业务的需要，结合评估的具体情况，确定 2×19 年 7 月 1 日为评估基准日，这就是资产评估的时间标准。它意味着，评估时所选择参照物的市场价格必须是（或经过调整）该时点的市场价格，最终评估结果反映该土地使用权在 2×19 年 7 月 1 日的投资价值。

1.2.4 资产评估目的

1. 资产业务

资产评估目的，是指资产评估业务对应的经济行为对资产评估结果的使用要求或资产评估结果的具体用途。它直接或间接地决定和制约资产评估条件及价值类型的选择。资产业务是指引起资产评估的经济行为。讨论资产评估的目的，首先需要了解资产业务的类型。我国资产评估实践表明，资产业务主要有以下 7 种类型。

（1）资产转让

资产转让行为所对应的评估目的是确定转让标的资产的价值，为转让定价提供参考。引发资产评估的转让行为主要包括资产的收购、转让、置换、抵债等。转让行为的标的资产可以是股权等出资人权益，也可以是单位或个人拥有的能够依法转让的有形资产、无形资产等。这类评估业务有些是国家法律法规规定的法定评估，还有一些是市场参与者自愿委托的非法定评估。

（2）股份经营

股份经营是指资产占有单位实行股份制经营方式的行为，包括法人持股、内部职工持股、向社会发行股票等。以组建新的股份制企业为例，出资者出资形式可能是多样化的，如货币资产、实物资产、无形资产等，除货币资产外，其他形式资产均需评估。评估目的是科学确定投资者的出资比例，保证股份制企业从建立伊始其产权就十分明晰且公正合理。又如，企业发行有价证券，通常也必须进行资产评估，目的在于科学合理地制定有价证券发行价格，并为投资者提供可靠的决策信息，同时可以提高有价证券的知名度和可信度，减少发行困难。

（3）中外合营

中外合营是指我国企业或其他经济组织与外国企业或其他经济组织在我国境内举办合资或合作经营企业的行为。

（4）兼并与联营

企业通过资产交易方式兼并其他企业或与其他企业联合经营，也需要进行资产评估。通过资产评估，确定兼并或联营以后公平合理的产权结构，为未来企业的经营管理与收益分配提供依据，保障兼并或联营各方的合法权益。

（5）抵押或担保

抵押是资产占有单位以本单位资产作为物质保证进行抵押而获得贷款的经济行为；担保则是资产占有单位以本企业资产为其他单位的经济行为担保，并承担连带责任的行为。为确定抵押或担保资产能满足被抵押或被担保的经济行为，保障企事业单位和银行的合法权益，用作抵押或担保的资产必须按规定进行评估。

（6）企业清算

企业清算包括破产清算与终止清算。以破产清算为例，破产前必须评估企业全部资产，评估结果作为企业清偿债务或确定公开拍卖底价的依据。

（7）资产保险

"人无远虑，必有近忧"。企业为了补偿自然灾害或意外事故所造成的经济损失，往往会办理资产保险。企业参加资产保险，也需要对投保资产进行评估。资产评估作为保险活动的重要一环，既是计算交纳保险费的依据，也是保险公司将来理赔的法律依据。在保险市场道德风险普遍存在的情况下，开展保险资产的价值评估可以有效防止由机会主义导致的侵权行为发生。

需要指出的是，在市场经济条件下，社会经济生活中的资产业务范围是十分广泛的。就企业资产业务而言，还包括经营业绩评估、单位负责人离任资产评估、资产纳税评估、债务重组资产评估等。就其他资产业务而言，个人财产交易、抵押担保、遗产继承等均需进行资产评估。这些资产业务有的需由专门的资产评估机构评估，有的则只需通过交易双方或双方认可的评估人员进行评估即可。

2. 资产评估目的

资产评估目的可分为一般目的和特定目的。一般目的包含特定目的，而特定目的则是一般目的的具体化。

（1）一般目的

资产评估的一般目的是由其性质和基本职能决定的。资产评估作为一种专业人士对特定时点和特定条件下资产价值估计与判断的社会中介活动，它一经产生就具有为委托人和资产交易当事人提供合理的资产价值咨询意见的职能。因此，不考虑资产交易或引起资产评估的特殊需求，资产评估所要实现的一般目的只能是资产在评估时点的公允价值。

从资产评估的角度，公允价值是一种相对合理的评估价值，它是一种相对于当事人各方地位、资产状况及资产面临的市场条件合理的评估价值，是评估人员根据被评估资产自身条件及其所面临的市场条件，对被评估资产客观交换价值的合理估计值。公允价值的显著特点是与相关当事人地位、资产状况及资产所面临的市场条件相吻合，且并没有损害当事人的合法权益，也未损害他人利益。

（2）特定目的

资产评估作为资产估价活动，总是为满足特定资产业务的需要而进行的，通常把资产业务对评估结果用途的具体要求称为资产评估的特定目的。它是评估人员在进行具体资产评估时必须首先明确的基本事项。它统领着资产评估的全过程，是界定评估对象的基础，并制约着资产评估价值类型的选择。评估人员基于特定资产业务的需要确定评估范围，对纳入该范围的资产权属予以说明并评定其价值。在价值评估时，应当根据具体资产业务特征选择与之相匹配的价值类型，保证评估结果的科学、合理。当然，影响评估价值类型选择的因素还有评估时间、评估时的市场条件、资产业务当事人状况、资产自身状态等。也就是说，资产业务类型是影响甚至是决定评估价值类型的一个重要因素，但绝不是唯一因素。

择定资产评估价值类型只明确了评估结果质的规定，评估方法的选择则直接关系资产评估价值量的规定，因此评估方法要服务于评估价值类型。评估目的对评估方法的制约比对评估对象与价值类型的制约更为基础。评估目的在评估工作中的统领地位，决定评估方法的选择必须服从评估目的。然而，评估目的总是特定的和具体的，是与市场直接关联的，认识评估方法与评估目的的关系必须排除简单、抽象确定二者对应性的意念，全面考虑评估目的对评估方法的制约性。只有依据特定的评估目的，才能确定相适应的、保证评估结果能按评估目的获得市场承认的评估方法。

因此，企业兼并中的资产评估通常采用收益法，而企业破产清算一般采用清算价格法进行评估。原因在于兼并双方非常重视企业资产的获利能力，评估时必须将被兼并企业看作能够创造未来预期收益的资产综合体，而不是简单的资产堆积。

1.2.5　资产评估原则

资产评估原则，是指规范资产评估行为和业务执行的规则或标准。它是开展资产评估工作所应遵循的最基本要求，是资产评估工作的指导方针。资产评估原则可分为资产评估工作原则与资产评估经济技术原则。

1. 资产评估工作原则

资产评估工作性质决定了资产评估机构及其评估专业人员在执业过程中应当坚持独立、客观公正、科学等工作原则。

（1）独立原则[①]

资产评估机构自身应是一个独立的、不依附于他人的社会中介组织，与资产业务各方当事人没有任何利益关系。资产评估机构及其评估专业人员开展资产评估业务，应当独立进行分析和估算并形成专业意见，拒绝委托人或者其他相关当事人的非法干预，不得直接以预先设定的价值作为评估结论。资产评估机构及其评估专业人员依法开展业务，受法律保护。

（2）客观公正原则

客观公正原则要求资产评估工作实事求是，尊重客观实际。资产评估结果是评估专业人员通过现场勘查，合乎逻辑地推理、分析，得出的具有客观公正性的评估结论，绝不受个人好恶或情感所左右。

（3）科学原则

科学原则要求资产评估机构及其评估专业人员必须遵循科学的评估标准，制定科学合理的评估计划，并根据资产评估目的选择科学的资产评估方法。资产评估工作必须将主观评价与客观测算、静态与动态分析、定性与定量分析有机结合起来，使资产评估工作科学合理、真实可靠。资产评估机构及其评估专业人员，应当诚实守信、勤勉尽责、谨慎从业，遵守职业道德规范，自觉维护职业形象，不得从事损害职业形象的活动。

2. 资产评估经济技术原则

资产评估经济技术原则是资产评估执业过程中遵守的技术规范与业务准则，它们为评估专业人员进行职业判断提供技术依据与保证。

（1）预期收益原则

按照预期收益原则，资产价值高低主要取决于它能为其所有者或控制者带来的预期收

---

① 《资产评估基本准则》第四条规定："资产评估机构及其评估专业人员开展资产评估业务应当遵守法律、行政法规的规定，坚持独立、客观、公正的原则。"

益。该原则要求在进行资产评估时必须合理预测资产未来的获利能力及这一获利能力持续的有效期限。

（2）供求原则

经济学原理清晰阐明，供求关系影响商品价格。假定其他条件不变，商品价格随需求增加而上升，随供给增加而下降。进行资产评估，必须充分考虑资产本身的供求状况，以正确评估资产的价值。例如，某项资产所提供的新产品在资产评估时不被人们充分认识，但可以预料其市场前景是十分广阔的，此时评估专业人员就应根据供求原则，适当调高资产的评估价值。

（3）贡献原则

根据经济学边际收益原理，各生产要素的价值可依据其对总收益的贡献衡量。资产总是在一定的资产整体中发挥作用，因而它的边际贡献往往是资产交易双方确认资产价值的尺度。资产中某零部件价值可以根据它对资产整体的贡献衡量，或者根据假设缺少它时整体价值的下降值决定。这就要求在评估整体资产价值时，必须综合考虑该项资产在整体资产中的重要性，而不是孤立地确定该项资产的价值。

（4）替代原则

任何理性投资者对具有相同效用的物品，必定选择价格便宜的；而在价格相同时，必定选择效用较大的。因此，在同一市场上，如果有两种以上可相互替代的商品存在，其价格会互相牵引而趋于同一水平。这就要求在进行资产评估时，必须考虑资产的可替代性，以正确评估资产价值。

1.2.6 资产评估程序

资产评估程序是资产评估工作从开始准备到最后结束所经历的工作步骤。科学合理的评估程序对于保证资产评估工作质量，提高资产评估工作效率具有重要意义。资产业务不同，资产评估目的、资产评估范围与对象也不同，这就决定了选用的资产评估方法不同，而资产评估方法又决定着资产评估程序的选择。因此，资产评估专业人员执行资产评估业务，应当根据业务的具体情况履行适当的资产评估程序。关于资产评估程序的具体内容，将在本书第2章作专门介绍。

1.2.7 资产评估价值类型

资产评估价值类型是指资产评估结果的价值属性及其表现形式，是对资产评估价值质的规定，制约着各类资产评估参数的选择。价值类型的选择不同，不仅相应的资产评估价值性质不同，其价值含量往往也存在较大差异。资产评估专业人员执行资产评估业务，应当根据资产评估特定目的、资产评估对象的职能、所处状态、市场情况等相关条件，选择适当的价值类型，并对价值类型予以明确定义。

1. 价值类型的分类

价值类型主要有以下4种分类。

① 按照估价标准划分，价值类型包括重置成本、收益现值、现行市价（或变现价值）和清算价格。

② 按照评估假设划分，价值类型包括继续使用价值、公开市场价值和清算价值等。

③ 按照资产业务性质划分，价值类型包括转让价值、交易价值、投资价值、补偿价值、

抵押价值、兼并价值、租赁价值、保险价值、课税价值、保全价值、清算价值、拍卖价值等。

④ 按照被评估资产的使用状态及市场条件划分，价值类型包括市场价值和非市场价值。

2. 市场价值和非市场价值

市场价值是指交易双方在各自理性行事且自愿的情况下，评估对象在评估基准日进行正常公平交易的价值估计数额。非市场价值是指市场价值以外的价值，包括投资价值、在用价值、清算价值、残余价值等。投资价值是指评估对象对于具有明确投资目标的特定投资者或者某一类投资者所具有的价值估计数额，亦称特定投资者价值。在用价值是指将评估对象作为企业、资产组组成部分或者要素资产按其正在使用方式和程度及其对所属企业、资产组的贡献的价值估计数额。清算价值是指评估对象处于被迫出售、快速变现等非正常市场条件下的价值估计数额。残余价值是指机器设备、房屋建筑物或者其他有形资产等的拆零变现价值估计数额。

某些特定评估业务①评估结论的价值类型可能会受到法律、行政法规或者合同的约束，这些评估业务的评估结论应当按照法律、行政法规或者合同的规定选择评估的价值类型；法律、行政法规或者合同没有规定的，可以根据实际情况选择市场价值或者市场价值以外的价值类型，并予以定义。

执行资产评估业务，选择和使用价值类型，应当充分考虑评估目的、市场条件、评估对象等因素。

① 评估专业人员选择价值类型，应当考虑价值类型与评估假设的相关性。

② 评估方法是估计和判断市场价值和非市场价值类型评估结论的技术手段，某一种价值类型下的评估结论可以通过一种或者多种评估方法得出。

③ 执行资产评估业务，当评估目的、评估对象等资产评估基本要素满足市场价值定义的要求时，一般选择市场价值作为评估的价值类型。资产评估专业人员选择市场价值作为价值类型，应当知晓同一资产在不同市场的价值可能存在差异。

④ 执行资产评估业务，当评估业务针对的是特定投资者或者某一类投资者，并在评估业务执行过程中充分考虑并使用了仅适用于特定投资者或者某一类投资者的特定评估资料和经济技术参数时，通常选择投资价值作为评估的价值类型。

⑤ 执行资产评估业务，评估对象是企业或者整体资产中的要素资产，并在评估业务执行过程中只考虑了该要素资产正在使用的方式和贡献程度，没有考虑该资产作为独立资产所具有的效用及在公开市场上交易等对评估结论的影响，通常选择在用价值作为评估的价值类型。

⑥ 执行资产评估业务，当评估对象面临被迫出售、快速变现或者评估对象具有潜在被迫出售、快速变现等情况时，通常选择清算价值作为评估的价值类型。

⑦ 执行资产评估业务，当评估对象无法使用或者不宜整体使用时，通常考虑评估对象的拆零变现，并选择残余价值作为评估的价值类型。

⑧ 执行以抵（质）押为目的的资产评估业务，应当根据《中华人民共和国担保法》等相关法律、行政法规及金融监管机关的规定选择评估的价值类型；相关法律、行政法规及金

---

① 特定评估业务包括：以抵（质）押为目的的评估业务、以税收为目的的评估业务、以保险为目的的评估业务、以财务报告为目的的评估业务等。

融监管机关没有规定的，可以根据实际情况选择市场价值或者市场价值以外的价值类型作为抵（质）押物评估的价值类型。

⑨ 执行以税收为目的的资产评估业务，应当根据税法等相关法律、行政法规规定选择评估的价值类型；相关法律、行政法规没有规定的，可以根据实际情况选择市场价值或者市场价值以外的价值类型作为课税对象评估的价值类型。

⑩ 执行以保险为目的的资产评估业务，应当根据《中华人民共和国保险法》等相关法律、行政法规或者合同规定选择评估的价值类型；相关法律、行政法规或者合同没有规定的，可以根据实际情况选择市场价值或者市场价值以外的价值类型作为保险标的物评估的价值类型。

⑪ 执行以财务报告为目的的资产评估业务，应当根据会计准则或者相关会计核算与披露的具体要求、评估对象等相关条件明确价值类型，会计准则规定的计量属性可以理解为相对应的资产评估价值类型。

应当指出的是，将资产评估结果分为市场价值和非市场价值，不仅能够合理且有效地限定资产评估结果的使用范围，而且便于资产评估专业人员进行实际操作，符合资产评估服务于客户和社会的内在要求。

1.2.8　资产评估方法

资产评估方法是指资产评估所运用的特定技术规程与方式，它是评定估算资产价值的手段和途径。资产评估方法包括市场法、收益法和成本法三种基本方法及其衍生方法。资产评估专业人员执行资产评估业务，应当根据评估目的、评估对象、价值类型、资料收集等，分析资产评估基本方法的适用性，恰当选择资产评估方法，形成合理的资产评估结论。这些资产评估方法的具体内容，将在本书第 3 章作专门介绍。

以上介绍了资产评估应具有的八大基本要素，即评估主体、评估客体、评估依据、评估目的、评估原则、评估程序、价值类型和评估方法。在资产评估法律法规与评估准则及评估原则的指导下，不同的资产评估主体侧重于不同的资产评估客体，而不同的资产评估客体与资产评估目的又决定了不同的资产评估价值类型、评估方法、评估程序及其应遵循的评估标准的选择。在资产评估工作中，这八大基本要素相互联系、缺一不可，共同构成了资产评估活动的有机整体。

1.3　资产评估与会计、审计的比较

1.3.1　资产评估与会计的比较

资产评估与会计都是市场经济赖以正常运行的基础性服务行业，前者提供以价值判断为主要内容的服务，后者提供以事实判断为主要内容的服务。

1. 资产评估与会计的联系

在特定条件下，资产计价和财务报告需要利用资产评估结论；资产评估过程中往往需要参考会计资料。特别是在企业价值评估中，评估专业人员应当根据会计政策、企业经营等情况，要求被评估单位对资产负债表表内及表外的各项资产、负债进行识别。显然，这种联系将随着投资者对企业资产披露要求的日益提高而更加广泛。

2. 资产评估与会计的区别

资产评估与会计的区别主要变现在以下 4 个方面。

① 服务目的不同。资产计价的目的是为企业投资者、债权人和管理者提供有效的会计信息，资产评估则直接服务于资产业务，为资产的交易与投资提供公平的价值尺度，实现企业资产的最优利用。

② 估价依据不同。资产计价主要以历史成本为依据，而资产评估价值主要依赖于资产的经济效用及其市场价值。

③ 估价方法不同。资产计价主要利用其特有的一套核算方法，而资产评估采用成本法、收益法、市场法等多种资产评估特有的技术方法。

④ 基本职能不同。会计的基本职能是核算与监督，而资产评估则是一种价值判断活动，其基本职能是评值、评价和鉴证职能。

1.3.2　资产评估与审计的比较

1. 资产评估与审计的联系

从实际情况看，资产评估与审计的联系主要表现在：在资产评估的资产清查阶段，就其工作方法而言，有相当部分工作（包括核实与界定评估对象）采用了审计的方法，具有"事实判断"的性质；流动资产与负债的价值评估有相当部分可借鉴审计的方法进行；经审计的财务报表及相关数据可以作为企业价值评估的基础数据。

2. 资产评估与审计的区别

资产评估与审计的区别主要表现在以下 4 个方面。

① 专业内容不同。审计是由注册会计师对企业财务报表编制的合法性、公允性与一贯性进行事实判断，着眼于过去的经济业务，发表定性的审计意见，具有公证性；而资产评估是由资产评估专业人员对被评估资产在评估基准日的价值进行判断，着眼于未来发生的资产业务，发表定量的估价意见，具有咨询性。

② 专业原则不同。执行审计业务，需要贯彻公证、防护与建设等专业原则；执行资产评估业务，必须遵循预期、供求、贡献、替代等技术经济原则。

③ 专业标准不同。审计主要是对财务报告的审查，与会计遵循同一的业务处理标准，而与资产评估大相径庭，如历史成本与市场价值等。

④ 专业素质不同。从事审计工作需要具备会计学、税法和其他经济法规等专业素质，资产评估专业人员除了须具备上述专业素质外，还要掌握系统、全面的资产评估专业知识，特别是工程技术方面的知识，同时必须具备资产评估专业能力并且有一定的执业经验，这样才能胜任这一专业性工作。

我国的资产评估要与国际惯例接轨，就必然明确评估的专业化地位，认识到资产评估独立于资产的会计计价、注册会计师审计等服务的客观本质。

1.4　资产评估的假设、职能与特征

1.4.1　资产评估的假设

资产评估是在资产业务发生之前对拟交易的资产在某一时点的价值进行估算。由于同一资产在不同用途和不同经营环境下的经济效用与价值含量不同，因此评估专业人员在评估时就必须对被评估资产的未来用途和经营环境做出合乎逻辑的假定与说明，这就是资产评估假设。资产评估专业人员执行资产评估业务，应当科学合理地使用资产评估假设，并在资产评估报告中披露资产评估假设及其对资产评估结论的影响。

在资产评估活动中，主要存在以下4种假设。

（1）交易假设

交易假设是指假定待评资产已经处于交易过程中，评估专业人员根据待评资产的交易条件等模拟市场进行估价。资产评估不能脱离市场条件而孤立进行，为了发挥资产评估在资产实际交易之前为委托人提供资产交易底价的专家咨询意见，同时又能够使资产评估得以进行，利用交易假设将待评资产置于"交易"当中，模拟市场进行评估就显得十分必要。

（2）公开市场假设

公开市场假设是对资产拟进入的市场条件及资产在该市场条件下将受何种影响的一种假定与说明。它是指资产可以在充分竞争的产权市场上自由买卖，其价格高低取决于一定市场供求状况下独立的交易双方对资产的价值判断。资产交易双方地位平等，彼此都有获取足够市场信息的机会与时间。该假设假定市场是一个充分竞争的市场，资产的价格取决于资产的交换能力，即取决于潜在投资者使用该项资产获利的可能性、获利程度和潜在投资者数量的多少。资产在公开市场上实现的交换价格，隐含着市场对该资产在当时条件下有效使用的社会认同。凡是能在公开市场上交易、用途较为广泛或通用性较强的资产，都可以考虑按公开市场假设进行评估。

公开市场假设是市场经济发展的内在要求，是实现资源最优配置的前提条件。在进行资产评估时，只有遵循公开市场假设处理资产业务，才能体现出资产的真正市场价值，使资产得到最佳利用。

（3）持续使用假设

持续使用假设首先假定待评资产正处于使用状态（包括正在使用及备用）；其次根据有关数据与信息，推断这些处于使用状态的资产还将继续使用。这一假设既说明了待评资产所面临的市场条件或市场环境，同时着重说明了资产的存续状态。该假设要求，一般情况下不能按资产拆零出售所得收益之和估价，而应将资产看成是一种获利能力而不是物的简单堆积。

持续使用的方式包括在用续用、转用续用和移地续用三种类型。在用续用，是指处于使用中的待评资产在资产业务发生后，将按其现在的用途及方式继续使用；转用续用，是指处于使用中的待评资产在资产业务发生后将改变资产现行用途及方式，调换新的用途及方式继续使用；移地续用，是指处于使用中的待评资产在资产业务发生后，改变资产现在的空间位置，转移到其他空间位置上继续使用。

持续使用的条件包括具有剩余寿命、具有收益能力、产权明确或通过界定可以明确、可以确定最佳用途、产权可以转让等。

（4）清算假设

清算假设的使用较为特殊，它首先是基于待评资产面临清算或具有潜在被清算的事实或可能性，再根据相应数据资料推定待评资产处于被迫出售或快速变现的状态。因此，清算假设下的资产评估是对资产处于非公开市场条件下被迫出售或快速变现的价值估算。在这一特殊条件下，资产交易双方的地位不平等，交易时间较短，待评资产的评估价值通常要低于类似资产在公开市场或持续使用假设前提下的评估价值。这一假设的特殊性表明，在该假设前提下的资产评估结果的适用范围十分有限。

1.4.2　资产评估的职能

资产评估具有评值、评价与鉴证等职能。

（1）评值职能

评值职能是指资产评估主要是对资产价值的内在功效与能力进行评定估算，为资产业务提供基础数据与决策依据。由于价值规律与市场供求等因素的作用与影响，资产的价格变动不同，资产的账面价值难以反映其真实价值，资产现时价值才真正是资产交易双方的利益所在。因此，只有通过评估而确定的资产现时价值才能满足资产业务的需要。评值职能是资产评估的核心职能。

（2）评价职能

资产评估可以对企业资产的经营效果进行评价，反映不同时间、地域、经济背景条件下的资产价值与运营绩效的差异性，检查、考核和评价企业的经营状况。例如，涉及承包、租赁的资产评估，可以客观地评价承包方、租赁方的经营业绩和资产增值情况，有利于加强、改善企业资产管理工作，提高企业经济效益。

（3）鉴证职能

鉴证职能是指资产评估结果的合法性、真实性与公平性，可以为资产业务的顺利进行提供一定的可信度保障，避免法律纠纷，为资产业务当事人提供重要的决策依据。鉴证职能由鉴别和举证两个部分组成。鉴别是评估专业人员依据专业原则对经济活动及其结果做出的独立判断；而举证则是为该判断提供理论与事实支撑，使之做到言之有理、持之有据。这类行为一般具有独立、客观和专业等特点。基于市场经济需求的多样性，经济鉴证类专业服务行业又可因服务性质、背景知识和执业准则的不同形成行业亚分类。以注册会计师和资产评估师行业为例，在服务性质方面，前者是对财务报告进行事实判断，后者是对标的资产进行价值判断；在背景知识方面，前者是以会计理论和核算技术为基础，后者则是以经济分析理论和专项资产价值识别技术为基础；在执业准则方面，前者接受会计与审计准则的约束，而后者则接受资产评估准则的规范。

需要强调的是，资产评估结论不应当被认为是对资产评估对象可实现价格的保证。另外，评估专业人员执行资产评估业务，应当关注资产评估对象的法律权属，并在资产评估报告中对资产评估对象法律权属及其证明资料来源予以必要说明。资产评估专业人员不得对资产评估对象的法律权属提供保证。资产评估从事的是价值鉴证，而不是权属鉴证。

1.4.3　资产评估的特征

根据本章论述，可将资产评估的特征总结为以下 4 个方面。

（1）市场性

资产评估是适应市场经济要求的专业中介服务活动，其基本目标就是根据资产业务的不同性质，通过模拟市场条件对资产价值做出经得起市场检验的评定估算和报告。当然，市场性并非意味着评估专业人员在市场的制约下无所作为。实际上，资产评估的市场性是被动性与主动性的统一。被动性体现市场对资产评估的制约，资产评估对市场的服从；主动性体现评估专业人员对市场条件的运用和选择（即市场时点选择），揭示市场价格变化趋势。承认资产评估的被动性，是做好资产评估工作的基础；发挥资产评估的主动性，是保证资产评估质量的必要条件。在产权交易市场日益活跃的形势下，作为专业性的资产评估机构，应该很好地把握这种被动性与主动性的统一关系，努力提高业务能力以满足市场的需要。

（2）专业性

专业性主要是由资产评估操作的技术特征决定的。

① 有形资产评估特别是固定资产评估涉及大量的工程技术问题，要求评估专业人员对机器设备、房地产等具有相应的专业知识。

② 无形资产评估需要运用大量经济学与企业管理知识，采用一定的技术手段测算无形资产重置成本，或从有形资产预期创造的价值中剥离出无形资产的价值，因此需要掌握经济学与企业管理知识的专业技术人才。

③ 为了确定资产实际寿命和尚可使用年限，往往需要对被评估资产进行技术测量与计算，专业技术性较强。可以看出，资产评估机构及其评估专业人员对资产价值的评定与估算都是建立在专业技术知识和经验的基础之上，资产评估机构应由一定数量和不同类型的评估专业人员组成，形成专业化分工。总之，资产评估是一种职业化的专家活动。

（3）公正性

公正性是指资产评估行为服务于资产业务的需要，而不是服务于资产业务当事人任何一方的需要。公正性表现在两个方面：资产评估按公允、法定的准则和程序进行，公允的行为规范与业务规范是公正性的技术基础；资产评估专业人员是与资产业务没有利害关系的第三方，这是公正性的组织基础。

资产评估活动之所以必须保持公正性，是因为资产评估本身就是一个被社会公认的公正性中介服务行业，其评估结果关系着资产业务有关各方的经济利益，如果背离客观公正的基本要求，就会使得资产业务的一方或几方蒙受不应有的损失。可以说，没有公正性，资产评估行业就失去社会存在的理由。同时，资产评估机构只有以客观公正的评估结果，为客户提供优质服务，才能赢得客户信任，树立自身品牌，获得长久发展；否则，难逃信誉毁损、市场丧失，最终走向破产的必然命运。

（4）咨询性

咨询性是指资产评估结论是为资产业务提供专业化的估价意见，该意见本身并无强制执行的效力，资产评估专业人员只对资产评估结论本身合乎职业规范要求负责，而不对资产业务定价决策负责。事实上，资产评估为资产交易提供的估价往往作为当事人要价和出价的参考，最终的成交价格取决于当事人的决策动机、谈判地位和谈判技巧等综合因素。

关 键 概 念

资产评估　评估目的、价值类型　市场价值　非市场价值　公开市场假设　持续使用假设　评值职能

复习思考题

1. 怎样认识资产评估在市场经济中的地位和作用？

2. 你认为资产评估是对资产的价值还是价格进行评估？请给出理由。

3. 中国资产评估准则制定如何合理定位？应包括哪些内容？

4. 中国资产评估业在发展和管理中存在哪些迫切需要解决的问题？如何解决？

5. 什么是非市场价值？非市场价值有哪些类型？

6. 市场价值与非市场价值如何选择？

7. 资产评估的基本要素有哪些？

8. 比较资产评估与会计。

9. 比较资产评估与审计。

10. 什么是资产评估假设？资产评估假设有哪些？

11. 什么是资产评估原则？资产评估原则有哪些？

12. 资产评估有哪些基本特征？

练 习 题

一、单项选择题

1. 决定被评估资产价值的最基本因素是（　　）。

　　A. 社会必要劳动时间　　　　　　　　　B. 预期效用

　　C. 历史收益水平　　　　　　　　　　　D. 账面价值

2. 根据《资产评估执业准则——无形资产》的规定，不可辨认的无形资产是指（　　）。

　　A. 专利权　　　　B. 非专利技术　　　　C. 著作权　　　　D. 商誉

3. 评估资产市场价值所适用的最直接假设是（　　）。

　　A. 在用续用假设　　B. 公开市场假设　　C. 清算假设　　D. 会计主体假设

4. 资产评估的一般目的是评估资产的（　　）。

　　A. 价格　　　　　B. 价值　　　　　C. 公允价值　　　　D. 市场价值

5. 1991 年 11 月，国务院发布（　　），标志着我国国有资产评估制度基本形成。

　　A.《关于国有资产产权变化时必须进行资产评估的若干暂行规定》

　　B.《国有资产评估管理办法》

　　C.《注册资产评估师执业资格制度暂行规定》

　　D.《注册资产评估师执业资格考试实施办法》

6. （　　）要求在进行资产评估时必须合理预测资产未来获利能力及这一获利能力持续的有效期限。

　　A. 预期收益原则　　　　　　　　　　　B. 供求原则

　　C. 贡献原则　　　　　　　　　　　　　D. 替代原则

二、多项选择题

1. 资产评估特点主要有（　　）。

　　A. 市场性　　　　B. 强制性　　　　C. 专业性　　　　D. 咨询性

2. 资产评估的市场性主要体现在（　　）。

　　A. 资产评估是适应市场经济要求的专业中介服务活动

　　B. 资产评估的市场性是被动性与主动性的统一

　　C. 资产评估是评估专业人员模拟市场完成的

    D. 被评估的资产最终要进入市场流通

    E. 资产评估结果最终要经得起市场的检验

  3. 资产持续使用的方式主要包括（ ）。

    A. 在用续用假设   B. 中断后持续使用假设

    C. 转用续用假设   D. 移地续用假设

  4. 合格的资产评估人员应具备（ ）条件。

    A. 具有良好的职业道德和个人品质，没有弄虚作假的不良记录

    B. 广博的知识积累和丰富的实践经验

    C. 通过严格的考试或考核，取得资产评估管理机构承认的资格

    D. 认真负责，有良好的敬业精神

  5. 下列原则中，属于资产评估工作原则的有（ ）。

    A. 独立性原则 B. 科学性原则 C. 替代性原则 D. 客观性原则

三、判断题

  1. 资产评估价值是一个交换价值范畴，它反映了可供交易的商品、服务与其买方、卖方之间的货币数量关系，它是评估专业人员根据特定的价值定义在特定时间内对商品、服务价值的估计。   （ ）

  2. 资产评估是物价上涨的产物。   （ ）

  3. 资产评估属于会计计价范畴。   （ ）

  4. 资产评估提供以事实判断为主要内容的专业服务。   （ ）

  5. 资产评估是对特定时点被评估资产价值的评定估算，这个特定时点称为评估基准日。   （ ）

  6. 资产评估所要实现的一般目的是资产在评估时点的公允价值。 （ ）

  7. 市场价值性质的评估结果，既适用于产权变动类资产业务，同时也适用于非产权变动类资产业务。   （ ）

  8. 资产评估结论应当被认为是对资产评估对象可实现价格的保证。 （ ）

第 2 章　资产评估程序

本章导读

资产评估程序，是指执行资产评估业务所履行的系统性工作步骤。执行资产评估业务，应当遵守法律、行政法规和资产评估准则，坚持独立、客观、公正的原则，履行适当的资产评估程序。资产评估基本程序包括：明确业务基本事项，订立业务委托合同，编制资产评估计划，现场调查，收集整理评估资料，评定估算形成结论，编制出具评估报告，整理归集评估档案。资产评估机构及其评估专业人员不得随意减少资产评估基本程序。

鉴于资产评估程序的重要意义，资产评估机构及其评估专业人员在执行资产评估程序时应当符合一定的要求，如建立健全资产评估程序制度、确定并履行恰当的资产评估程序、建立相关工作制度以指导和监督经办人员及助理人员实施资产评估程序、将资产评估程序的组织实施情况记录于资产评估工作底稿等。

从资产评估操作过程看，资产评估实际上就是对被评估资产的信息进行收集、分析、判断并做出披露的过程。资产评估机构及其评估专业人员，首先应分析所收集信息资料的合理性与可靠性，并在此基础上对信息资料进行筛选与调整，一般运用比较、分析、综合与推理等技术手段。

2.1　资产评估程序概述

2.1.1　资产评估程序的概念与分类

资产评估程序，是指执行资产评估业务所履行的系统性工作步骤。资产评估程序由具体的工作步骤组成，由于不同资产业务的评估对象、评估目的、资料收集等相关条件的差异，资产评估专业人员可能需要执行不同的资产评估具体程序或工作步骤。当然从共性角度看，资产评估基本程序是相同或相通的，它们可以适用于各种类型的资产评估业务。通过对资产评估基本程序的规范，可以有效地指导资产评估专业人员开展各种类型的资产评估业务，因此很有必要加强对资产评估基本程序的研究与规范。

我国评估实务界从不同角度对资产评估程序有着不同的理解，可以从狭义和广义两个角度认识。资产评估是一种基于委托合同的专业服务，因此狭义的资产评估程序起始于资产评估机构及其评估专业人员接受业务委托，终止于向委托人或相关当事人提交资产评估报告。然而，作为一种专业性很强的中介服务，为保证资产评估业务质量、提高资产评估业务水平，以便更好地服务于委托人和社会公共利益，有必要研究广义资产评估程序。广义资产评估程序，开始于承接资产评估业务前的明确资产评估基本事项环节，终止于资产评估报告提交后的资产评估文件归档管理。

根据不同的分类标准，资产评估程序可以有不同的分类。资产评估具体程序或工作步骤的划分，取决于资产评估机构及其评估专业人员对各资产评估工作步骤共性的归纳，资产评估业务的性质、复杂程度也是影响资产评估具体程序划分的重要因素。

2.1.2 资产评估程序的重要意义

长期以来，由于我国资产评估发展的特殊性，资产评估实务界对资产评估程序问题未能引起足够的重视。资产评估程序应当以资产评估机构及其评估专业人员为主体，反映执行资产评估业务、形成资产评估结论所必须履行的系统性工作步骤。其重要意义体现在以下 3 个方面。

① 资产评估程序是规范资产评估行为、提高资产评估业务质量和资产评估服务诚信度的重要保证。资产评估机构及其评估专业人员接受委托，不论执行何种资产类型、何种评估目的的资产评估业务，都应当履行必需的资产评估基本程序，按照预定工作步骤有条不紊地进行资产评估工作。这不仅有利于规划资产评估机构及其评估专业人员的执业行为，而且能够有效避免因资产评估机构及其评估专业人员水平差异而导致的，在执行具体资产评估业务中可能出现的程序上的重要疏漏，切实保证资产评估业务质量。恰当的资产评估程序对于提高资产评估机构业务水平乃至资产评估行业整体质量具有重要意义。作为一项专业性较强的中介服务工作，资产评估专业人员履行严格的资产评估程序也是赢得客户和社会公众信任、提高资产评估行业社会诚信度的重要保障机制。

② 资产评估程序是相关当事人评价资产评估服务质量的重要依据。由于资产评估结论是相关当事人进行决策的重要参考依据，因此资产评估服务必然引起相关当事人的关注，包括委托人、资产占有人、资产评估报告使用人、相关利益当事人、司法部门、证券监督及其他行政监督部门、资产评估行业协会以及社会公众、新闻媒体等。资产评估程序不仅为资产评估机构及其评估专业人员执行资产评估业务提供必要的指导与规范，也为上述相关当事人提供了评价资产评估服务质量的重要依据，同时也是委托人、司法和行政监管部门及资产评估行业协会监督资产评估机构及其评估专业人员的主要依据

③ 资产评估程序是资产评估机构及其评估专业人员防范执业风险、维护自身合法权益、据以合理抗辩的重要手段。随着资产评估行业的发展，资产评估机构及其评估专业人员与其他当事人之间就资产评估服务引起的纠纷和法律诉讼越来越多。从各国评估实践看，由于资产评估工作的专业性特征，无论是当事人还是司法部门，因在举证、鉴定方面存在较大难度，都倾向于追究资产评估机构及其评估专业人员在履行必要资产评估程序方面的疏漏和责任，而避免在专业判断方面下结论。随着资产评估实践的进一步发展，我国资产评估委托人和相关当事人、政府和行业监管部门及司法部门也从原来对资产评估结论"对错"的简单二元判断，开始转为重点关注资产评估机构及其评估专业人员在执行业务过程中是否恰当履行了必要的资产评估程序。因此，履行恰当的资产评估程序是资产评估机构及其评估专业人员防范执业风险的重要手段，也是在产生纠纷和诉讼后合理维护自身权益的重要手段。

2.2 资产评估的基本程序与执行要求

2.2.1 资产评估的基本程序

1. 接受资产评估委托，明确业务基本事项

接受资产评估委托，明确业务基本事项，是资产评估程序的首要环节。

（1）接受资产评估委托

资产评估机构及其评估专业人员在受理或接受资产评估业务或委托时，应当严格遵守资产评估职业道德和行为规范的要求，着重注意以下几个方面。

① 资产评估机构及其评估专业人员不能利用主管部门或行政机关的权力，对行业、地区的评估业务进行垄断。[①]

② 资产评估机构及其评估专业人员不能以个人名义接受委托，应该以评估机构名义接受委托。

③ 资产评估机构及其评估专业人员不得通过诋毁、贬低同行信誉等不正当手段获得评估业务。

④ 资产评估机构及其评估专业人员不得通过降低收费标准或以不切实际之承诺承揽业务。

⑤ 资产评估机构及其评估专业人员应当保持形式上和实质上的独立性，对受理的资产评估业务应当指定至少两名评估专业人员承办。[②]

⑥ 资产评估机构及其评估专业人员不能同时为多个评估目的及要求而对同一资产进行评估。

⑦ 资产评估机构及其评估专业人员应充分了解评估对象、评估目的和评估范围。

⑧ 资产评估机构及其评估专业人员应充分分析资产评估业务风险，正确判断自身执业能力，不得承揽无力完成的资产评估业务。

⑨ 按照能力原则受理资产评估业务，并与委托人签订资产评估委托合同。

⑩ 资产评估机构在接受委托前应亲赴现场进行必要勘察，以便明确资产评估工作量、工作时间和收费标准等基本事宜。

（2）明确业务基本事项

资产评估机构及其评估专业人员在接受资产评估业务委托之前，应当采取与委托人等相关当事人讨论、阅读基础资料、进行必要初步调查等方式，与委托人等相关当事人共同明确以下资产评估业务基本事项。

① 委托人、产权持有人和其他资产评估报告使用人。资产评估机构及其评估专业人员应当了解委托人、产权持有人和其他资产评估报告使用人的基本状况。在不同资产评估项目中，委托人、产权持有人和其他资产评估报告使用人等有所不同。这既有利于资产评估机构及其评估专业人员更好地根据使用者的需求提供良好服务，同时也有利于降低评估执业风险。

---

① 委托人有权自主选择符合《资产评估法》规定的资产评估机构，任何组织或者个人不得非法限制或者干预。资产评估事项涉及两个以上当事人的，由全体当事人协商委托资产评估机构。委托开展法定评估业务，应当依法选择资产评估机构。

② 委托人有权要求与相关当事人及评估对象有利害关系的资产评估专业人员回避。

② 评估目的。资产评估机构及其评估专业人员应当与委托方就资产评估目的达成明确、清晰的共识，并尽可能细化资产评估目的，说明资产评估业务具体目的与用途，避免仅仅笼统列出通用资产评估目的的简单做法。

③ 评估对象。资产评估机构及其评估专业人员应当了解资产评估对象及其权益基本状况，如资产类型、结构、型号、规格、数量、购置时期、生产流程、地理位置、使用状况、企业名称、住所、注册资本、所属行业、行业地位和影响、经营范围、财务和经营状况等，应特别关注有关资产评估对象权益的受限状况。

④ 价值类型。资产评估机构及其评估专业人员应当在明确资产评估目的的基础上恰当确定价值类型，判断所选择的价值类型是否适用于资产评估目的，并就所选择价值类型的定义进行沟通，避免出现歧义。

⑤ 评估基准日。资产评估机构及其评估专业人员应当通过与委托方的沟通，了解并明确资产评估基准日。资产评估基准日是评估业务中非常重要的基础，也是评估时点原则在评估实务中的具体体现。资产评估基准日的选择应当有利于资产评估结论，有效服务于资产评估目的，减少和避免不必要资产评估基准日的期后事项。

⑥ 资产评估项目所涉及的需要批准的经济行为的审批情况。如果资产评估项目所涉及的经济行为需要有关部门的审批，评估机构洽谈人员应当了解该经济行为获得批准的情况。获得有关部门批准的文件应当载明批件名称、批准日期及文号。

⑦ 评估报告使用范围。评估报告的使用范围包括评估报告使用人、目的及用途、使用时效、报告的摘抄引用或披露等事项。评估机构洽谈人员在前期洽商时，应与委托人就评估报告的使用范围加以明确。

⑧ 评估报告提交期限及方式。资产评估报告提交时间受多方面因素的限制与约束，如预计的工作量、委托人和相关当事人的配合程度、评估所依据和引用的专业或单项资产评估报告（专项审计报告、土地估价报告、矿业权评估报告等）的出具时间等。评估机构洽谈人员应了解委托人实现评估所服务经济行为的时间计划，根据对上述限制与约束因素的预计和把握，与委托人约定提交报告的时间和方式（当面提交或邮寄），并在评估委托合同中加以明确。评估报告的提交时间不宜确定具体日期，一般确定为开始现场工作，委托人提供必要资料后的一定期限内。

⑨ 评估服务费及支付方式。评估服务费及支付方式是评估机构与委托人洽商沟通的重要内容。评估机构洽谈人员根据了解的情况提出评估收费标准及报价，并与委托人就评估费用、支付时间和方式进行沟通。委托人需要了解评估机构报价确定依据和口径，除专业服务费以外，差旅费及食宿费用、现场办公费用等是否也在预计数额之内以及如何负担等，应在双方达成一致后，体现在评估委托合同中。

⑩ 委托人、其他相关当事人与资产评估机构及其评估专业人员工作配合和协助等需要明确的重要事项。评估机构洽谈人员应当根据评估业务具体情况与委托人沟通，明确委托人与资产评估专业人员工作配合和协调等其他需要明确的重要事项。包括落实资产清查申报、提供资料、配合现场及市场调查，协调与相关中介机构的对接和交流等。评估机构洽谈人员需要特别关注委托人能否对评估人员履行正当评估程序给予必要的理解、尊重和配合。当委托人不是评估对象的产权持有人时，需约定委托人协调产权持有人协助配合评估工作的责任。目的是在资产评估委托合同签订之前将一切可能需要委托人尽责的事项沟通明确，为在资产评估委托合同中形成约束性条款做好准备。

资产评估机构及其评估专业人员在明确上述资产评估基本事项的基础上，应当通过分析下列因素，确定是否承接资产评估项目。

● 业务风险分析与评价。资产评估机构及其评估专业人员应当根据初步掌握的有关评估业务的基本状况，具体分析资产评估项目的执业风险，以判断该项目预期风险是否超出合理范围。

● 专业能力分析与评价。资产评估机构及其评估专业人员应当根据所了解的资产评估业务的基本情况和复杂性，分析资产评估机构及其评估专业人员是否具有与该项目相适应的专业能力和相关经验。

● 独立性分析与评价。资产评估机构及其评估专业人员应当根据职业道德要求和国家相关法规规定，结合评估业务具体情况分析资产评估机构及其评估专业人员的独立性，确认与委托人或相关当事人是否存在现实或潜在的利害关系。

2. 订立业务委托合同

资产评估机构受理资产评估业务应当与委托人依法订立委托合同。资产评估委托合同，是指资产评估机构与委托人订立的，明确资产评估业务基本事项，约定资产评估机构和委托人权利、义务、违约责任和争议解决等内容的书面合同。

（1）资产评估委托合同的订立和效力

① 资产评估专业人员执行资产评估业务，应当在明确资产评估业务基本事项、决定承接资产评估业务后，由所在资产评估机构与委托人签订委托合同。

② 签约双方应当具有相应的民事权利能力和民事行为能力。资产评估专业人员应当具有与所承接评估业务相适应的专业能力，资产评估机构应当具有与所承接评估业务相适应的专业资格。根据我国资产评估基本准则规定，资产评估专业人员不得在业务委托合同签订过程中做出超越自身专业胜任能力和影响独立性的承诺，不得对预测和未来事项做出承诺，不得承诺承担相关当事人决策的责任。

③ 资产评估委托合同应当由资产评估机构的法定代表人（或者执行合伙事务合伙人）签字并加盖资产评估机构印章。

④ 资产评估专业人员在签订委托合同过程中知悉的商业秘密，无论委托合同是否成立，均不得泄露或者不正当使用。

⑤ 资产评估机构及其评估专业人员应当关注未及时订立资产评估委托合同开展资产评估业务可能产生的风险。如果因委托人等原因导致无法及时订立资产评估委托合同，资产评估机构及其评估专业人员应当采取措施保护自身的合法权益。

⑥ 资产评估机构应当将委托合同归入工作底稿。

（2）资产评估委托合同的内容

资产评估委托合同的内容因资产评估业务不同而存在差异，但至少应当包括以下基本要素。

① 签约双方名称。资产评估委托合同中应当明确资产评估机构和委托方的名称、住所、联系人及联系方式。名称（或姓名）应使用全称，不可简化或使用代号。

② 评估目的。资产评估委托合同载明的评估目的应当表述明确、清晰。[①]

---

① 对于资产评估目的，2017 年 9 月修订发布的《资产评估执业准则——资产评估委托合同》将原《资产评估准则——业务约定书》第八条"业务约定书载明的评估目的应当唯一，表述应当明确、清晰"，修改为"资产评估委托合同载明的评估目的应当表述明确、清晰。"

③ 评估对象与评估范围。不同资产评估业务的评估对象存在差异，资产评估机构应当与委托人进行沟通，根据资产评估业务的要求和特点，在资产评估委托合同中表述评估对象和评估范围。资产评估对象通常表述为企业整体资产、股东全部权益、股东部分权益、单项资产或资产组合。资产评估委托合同中应当简要说明纳入评估范围资产的具体类型、分布情况和特性。

④ 评估基准日。资产评估委托合同应当明确资产评估基准日，且评估基准日应当明确到年月日。

⑤ 评估报告使用范围。资产评估委托合同应当明确资产评估报告的使用范围。使用范围包括资产评估报告使用人、用途、评估结论的使用有效期及资产评估报告的摘抄、引用或者披露。

● 资产评估委托合同应当明确资产评估报告使用人。如果存在委托人以外的其他使用人，资产评估委托合同应当明确约定。资产评估委托合同应当约定，资产评估报告仅供资产评估委托合同约定的和法律、行政法规规定的使用人使用，其他任何机构和个人不能成为资产评估报告的使用人。

● 资产评估委托合同应当约定，委托人或者其他资产评估报告使用人应当按照法律、行政法规规定和资产评估报告载明的使用目的及用途使用资产评估报告。委托人或者其他资产评估报告使用人违反前述约定使用资产评估报告的，资产评估机构及其评估专业人员不承担责任。

● 资产评估委托合同应当约定在载明的评估结论使用有效期内使用资产评估报告。

● 资产评估委托合同应当约定，未经委托人书面许可，资产评估机构及其评估专业人员不得将资产评估报告的内容向第三方提供或者公开，法律、行政法规另有规定的除外。

● 资产评估委托合同应当约定，未征得资产评估机构同意，资产评估报告的内容不得被摘抄、引用或者披露于公开媒体，法律、行政法规规定以及相关当事人另有约定的除外。

⑥ 评估报告提交期限和方式。

⑦ 评估服务费总额或者支付标准、支付时间及支付方式。资产评估委托合同中应当约定，资产评估专业人员应当按约定完成评估业务并提交评估报告；委托方应当按约定的评估服务费总额、时间和方式支付评估服务费，不得索要、收受或者变相索要、收受回扣。

⑧ 资产评估机构和委托人的其他权利和义务。

● 资产评估委托合同中应当约定，遵守相关法律、法规和资产评估准则，对评估对象在评估基准日特定目的下的价值进行分析、估算并发表专业意见，是资产评估机构及其评估专业人员的责任；委托人应当对其提供的权属证明、财务会计信息和其他资料的真实性、完整性和合法性负责。

● 资产评估委托合同中应当约定，委托方应当为资产评估专业人员提供必要的工作条件和协助；如果委托方不是资产占有方，委托方应当根据资产评估业务需要就资产评估专业人员与资产占有方之间的协调提供必要协助。

● 委托合同中应当约定，如果资产评估专业人员在执行资产评估业务过程中受到限制，无法完整实施评估计划、执行评估程序，且所受限制对评估结论和评估目的所对应的经济行为构成重大影响，资产评估专业人员无法采取必要措施确信评估结论合理性不受影响，资产评估专业人员可以中止履行委托合同，并及时以书面形式通知委托方。如果委托方等在合理期限内未能排除限制，资产评估专业人员可以终止资产评估业务，解除委托合同。

⑨ 违约责任和争议解决。资产评估委托合同应当约定当事人的违约责任。资产评估委托合同当事人因不可抗力无法履行资产评估委托合同的，根据不可抗力的影响，部分或者全部免除责任，法律另有规定的除外。资产评估委托合同应当约定资产评估委托合同履行过程中产生争议时争议解决的方式和地点。

⑩ 合同当事人签字或盖章的时间。

⑪ 合同当事人签字或盖章的地点。

（3）资产评估委托合同的履行和变更

签约双方应当按照资产评估委托合同的约定全面履行各自的义务。订立资产评估委托合同时未明确的内容，资产评估委托合同当事人可以采取订立补充合同或者法律允许的其他形式做出后续约定。资产评估委托合同订立后发现相关事项存在遗漏、约定不明确，或者在合同履行中约定内容发生变化的，资产评估机构可以要求与委托人订立补充合同或者重新订立资产评估委托合同，或者以法律允许的其他方式对资产评估委托合同的相关条款进行变更。

（4）资产评估委托合同权利和义务的终止

按照规定，资产评估委托合同履行完毕或解除，委托合同中的权利和义务自行终止。同时，签约双方应当履行与委托合同终止相关的通知、协助和保密等义务。

3. 编制资产评估计划

资产评估计划，是资产评估机构及其评估专业人员为执行资产评估业务所拟订的资产评估技术思路和实施方案，包括资产评估业务实施的主要过程及时间进度、人员安排等。由于资产评估项目千差万别，资产评估计划也不尽相同，其详略程度取决于资产评估业务的规模和复杂程度。资产评估机构及其评估专业人员应当根据所承接的具体资产评估项目情况，编制合理的资产评估计划，并根据执行资产评估业务过程中的具体情况，及时修改、补充资产评估计划。

阅读材料 2-1

资产评估计划应当涵盖现场调查、收集资料、评定估算、编制和提交资产评估报告等评估业务实施的全过程。资产评估专业人员应当根据资产评估业务性质和复杂程度等因素确定资产评估计划的繁简程度。资产评估专业人员在编制资产评估计划前，应当与委托方、资产占有方等相关当事方就资产评估计划的要点和重要环节进行沟通，并报资产评估机构负责人审核批准。

编制资产评估计划应当重点考虑以下因素。

① 资产评估目的和资产评估对象状况对资产评估技术路线的影响及资产评估机构的对策、措施安排。

② 资产评估业务风险、资产评估项目规模和复杂程度对资产评估专业人员安排及其构成的要求，限定评估精度、对评估风险的估计及控制措施。

③ 资产评估对象的性质、行业特点和发展趋势。

④ 资产评估项目所涉及资产的结构、类别、数量及分布状况对资产清查范围和清查精度的要求。

⑤ 资产评估项目对相关资料收集的要求及具体安排。

⑥ 委托人和资产占有方过去委托资产评估的经历、诚信状况和提供资料的可靠性、完整性和相关性，判断资产评估项目的风险及对应措施安排。

⑦ 资产评估专业人员的专业胜任能力、经验及专业、助理人员配备情况。

⑧ 资产评估途径和方法的选择及基本要求。

⑨ 资产评估中可能出现的疑难问题及专家利用。

⑩ 资产评估报告撰写要求及委托方制定的特别分类和披露要求。

4. 现场调查

资产评估机构及其评估专业人员执行资产评估业务，应当对资产评估对象进行现场调查，收集权属证明、财务会计信息和其他资料并进行核查验证、分析整理，作为资产评估的依据。进行评估现场调查工作，不仅仅是基于资产评估专业人员勤勉尽责义务的要求，同时也是资产评估程序和操作的必经环节，有利于资产评估机构及其评估专业人员全面、客观地了解评估对象，核实委托方和资产占有方提供资料的可靠性，并通过在资产现场调查过程中发现的问题、线索，针对性地开展资料收集、分析工作。

（1）现场调查的目的

现场调查是资产评估准备工作中的重要一环，其目的主要在于以下 3 个方面。

① 确定委托评估资产的存在性、合法性及完整性。

② 确定委托评估资产与账簿、报表的一致性。

③ 收集委托评估所需的有关数据资料。

（2）现场调查的主要内容

① 了解企业财务会计制度。

② 了解企业内部管理制度，重点是企业资产管理制度。

③ 对企业申报的资产清单进行初审。

④ 对企业申报的各项资产进行核实。

⑤ 对企业申报的各项资产产权进行验证，确认其合法性。

⑥ 对企业申报评估的资产中用于抵押、担保、租赁等特殊用途的资产进行专项核查。

⑦ 对调查中发现申报有误的资产，根据调查结果和有关制度规定进行调整。

⑧ 收集与评估相关的资料。

（3）现场调查的基本要求

① 资产评估专业人员应当通过询问、访谈、核对、监盘、勘查等手段进行调查，获取评估业务需要的资料，了解评估对象现状，关注评估对象法律权属。

② 现场调查应当在资产评估对象或资产评估业务所涉及的主要资产所在地进行。由于资产评估对象和资产评估业务的特殊性，无法在资产评估对象或资产评估业务所涉及的主要资产所在地进行现场调查的，应当执行替代程序，并应在资产评估报告中说明。

③ 资产评估专业人员应当对资产评估业务涉及的主要资产进行资产勘查。由于受到客观条件限制，无法实施资产勘查的，应当执行替代程序，并在资产评估报告中说明。资产评估机构执行某项特定业务缺乏特定的专业知识和经验时，应当采取弥补措施，包括利用专家工作等。

④ 资产评估专业人员在对资产评估对象的存在性、完整性、品质和使用状况等进行调查时，由于评估对象特点、资产规模等评估业务具体情况，无法或不宜对评估范围内的所有资产进行逐项调查的，资产评估专业人员应当与委托方沟通，可以采用评估抽样方式进行调查。

对的确需要进行评估抽样的，资产评估专业人员应当运用专业判断，确定可接受的风险水平，根据可接受的最大允许绝对抽样误差或相对误差、置信度及具体抽样方法等合理确定现场调查的范围、程度，确信现场调查的范围和程度不会影响资产评估结论合理性，并在资产评估报告中对采用评估抽样及为保证评估抽样合理性而采取的措施进行明确说明。

⑤ 资产评估专业人员应当与委托方或通过委托方与资产占有方等相关当事方进行沟通，根据资产评估对象特点约定适当的调查时间和方式。另外，资产评估专业人员应当根据评估业务需要和资产评估业务实施过程中的情况变化及时补充或调整现场调查工作。

5. 收集整理评估资料

资产评估机构及其评估专业人员应当在现场调查的基础上，根据资产评估业务具体情况收集资产评估业务需要的资料。资料收集工作是资产评估业务质量的重要保证，也是进行分析判断进而形成资产评估结论的基础。

资产评估机构及其评估专业人员所收集的评估资料，包括委托人或者其他相关当事人提供的涉及资产评估对象和资产评估范围等资料，从政府部门、各类专业机构及市场等渠道获取的其他资料。资产评估专业人员应当要求委托人或者其他相关当事人提供涉及评估对象和评估范围的必要资料。资产评估专业人员应当要求委托人或者其他相关当事人对其提供的资产评估明细表及其他重要资料进行确认，确认方式包括签字、盖章及法律允许的其他方式。委托人和其他相关当事人依法提供所需资料并保证资料的真实性、完整性、合法性。

资产评估专业人员应当依法对资产评估活动中使用的资料进行核查验证。核查验证的方式通常包括观察、询问、书面审查、实地调查、查询、函证、复核等。超出资产评估专业人员专业能力范畴的核查验证事项，资产评估机构应当委托或者要求委托人委托其他专业机构或者专家出具意见。因法律法规规定、客观条件限制无法实施核查验证的事项，资产评估专业人员应当在工作底稿中予以说明，分析其对评估结论的影响程度，并在资产评估报告中予以披露。如果上述事项对评估结论产生重大影响或者无法判断其影响程度，资产评估机构不得出具资产评估报告。

6. 评定估算形成结论

资产评估机构及其评估专业人员在占有相关资产评估资料的基础上，进入评定估算环节，主要包括分析资产评估资料、恰当选择资产评估方法、形成初步资产评估结论、综合分析确定资产评估结论、资产评估机构内部复核等具体工作步骤。

资产评估机构及其评估专业人员应当根据评估业务具体情况对收集的评估资料进行必要分析，确定其可靠性、相关性和可比性，抛弃不可靠、不相关的信息，对不可比信息进行必要分析和调整，在此基础上恰当选择资产评估方法，并根据业务需要及时补充、收集相关信息。

资产评估专业人员应当根据评估目的、评估对象、价值类型、资料收集等情况，分析市场法、收益法和成本法三种资产评估基本方法的适用性，选择评估方法。在任何资产评估项目中，资产评估专业人员都应当首先考虑三种方法的适用性。如果不采用某种资产评估基本方法，资产评估专业人员应当予以必要说明。在我国资产评估实践中，绝大多数资产评估业务是以成本法为唯一使用的资产评估方法。随着我国资产评估理论和实践的发展，特别是市场发育的日趋成熟，应当提倡资产评估专业人员根据评估对象、评估目的及资料收集情况等相关条件恰当地选择资产评估方法，并说明选择资产评估方法的理由。除依据评估执业准则只能选择一种评估方法的外，应当选择两种以上评估方法，经综合分析，形成评估结论，编制资产评估报告。

资产评估专业人员应当根据所采用的评估方法，选取相应的公式和参数进行分析、计算和判断，形成测算结果。采用成本法，应当合理确定完全重置成本和各相关贬值因素；采用市场法，应当合理确定参照物的信息资料，根据评估对象与参照物的差异进行必要调整；采用收益法，应当合理预测未来收益，合理确定收益期和折现率等相关参数。

资产评估专业人员应当对形成的测算结果进行综合分析，形成合理评估结论。对同一评估对象采用多种评估方法时，应当对采用各种方法评估形成的测算结果进行分析比较，形成合理评估结论。

7. 编制出具评估报告

资产评估机构及其评估专业人员在执行必要的资产评估程序、形成资产评估结论后，应当根据法律、法规和资产评估准则的要求进行内部审核后出具资产评估报告。资产评估报告的主要内容包括：标题及文号、目录、声明、摘要、正文、附件等。资产评估机构及其评估专业人员可以根据资产评估业务性质和委托方或其他评估报告使用者的要求，在遵守资产评估报告规范和不引起误导的前提下，选择恰当的资产评估报告详略程度。

资产评估机构应当按照法律、行政法规、资产评估准则和资产评估机构内部质量控制制度，对初步资产评估报告进行内部审核。资产评估机构出具资产评估报告前，在不影响对评估结论进行独立判断的前提下，可以与委托人或者委托人同意的其他相关当事人就资产评估报告有关内容进行沟通，对沟通情况进行独立分析，并决定是否对资产评估报告进行调整。

资产评估机构及其评估专业人员完成上述资产评估程序后，由资产评估机构出具并提交正式资产评估报告。

8. 整理归集评估档案

资产评估档案，是指资产评估机构开展资产评估业务形成的，反映资产评估程序实施情况、支持评估结论的工作底稿、资产评估报告及其他相关资料。资产评估机构及其评估专业人员在向委托人提交资产评估报告后，应当对资产评估工作底稿、资产评估报告及其他相关资料进行整理，形成资产评估档案。纳入资产评估档案的资产评估报告应当包括初步资产评估报告和正式资产评估报告。资产评估机构应当按照法律、行政法规和资产评估准则的规定建立健全资产评估档案管理制度并妥善管理资产评估档案。

（1）工作底稿的编制

执行资产评估业务，应当遵守法律、行政法规和资产评估准则，编制工作底稿。工作底稿应当反映资产评估程序实施情况，支持评估结论。工作底稿应当真实完整、重点突出、记录清晰。资产评估机构及其评估专业人员可以根据资产评估业务具体情况，合理确定工作底稿的繁简程度。工作底稿可以是纸质文档、电子文档或者其他介质形式的文档，资产评估机构及其评估专业人员应当根据资产评估业务具体情况和工作底稿介质的理化特性谨慎选择工作底稿的介质形式。

工作底稿通常分为管理类工作底稿和操作类工作底稿。管理类工作底稿是指在执行资产评估业务过程中，为受理、计划、控制和管理资产评估业务所形成的工作记录及相关资料。操作类工作底稿是指在履行现场调查、收集评估资料和评定估算时所形成的工作记录及相关资料。

管理类工作底稿通常包括以下内容：

① 资产评估业务基本事项的记录；

② 资产评估委托合同；

③ 资产评估计划；

④ 资产评估业务执行过程中重大问题处理记录；

⑤ 资产评估报告的审核意见。

操作类工作底稿的内容因评估目的、评估对象和评估方法等不同而有所差异，通常包括以下内容。

① 现场调查记录与相关资料，通常包括：

● 委托人或者其他相关当事人提供的资料，如资产评估明细表，评估对象的权属证明资料，与评估业务相关的历史、预测、财务、审计等资料，以及相关说明、证明和承诺等；

● 现场调查记录、书面询问记录、函证记录等；

● 其他相关资料。

② 收集的评估资料，通常包括：市场调查及数据分析资料，询价记录，其他专家鉴定及专业人士报告，其他相关资料。

③ 评定估算过程记录，通常包括：重要参数的选取和形成过程记录，价值分析、计算、判断过程记录，评估结论形成过程记录，与委托人或者其他相关当事人的沟通记录，其他相关资料。

资产评估专业人员收集委托人或者其他相关当事人提供的资产评估明细表及其他重要资料作为工作底稿，应当由提供方对相关资料进行确认，确认方式包括签字、盖章或者法律允许的其他方式。资产评估项目所涉及的经济行为需要批准的，应当将批准文件归档。工作底稿中应当反映内部审核过程。资产评估专业人员应当根据资产评估业务特点和工作底稿类别，编制工作底稿目录，建立必要的索引号，以反映工作底稿间的勾稽关系。

（2）资产评估档案的归集和管理

资产评估专业人员通常应当在资产评估报告日后 90 日内将工作底稿、资产评估报告及其他相关资料归集形成资产评估档案，并在归档目录中注明文档介质形式。重大或者特殊项目的归档时限为评估结论使用有效期届满后 30 日内。

资产评估委托合同、资产评估报告应当形成纸质文档。评估明细表、评估说明可以是纸质文档、电子文档或者其他介质形式的文档。同时以纸质和其他介质形式保存的文档，其内容应当相互匹配，不一致的以纸质文档为准。

资产评估机构应当在法定保存期内妥善保存资产评估档案，保证资产评估档案安全和持续使用。资产评估档案自资产评估报告日起保存期限不少于 15 年；属于法定资产评估业务的，不少于 30 年。资产评估档案应当由资产评估机构集中统一管理，不得由原制作人单独分散保存。

资产评估机构不得对在法定保存期内的资产评估档案非法删改或者销毁。资产评估档案的管理应当严格执行保密制度。除下列情形外，资产评估档案不得对外提供：国家机关依法调阅的；资产评估协会依法依规调阅的；其他依法依规查阅的。

2.2.2　执行资产评估程序的基本要求

考虑到资产评估程序的重要性，资产评估机构及其评估专业人员在执行资产评估程序中应当符合以下要求。

① 资产评估机构应当在国家和资产评估行业规定的资产评估程序的基础上，建立、健全资产评估程序制度。由于资产评估机构及其评估专业人员专业胜任能力、执业经验各自不同，所承接的主要业务范围和执业风险也各有不同，资产评估机构应当结合本机构的实际情况，在资产评估基本程序的基础上进行细化，形成本机构资产评估程序制度，并在资产评估

执业过程中切实履行，不断完善。

② 资产评估机构及其评估专业人员执行资产评估业务，应当根据资产评估业务的具体情况及重要性原则确定所履行各基本程序的繁简程度。在没有正当理由和可靠依据的情况下，不得随意减少资产评估基本程序。资产评估机构及其评估专业人员应当而且仅当在执行必要资产评估程序后，才能形成和出具资产评估报告。

③ 资产评估机构应当建立相关工作制度，指导和监督资产评估项目经办人员及助理人员实施资产评估程序。

④ 执行资产评估业务，因法律法规规定、客观条件限制，无法或者不能完全履行资产评估基本程序，经采取措施弥补程序缺失，且未对评估结论产生重大影响时，资产评估机构及其评估专业人员可以继续开展业务，对评估结论产生重大影响或者无法判断其影响程度的，不得出具资产评估报告。

阅读材料 2-2

⑤ 资产评估专业人员应当记录评估程序履行情况，形成工作底稿，并将主要资产评估程序执行情况在资产评估报告中予以披露。

2.3 资产评估中相关信息的收集与分析

从资产评估过程看，资产评估实际上就是对被评估资产的信息进行资料收集、分析判断并做出披露的过程。对资产评估加以严格的程序要求，其目的是要保证评估对象资料收集、分析的充分性和合理性。因此，资产评估专业人员应当了解信息的收集渠道、收集方法及信息分析处理方法，并能熟练地加以运用，以避免对资产评估的程序控制流于形式。

1. 资产评估需要收集的信息

资产评估专业人员应当独立获取资产评估所依据的信息，并确信信息来源是可靠的和适当的。资产评估专业人员在执行业务过程中，也需要收集包括委托方在内的各方人员提供的信息资料。资产评估专业人员在评估过程中所依据的所有信息，应当是其在力所能及的条件下认为是可靠和适当的，同时为达到这种确信程度而采取的必要措施应当是行业内所公认的。

资产评估专业人员在资产评估过程中，应当考虑下列相关信息。

① 有关资产权利的法律文件或其他证明材料。其中，主要的产权证明文件包括：

● 房地产的权属证书、建设规划许可证、用地规划许可证、项目批准文件、开工证明、出让及转让合同、购买合同、原始发票等；

● 在建工程的规划、批文；

● 设备的购买合同、原始发票等；

● 无形资产的专利证书、专利许可证、专有技术许可证、特许权许可证、商标注册证、版权许可证等；

● 金融资产投资合同；

● 银行借款合同。

② 资产的性质、目前和历史状况信息。其中，主要资料包括：

● 房地产的图纸、预决算资料；

● 在建工程的种类、开工时间、预计完工时间、承建单位、筹资单位、筹资方式、成本构成、工程基本说明及计划等；

● 设备的技术标准、生产能力、生产厂家、规格型号、取得时间、起用时间、运行状况、大修理次数、大修理时间、大修理费用、设备与工艺要求的配套情况等；

● 存货的数量、计价方式、存放地点、主要原材料近期进货价格统计表等；

● 应收及预付款的账龄统计表、主要赊销客户的信誉及经营情况、坏账政策和应收款回收计划等；

● 长期项目投资的明细表，包括被投资企业、投资金额、投资期限、起止时间、投资比例、年收益、收益分配方式、账面成本等；

● 原始证据主要包括评估基准日的财务报表、盘点表、对账单、调节表、应收及应付询证函、盘盈及盘亏、报废资产情况说明及证明材料等。

③ 有关资产的剩余经济寿命和法定寿命信息。在资产现场调查过程中，资产评估专业人员应当了解资产的设计寿命，并通过技术鉴定了解和判断资产的剩余物理寿命和经济寿命。

④ 资产的使用范围和获利能力信息。资产评估专业人员可以通过核实资产占有方的营业执照了解被评估资产的经营范围和使用范围，并通过技术鉴定掌握资产的可使用范围和空间。

⑤ 资产以往的评估及交易情况信息。资产评估专业人员通过查询有关账簿及相关资料，了解被评估对象以往的评估和交易情况。

⑥ 资产转让的可行性信息。资产评估专业人员通过查询有关交易合同及意向书并向相关的市场调查，了解被评估资产转让的可行性信息。

⑦ 类似资产的市场价格信息。资产评估专业人员应通过市场调查了解和掌握与评估对象类似资产的市场价格信息。

⑧ 卖方承诺的保证、赔偿及其他附加条件。

⑨ 可能影响资产价值的宏观经济前景信息。

⑩ 可能影响资产价值的行业状况及前景信息。

⑪ 可能影响资产价值的企业状况及前景信息。

⑫ 其他相关信息，如各类资产负债清查表、登记表、评估申报明细表；资产、负债清查情况及调整说明；委托方营业执照及其他材料等。

2. 资产评估资料来源

在执行资产评估业务过程中，资产评估专业人员所依据的信息通常是由资产所有者或占有者的内部资料和外部资料所构成。

1）收集资产所有者或占有者的内部资料

资产所有者或占有者的内部资料，通常是与被评估目标资产直接相关的信息。这些内部信息主要包括公司历史沿革、组织机构、宣传手册及目录、关键人员、客户及供应商信息、合同义务、有关目标资产的历史经营情况及其未来发展前景的信息，如财务报告等。一般情况下，分析人员应收集的资料还包括目标资产的相关文件，如产权证明、技术说明等；使资产达到目前状态（截至评估基准日）花费的所有成本；涉及目标资产及类似资产的交易；作为企业现行经营一部分资产的未来应用及效用。资产预期剩余使用寿命是评估的重要组成部分，因此应收集资产的预期剩余使用寿命方面的信息，以及法律、合同、物理、功能、技术和经济等影响因素的信息。

资产评估专业人员通常应事先编制常见的企业评估资料需求表，由资产所有者或占有者根据需求表提供信息。资产所有者或占有者可能并不具有现成的信息资料，这时就需要资产评估专业人员在资产所有者或占有者的协助下进行调查后取得。

2）收集资产所有者或占有者的外部资料

在资产评估中，应注重获得外部信息并加以利用。这些外部信息一般包括行业资料、技术发展趋势、宏观经济及人口统计资料、市场交易定价资料等。这些外部资料一般来源于公开市场和公共信息领域，如市场、政府、新闻媒体、行业协会等。

（1）市场信息

公开市场是评估人员获取信息资料的最主要来源。市场信息具有公开性、直接性等特点，同时直接获得的市场信息也可能存在未充分反映交易内容专业和条件的问题，因此对市场信息的收集应当尽可能全面，并进行必要的分析调整。资产评估人员应当掌握必要的市场信息渠道，在日常工作中收集必要的市场信息，并根据具体评估业务的需要，及时获得与评估业务相关的市场信息。

（2）政府部门

许多企业信息可通过查看各级政府部门的资料获取，如各级工商行政管理部门都保存有注册公司的基本登记信息。政府部门资料包括有关产业的统计数据，这些数据对资产评估中分析行业及产业状况非常重要，包括详尽的库存情况、生产情况、需求情况等。政府部门的资料一般比较正式，具有较高的权威性和可信度，但在时效性等方面也可能存在问题。

（3）证券交易机构

有关上市公司的资料可在证券交易所查询。上市公司必须向监管部门和证券交易所提交年度报告和中期报告，并予以公告。上市公司的这些公开信息要接受注册会计师的审计，反映的情况较为可靠，评估专业人员查询并收集这些信息也较为方便。利用这些信息，评估专业人员不仅可以了解资产所有者的状况，也可了解其竞争对手状况及其所处行业的情况。对于未上市公司，也可从上市公司中挑选可比的对象作为目标公司的参照物，进行比较分析，以了解相关状况。

（4）新闻媒体

新闻媒体一般包括公共媒介、专业杂志等。新闻媒体信息不仅包含了原始信息，并且通常都有一些分析评论，有助于资产评估专业人员加深对所需信息的理解，并能节约分析时间。但应注意，新闻媒体在宣传报道时往往带有一定的倾向性，资产评估专业人员应注意对所收集信息的分析鉴别。对资产评估专业人员来说，更应关注权威杂志所披露的信息，其内容往往更详细，分析也较有深度。

（5）行业协会及其出版物

行业协会及其出版物也是资产评估信息的重要来源。通常可从行业协会得到有关产业结构与发展情况、市场竞争情况等信息，还能咨询到有关专家的意见。行业协会一般都出版该行业的专业刊物和书籍，这些出版物是了解该行业情况的重要资料来源。

（6）学术出版物

已经出版的关于资产评估和经济分析的文章可以从绝大部分的公共图书馆和学术图书馆中找到，还可查询学术和行业出版的论文资料，通过这些出版物可以收集有关信息资料。但利用国外信息资料一定要谨慎，应在研究适用条件的基础上加以适当调整后再加以利用。随着我国社会主义市场经济的逐步建立，这方面的书籍、杂志和有关资料也在逐步增多，应当注意收集。

3. 资产评估信息的初步处理

资产评估收集的信息量大、涉及面广，资产评估专业人员应对所收集的信息资料进行必要的分析，做到去伪存真、去粗取精。

1) 资产信息资料的分析

资产信息资料的分析，是指对资产信息资料合理性和可靠性的识别。由于收集资料的方法多种多样、信息资料的来源也多种多样，这就使得收集的资料难免有失真情况。对于失真信息资料要及时鉴别，并予以剔除。另外，对所收集的数据是否具有合理性、相关性也需进行分析，以提高评估所依据信息的可靠性。资产信息资料的分析，通常可通过确定信息源的可靠性和资料本身可靠性解决。信息源的可靠性可通过考察以下因素加以判断：该渠道过去提供信息的质量；该渠道提供信息的动因；该渠道是否被通常认为是该种信息的合理提供者；该渠道的可信度。

信息资料本身的可靠性可通过参考其他来源查证，必要时也可以进行适当的调查验证。实践中常采用电话询问查证和扩大调查范围的做法。

根据信息的准确度和信息源的可靠性可将收集的信息"定级"。这种"定级"不仅能帮助资产评估专业人员分析所收集的信息，而且还能帮助资产评估专业人员掌握各种信息源的概况。资产评估专业人员积累对信息源可靠性进行评价的相关资料，对未来的信息收集十分有用。通常信息源的可靠性可以分为完全可靠、通常可靠、比较可靠、通常不可靠、不可靠、无法评价可靠性；信息本身的准确度可以分为经其他渠道证实、很可能是真实的、可能是真实的、真实性值得怀疑、不可能、无法评估其真实性。

2) 资产信息资料的筛选与调整

在资产信息资料进行鉴定的基础上，要对资产信息资料进行筛选、整理和分类。一般可将鉴定后的资产信息资料按以下 2 种标准进行分类。

（1）按信息可用性划分

① 可用性信息。可用性信息是指在某一具体评估项目中可以作为评估依据的资产信息资料。

② 有参考价值信息。有参考价值信息是指资产信息资料是与评估项目有联系的，是评估时需注意或考虑的重要因素。

③ 不可用信息。不可用信息是指在某一个具体评估项目中，与此项评估业务没有直接联系或根本无用的资产信息资料。

（2）按信息来源划分

① 一级信息。一级信息是指从信息源收集的未经处理的信息。这些信息是没有经过变动、调整或根据有关人员的观点进行处理的，如公司年度财务报告、证券交易所定期或临时报告或其他出版物。此外，资产评估专业人员直接观察到的信息、政府资料也可被视作一级信息。一级信息的可靠性高，是资产评估专业人员分析的最重要资料。

② 二级信息。二级信息提供的是变动之后的信息。二级信息比一级信息更容易找到，包括报纸、杂志、行业协会出版物及有关公司分析报告等提供的信息。二级信息是自更大信息源选择加工而来，或是从某个角度改动过的信息，具有重点突出、容易理解的特点，如证券分析师的投资分析报告等。二级信息可以帮助资产评估专业人员更全面地了解目标公司及所处产业的状况。对该类信息，资产评估专业人员应当进行去伪存真和去粗取精的分析。

4. 资产评估常用的逻辑分析方法

1）比较

比较就是对照各个事物，以确定其差异点和共同点的逻辑方法。事物间的差异性和同一性是进行比较的客观基础。比较是人类认识客观事物、揭示客观事物发展变化规律的一种基本方法。在资产评估中，比较分析法是一种应用十分广泛的方法，如市场法就是一种通过比较分析确定资产价值的方法。通过对不同来源的信息进行比较分析，还可鉴定其可靠性和准确性。

比较通常有时间上的比较和空间上的比较两种类型。时间上的比较是一种纵向比较，即将同一事物在不同时期的某指标（如资产的性能、成本等）进行对比，以便动态地认识和把握该事物发展变化的历史、现状和趋势。空间上的比较是一种横向比较，即将某一时期不同国家、不同地区、不同企业的同类事物进行对比，找出差距。在资产评估中，时间上的比较和空间上的比较往往是彼此结合的。运用比较分析法时，需要注意以下3点。

① 可比性。可比性是指进行比较的各个对象必须具有共同的基础，包括时间可比性、空间可比性和内容可比性。时间可比性是指所比较的对象应当是同期的；空间可比性是指在比较时应注意国家、地区、行业等空间差异；内容可比性是指在比较时要注意所比较的对象、内容、范畴的一致性。

② 比较方式的选择。不同的比较方式会产生不同的结果，并可用于不同的目的。例如，时间比较可反映某一事物的动态变化趋势，可用于预测未来；空间比较可找到不同比较对象之间的差距。

③ 比较内容的深度。在比较时，应注意不要被所比较对象的表面现象所迷惑，而应该深刻把握决定其价值的本质特征。

2）分析与综合

（1）分析

分析就是把客观事物整体按照研究目的的需要分解为各个具体的构成要素，并根据事物之间或事物内部各要素之间的特定关系，通过由此及彼、由表及里的研究，正确认识事物的一种逻辑方法。在分析某一事物时，常常要将事物逻辑地分解为多个要素。只有通过分解，才能找到这些要素，才能通过研究，找出这些要素中影响客观事物发展变化的主要或关键要素。例如，有些行业的企业业绩受技术进步影响较大，而另外一些行业的企业业绩受营销能力影响较大。

在资产评估中，事物之间及构成事物整体的各要素之间的关系是错综复杂、形式多样的。

① 因果分析。因果分析是客观事物各种现象之间一种普遍的联系形式。引起某种现象出现的现象就是原因，由于原因作用而产生的现象就是结果。假如只要当某一现象出现，继而另一现象必定会随之发生，就认为这两个现象具备因果关系。其中先行现象称为原因，后续现象称为结果。从客观事物的这种因果关系出发，由原因推导出结果，或者由结果探究出原因的分析方法，就是因果分析。通过因果分析，可以找出事物发展变化的原因，认识和把握事物发展的规律和方向。

② 表象和本质分析。表象和本质是揭示客观事物外部表现和内部联系之间相互关系的一对哲学范畴。表象是事物的表面特征及这些特征之间的外部联系；本质是事物的根本性质，是构成事物的各种必不可少要素的内在基本联系。由于本质是通过表象以某种方式表现

出来的，因此两者之间存在一定关系。利用事物表象和本质之间的这种关系进行分析的方法，就是表象和本质分析。利用表象和本质分析，可达到由表及里、透过事物表象把握其内在实质的目的。

③ 相关分析。客观事物之间除了因果关系、表象与本质关系外，还存在其他相关关系，如科技与经济发展、市场供给与需求、市场风险与收益、股票价格与业绩等。在资产评估中，需要对收集的资料作相关性分析，从而找出影响研究目标的主要因素。

④ 典型分析。典型分析是对一个或几个具有代表性的典型事例，就其核心问题进行深入分析和研究的方法。这种方法涉及面不宽，但却能深入了解同类事物的性质和发展趋势。在资产评估中，如果涉及的类似目标资产数量较大，可采用典型分析法，既能全面把握其实质，又能节约时间。

（2）综合

综合是同分析相对立的一种分析方法，是指人们在思维过程中将与研究对象有关的众多分散的各个要素联系起来考虑，从错综复杂的现象中探索它们之间的相互关系，从整体角度把握事物本质和规律的一种逻辑方法。综合把对研究对象各个要素之间的认识统一为整体的认识，从而把握事物的本质和规律。

在资产评估中，综合分析是一种行之有效的方法。它将多种来源、内容各异的分散信息按特定目的进行汇集、整理、归纳和提炼，从而形成系统全面的认识。例如，影响一项资产价值的因素多种多样，资产评估专业人员通常需要收集大量的关于目标资产的信息资料，包括技术性能、市场前景、相关技术发展状况及所属行业经营历史与现状等。资产评估专业人员只有对所涉及的大量信息资料进行综合考虑，才能准确评定目标资产的价值。

3）推理

推理是由一个或几个已知判断推出一个新判断的思维模式，即在掌握一定的已知事实、数据或因素相关性的基础上，通过因果关系或其他相关关系顺次、逐步地推论，最终得出新结论的一种逻辑方法。任何推理都包含三个要素：一是前提，即推理所依据的一个或几个判断；二是结论，即由已知判断推出的新判断；三是推理过程，即由前提到结论的逻辑关系形式。在推理时，要想获得正确的结论，必须注意两点：一是推理的前提必须是准确无误的；二是推理的过程必须是合乎逻辑思维规律的。推理是一种重要的逻辑方法，在信息分析与预测中有着广泛的应用。例如，通过对某些已知事实或数据及其相关性的严密推理，可以获得一些未知的事实或数据，如科技发展动向、技术优势和缺陷、市场机会和威胁等；通过对科技、技术经济、市场等的历史、现状的逐步推理，可以推测出其未来的发展趋势。

常用的推理方法有以下 2 种。

① 演绎推理。演绎推理是指借助一个共同的概念把两个直言判断联系起来，从而推出一个新结论的推理，是由一般到个别的推理方法。它以普遍性的事实或数据为前提，通过一定程式的严密推论，最后得出新的、个别的结论，因而是一种典型的必然性推理。这种推理只要前提准确无误，推理过程合乎逻辑，所推出的结论必然是正确的和可信的。

② 归纳推理。归纳推理是指由个别到一般的推理，即由关于特殊对象的知识得出一般性的知识。在信息分析与预测中，简单枚举推理是常见的一种推理形式，它是通过简单枚举某类事物的部分对象的某种情况，在枚举中又没有遇到与此相矛盾的情况，从而得出这类事物的所有对象具有此种情况的归纳推理。

阅读材料 2-3

关 键 概 念

资产评估程序　资产评估委托合同　资产评估计划　资产评估档案

复习思考题

1. 执行资产评估业务，应当遵守哪些基本程序？
2. 资产评估委托合同包括哪些主要内容？
3. 资产评估前进行风险评价应考虑哪些因素？
4. 资产评估计划的主要内容是什么？
5. 资产现场调查的主要内容是什么？
6. 如何收集并分析资产评估的相关信息？

练 习 题

一、多项选择题

1. 明确资产评估业务基本事项包括（　　）。
   A. 评估目的　　　　　　　　　　　B. 委托方基本情况
   C. 评估计划　　　　　　　　　　　D. 评估委托合同
   E. 评估基准日
2. 资产评估委托合同的基本内容包括（　　）。
   A. 评估目的　　　　　　　　　　　B. 评估基准日
   C. 评估计划　　　　　　　　　　　D. 评估假设
   E. 评估收费
3. 资产评估计划应当重点考虑的因素包括（　　）。
   A. 评估基准日　　　　　　　　　　B. 评估收费
   C. 评估目的　　　　　　　　　　　D. 评估对象性质
   E. 评估对象结构

二、判断题

1. 资产评估计划一经确定就不得改动。　　　　　　　　　　　　　　（　　）
2. 资产评估程序是规范资产评估行为、提高资产评估业务质量的重要保证。（　　）
3. 只要执行了资产评估程序就可以防范资产评估风险。　　　　　　　（　　）
4. 合理确定资产评估基准日有助于减少和避免不必要的资产评估基准日期后事项。

（　　）

第3章 资产评估基本方法

本章导读

资产评估方法是评估资产价值的技术手段，在资产评估中发挥着重要的作用。资产评估基本方法包括成本法、市场法和收益法。

成本法，是指在被评估资产重置成本的基础上，扣减其各项损耗价值，从而确定被评估资产价值的方法。市场法，是指通过比较被评估资产与可参照交易资产的异同，并据此对可参照资产的市场价格进行调整，从而确定被评估资产价值的方法。收益法，是指通过估算被评估资产未来预期收益并折算成现值，借以确定被评估资产价值的方法。

成本法、市场法和收益法是资产评估的三种基本方法，在选择时不但应与资产评估价值类型相适应、与评估对象相适应，而且还要受可收集数据和信息资料的制约，因此在选择时应统筹考虑。

3.1 成 本 法

3.1.1 成本法的基本原理

1. 成本法的含义

成本法，是指在被评估资产重置成本的基础上，扣减其各项损耗价值，从而确定被评估资产价值的方法。

成本法的基本思路是：先计算被评估资产的重置成本，即按现时市场条件重新购建与被评估资产功能相同的处于全新状态下的资产所需要的全部耗费，然后再减去各项损耗价值。由于资产价值是一个变量，影响资产价值量变化的因素除了市场价格以外还有许多，如因使用磨损和自然力作用而产生的实体性贬值、因技术进步而产生的功能性贬值、因外部环境变化而产生的经济性贬值等。这种评估思路可以用公式表示为：

$$资产评估价值=重置成本-实体性贬值-功能性贬值-经济性贬值$$

由于被评估资产的取得成本的有关数据和信息来源较广泛，并且资产重置成本与其现行市价及收益现值也存在内在联系和替代关系，因而成本法是一种广泛应用的评估资产价值的方法。

2. 成本法的前提

成本法是从重新取得被评估资产的角度反映资产价值，即通过资产的重置成本扣减其各项损耗价值确定被评估资产价值的方法。因此，只有在被评估资产处于继续使用的状态下，重新取得被评估资产的支出才能构成其价值的组成内容。资产的继续使用不仅仅是一个物理上的概念，它包含着有效使用资产的经济意义。只有当资产能够继续使用并且在继续使用中为潜在所有者或控制者带来经济利益，资产的重置成本才能为那些潜在投资者和市场所接受。从这个意义上讲，成本法主要适用于继续使用前提下的资产评估。对于非继续使用前提下的资产，如果运用成本法进行评估，需要对成本法的基本要素进行必要的调整。采用成本法评估资产应该具备以下 4 个前提条件。

① 具有可比性的资产。被评估资产的实体特征、内部结构及其功能必须与假设的重置全新资产具有可比性。

② 具备可利用的资料。成本法的运用是建立在历史资料基础上的，如复原重置成本的计算、成新率的计算等，要求这些历史资料可以收集。

③ 形成资产价值的各种耗费是必须的。虽然成本法是从成本耗费的角度评估资产的价值，但是这些成本耗费应该是取得资产所必须付出的代价，或者说应该体现整个社会或行业的平均成本耗费水平，而不是某项资产的个别成本耗费水平。

④ 被评估资产必须是可以再生或复制的。不能再生或复制的被评估资产，如土地、矿藏等，一般不适用成本法。

3. 成本法的基本要素

成本法在运用过程中主要涉及重置成本、实体性贬值、功能性贬值和经济性贬值 4 个基本要素。

（1）重置成本

重置成本是指资产的现行再取得成本。按其确定依据可分为复原重置成本和更新重置成本两类。复原重置成本是指采用与评估对象相同的材料、相同的建筑或制造标准、相同的设计、相同的规格及技术等，以现时价格水平重新购建与评估对象相同的全新资产所发生的费用。更新重置成本是指采用新型材料、现代建筑或制造标准、新型设计、新型规格及技术等，以现时价格水平购建与评估对象具有同等功能的全新资产所发生的费用。

复原重置成本和更新重置成本的确定均采用资产的现行价格，区别在于采用的材料、标准、设计等存在差异。应该注意的是，即便是更新重置成本也没有完全改变被评估资产的原有功能。

在计算重置成本时，如果同时拥有计算复原重置成本和更新重置成本的信息资料，应选择计算更新重置成本。其理由有两点：一是更新重置成本比复原重置成本便宜，因为新技术提高了劳动生产率，采用新技术生产相同功能的资产所需的必要劳动时间减少，根据资产评估的替代原则应选择更新重置成本；二是采用新型设计、材料、工艺制造的资产无论从使用性能还是从成本耗费方面，都会优于旧资产。由此可见，更新重置成本与复原重置成本的差异主要体现在超额投资成本与超额运营成本两个方面。

值得注意的是，在资产评估中一般不刻意计算超额投资成本，往往只计算超额运营成本。因为在计算重置成本时，如果采用重置核算法或功能系数法，所选用的价格均为现行价格。该价格既反映了现行物价水平下被评估资产的价格，也反映了现有技术条件下生产该类资产的社会必要劳动时间，这说明在重置成本的计算中已将超额投资成本剔除。而采用物价指数法计算的重置成本则没有考虑因劳动生产率提高而产生的超额投资成本问题。

（2）实体性贬值

实体性贬值，也称有形损耗，是指资产由于使用磨损和自然力作用而导致的物理性能损耗或作用下降而引起的资产价值损失。例如，轮船在航行中不断受到海水的侵蚀，就会产生实体性贬值。资产的实体性贬值通常采用相对数即实体性贬值率计量，公式表示为：

$$实体性贬值率 = \frac{实体性贬值}{重置成本} \times 100\%$$

（3）功能性贬值

功能性贬值，是指由于新技术的推广和使用，使得原有资产在技术上明显落后、性能降低而造成的资产价值损失，包括超额投资成本引起的功能性贬值和超额运营成本引起的功能性贬值。引起功能性贬值的原因很多，如新技术的出现导致劳动生产率的提高而使原有资产贬值，生产方法的改进导致劳动生产率提高而使原有资产贬值，由于分工日益细密导致劳动生产率提高而使原有资产贬值等。

（4）经济性贬值

经济性贬值，是指由于外部环境的变化，引起资产闲置、收益下降等造成的资产价值损失。引起经济性贬值的原因主要有：

① 竞争加剧，社会总需求减少，导致资产开工不足；

② 原材料供应不畅，导致生产中断；

③ 原材料成本增加，导致企业费用上升；

④ 在通货膨胀情况下，国家实行高利率政策，导致企业负担加重；

⑤ 国家产业政策变动；

⑥ 环境保护；

⑦ 其他原因。

3.1.2　成本法的具体评估方法

通过成本法评估资产价值，不可避免要涉及被评估资产的重置成本、实体性贬值、功能性贬值和经济性贬值四大要素。成本法中的各种具体方法实际上都是在成本法的基本评估思路的基础上，围绕上述基本要素采用不同的方法测算形成的。

1. 重置成本的估算

估算重置成本的方法有多种，如重置核算法、价格指数法、功能系数法等。评估时可根据具体评估对象和可以获得的资料进行选择。

1）重置核算法

重置核算法，也称加和分析法，是利用成本核算的原理，根据重新取得资产所需的费用支出项目，逐项计算并累加得到资产的重置成本。在实际测算过程中又具体划分为两种类型：购买型和自建型。其中，购买型是以购买资产的方式作为资产的重置过程，而自建型是把自建资产作为重置资产的方式。无论是购买型还是自建型，其重置成本的计算公式为：

$$重置成本 = 直接成本 + 间接成本$$

上式中，直接成本是指购建全新资产时所花费的直接计入购建成本的那部分成本，如购置费用、运输费用、安装调试的材料和人工费用等，通常按现时价格标准计算，逐项加总后得出。间接成本是指购建过程中不能直接计入的成本，但又是与资产形成有关的一些支出，如购置资产所发生的管理费、前期准备费、总体设计制图费、维修费等，对间接成本往往采取一定的标准和方法进行分配，以便使资产成本真实反映购建资产时的实际耗费情况。通常对间接成本的分配可以采用人工成本比例法、单位价格法（工作量比重法）、直接成本比例法等。如果间接成本金额较小，则可以忽略不计。

【例3-1】 重置购建设备一台，现行市场价格每台60 000元，运杂费1 000元，直接安装成本800元，其中：原材料300元，人工成本500元。根据统计分析，安装成本中的间接成本为人工成本的80%。该机器设备重置成本为：

直接成本：60 000+1 000+800=61 800（元）

间接成本（安装成本）：500×80%=400（元）

重置成本：61 800+400=62 200（元）

重置核算法既适用于计算复原重置成本，也适用于计算更新重置成本。但采用重置核算法的前提是能够获得全新状态的被评估资产的现行市价。

2）价格指数法

如果无法获得处于全新状态的被评估资产现行市价，也无法获得与被评估资产相类似的参照资产的现行市价，就只能根据资产的历史成本（或账面价值）通过价格变动指数调整确定被评估资产的重置成本，这种方法称为价格指数法。其计算公式为：

$$资产重置成本 = 资产历史成本 \times 价格指数$$

或

$$资产重置成本 = 资产历史成本 \times (1+价格变动指数)$$

式中，价格指数可以是定基价格指数，也可以是环比价格指数。其中，定基价格指数是评估基准日的价格指数与资产购建时的价格指数之比，即：

$$定基价格指数 = \frac{评估基准日价格指数}{资产购建时价格指数} \times 100\%$$

环比价格指数通常可考虑按以下公式计算：

$$X = (1+a_1) \times (1+a_2) \times (1+a_3) \times \cdots \times (1+a_n) \times 100\%$$

式中：X——环比价格指数；

a_n——第 n 年环比价格变动指数，$n=1，2，3，\cdots$

公式中，资产的历史成本要求真实、准确，并符合社会平均的合理成本，所采用的物价指数应是资产的类别或个别物价指数。

在运用价格指数法时，一定要选择同类资产的价格指数，一般不用通货膨胀指数，否则无法代表被评估资产的价格及其变动趋势，从而影响资产评估值的准确性。

【例3-2】 某项资产购建于2×14年，账面原值为15万元，2×18年进行评估，已知2×14年和2×18年该类资产的定基物价指数分别为110%和140%。则该项资产的重置成本为

$$被评估资产重置成本 = 15 \times \frac{140\%}{110\%} = 19.09（万元）$$

【**例 3-3**】　某项资产购建于 2×14 年，账面原值为 15 万元，2×18 年进行评估，已知 2×14 年至 2×18 年该类资产价格每年上涨 12%。则该项资产的重置成本为

$$被评估资产重置成本 = 15 \times (1 + 12\%)^4 = 23.60 \ （万元）$$

价格指数法和重置核算法是估算重置成本的两种常用方法，二者具有以下区别。

① 价格指数法估算的重置成本，仅考虑了价格变动因素，因而确定的是复原重置成本；而重置核算法既考虑了价格变动因素，也考虑了生产技术进步和劳动生产率的变化因素，因而可以估算复原重置成本和更新重置成本。

② 价格指数法建立在不同时期的某种或某类甚至全部资产的物价变动水平上；而重置核算法建立在现行价格水平与购建成本费用核算的基础上。

明确价格指数法和重置核算法的区别，有助于重置成本估算方法的判断与选择。科学技术进步较快的资产，采用价格指数法估算的重置成本通常偏高。当然，价格指数法和重置核算法也有其共同点，即都是建立在利用历史资料的基础上，分析判断资产评估时重置成本口径与委托方提供历史资料的口径差异，是这两种方法应用时都需要注意的问题。

3）功能系数法

功能系数法，也称为功能价值类比法，是指利用某些资产的功能（生产能力）的变化与其价格或重置成本的变化呈某种指数或线性关系，通过参照物的价格或重置成本，以及功能价值关系估测被评估对象价格或重置成本的技术方法。

根据资产的功能与成本（价值）之间函数关系的不同，功能系数法有着不同的计量方法。

（1）生产能力比例法

生产能力比例法，是通过寻找与被评估资产相同或相似的资产为参照物，计算其每一单位生产能力价格或参照物与被评估资产生产能力的比例，据以估算被评估资产的重置成本。计算公式为：

$$被评估资产重置成本 = \frac{被评估资产年产量}{参照物年产量} \times 参照物重置成本$$

【**例 3-4**】　某重置全新的一台机器设备价格为 50 000 元，年产量为 8 000 件。已知被评估资产年产量为 7 000 件，由此可确定其重置成本为

$$被评估资产重置成本 = \frac{7\ 000}{8\ 000} \times 50\ 000 = 43\ 750 \ （元）$$

这种方法运用的前提是假设资产的重置成本与其生产能力呈线性关系，生产能力越大，成本越高，而且是成比例变化，否则这种方法就不可以采用。

（2）规模经济效益指数法

如果资产的功能与成本呈指数关系，即虽然功能与成本成同方向变化，但不是同比例变化，即随着资产功能的增大，资产成本的上升幅度会趋缓，表现出规模经济效应，此时可采用规模经济效益指数法确定资产的重置成本，其计算公式为：

$$被评估资产重置成本 = 参照物重置成本 \times \left(\frac{被评估资产年产量}{参照物资产年产量} \right)^x$$

其中，x 是经验数据，称为规模经济效益指数，通常按行业设定，如制造业一般为 0.7，房地产行业一般为 0.9。x 的设定需在同类资产中选择有代表性的样本进行分析。其计算公式为：

$$x = \lg\ (P_i/P_j)/\lg(F_i/F_j)$$

其中，P 为资产成本，F 为资产功能，i 和 j 是功能相同、生产能力不同的资产下标[1]。

迄今为止，我国尚无统一的规模经济效益指数数据，因此评估过程中要谨慎使用这种方法。

【例 3-5】 某设备生产能力为 50 000 件/年，参照设备生产能力为 30 000 件/年，重置成本为 12 000 元。设规模经济效益指数为 0.7，则该设备的重置成本为：

$$被评估资产重置成本 = 12\ 000 \times \left(\frac{50\ 000}{30\ 000}\right)^{0.7} = 17\ 158.8\ （元）$$

由于功能系数法所选择的参照物一般为新技术条件下生产的资产，因此通过调整被评估资产与参照物之间的功能差异获得的重置成本，一般已经是考虑了功能性损耗的更新重置成本，从而在计算评估值时无须再扣减功能性损耗。

4）统计分析法

当被评估资产单位价值较低、数量较多时，为了降低评估成本、节约评估时间，可以采用统计分析法评估某类资产的重置成本。计算步骤如下。

① 在核实资产数量的基础上，将全部资产按照适当标准划分为若干类别，如房屋建筑物按结构划分为钢结构、钢筋混泥土结构等；机器设备按有关规定划分为专用设备、通用设备、运输设备、仪器、仪表等。

② 在各类资产中抽样选择适量具有代表性的资产，应用重置核算法、价格指数法、功能系数法等估算其重置成本。一般而言，样本量越大，评估值越准确，但工作量也会相应增大。

③ 依据分类抽样估算资产的重置成本与账面历史成本，计算出分类资产的调整系数。其计算公式为：

$$调整系数 = \sum（某类资产重置成本）/ \sum（该类资产历史成本）$$

④ 确定全部资产重置成本。

$$被评估资产重置成本 = 某类资产历史成本 \times 调整系数$$

【例 3-6】 评估某企业某类通用设备，抽样选择具有代表性的通用设备 4 台，估算其重置成本之和为 30 万元，而该 4 台具有代表性通用设备历史成本之和为 20 万元，该类通用设备账面历史成本之和为 600 万元，则

$$调整系数 = 30/20 = 1.5$$

$$该类通用设备重置成本 = 600 \times 1.5 = 900\ （万元）$$

---

① 朱萍. 资产评估学. 上海：复旦大学出版社，2005：36.

2. 实体性贬值的测算

对资产实体性贬值的测算，通常有观察法、使用年限法和修复费用法等可供选择。

（1）观察法

观察法是指由具有专业知识和丰富经验的工程技术人员，通过对资产实体各主要部位的观察及仪器测量等方式进行的技术鉴定，从而判断被评估资产的成新率。其计算公式为：

$$资产实体性贬值 = 重置成本 × 实体性贬值率$$

或

$$资产实体性贬值 = 重置成本 × (1 - 实体性成新率)$$

这种方法主要有两种方式：一种是总体观察法，即对资产总体进行观察，确定资产总体的实体性贬值，一般适用于单项资产；另一种是加权平均法，即将资产总体分解为若干部分，分别进行观察，确定各自的实体性贬值，然后再以各部分成本占总成本的比重为权数，计算出总体资产的实体性贬值。

（2）使用年限法

使用年限法，是利用被评估资产的实际已使用年限与其总使用年限的比值确定资产的实体性贬值。其计算公式为：

$$资产实体性贬值 = 重置成本 × \frac{实际已使用年限}{总使用年限} × 100\%$$

公式中，总使用年限是指实际已使用年限与尚可使用年限之和。计算公式为：

$$总使用年限 = 实际已使用年限 + 尚可使用年限$$
$$实际已使用年限 = 名义已使用年限 × 资产利用率$$

由于资产在使用中负荷程度的影响，必须将资产的名义已使用年限调整为实际已使用年限。名义已使用年限是指资产从购进到评估时的年限。名义已使用年限可通过会计记录、资产登记簿、登记卡片查询确定。实际已使用年限是指资产在使用中实际损耗的年限，与资产在使用中负荷程度及日常保养有关。实际已使用年限与名义已使用年限的差异，可以通过资产利用率调整。资产利用率的计算公式为：

$$资产利用率 = \frac{截止评估基准日资产累计实际利用时间}{截止评估基准日资产累计法定利用时间} × 100\%$$

当资产利用率>100%时，表示资产超负荷运转，资产实际已使用年限比名义已使用年限要长。当资产利用率=100%时，表示资产满负荷运转，资产实际已使用年限等于名义已使用年限。当资产利用率<100%时，表示资产开工不足，资产实际已使用年限小于名义已使用年限。实际评估中，资产利用率指标往往较难确定，需要评估人员综合分析资产的使用情况，如资产的实际开工情况、修理间隔期、原材料供应状况等因素加以确定。

【例 3-7】　某资产 2×08 年 2 月购进，2×18 年 2 月评估时名义已使用年限是 10 年。根据该资产技术指标，正常使用情况下每天应工作 8 小时，而实际每天只工作 7.2 小时。假设全年按 360 天计算，则

$$资产利用率 = \frac{10 \times 360 \times 7.2}{10 \times 360 \times 8} \times 100\% = 90\%$$

$$实际已使用年限 = 10 \times 90\% = 9 \text{（年）}$$

此外，评估中经常遇到被评估资产是经过更新改造的情况。对于更新改造资产而言，其实体性贬值的计量还应充分考虑更新改造投入的资金对资产寿命的影响，否则可能过高地估计实体性贬值。对更新改造问题，一般采用加权平均法确定资产的实体性贬值。也就是说，先计算加权更新成本，再计算加权平均已使用年限。其计算公式为：

$$加权更新成本 = 已使用年限 \times 更新成本（或购建成本）$$

$$加权平均已使用年限 = \frac{\sum 加权更新成本（或购建成本）}{\sum 更新成本（或购建成本）}$$

需要注意的是，这里所涉及的成本可以是原始成本，也可以是复原重置成本。尽管各时期的投资或更新金额并不具有可比性，但是从可获得数据而言，采用原始成本比重确定成本更具有可行性，这也反映了各特定时期的购建或更新所经历的时间顺序。

【例3-8】 某资产购建于1×73年，于1×93年和2×08年分别进行了更新改造，现于2×18年进行评估，有关资料如表3-1所示。

表3-1 某待评估资产加权更新成本

购建或更新时间	成本/元	已使用年限/年	加权更新成本/元
1×73年	200 000	45	9 000 000
1×93年	50 000	25	1 250 000
2×08年	100 000	10	1 000 000
合计	350 000		11 250 000

则

$$加权平均已使用年限 = \frac{11\,250\,000}{350\,000} = 32.14 \text{（年）}$$

（3）修复费用法

修复费用法是指利用恢复资产功能所支出的费用直接估算资产实体性贬值的方法。它一般适用于可以恢复功能的资产价值评估。

使用这种方法时，尽可能把实体性贬值的可修复部分与不可修复部分区分开来。其中，可修复部分是可以修复而且经济上合算，而不可修复部分的实体性贬值则不能修复或者可以修复，但在经济上不合算。对于可修复部分的实体性贬值以直接支出的金额估算，对于不可修复的实体性贬值，可运用观察法和使用年限法确定。可修复部分与不可修复部分的实体性贬值之和，构成被评估资产的实体性贬值。

3. 资产功能性贬值的估算

资产功能性贬值是指由于技术相对落后造成的贬值。估算功能性贬值时，主要根据资产的效用、生产加工能力、工耗、物耗、能耗水平等功能方面的差异所造成的成本增加或效益降低，确定功能性贬值。同时，还要重视技术进步因素，注意替代设备、替代技术、替代产品的影响，以及行业技术装备水平现状和资产更新换代程度。

资产的超额运营成本主要体现在材料消耗、能源消耗、工时消耗的增加，废品率上升，产品质量下降等方面。其具体计算步骤如下。

① 将被评估资产的年运营成本与功能相同但性能更好的新资产的年运营成本进行比较。

② 计算二者的差异，确定净超额运营成本。由于企业支付的运营成本是在税前扣除的，企业支付的超额运营成本会引起税前利润下降，所得税额降低，使得企业负担的运营成本低于其实际支付额，因此净超额运营成本是超额运营成本扣除其抵减的企业所得税之后的余额。

③ 估计被评估资产的剩余寿命。

④ 以适当的折现率[①]将被评估资产在剩余寿命内每年的超额运营成本折现，这些折现值之和就是被评估资产功能性贬值。计算公式为：

$$被评估资产功能性贬值=\sum(被评估资产年净超额运营成本×折现系数)$$

【例3-9】　某设备与目前普遍使用的技术先进的设备相比，在完成同样生产任务的情况下，能源消耗超支 30 000 元，人工消耗超支 10 000 元。经评估人员鉴定，该设备尚可使用 5 年，同行业的资产平均收益率为 10%，企业所得税率为 25%，则该设备的功能性贬值计算如下。

$$功能性贬值=(30\ 000+10\ 000)×(1-25\%)×(P/A,\ 10\%,\ 5)=113\ 724\ （元）$$

资产功能性贬值的另一种表现形式为超额投资成本，是指由于劳动生产率提高，生产相同资产所需的社会必要劳动时间减少，从而使原有资产的生产成本相对较高，形成超额投资成本。计算公式为：

$$资产功能性贬值=复原重置成本-更新重置成本$$

在实际评估中也可能存在功能性溢价的情况，即当评估资产功能明显优于参照资产功能时，评估资产就可能存在功能性溢价。

4. 资产经济性贬值的估算

资产经济性贬值，是指因外部环境变化所导致的资产贬值。引起外部环境变化的原因主要有：宏观经济衰退导致社会总需求不足进而影响对资产或资产所生产产品的需求，国家调整产业政策对资产所在行业的冲击，国家环保政策对资产或资产所生产产品的限制，经济地理位置变化或污染问题对不动产价值的影响等。

资产经济性贬值一般表现为两种形式：一种是资产利用率下降，如设备利用率下降、房屋出租率下降等；另一种是资产的运营收益减少。

（1）由于资产利用率下降所导致的经济性贬值的计量

首先计算经济性贬值率，然后再计算经济性贬值额。具体计算公式为：

$$经济性贬值率=\left[1-\left(\dfrac{资产预计可被利用的生产能力}{资产原设计生产能力}\right)^{x}\right]×100\%$$

公式中，x 为规模经济效益指数，实践中多采用经验数据，数值一般在 0.6～0.7 之间。

$$经济性贬值额=(重置成本-实体性贬值-功能性贬值)×经济性贬值率$$

---

① 一般选择行业平均收益率。

（2）因运营收益减少所导致的经济性贬值的计量

$$经济性贬值=资产年收益损失额×(1-企业所得税率)×(P/A,\ r,\ n)$$

公式中，$(P/A,\ r,\ n)$ 为年金现值系数。

需要注意的是，并非每个被评估资产都需要计算经济性贬值。一般来说，只有能够单独计算收益的资产，如企业、车间、生产线等需要考虑在评估基准日以后、资产寿命期内是否存在利用率降低或收益额减少的问题，这主要是基于两点考虑：一是资产评估的时点——预期性；二是评估基准日之前资产利用率问题是通过计算实际已使用年限体现的。

【例3-10】 某被评估生产线，设计生产能力为年产2 000台产品，因市场需求结构变化，在未来可使用年限内，每年产量估计要减少600台左右，根据上述条件，该生产线的经济性贬值率为：

$$经济性贬值率=\left[1-\left(\frac{2\ 000-600}{2\ 000}\right)^{0.6}×100\%\right]=19\%$$

依上例，假定每年减少600台产品，每台产品损失利润100元，该生产线尚可继续使用3年，企业所在行业的投资回报率为10%，企业所得税税率为25%。该资产的经济性贬值计算为：

$$经济性贬值=(600×100)×(1-25\%)×(P/A,\ 10\%,\ 3)=111\ 910.50\ （元）$$

在实际评估工作中也有经济性溢价的情况，即当评估资产及其产品有良好的市场及市场前景或有重大政策利好，评估资产就可能存在经济性溢价。

5. 综合成新率的确定

综合成新率，是指在综合考虑资产的各种贬值后确定的成新率，反映了资产的现行价值与其全新状态重置价值的比率。通常，确定综合成新率有以下几种方法。

（1）观察法

观察法，也称经验估算法，是指组织具有专业知识和丰富经验的专家和工程技术人员，对资产实体的各主要部位和功能进行技术性和经济性鉴定，并对资产所提供的产品或服务的市场前景进行分析，在综合考虑资产的实体性贬值、功能性贬值和经济性贬值的基础上，判断、确定被评估资产的尚可使用年限或成新率。必要时可以组织以上若干人员独立评价，最后将各自的评价结果平均计算得出最终的结果。

（2）使用年限法

使用年限法，是指根据被评估资产的预计尚可使用年限与其总使用年限的比率确定综合成新率。其中，预计尚可使用年限是由经验丰富的专家、工程技术人员在综合考虑资产的各项损耗后确定的。使用年限法的计算公式为：

$$综合成新率=\frac{预计尚可使用年限}{实际已使用年限+预计尚可使用年限}×100\%$$

（3）修复费用法

修复费用法，是指通过估算将被评估资产恢复到原有全新功能所需投入的修复费用占该资产重置成本的比率来确定综合成新率。其计算公式为：

$$综合成新率 = 1 - \frac{修复费用}{重置成本} \times 100\%$$

3.1.3　成本法的评价

1. 成本法的优点

① 成本法充分考虑了资产的各种贬值，包括实体性贬值、功能性贬值和经济性贬值，评估结果更趋于公平合理。

② 成本法适用范围广泛。成本法除了适用于单项资产和具有特定用途的专项资产评估外，也适用于那些不易计算资产未来收益、无法重置的特殊资产及难以取得市场参照物的资产评估。

2. 成本法的缺点

① 计算复杂，工作量大。采用成本法进行评估时，涉及大量经济参数的计算，如价格变动指数、成新率、规模经济效益指数等，这些指标的计算难度大，操作困难。

② 各种贬值，尤其是经济性贬值，不易计算，难以把握，往往影响评估结论的准确性。

需要注意的是，并非所有评估对象都适用成本法。因为成本法注重从成本耗费的角度评估资产价值，而某些资产的价值主要是由效用决定的，而非成本耗费，如企业整体资产、无形资产及资源性资产等。

3.2　市　场　法

3.2.1　市场法的基本原理

1. 市场法的含义

市场法，也称现行市价法，是指通过比较被评估资产与可比参照物的异同，并据此对可比参照物的市场价格进行调整，从而确定被评估资产价值的评估方法[①]。

市场法是根据替代原则，以均衡价值论为理论基础，采用比较和类比的思路及其方法判断资产价值的评估技术规程。运用市场法要求充分利用类似资产成交价格信息，并以此为基础判断和估算被评估资产的价值。这种运用已经市场检验的结论评定资产价值，是很容易被资产业务当事人理解和接受。因此，市场法是资产评估中最为直接、最具有说服力的评估方法之一。

2. 市场法的前提

通过市场法进行资产评估需要满足以下 2 个前提。

① 存在一个充分活跃的公开市场。公开市场是一个充分的市场，市场上有自愿的买者和卖者，他们之间进行平等交易。这就排除了个别交易的偶然性，市场成交价格基本上可以反映市场行情。按市场行情估测被评估资产价值，评估结果更贴近市场，更容易被资产交易各方所接受。

② 公开市场上存在可比参照物及交易活动，且可比参照物的一些技术指标、经验数据

---

① 《国有资产评估管理办法施行细则》第四十条指出，市场法是指"通过市场调查，选择一个或几个与被评估资产相同或类似的资产作为比较对象，分析比较对象的成交价格和交易条件，进行对比调整，估算出资产的价值的方法"。

易于观察和处理。资产及其交易的可比性，是指选择的可比参照物及其交易活动在近期公开市场上已经发生过，且与被评估资产及资产业务相同或相似。这些已经完成交易的资产就可以作为被评估资产的参照物，其交易数据是进行比较分析的主要依据。资产及其交易的可比性具体体现在以下几个方面：参照物与评估对象在功能上具有可比性，包括用途、性能上的相同或相似；参照物与被评估对象面临的市场条件具有可比性，包括市场供求关系、竞争状况和交易条件等；参照物成交时间与评估基准日间隔时间不能过长，应在一个适度时间范围内，同时时间对资产价值的影响是可以调整的。

参照物与评估对象的可比性是运用市场法评估资产价值的重要前提。把握参照物与评估对象功能上的一致性，可以避免张冠李戴；把握参照物和评估对象所面临的市场条件，可以明确评估结果的价值类型；选择近期交易的参照物可以减少调整时间因素对资产价值影响的难度。

以上两个前提说明，在资产市场不活跃和评估对象为有限市场资产或专用资产的情况下，不适合采用市场法。

3.2.2 市场法的基本程序

通过市场法进行评估大体上要经历 3 个步骤。

1）选择参照物

选择参照物是市场法的基础，是整个评估过程的关键。不同的资产业务对参照物的具体要求有所不同，但也存在着共性的要求。

（1）参照物的数量要求

市场法是通过同类资产的市场行情确定被评估资产的价值，如果只能找到一两个交易案例，是不能反映市场行情的。我国目前一般要求至少有 3 个交易案例，国外在正常情况下要求至少搜集 4~5 个交易案例，才能有效运用市场法。

（2）参照物成交价必须真实

参照物的成交价必须是实际成交价，报价、拍卖底价等均不能视为成交价，它们不是实际成交的结果。

（3）参照物成交价是正常交易的结果

不能反映市场行情的关联交易、特别交易不能被选作参照物。但如果能将非正常交易修正为正常交易，如能够获得关联交易的成交价高于或低于市价多少的信息，则可选用。此外，还要求参照物的成交时间尽可能接近评估基准日，以提高参照物成交价的可参照程度。

（4）参照物与被评估资产可替代

即要求参照物与被评估资产尽可能类似。例如，在房地产评估中要求参照物与被评估房地产应在同一供需圈内、处于同一区域或相邻地区等；在机器设备评估中要求参照物与被评估机器设备功能相似，最好是规格型号相同、出产日期相近等。在企业整体资产评估中，要求参照物与被评估企业在行业生产规模、收益水平、市场定位、增长速度、企业组织形式、资信程度等方面相类似。这也说明在产权交易不十分活跃的市场中，由于难以找寻合适的参照物，往往无法运用市场法对企业整体价值进行评估。

2）调整差异

参照物与被评估资产之间具体存在哪些差异，需视具体资产业务采用定性或定量的方法分析确定。一般来说，需要调整的差异主要包括以下 5 个方面。

（1）时间因素

时间因素，是指因参照物成交日期与被评估资产评估基准日不在同一时点，而在这段间隔期内参照物价格变动对被评估资产价值产生的影响。时间因素调整的方法可以采取定基物价指数法，也可以采取环比物价指数法。一般地，当资产价格处于上升时期，时间因素调整系数大于 1，反之则小于 1。

（2）区域因素

区域因素，是指参照物所处区域与被评估资产所处区域条件差异对被评估资产价值的影响。如果参照物所处区域条件比被评估资产所处区域好，则需将参照物的成交价下调，即区域因素调整系数小于 1；反之，则应上调，区域因素调整系数大于 1。具体方法主要采取打分法。需要说明的是，区域因素对不动产价格的影响尤为突出。

（3）功能因素

功能因素，是指参照物与被评估资产的功能差异对被评估资产价值的影响。评估人员可以通过功能系数法，计算功能差异对评估值的影响。具体可以采用绝对数计算，如设备产出能力相差一个单位，价格相差多少；也可以采用相对数计算，如设备产出能力每相差 1% 对价格的影响程度。

（4）成新率因素

成新率因素，是指参照物与被评估资产有形损耗差异对被评估资产价值的影响。除了土地资产外，一般有形资产都会存在有形损耗问题，有形损耗率越高，成新率越低，资产价值就越低。因此，如果参照物的成新率比被评估资产低，就需要将参照物的成交价向上调，即调整系数大于 1；反之，则需将参照物的成交价向下调，即调整系数小于 1。例如，参照物的成交价为 10 万元，成新率为 50%，被评估资产的成新率为 60%，则调整系数为 1.2（60%/50%），调整额为 2 万元（10×1.2−10）。

（5）交易情况调整

交易情况调整，是指由于参照物的成交价高于或低于市场正常交易价格所需进行的调整；因融资条件差异所进行的调整，即一次性付款和分期付款对成交价的影响；因销售情况不同所进行的调整，即单件购买和批量购买对交易价格的影响。

3）确定评估值

在分别完成对各参照物成交价差异因素的修正后，即可获得若干个调整值，将这些调整值进行算术平均或加权平均就可最终确定评估值。

3.2.3　市场法的具体评估方法

从理论上讲，运用市场法进行资产评估有两种具体操作方法。一种是能够在市场上找到与被评估资产完全相同资产的成交价，那么参照物成交价就是被评估资产的评估值，这种操作方法称为直接比较法。但是在评估实践中，出现这种情况的概率非常小。另一种是评估人员只能获得与被评估资产相类似参照物的成交价，需要根据被评估资产与参照物差异对参照物成交价进行调整，这种操作方法称为类比调整法。

1. 直接比较法

直接比较法，是指利用参照物交易价格及参照物某基本特征，直接与评估对象相同基本特征进行比较，据此确定评估对象价值的方法。计算公式为：

$$资产评估值=参照物成交价格\times\frac{评估对象某基本特征}{参照物某基本特征}$$

或

$$资产评估值=参照物合理成交价格$$

直接比较法直观简捷，便于操作，但通常对参照物与评估对象之间的可比性要求较高。参照物与评估对象要达到相同或基本相同的程度，或参照物与评估对象的差异主要体现在某一明显的因素方面，如新旧程度或交易时间等。

（1）现行市价法

当评估对象本身具有现行市场价格或与评估对象基本相同的参照物具有现行市场价格时，可以直接利用评估对象或参照物在评估基准日现行市场价格作为评估对象评估值。例如，可上市流通的股票和债券，可按其在评估基准日的收盘价作为评估价值；批量生产的设备、汽车等可按同品种、同型号、同规格、同厂家、同批量的设备、汽车等现行市场价格作为评估值。

（2）市价折扣法

市价折扣法是以参照物成交价为基础，考虑评估对象在销售条件、销售时限等方面的差异，凭借评估人员经验或有关部门规定，设定价格折扣率确定资产评估价值的方法。其计算公式为：

$$资产评估值=参照物成交价格\times（1-价格折扣率）$$

此方法只适用于评估对象与参照物之间仅存在交易条件方面差异的情况。

【例3-11】 评估某快速变现资产，在评估基准日与其完全相同的参照物正常变现价为10万元，经资产评估师综合分析，认为快速变现的折扣率应为40%。因此，确定该拟快速变现资产的评估价值为：

$$资产评估值=10\times（1-40\%）=6（万元）$$

（3）功能价值类比法

功能价值类比法是以参照物的成交价为基础，考虑参照物和评估对象之间仅存在功能差异，通过调整两者功能差异估算资产价值的方法。根据资产功能与其价值之间的关系可分为线性关系和指数关系两种情况。

① 生产能力比例法。生产能力比例法假设资产价值与其功能呈线性关系，其计算公式为：

$$资产评估值=参照物成交价格\times\frac{评估对象生产能力}{参照物生产能力}$$

【例3-12】 被评估资产年生产能力为900吨，参照资产的年生产能力为1 200吨，评估时点参照资产的市场价格为100万元，由此确定被评估资产价值为：

$$被评估资产价值=100\times900/1 200=75（万元）$$

② 规模经济效益指数法。规模经济效益指数法假设资产价值与其功能呈指数关系，其计算公式为：

$$资产评估值 = 参照物成交价格 \times \left(\frac{评估对象生产能力}{参照物生产能力}\right)^x$$

其中，x 称为规模经济效益指数。

【例 3-13】 被评估资产年生产能力为 90 吨，参照资产的年生产能力为 120 吨，评估时点参照资产的市场价格为 10 万元，该类资产的功能价值指数为 0.6。由此确定被评估资产价值为：

$$资产评估价值 = 10 \times \left(\frac{90}{120}\right)^{0.6} = 8.41 \text{（万元）}$$

（4）价格指数法

价格指数法是指以参照资产成交价为基础，考虑参照物成交日期与被评估资产评估基准日的时间间隔对资产价值的影响，利用价格变动指数调整参照物成交价从而得到评估对象评估值的方法。其计算公式为：

$$资产评估值 = 参照物成交价格 \times (1 + 价格变动指数)$$

此方法适用于评估对象与参照物之间仅存在交易时间差异且时间差异不能过长的情况。

【例 3-14】 与评估对象完全相同的参照资产 6 个月前的成交价格为 10 万元，半年间该类资产的价格上升了 8%，则资产评估价值为：

$$资产评估价值 = 10 \times (1 + 8\%) = 10.8 \text{（万元）}$$

（5）成新率价格调整法

成新率价格调整法是指以参照物成交价格为基础，考虑到参照物和成交对象仅存在新旧程度上的差异，通过成新率调整估算被评估对象价值的方法。其计算公式为：

$$资产评估值 = 参照物成交价格 \times \frac{评估对象成新率}{参照物成新率}$$

公式中的成新率通常按使用年限确定。此方法适用于评估对象和参照物之间仅存在成新程度差异的情况。

2. 类比调整法

类比调整法是市场法中最基本的评估方法。该方法不同于直接比较法，它不要求参照物与评估对象必须一样或基本一样。只要求参照物与评估对象在大的方面基本相同或类似，通过对比分析参照物和成交价格之间的差异，就能够在参照物成交价格的基础上确定评估对象的评估值。在具体操作过程中，类比调整法中使用频率较高的有以下 3 种技术方法。

（1）市场售价类比法

市场售价类比法，是指以参照物成交价格为基础，考虑评估对象和参照物在功能、市场条件和销售时间等方面的差异，通过对比分析和量化差异，调整估算出评估对象价值的方法。即

$$资产评估值 = 参照物售价 \times \frac{功能差异}{修正系数} \times \frac{交易情况}{修正系数} \times \cdots \times \frac{时间差异}{修正系数}$$

或

$$资产评估值=参照物售价+功能差异值+时间差异值+\cdots+交易情况差异值$$

【例3-15】 某商业用房,面积为800 m²,现因企业联营需要进行评估,评估基准日为2×18年10月31日。评估人员在房地产交易市场上找到3个成交时间与评估基准日接近的商业用房交易案例,具体数据如表3-2所示。

表3-2 商业用房交易案例

参照物	A	B	C
交易单价/(元/m²)	5 000	5 960	5 918
成交日期	2×18年6月	2×18年9月	2×18年10月
区域条件	比被评估资产好	比被评估资产好	比被评估资产好
交易情况	正常	高于市价4%	正常

被评估商业用房与参照物商业用房结构相似,新旧程度相近,故无需对功能因素和参照物因素进行调整。被评估商业用房所在区域的综合评分为100,3个参照物所在区域条件均比被评估商业用房所在区域条件好,综合评分分别为107、110和108。当时房价月上涨率为4%,故参照物A的时间因素调整系数为$(1+4\%)^4=117\%$;参照物B的时间因素调整系数为$(1+4\%)^1=104\%$;参照物C因在评估基准日当月交易,故无需调整。3个参照物成交价格调整过程如表3-3所示。

表3-3 对参照物成交价格进行差异因素的调整

参照物	A	B	C
交易单价/(元/m²)	5 000	5 960	5 918
时间因素修正	117/100	104/100	100/100
区域因素修正	100/107	100/110	100/108
交易情况修正	100/100	100/104	100/100
修正后价格/(元/m²)	5 467	5 418	5 480

$$被评估资产单价=\frac{5\ 467+5\ 418+5\ 480}{3}=5\ 455（元/m²）$$

$$被评估资产总价=5\ 455\times800=4\ 364\ 000（元）$$

(2)成本市价法

成本市价法,是指以评估对象的现行合理成本为基础,利用参照物成交市价比率确定评估对象价值的方法。其计算公式为:

$$资产评估值=评估对象现行合理成本\times\frac{参照物成交价}{参照物现行合理成本}$$

【例3-16】 评估时某县城商品住宅的成本市价率为120%,已知被估全新住宅的现行合理成本为20万元,则

$$资产评估值=20\times120\%=24（万元）$$

（3）市盈率乘数法

市盈率乘数法，是指以参照物市盈率作为乘数，并以此乘数与评估对象的收益额相乘估算评估对象价值的方法。这种方法主要适用于企业整体价值评估和长期股权投资评估。其计算公式为：

$$资产评估值＝评估对象收益额×参照物市盈率$$

【例 3-17】　某被评估企业年净利润为 1 000 万元，评估时点资产市场上同类企业平均市盈率为 18 倍，则该企业评估值计算如下

$$企业评估值＝1 000×18＝18 000 （万元）$$

3.2.4　市场法的评价

1. 市场法的优点

① 市场法原理简单，易于理解和掌握，也是国际上公认的三大基本评估方法之一。

② 市场法充分考虑了市场因素，评估所用数据资料均来源于市场，因此更能接近市场，反映市场价值变动趋势，评估结论容易为各方所接受。

2. 市场法的缺点

① 市场法对市场环境要求较为严格，需要有公开活跃的市场作为基础。事实上理想状态下的公开市场条件常常是很难满足的，因此这一方法的使用受到很大的限制。

② 在进行影响因素比较、差异调整时，往往受评估人员主观因素影响较大，这在一定程度上会影响其评估结果的准确性。

③ 市场法只适合于以资产价值为基础的资产评估业务，不适合于专业机器设备和大部分无形资产，以及受到地区、环境等严格限制的一些资产评估，如核武器生产设备、房地产、海港码头等。

3.3　收　益　法

3.3.1　收益法的基本原理

1. 收益法的含义

收益法，是指通过估算被评估资产未来预期收益并折算成现值，借以确定被评估资产价值的方法。[①] 它服从资产评估中将利求本的思路，即采用资本化和折现的途径及其方法判断和估算资产价值。该思路认为，任何一个理智的投资者在购置或投资于某一资产时，所愿意支付或投资的数额不会高于所购置或投资的资产在未来能给其带来的回报，即收益额。这种方法主要利用投资回报和收益折现等技术手段，把评估对象的预期产出能力和获利能力作为评估标的估算评估对象的价值。根据评估对象的预期收益评估其价值，是很容易被资产业务各方所接受的。从理论上讲，收益法是资产评估中较为科学合理的评估方法之一。

---

① 《国有资产评估管理办法施行细则》第三十八条指出，收益法是指"将被评估资产剩余寿命期间每年（或每月）的预期收益，用适当的折现率折现，累加得出评估基准日的现值，以此估算资产价值的评估方法"。

2. 运用收益法的前提

并非所有的资产评估都可以采用收益法，运用收益法评估资产价值需要满足以下 3 个前提条件。

① 被评估资产未来预期收益可以预测并可以用货币计量。收益法是从产生收益能力的角度评估一项资产，这就要求被评估资产与其经营收益之间存在着可预测的关系。同时，影响资产预期收益的主要因素，包括主观因素和客观因素，也应是比较明确的，评估人员可以据此分析和测算出被评估资产的预期收益。

② 预期收益风险可以预测并可以用货币计量。被评估对象所具有的行业风险、地区风险、企业风险等是可以预测并可以计量的，这是测算折现率或资本化率的基本参数之一。评估对象所处的行业不同、地区不同和企业差别都会不同程度地体现出拥有特定资产的获利风险。对于投资者来说，风险大的投资，要求的回报率就高。

③ 被评估资产预期获利年限可以预测。评估对象获利期限的长短，即评估对象的寿命，也是影响其评估值的重要因素之一。

3.3.2 收益法的基本运用形式

收益法实际上是指在预期收益还原思路下若干具体方法的集合。收益法在具体运用时，首先针对评估对象未来预期收益有无限期的情况，分为有限期和无限期的评估方法；其次，针对评估对象预期收益额的情况，又可分为等额收益评估方法、非等额收益评估方法等。为了便于收益法基本计算公式的运用，先对符号作如下的统一约定：

- P——评估值；
- i——第 i 年；
- P_i——未来第 i 年的评估值；
- R_i——未来第 i 年的预期收益；
- r——折现率或资本化率；
- r_i——第 i 年的折现率或资本化率；
- n——收益年期；
- t——第 t 年，$t=1$，2，…，n；
- A——年金。

（1）净收益不变

① 在收益永续、各因素不变的条件下，计算公式为：

$$P=\frac{A}{r}$$

其成立的基本条件是：净收益每年不变；资本化率固定且大于零；收益年期无限。

② 在收益年期有限、资本化率大于零的条件下，计算公式为：

$$P=\frac{A}{r}\left[1-\frac{1}{(1+r)^n}\right]$$

其成立的基本条件是：净收益每年不变；资本化率固定且大于零；收益年期有限为 n。

③ 在收益年期有限、资本化率等于零的条件下，计算公式为：

$$P = A \cdot n$$

其成立的基本条件是：净收益每年不变；资本化率等于零；收益年期有限为 n。

（2）净收益若干年后保持不变

① 无限年期收益，计算公式为：

$$P = \sum_{i=1}^{n} \frac{R_i}{(1+r)^i} + \frac{A}{r(1+r)^n}$$

其成立的基本条件是：净收益在 n 年（含第 n 年）以前有变化，在 n 年以后保持不变；资本化率大于零；收益年期无限。

② 有限年期收益，计算公式为：

$$P = \sum_{i=1}^{t} \frac{R_i}{(1+r)^i} + \frac{A}{r(1+r)^t} \left[1 - \frac{1}{(1+r)^{n-t}} \right]$$

其成立的基本条件是：净收益在 t 年（含第 t 年）以前有变化，在 t 年以后保持不变；资本化率大于零；收益年期有限为 n。

（3）净收益表现为等差级数

① 在净收益按等差级数递增、收益年期无限的条件下，计算公式为：

$$P = \frac{A}{r} + \frac{B}{r^2}$$

其成立条件是：净收益按等差级数递增，且逐年递增额为 B；资本化率大于零；收益年期无限。

② 在净收益按等差级数递增、收益年期有限的条件下，计算公式为：

$$P = \left(\frac{A}{r} + \frac{B}{r^2} \right) \left[1 - \frac{1}{(1+r)^n} \right] - \frac{B}{r} \times \frac{n}{(1+r)^n}$$

其成立条件是：净收益按等差级数递增，且逐年递增额为 B；资本化率大于零；收益年期有限为 n。

③ 在净收益按等差级数递减、收益年期无限的条件下，计算公式为：

$$P = \frac{A}{r} - \frac{B}{r^2}$$

其成立条件是：净收益按等差级数递减，逐年递减额为 B 且递减到零为止；资本化率大于零；收益年期无限。

④ 在净收益按等差级数递减、收益年期有限的条件下，计算公式为：

$$P = \left(\frac{A}{r} - \frac{B}{r^2} \right) \left[1 - \frac{1}{(1+r)^n} \right] + \frac{B}{r} \times \frac{n}{(1+r)^n}$$

其成立条件是：净收益按等差级数递减，且逐年递减额为 B；资本化率大于零；收益年期有限为 n。

（4）净收益表现为等比级数

① 在净收益按等比级数递增、收益年期无限的条件下，计算公式为：

$$P = \frac{A}{r-s}$$

其成立条件是：净收益按等比级数递增，且逐年递增比例为 s；资本化率大于零；收益年期无限；$r>s>0$。

② 在净收益按等比级数递增、收益年期有限的条件下，计算公式为：

$$P = \frac{A}{r-s} \times \left[1 - \left(\frac{1+s}{1+r} \right)^n \right]$$

其成立条件是：净收益按等比级数递增，且逐年递增比例为 s；资本化率大于零；收益年期有限；$r>s>0$。

③ 在净收益按等比级数递减、收益年期无限的条件下，计算公式为：

$$P = \frac{A}{r+s}$$

其成立条件是：净收益按等比级数递减，且逐年递减比例为 s；资本化率大于零；收益年期无限；$r>s>0$。

④ 在净收益按等比级数递减、收益年期有限的条件下，计算公式为：

$$P = \frac{A}{r+s} \times \left[1 - \left(\frac{1-s}{1+r} \right)^n \right]$$

其成立条件是：净收益按等比级数递减，且逐年递减比例为 s；资本化率大于零；收益年期有限为 n；$0<s\leq 1$。

⑤ 已知未来若干年后资产价格的情况下，计算公式为：

$$P = \frac{A}{r} \left[1 - \frac{1}{(1+r)^n} \right] + \frac{P_n}{(1+r)^n}$$

其成立条件是：净收益在第 n 年（含 n 年）前保持不变；预知第 n 年的价格为 P；$r>0$。

【例3-18】 经评估人员调查分析，预测评估对象是一项在未来 4 年内可以获得收益的资产，在未来 4 年内的预期收益分别为 2 000 元、2 200 元、2 400 元和 2 800 元，假定折现率为 8%，则该项资产的评估值计算如下

$$资产评估值 = \frac{2\ 000}{(1+8\%)^1} + \frac{2\ 200}{(1+8\%)^2} + \frac{2\ 400}{(1+8\%)^3} + \frac{2\ 800}{(1+8\%)^4} = 7\ 700.98\ （元）$$

【例3-19】 某评估对象为一项在未来 5 年后可获得 10 000 元预期收益的资产，假定折现率为 8%，则资产的评估值计算如下

$$资产评估值 = \frac{10\ 000}{(1+8\%)^5} = 6\ 805.83\ （元）$$

【例 3-20】 某收益型资产预计未来 5 年收益额分别是 12 万元、15 万元、13 万元、11 万元和 14 万元。假定从第 6 年开始，以后各年收益均为 14 万元，确定的折现率和资本化率为 10%。确定该收益型资产在持续经营下和 50 年收益的评估值。

（1）持续经营条件下的评估过程

首先，确定未来 5 年收益额的现值为

$$现值总额 = \frac{12}{(1+10\%)^1} + \frac{15}{(1+10\%)^2} + \frac{13}{(1+10\%)^3} + \frac{11}{(1+10\%)^4} + \frac{14}{(1+10\%)^5}$$
$$= 49.244\,2 \text{（万元）}$$

其次，将第 6 年以后的收益进行本金化处理，即

$$\frac{14}{10\%} = 140 \text{（万元）}$$

最后，确定企业的评估值

$$49.244\,2 + 140 \times 0.620\,9 = 136.17 \text{（万元）}$$

（2）50 年收益评估过程

$$评估价值 = \frac{12}{(1+10\%)^1} + \frac{15}{(1+10\%)^2} + \frac{13}{(1+10\%)^3} + \frac{11}{(1+10\%)^4} + \frac{14}{(1+10\%)^5} +$$
$$\frac{14}{10\% \times (1+10\%)^5} \times \left(1 - \frac{1}{(1+10\%)^{50-5}}\right)$$
$$= 134.98 \text{（万元）}$$

3.3.3 收益法中各项指标的确定

尽管收益法的计算公式十分完美，但是要使评估结果准确并易于为交易双方所接受，关键是公式中各项指标是否具有客观性。收益法评估中主要有 3 个指标：预期收益、收益期限和折现率（资本化率）。

1. 预期收益

1）预期收益的类型

一般来说，资产预期收益有三种可选择的类型：净利润，净现金流量和利润总额。净利润和净现金流量都属于税后净收益，都是资产持有者的收益，在收益法中被普遍采用。两者的区别在于确定的原则不同，净利润是按权责发生制确定的，净现金流量是按收付实现制确定的。从资产评估的角度看，净现金流量更适宜作为预期收益指标，其与净利润相比有以下 2 点优势。

① 净现金流量能够更准确地反映资产的预期收益。净现金流量包含了计算净利润时扣除的折旧或摊销等非现金性支出，反映了当期企业可自由支配的实际现金净流量。将折旧或摊销视为预期收益的一部分，有其合理性。折旧或摊销是为取得收益而发生的贬值，是资产价值的时间表现形式。由于资产特别是固定资产在一个限定时间内并不能完全消耗，它对企业生产经营的贡献将长期存在。这种贡献从价值角度上讲就是折旧或摊销，所以折旧或摊销的存在实际上是资产价值的另外一种表现形式。从另一个角度讲，折旧或摊销在资产的整个使用期内并未

真正发生支出，也没有一个企业因为折旧或摊销的存在而准备大量资金用于支付，但是折旧或摊销所形成的价值却被企业以收益形式获得。这一点在会计上已被人们认可。

② 净现金流量体现了资金的时间价值。净现金流量是动态指标，它不仅仅是对数量的描述，而且与发生的时间密不可分。而净利润没有考虑现金流入流出的时间差异，它并不一定表明在未来某个时点资产持有者可支配的现金流量。由于收益法是通过将资产未来某个时点的收益折算为现值估算资产的价值，因此用净现金流量表示收益更加准确，更能体现资金的时间价值。

利润总额由于包含了不属于资产持有者的税收，因而一般不适宜作为预期收益指标。但是当税收优惠政策过多，资产的净收益难以公平、准确地反映资产的预期收益水平时，为了使各项投资收益之间具有可比性，也可采用利润总额作为预期收益指标。

2）预期收益的测算

现实经济生活中，无论是投资者还是理性分析人员都无法准确预知资产的未来收益，除非是无风险资产。预测资产未来收益的方法很多，但归纳起来主要有两种：时间序列法和因素分析法。

（1）时间序列法

时间序列法，是建立资产以往收益的时间序列方程，假定该时间序列在可预见的将会持续，从而测算预期收益的方法。时间序列法是根据历史数据，用回归分析的统计方法获得的。如果在评估基准日之前，资产收益随着时间的推移呈现出平稳增长趋势，同时预计在评估基准日之后这一增长趋势仍将保持，则适合采用时间序列法预测资产的未来收益。

【例 3-21】 某企业评估基准日为 2×19 年 12 月 31 日，评估基准日前每年收益如表 3-4 所示。

表 3-4 被评估企业过去 5 年的历史收益

年份（X）	2×15	2×16	2×17	2×18	2×19
净收益（Y）/万元	1 000	1 150	1 210	1 300	1 340

若以 2×19 年为 0，则评估基准日前一年为 -1，前两年为 -2。评估基准日后第一年为 1，第二年为 2，以此类推。按时间序列计算的回归方程为

$$Y = 1\ 336 + 83X$$

按时间序列法预测企业 2×20—2×24 年的收益如表 3-5 所示。

表 3-5 被评估企业未来 5 年的收益预测

年份（X）	2×20	2×21	2×22	2×23	2×24
净收益（Y）/万元	1 419	1 502	1 585	1 668	1 751

（2）因素分析法

因素分析法是一种间接预测收益的方法。它首先确定影响一项资产收入和支出的具体因素，然后建立收益和这些因素之间的数量关系，如销售收入增长 1% 对收益水平的影响等，同时对这些因素未来可能的变动趋势进行预测，最后估算出基于这些因素的未来收益水平。这种间接预测收益的方法难以操作，原因是这种方法要求对收入和支出的背后原因做深入分析，但它的适用面比较广，预测结果也具有一定的客观性，因而在收益预测中被广泛采用。

2. 收益期限

收益期限是指资产具有获利能力并产生资产净收益的持续时间，通常以年为单位。它由评估专业人员根据资产未来的获利能力、资产损耗情况、法律规定等因素确定。收益期分为有限期和无限期（永续）。

若无特殊情况，资产使用比较正常且没有对资产的使用年限进行限定，或者这种限定是可以解除的，并可以通过延续方式永续使用，则可以假定收益期为无限期。如果资产的收益期限受到法律、合同等规定的限制，则应以法律、合同规定的年限作为收益期限。例如，中外合资经营企业在确定其收益期限时，应以中外合资双方共同签订的合同中所规定的期限作为企业整体资产收益期限。当资产没有规定收益期限的，也可按其正常的经济寿命确定收益期限，即资产能够给其拥有者带来最大收益的年限。当继续持有资产对拥有者不再有利时，从经济上讲，该项资产的寿命也就结束了。

3. 折现率（资本化率）

如前所述，折现率和资本化率在本质上并无多大差别，都是将未来的预期收益折算成现值的比率，只是适用场合不同。折现率是将未来有限期的预期收益折算成现值的比率，资本化率则是将未来永续期的预期收益折算成现值的比率。

在内涵上折现率和资本化率也略有区别。折现率可被视为投资者在投资风险一定的情形下，对投资所期望的回报率，需考虑投资的机会成本和收益的不确定性。因此，折现率一般由无风险报酬率和风险报酬率组成，前者通常由政府债券利率决定，后者取决于特定资产的风险状况。资本化率除了反映无风险报酬率和风险报酬率外，还反映资产收益的长期增长前景。折现率和资本化率的关系可用公式表示如下：

$$折现率 = 无风险报酬率 + 风险报酬率$$
$$资本化率 = 折现率 - 未来年收益增长率$$

当其他条件相同时，收益增长越快的资产，其价值就越高，因此需要将未来收益增长率从折现率中扣除。只有当资产的年收益增长率为零时，折现率才与资本化率相等。那么是否有可能增长率超过折现率呢？在实务中，一般不会出现这种现象。一方面是由于任何企业都不可能永远保持高速增长；另一方面是由于高增长意味着高风险，即需要提高风险报酬率。

在收益法运用时，关键是折现率的确定，资本化率是以折现率为基础的。确定折现率的方法有加和法、资本成本加权法和市场法等。

1）加和法

加和法是以折现率包含无风险报酬率和风险报酬率两部分为计算基础的，通过分别求取每一部分的数值，然后相加即可得到折现率。无风险报酬率的确定比较容易，政府债券收益率通常被看作无风险报酬率的替代值。通常认为短期政府债券（如 3 个月期限的国库券）是最没有风险的投资对象，但是对资产评估而言，最好用较长期的政府债券利率作为基本收益率。尽管长期债券变现存在一定的风险，但由于评估通常涉及基于长期收益趋势的资产，因此选择长期债券利率作为无风险报酬率，更具有可比性和相关替代性。

折现率中的风险报酬率部分必须反映两种风险：一是市场风险，二是与特定的被评估资产或企业相联系的风险。表 3-6 以企业为例，列出了风险报酬率确定过程中需要考虑的主要因素。

表 3-6　影响风险报酬率的主要因素

与市场相关的风险	与被评估资产相联系的风险
行业总体状况	产品或服务类型
宏观经济状况	企业规模
地区经济状况	财务状况
市场竞争状况	管理水平
法律法规约束	收益数量及质量
国家产业政策	区位
资本市场状况	资产状况

由此可见，风险报酬率的确定相当复杂，而且对于每一个潜在的投资者而言都会有所不同。在评估实践中，风险报酬率的确定方法有多种，需要根据被评估资产的具体风险状况进行选择。下面介绍两种常见的风险报酬率的确定方法：风险累加法和 β 系数法。

（1）风险累加法

风险累加法的基本思路：将企业在生产经营过程中可能面临的行业风险、经营风险和财务风险对投资报酬率的要求加以量化并予以累加，即可得到被评估项目的风险报酬率。其计算公式为：

被评估项目风险报酬率＝行业风险报酬率＋经营风险报酬率＋财务风险报酬率

（2）β 系数法

β 系数法可用于估算企业所在行业的风险报酬率，也可用于估算企业自身的风险报酬率。β 系数法的基本思路：行业风险报酬率（或企业自身的风险报酬率）是市场平均风险报酬率与被评估企业所在行业平均风险（或被评估企业自身风险）和市场平均风险的比例系数 β 的乘积。其计算公式为：

$$R_i = \beta(R_m - R_f)$$

式中：R_i——风险报酬率；

$\qquad R_m$——市场平均收益率；

$\qquad R_f$——无风险报酬率；

$\qquad \beta$——被评估企业证券的风险报酬率与证券市场上平均风险报酬率的比值。

上述公式中，市场平均收益率（R_m）和无风险报酬率（R_f）比较容易获得。β 系数的计算过程较为复杂，但在国外有专门的机构根据上市公司的经营状况和市场表现编制行业和公司的 β 系数，并及时予以更新。例如，美国 BARRA（前罗森伯格事务所）为在美国证券市场上市的约 7 000 家公司提供 β 系数，且每季度予以更新。

通过 β 系数法量化折现率中的风险报酬率部分的方法，又被称为资本资产定价模型（capital asset pricing model，CAPM），其计算公式为：

$$r = R_f + \beta(R_m - R_f)$$

上述公式中，（$R_m - R_f$）表示市场平均风险报酬率，β 反映了与其他企业相比被评估企业特定的风险程度，r 为投资者要求的投资收益率，它与 β 系数正相关，即由 β 系数所测算的被投资项目的风险越大，投资者所要求的收益率越高。

2）资本成本加权法

资本成本加权法的基本思路：将资产视作投入资金总额，即构成一个持续经营的所有有形资产和无形资产减去流动负债的净额，则企业资产可以理解为长期负债与所有者权益之和。从这一角度分析，长期负债和所有者权益所表现出的利息率和投资报酬率必然影响折现率的计算。对此可通过加权平均法计算折现率，即：

折现率＝长期负债比重×长期负债利息率×（1-所得税税率）+所有者权益比重×投资报酬率

其中

投资报酬率＝无风险报酬率+风险报酬率

【例3-22】 某企业资本构成如下：长期借款占30%，利率10%；应付债券占20%，利率12%；股东权益占50%，投资报酬率14%；适用的企业所得税税率25%，则该企业的折现率为

$$r=30\%×10\%×（1-25\%）+20\%×12\%×（1-25\%）+50\%×14\%=11.05\%$$

3）市场法

市场法是通过寻找与被评估资产相类似资产的市场价格及该资产的收益倒求折现率。用公式表示为：

$$被评估资产折现率 = \frac{1}{n}\sum_{i=1}^{n}\frac{样本资产收益_i}{样本资产价格_i}$$

所谓样本资产，是指与被评估资产在行业、销售类型、收益水平、风险程度、流动性等方面相类似的资产。同时市场法要求尽可能多的样本，否则不能准确反映市场对某项投资回报的普遍要求。市场法的具体运用需视具体评估对象而定，如对房地产评估可采用租价比法，对企业价值评估通常采用市盈率法。

3.3.4 收益法的评价

1. 收益法的优点

① 使用收益法进行资产评估，充分考虑了资产未来收益和货币时间价值，能真实准确地反映企业本金化的价值。

② 资产未来预期收益的折现过程与投资过程相吻合，这种方法得出的评估结论易为买卖双方所接受。

2. 收益法的缺点

① 使用收益法往往受到很多条件的限制，所以它的使用范围比较小，通常适用于企业整体资产和可预测未来收益的单项生产经营性资产的评估。

② 资产未来收益及风险报酬率等的预测难度较大，且易受主观判断和未来不可预见因素的影响。

3.4 资产评估方法的比较与选择

3.4.1 资产评估方法的比较

本章前三节分别介绍了成本法、市场法及收益法，它们各自从不同途径评估资产的价

值，是资产评估工作中应用最为广泛的基本方法。这些方法都有各自的应用前提、特点、优缺点及特定的操作步骤，比较分析各种方法之间的联系与区别，对于实际工作中正确选择评估方法具有重要的实践意义。

（1）评估原理不同

成本法是按重置功能相同全新资产的成本（重置成本）扣减资产的各种贬值（实体性贬值、功能性贬值和经济性贬值）后的余额作为资产的评估价值。

市场法是按所选参照物的现行市场价格，通过比较被评估资产与参照资产之间的差异并加以量化，以调整后的价格作为资产评估价值。

收益法是通过预测被评估资产的未来收益并将其折现，以各年收益折现值之和作为资产的评估价值。

（2）计价尺度不同

成本法是以重置成本作为资产评估的计价尺度，即以评估基准日重新购建功能相同全新被评估资产所需的全部成本作为评估计价基础。

市场法是以市场价格作为资产评估的计价尺度，即在评估基准日以市场上与被评估资产相同或相类似资产的市场价格作为计价依据。

收益法是以资产未来收益的折现值作为计价尺度，即将资产未来收益折算成评估基准日的现值作为评估价值。

（3）前提条件不同

成本法的前提条件包括：具有可比性的资产；具备可利用的资料；形成资产价值的各种耗费是必须的；被评估资产必须是可以再生或复制的。

市场法的前提条件包括：存在一个充分活跃的公开市场；公开市场上存在可比参照物及交易活动，且可比资产的一些技术指标、经验数据易于观察和处理。

收益法的前提条件包括：被评估资产未来预期收益可以预测并可以用货币计量；预期收益风险可以预测并可以货币计量；被评估资产预期获利年限可以预测。

（4）适用范围不同

成本法适用范围最为广泛，对于一切以资产重置、补偿为目的的资产评估业务都适用。具体而言，除单项资产和特殊用途资产外，对那些不易计算未来收益的特殊资产及难以取得可比参照物的资产评估业务都可用成本法进行评估。

市场法只适用于以市场价值为基础的资产评估业务。只要满足市场法的 3 个前提条件，就可以运用市场法。但下列情况不宜采用市场法：因资产具有特定用途或性质特殊很少在公开市场出售，以致没有公开市场价格的资产，如专用机器设备或无法重置的特殊设备都不宜采用市场法；对于大多数的无形资产而言，因其具有保密性、不确定性及不可重复性等特点，其交易价格资料往往不对外公开，评估专业人员无法收集其价格资料，因此不宜采用市场法。

收益法一般适用于企业整体价值的评估，或者能预测未来收益的单项资产或无法重置的特殊资产的评估活动。如企业整体参与的股份经营、中外合资、中外合作、兼并、重组、分立、合并均可采用收益法。此外，可以单独计算收益的房地产、无形资产也可应用收益法。

3.4.2　资产评估方法的选择

《资产评估法》第二十六条规定："评估专业人员应当恰当选择评估方法，除依据评估执业准则只能选择一种评估方法的外，应当选择两种以上评估方法，经综合分析，形成评估结论，编制评估报告。"评估专业人员恰当选择资产评估方法已上升为法律的要求。

尽管从理论上讲，不同的评估方法不应对评估值产生太大的影响，并且在必要时需同时采用几种方法评估一项资产。由于在现实经济中，市场总是存在一定的缺陷，不同的评估对象具有不同的特点，这就为实际工作中评估人员根据不同情况选择评估方法提供了可能。为了高效、简洁、合理地估测资产的价值，在评估方法的选择过程中应注意以下问题。

（1）资产评估方法的选择必须与资产评估价值类型相适应

资产评估价值类型决定了应该评估的价格类型，资产评估方法作为获得特定价值尺度的技术方法，必须与评估价值类型相适应。资产评估价值类型与资产评估方法是两个不同层次的概念。资产评估价值类型说明"评什么"，是资产评估价值质的规定，具有排他性，对评估方法具有约束性；资产评估方法说明"如何评"，是资产评估价值量的规定，具有多样性，并服务于评估价值类型。资产评估价值类型确定的准确性与相匹配的科学评估方法，是资产评估价值具有科学性和有效性的重要保证。

（2）资产评估方法的选择必须与评估对象相适应

由于评估对象的存在形态和价值特征不同，往往要求不同的评估方法与之相适应。例如，在评估时首先应区别被评估资产是单项资产还是整体资产；是有形资产还是无形资产；是通用资产还是专用资产；是可以复制的劳动创造的资产，还是不可复制的资源性资产。

例如，机器设备单项评估和流动资产的市场价值评估不宜采用收益法，而土地使用权等无形资产的评估不宜采用清算价格法。即便都是机器设备，市场成交活跃的旧普通机器设备的评估，可以采用市场法评估；而很少有交易的旧专用设备通常只能采用成本法进行评估。所以，评估方法的选择必须与评估对象的特定情况相适应。

（3）评估方法的选择受可收集数据资料的制约

各种方法的运用都要根据一系列的数据、资料进行分析、处理和转换。资产评估的过程，实际上就是对资料的收集、整理、分析和处理的过程。在评估方法运用方面，西方评估机构采用更多的是市场法。在我国，由于受到市场发育不完善的限制，市场法的运用无论是广度还是使用效率方面，都远远落后于其他成熟的市场经济国家的水平。因此，评估人员应根据可获得的资料及经过努力能收集到的资料的满足程度选择适当的评估方法。就资产评估来说，评估方法的科学性还依赖于方法运用中指标参数的正确确定。

（4）资产评估方法的选择要统筹考虑

各种资产评估方法各有其特点和付诸实现的条件。这种条件界定了它们各自的适用范围，而各自的特点又能起到互相验证或分析、修正某些误差因素的作用。这样，不但可以拓展评估的可行性，还可以提高评估的准确性。但是，不能将不同方法得出的评估结果进行简单平均而得出评估结论，而应该根据评估目的及不同评估对象的具体情况，恰当地将不同评估方法配合使用，以便得出公允的评估结果。

总之，在评估方法的选择过程中，应注意因地制宜和因事制宜，不可机械地按某种模式或某种顺序进行选择。但是，不论选择哪种方法进行评估，都应保证评估目的、评估时所依据的各种假设和条件、评估所使用的各种参数数据及其评估结果在性质和逻辑上的一致。尤其是在运用多种方法评估同一评估对象时，更要保证每种评估方法运用中所依据的各种假设、前提条件、数据参数的可比性，以便能够确保运用不同评估方法所得到的评估结果的可比性和可验证性。

阅读材料 3-1

关 键 概 念

成本法　市场法　收益法　重置成本　实体性贬值　经济性贬值　功能性贬值
复原重置成本　更新重置成本　直接比较法　类比调整法　预期收益

复习思考题

1. 简述成本法、收益法和市场法的理论依据、评估思路和适用前提。
2. 运用成本法评估资产价值应考虑哪些因素?
3. 运用市场法评估资产价值需要调整哪些差异?
4. 运用收益法评估资产价值需要考虑哪些技术参数?
5. 如何理解资产评估中折现率的含义? 折现率如何确定?
6. 怎样选择合适的资产评估方法?
7. 什么是复原重置成本, 什么是更新重置成本, 二者有何异同?

练 习 题

一、单项选择题

1. ( ) 适用于评估对象与参照物之间仅存在交易条件方面差异的情况。

　　A. 现行市价法　　　　　　　　　　B. 市价折扣法

　　C. 功能价值类比法　　　　　　　　D. 价格指数法

2. 采用成本法评估资产的缺点是 ( )。

　　A. 不适用专用机器设备的评估　　　B. 计算复杂, 工作量较大

　　C. 预期收益预测难度大　　　　　　D. 缺少可比数据, 难以应用

3. 收益法中的主要指标不包括 ( )。

　　A. 收益期限　　　B. 预期收益　　　C. 成新率　　　D. 折现率

4. 运用市场法评估资产价值时, 应当参照相同或类似资产的 ( ) 评定重估价值。

　　A. 重置成本　　　B. 收益现值　　　C. 清算价格　　　D. 市场价格

5. 已知资产的价值与功能之间存在线性关系, 重置全新机器设备一台, 其价值为 20 万元, 年产量为 8 000 万件, 已知被评估资产年产量为 6 400 万件, 其重置成本为 ( ) 万元。

　　A. 10　　　　　　B. 18　　　　　　C. 16　　　　　　D. 14

6. 运用修复费用法计算综合成新率时, 其计算公式为 ( )。

　　A. 综合成新率 $= \dfrac{修复费用}{重置成本} \times 100\%$ 　　　B. 综合成新率 $= 1 - \dfrac{修复费用}{重置成本} \times 100\%$

　　C. 综合成新率 $= 1 - \dfrac{重置成本}{修复费用} \times 100\%$ 　　　D. 综合成新率 $= \dfrac{重置成本}{修复费用} \times 100\%$

7. 机器设备的评估大部分采用 ( )。

　　A. 收益法　　　　B. 市场法　　　　C. 成本法　　　　D. 观察法

8. 收益法运用的关键是确定（　　　）。

   A. 资本化率　　　　B. 折现率　　　　C. 预期收益　　　　D. 收益期限

9. 复原重置成本与更新重置成本之差是（　　　）。

   A. 经济性贬值　　　　　　　　　　B. 实体性贬值

   C. 功能性贬值　　　　　　　　　　D. 上述三项之和

10. 市场法的运用对参照物的数量有要求。我国目前一般要求至少要有（　　　）个交易案例，才能保证评估结论的可靠性。

   A. 2　　　　　　　　B. 3　　　　　　　　C. 4　　　　　　　　D. 5

11. 功能性贬值是指由于（　　　）所造成的损耗。

   A. 使用磨损和自然力的作用　　　　B. 新技术的推广和应用

   C. 新法规的限制　　　　　　　　　D. 外部环境变化

12. 某资产 2×09 年 3 月购进，2×19 年 3 月评估时，名义已使用年限是 10 年。根据资产各项技术指标，正常使用情况下，每天应工作 8 小时，该资产实际每天工作 7 小时，其资产利用率为（　　　）。

   A. 85%　　　　　　B. 90%　　　　　　C. 60%　　　　　　D. 87.5%

二、多项选择题

1. 采用市价法进行资产评估，所选用参照物的差异调整因素主要包括（　　　）。

   A. 功能因素　　　　B. 区域因素　　　　C. 时间因素　　　　D. 交易情况因素

2. 采用成本法评估资产的优点有（　　　）。

   A. 有利于资产保值

   B. 有利于单项资产和特定用途资产的评估

   C. 充分考虑了资产的损耗，评估结果更趋于公平合理

   D. 在不易计算未来收益或难以取得市场参照物的条件下可广泛应用

   E. 评估值更能反映市场价值，评估结果易于被各方理解和接受

3. 影响资产价值量变化的因素有（　　　）。

   A. 实体性贬值　　　B. 功能性贬值　　　C. 经济性贬值　　　D. 市场价格

   E. 重置成本

4. 折现率的构成因素包括（　　　）。

   A. 无风险利率　　　B. 风险报酬率　　　C. 通货膨胀率　　　D. 企业收益率

   E. 行业平均收益率

三、判断题

1. 资本化率与折现率本质上是不同的。　　　　　　　　　　　　　　（　　　）

2. 运用收益法进行资产评估时，预期收益是指评估基准日资产的收益。　（　　　）

3. 资产评估中确定的收益应以收付实现制确认的现金流量为衡量标准。　（　　　）

4. 运用成本法对某企业的一台设备进行评估，其成新率是指会计上的折旧率。（　　　）

5. 类比调整法是指利用参照物交易价格及参照物某基本特征，直接与评估对象相同特征进行比较，据此判断评估对象价值的方法。　　　　　　　　　　　　　（　　　）

四、计算题

1. 要求对 ABC 公司进行评估。根据该公司前 5 年的经营业绩，预测其未来 5 年的收益额分别为 20 万元、30 万元、32 万元、35 万元、30 万元。经调查分析确定国库券利率为 8%，风

险报酬率为 2%，资本化率为 9%。假定从第 6 年起，每年收益额均为 30 万元。要求：

（1）计算未来 5 年收益现值。

（2）计算 5 年以后的永久性收益现值。

（3）确定企业整体评估价值。

2. 某机器设备，账面价值 100 万元，于 2×17 年 3 月购进，2×19 年 3 月进行评估，已知 2×17 年和 2×19 年的该类资产定基物价指数分别为 100% 和 120%，该设备正常情况下，每天应工作 8 小时，但该机器实际每天工作 6 小时。要求：

（1）计算该设备的重置成本；

（2）计算其资产利用率；

（3）假定该机器尚可使用 8 年，计算其实体性贬值；

（4）计算其评估值。

3. 对 ABC 公司的一台加工设备进行评估，该设备账面历史成本为 100 万元，已使用 2 年。经抽样选择具有代表性的通用设备 3 台，估算其重置成本之和为 60 万元，而该 3 台通用设备历史成本之和为 50 万元，该待评估设备尚能使用 8 年。由于市场上出现了一种新型的加工通用设备，与新设备相比被评估老设备每年的超额运营成本为 1.2 万元。要求：

（1）计算设备的重置成本；

（2）计算其实体性贬值；

（3）计算其功能性贬值；

（4）计算其评估值（折现率为 10%）。

4. 某待评估的生产控制装置正常运行需要 6 名技术操作员，而目前的新式同类控制装置仅需要 4 名操作员。假定待评估装置与新装置的运营成本在其他方面相同，操作人员的人均年工资福利为 12 000 元，待评估资产还可以使用 3 年，企业所得税税率为 25%，适用折现率为 10%。要求计算待评估资产相对于同类新装置的功能性贬值。

5. 某资产评估机构采用统计分析法对某企业的 100 台设备进行评估，其账面原值共计 1 000 万元，评估人员经抽样选择了 10 台具有代表性的设备进行评估，其账面原值共计 150 万元，经估算其重置成本之和为 180 万元，要求计算该企业被评估设备的重置成本。

6. 假定某企业长期负债占全部投入资本的 20%，自有资本比重为 80%，长期负债的平均利率为 10%，无风险报酬率为 11%，该企业风险报酬率为 5%，要求采用加权平均资本成本模型计算资本化率。

7. 现有一台与评估资产 A 设备生产能力相同的新设备 B，采用 B 设备比 A 设备每年可节约材料、能源和动力等 40 万元。A 设备尚可使用 5 年，假定年折现率为 8%，该企业适用的企业所得税税率为 25%，要求估算 A 设备的功能性贬值。

8. 资产评估对象为某专业生产线，该生产线日生产能力为 2 000 只。因市场出现可替代产品，现在及今后的趋势是每日只能生产 1 200 只。假定规模经济效益指数为 0.6，要求估算该生产线的经济性贬值率。

9. 某企业进行股份制改造，根据企业过去的经营情况和未来的市场形势，预测其未来 5 年的收益分别为 13 万元、14 万元、11 万元、12 万元和 15 万元。根据银行利率及经营风险情况，确定其折现率和资本化率分别为 10% 和 11%，要求确定该企业的评估价值。

第4章 资产评估职业道德与法律规范

本章导读

资产评估职业道德是指资产评估机构及其评估专业人员开展资产评估业务应当具备的道德品质和体现的道德行为。资产评估机构及其评估专业人员应当诚实守信，勤勉尽责，谨慎从业，坚持独立、客观、公正的原则，不得出具或者签署虚假或者有重大遗漏的资产评估报告。

资产评估职业道德规范是指评估专业人员应当遵循的体现在承揽业务、评定价值、信息披露过程中的具体道德规范。

资产评估职业道德修养由职业道德意识修养和职业道德行为习惯组成，具体包括提高职业道德认识、陶冶职业道德情操、磨炼职业道德意志、树立职业道德信念、养成职业道德习惯等内容。

4.1 资产评估职业道德概述

4.1.1 职业道德概述

1. 职业道德的含义

职业是人们在社会生活中所从事的某种具有专门业务和特定职责，并以此作为主要生活来源的社会活动。各种职业的形成是社会分工和生产内部劳动分工的自然结果。

有了职业分工，人们之间和各行业之间就有了因职业而发生的联系和关系，就有了各自的职业利益和人们因职业需要而产生的行为，从而就有了调节这种职业联系或关系、指导和约束人们职业行为的道德规范。

职业道德是从事一定职业的人们在工作过程中应当遵循的与其职业活动相适应的行为规范。职业道德具体体现在从业人员履行其职责的全部过程中。

2. 职业道德的特点

职业道德是社会道德体系的重要组成部分，是具有相对独立性的特殊领域，它具有自身的一些基本特点。

（1）规范性和专业性

职业道德是基于一定职业的特殊需要，以及与社会联系的特定方式所产生的对本职业的道德要求。正因为职业产生于社会分工，所以每种职业都有各自的服务内容，有不同的服务对象和与其他职业不同的性质和任务。在不同职业中，每种职业都有各自的具体规定，即各自的职业规范，甚至各个工种、岗位的职业规范都不一样。不同职业道德规范的具体内容是不同的，职业道德具有很强的专业性。所有从业人员都要严格按照各自的职业规范去调整自己的职业行为。这表明在践行职业道德时具有明显的规范性和专业性特点。

（2）普遍性和广泛性

职业道德是适应职业生活而产生的。职业道德体现在职业劳动者与其服务对象之间的各种关系和行为中，涵盖了广泛的社会生活领域和社会成员；职业道德也是社会各行各业的劳动者组成的职业群体都必须遵守的道德，对一切从业人员来说，只要从事职业劳动，在其特定的职业生活中就必须遵守职业道德。因此职业道德从其要求上来说，具有普遍性和广泛性的特点。

（3）操作性和强制性

职业道德在表现形式上具有明显的操作性和强制性。职业道德在调整职业活动中形成的特殊关系时，作为一种观念形态的东西，并不单纯地表现为抽象的理论或一些原则性的规定，而是从各职业从业人员的道德实践中概括提炼出一些具体明确的道德要求，往往采取制定诸如制度、章程、守则、公约、誓词、条例等简洁实用、生动明快的形式表现出来，用以约束和激励该职业的从业人员。这种对从业人员道德要求的明确规定，非常具体，具有很强的操作性。同时，这种道德要求又与行政纪律结合起来，如有违反，还会受到一定的经济制裁及纪律制裁，这就使得职业道德不仅仅是一种软约束，而且具有一定程度的强制性。

（4）稳定性和连续性

由于人们的职业生活代代相传，具有相对稳定性和历史的连续性，因此职业道德与其他行为规范相比，更加具有稳定性和连续性。职业道德本身是从某职业的特性和要求引申出来的，一定要同某职业的生活、需要和系统相结合，并要考虑到某职业的工作对象或服务对象的要求，所以在内容和结构上就会具有较强的稳定性和连续性。长期的特定职业实践，逐渐形成了比较稳定的职业传统习惯、比较稳定的职业行为准则、比较特殊的职业品格。不同的职业行为习惯和职业品格会造成从事不同职业的人在作风、性格、意识、派头、习气等方面的不同。

4.1.2 资产评估职业道德及其作用

1. 资产评估职业道德的概念

资产评估职业道德，是指资产评估机构及其评估专业人员开展资产评估业务应当具备的道德品质和体现的道德行为。它要求从事资产评估职业的评估专业人员在从事资产评估工作时，应当遵守职业理想、职业态度、专业胜任能力、职业良知、职业责任、职业荣誉和职业纪律等职业行为规范，是社会道德在资产评估行业中的一种表现。

2. 资产评估职业道德的作用

资产评估职业道德的作用主要表现为：有利于公民道德建设和社会诚信体系的建立；有利于进一步发展和完善资产评估行业，提高资产评估专业人员素质；有利于加强资产评估专业人员的职业责任感，防范其在执业过程中违法乱纪。

3. 资产评估职业道德的要素

资产评估职业道德的要素主要反映在资产评估专业人员的职业理想、职业态度、职业责任、职业胜任能力、职业良知、职业荣誉、职业纪律等方面。

（1）资产评估职业理想

职业理想是人们对职业的选择及职业成就的向往和追求。任何人在其职业生涯中，都必然面临对职业的选择和对职业成就的基本倾向。在职业理想中，最为重要的是对职业的选择要有一个正确的态度，既要明确个人对职业究竟有什么要求，该职业是否适合自己的实际需要，同时要认识到职业选择要同社会现实、社会需要相结合。过分强调个人对职业的要求或过分追逐社会现实和社会需要的职业理想都是有缺陷的。世界各国普遍采取职业资格准入制度，并普遍采取了考试的做法，即通过资产评估师的职业资格考试，经办理注册登记手续后方能成为注册资产评估师。这种资格准入考试难以有效衡量资产评估专业人员的职业理想，而缺乏职业理想的评估人员往往在通过资格考试获得执业资格后就放松了对自身的要求，不再追求业务上的精进和积极提高自身的执业水平。因此，如何有效地衡量和培养评估人员的职业理想，是在资产评估实践中急需解决的问题。

（2）资产评估职业态度

从本质上讲，职业态度就是职业工作态度。职业工作态度的形成是各种因素综合的结果。这些因素可分为客观因素和主观因素。客观因素包括社会制度和社会工作的性质，以及职业群体的具体工作环境、工作条件和工作内容等。主观因素包括劳动者受教育程度、专业技术水平、人生价值和劳动者个人特征及心理特点等。

资产评估职业态度表现在评估专业人员对该职业的看法和在资产评估工作中所采取的行动方面。评估专业人员的职业态度是否端正，直接影响到资产评估工作效果的好坏和服务质量的高低。当资产评估专业人员能够正确认识资产评估职业在社会经济活动中所提供的专业中介服务的重要性，并采取正确的工作行为，按照中介行业的工作要求，树立为客户服务的理想时，资产评估工作就会取得很好的效果，服务质量也会明显提高。相反，将资产评估等同于普通的社会职业，所表现出来的工作效果就不好，服务质量也不可能提高。

资产评估专业人员职业态度的形成，除了客观上受社会制度、社会关系的性质、工作环境和条件的影响外，在很大程度上也受到评估专业人员的职业理想、个人素质、个人特征和心理特点等因素的影响。对资产评估职业无兴趣的、接受教育程度、专业技术水平较低和人生价值较悲观的评估专业人员的职业态度都会表现为比较消极和被动。及时加强评估专业人员的职业理想教育，从不同角度提高评估专业人员的个人素质，及时调整评估专业人员的个人心态，以此端正评估专业人员的职业态度都是非常必要的。对经过教育和调整都未见效的不合格的评估专业人员，应通过劝退制度使其离开资产评估行业。

（3）资产评估职业责任

社会角色中的任何人在做出行为选择时，不仅要对自己负责，也要对他人、对社会负责。资产评估专业人员也是社会中的一个角色，在从事资产评估职业时享有并行使鉴定、估值的权利，履行相应角色的义务，当然也为其行为承担责任。评估专业人员的职业责任可以在评估专业人员对委托方、对社会的关系中体现，也可以在评估专业人员之间的同业关系及个人关系中体现，还可以从评估专业人员与评估专业人员、律师、各种与资产评估相关的行业关系及个人关系中体现。每个评估专业人员对其从事的资产评估职业都应负有相应的职业责任。

资产评估职业责任具体包括两个方面的内容：一是应当做好有关资产评估的分内之事；二是要承担因没有做好资产评估分内之事的责任。资产评估专业人员应做好的分内之事包括：按时、按质完成与委托方约定的任务；做好执业过程中职业要求的保密工作；始终坚持本职业所规定的不违背公众利益的有关义务；正确处理好与同行之间的各种利益和责任关系等。

资产评估专业人员没有做好分内之事应当承担相应责任。评估专业人员的职业责任应包括各种相关的道德责任和法律责任。当评估专业人员没有做好分内之事而且还涉及违反有关法律的行为时，评估专业人员需要承担相应的民事、行政、刑事等法律责任。职业责任在职业道德领域非常重要，因此强调评估专业人员的职业责任，培养其职业责任感是资产评估职业道德建设的一项重要内容。

（4）资产评估职业胜任能力

职业胜任能力包括两个方面：一是具备从事职业的专业技能和业务素质；二是从事专业技能和业务素质范围内的工作。职业的专业技能是指从事职业劳动的专门技术和能力。从事专业技能和业务素质范围内的工作是指职业劳动者只能承接与其专业能力相适应的业务。这是职业道德中诚实的表现，也是客观公正的要求。资产评估职业胜任能力是指评估专业人员必须具备从事资产评估职业专门技能和能力，并在专业技能范围内承揽、接受并进行资产评估工作业务。评估专业人员职业胜任能力之所以是职业道德的内容之一，是因为评估专业人员的职业道德不但表现为自觉履行职业责任的愿望，还表现为完成职业责任的过硬本领。只有具备相应的资产评估职业的专业技能和接受专业技能胜任范围内的资产评估业务，才能出色地履行资产评估职业责任，更好地为客户和社会提供专业服务。

由于职业技能主要是通过理论知识的学习、培训和社会实践获得的，而且绝大多数的专业理论知识是随着社会发展在不断更新、扩展和充实的，因此从事资产评估职业的评估专业人员也不能满足于已经取得的专业技术资格和现有的专业理论知识，应该通过各种学习途径，不断更新、提高专业理论知识和业务能力水平，更好地为客户服务。与此同时，也要实事求是，不应勉强从事自身专业能力不能胜任的业务。资产评估涉及面广、综合性强，评估专业人员既不能以资产评估师的名义从事资产评估业务以外的业务，也不能承揽、接受自身业务能力不能胜任的资产评估业务。对涉及非主观意愿承接的自身业务能力不能胜任的评估业务，应主动聘请具有胜任能力的评估专业人员或有关专家给予专业技能上的支持。

（5）资产评估职业良知

职业良知是指职业劳动者对职业责任的自觉意识。它建立在职业道德责任感的基础之上，左右着职业道德的各个方面，贯穿于职业行为过程的各个阶段，是职业劳动者思想和情操的重要精神支柱。职业良知在人们的职业生活中有着巨大的作用，当职业劳动者对自己应承担的职业责任有了一定的认识和理解，逐步形成了一种强烈的道德责任感时，自己的职业良知也就确定了。职业劳动者的职业良知一旦确立，就会成为职业劳动者内心的"法官"，对职业劳动者的行为起着评判和监督的作用。当职业劳动者的行为符合职业道德要求时，它就会在内心上给予肯定，使职业劳动者感到愉悦和快乐；否则职业劳动者就会感到内疚和痛苦。当然，职业劳动者的职业良知是一种高尚的道德情操，需要在相当长时间的良好职业习惯中养成。因此，资产评估专业人员的职业良知的形成并非一朝一夕，需要一个长期的循序渐进的教育培养过程。

（6）资产评估职业荣誉

职业荣誉是指职业劳动者在职业生活中形成的职业形象、尊严和良好的声誉，以及为保持其职业形象、尊严和良好的声誉应当遵守的有关职业道德行为。资产评估职业荣誉包含两方面的内容：一是社会对从事资产评估职业的评估专业人员履行职责的行为做出的赞赏和评价；二是评估专业人员对自己的职业活动所具有的社会价值的自我意识产生的知耻心、自尊心和自律心，使其为保持职业形象、尊严和良好声誉而自觉按照职业责任的要求遵守有关职业道德行为。

（7）资产评估职业纪律

职业纪律是从事职业的人们在从事与具体职业有关的活动时应当遵守的行为规范。它要求从业人员在职业生活中遵守秩序、执行命令和履行职责。职业纪律带有明显的强制性。职业纪律不仅为职业组织的有关章程和规则所规定，而且许多具体内容还被明确写入有关法律之中。因此，当职业人员违背有关职业纪律时，不仅要受到社会舆论的谴责，而且还受到职业自律组织对其采取的必要惩戒，甚至可能受到法律的惩罚。

资产评估职业纪律，是指评估专业人员执业行为的法纪和戒律，它主要包括评估专业人员应当遵守的执业准则和国家的有关法规。

资产评估专业人员肩负着为客户、为社会提供客观和公正服务的职业责任，这一责任必然使得社会对其职业道德水准提出更高的要求，而对违反资产评估职业纪律的资产评估师则必须给予惩戒。2001 年 11 月，资产评估行业协会提出了注册会计师、资产评估专业人员谈话提醒制度。该制度规定了各地方注册会计师协会、资产评估协会负责实施本地会计师事务所及资产评估机构的谈话提醒工作，主要对涉嫌违反法律、法规，涉嫌违反资产评估基本准则和资产评估职业道德准则等规定，已确认存在违规违纪行为但不构成行政处罚的，其他有必要谈话的情形的机构和相关注册会计师、评估专业人员进行谈话提醒。通过谈话发现谈话对象有严重违规行为的，谈话方邀请有关部门依法进行调查处理。对在一年内被谈话提醒累计达 3 次以上（含 3 次）的，其任职资格年度检查不予通过。2002 年，中国注册会计师协会在发布关于印发《注册资产评估师注册管理暂行办法》的通知中，规定了不具备注册条件的申请人不予注册，不符合执业要求条件的但已注册的资产评估师给予撤销注册，对为申请人提供虚假的资产评估工作年限的评估专业人员通报批评，提供两次虚假的还要撤销申请人注册，收回资产评估师证书。

4. 资产评估职业道德建设的重要性

强调资产评估职业道德建设既是发展和完善资产评估行业、提高资产评估专业人员素质的迫切需要，又是加强评估专业人员职业责任感、整顿行业不正之风的客观需要。

为了进一步发展和完善资产评估行业，发挥其在社会主义市场经济中的基础作用，必须提高资产评估专业人员素质和资产评估服务质量，要求评估专业人员敬业爱岗，在不断提高专业知识和技术水平的同时，端正工作态度，诚实守信，在执业过程中坚持独立、客观、公正的工作原则，保持中介服务业的社会公信度。这些要求客观上构成了资产评估职业道德原则和规范的具体内容。

近年来，在资产评估业迅速发展的同时，也出现了一些令人担忧的问题：一是在评估中不惜违反评估的客观性原则，随意地调整评估结果；二是不按照评估操作程序，随意简化评估步骤，致使评估工作质量降低；三是受利益驱动，与客户"共谋"，帮助客户"包装"和造假。上述行为不仅直接损害了社会和有关当事人的利益，而且也引发了社会和公众对资产评估职业公信度的怀疑，危及资产评估机构和行业的整体形象。因此，开展资产评估职业道德建设，加强评估专业人员的职业责任感，是整顿行业不正之风、维护行业形象的客观需要。资产评估机构及其评估专业人员应当自觉维护职业形象，不得从事损害职业形象的活动。

4.2 资产评估职业道德规范

4.2.1 资产评估基本职业道德规范

资产评估基本职业道德规范，是指资产评估机构及其评估专业人员应当遵守的贯穿于整个资产评估业务全过程的基本道德规范。它主要包括体现评估人员职业道德基本要素的职业理想、职业态度、职业良知、职业责任、职业荣誉、职业胜任能力和职业纪律等的具体要求，包括遵纪守法的要求，独立、客观、公正的要求，专业能力的要求，履行责任的要求等。

1. 遵纪守法的要求

遵纪守法是遵守纪律、遵守法律的简称。纪律是机关、团体、单位等组织所制定的，所属人员必须遵守的行动规则。法律是国家立法机关根据统治阶级的整体意志制定的、由国家强制机关保证执行的行为规则。由于道德和法律同是根植于经济基础的社会意识形态，因此二者之间必然会相互渗透、相互依存。道德是法律的基础，而法律的重要宗旨之一是维护和强化人们对道德的遵守。道德和法律两者相互补充，共同对社会关系进行必要的调整。在现实生活中，许多重要的职业道德也分别被写进了宪法、法律和法规，遵纪守法是德法并举、德法相济的一种表现，也是遵守职业道德的基本要求。

资产评估机构及其评估专业人员开展资产评估业务，应当遵守法律、行政法规和资产评估准则，履行资产评估委托合同规定的义务。资产评估专业人员遵纪守法的行为规范应该达到以下几点共识：一是要认识到道德和法律之间是一个互相渗透、互为表里、相互依存的辩证关系；二是要认识到遵纪守法是资产评估职业道德规范的首要内容，也是评估专业人员的基本行为规范；三是要认识到评估专业人员从事资产评估业务若不遵纪守法，不仅要承担相应的道德责任，而且也要承担相应的法律责任。资产评估机构应当对本机构的资产评估专业人员遵守法律、行政法规和资产评估准则的情况进行监督。

2. 恪守独立、客观、公正的要求

独立、客观、公正是社会中介服务机构执业的基本要求。作为社会中介服务行业中的一种具体职业，从事资产评估职业的评估专业人员也需要恪守独立、客观和公正的要求。

（1）恪守独立性要求

独立性包括实质上的独立和形式上的独立。实质上的独立是指该类中介服务业的行为主体与服务对象之间没有利害关系；形式上的独立是指该类中介服务业的行为主体在为委托方提供服务时在社会公众或第三者面前所表现的一种独立于委托人的形象。实质上和形式上的独立是专业中介服务行业行为主体能够客观、公正表达意见和取得社会公众信任的保证。

资产评估机构及其评估专业人员开展资产评估业务，应当采取恰当措施保持独立性。资产评估机构不得受理与自身有利害关系的资产评估业务。资产评估专业人员与委托人、其他相关当事人和评估对象有利害关系的，应当回避。

资产评估机构及其评估专业人员开展资产评估业务，应当识别可能影响独立性的情形，合理判断其对独立性的影响。可能影响独立性的情形通常包括资产评估机构及其评估专业人员或者其亲属①与委托人或者其他相关当事人之间存在经济利益关联②、人员关联③或者业务关联④。

资产评估机构不得分别接受利益冲突双方的委托，对同一评估对象进行评估。

（2）恪守客观性要求

客观性要求是指中介服务业的行为主体在执业过程中应当以客观事实为依据，实事求是，尽可能地排除人为的主观因素，真实地反映、分析、判断和处理该类中介业务，不以个人好恶或成见影响工作结果。在资产评估执业过程中，恪守客观性要求评估专业人员应当始终站在客观立场，坚持以客观事实为依据开展和完成资产评估工作，尽量避免以个人主观臆断代替客观实际。

要保证评估专业人员在执业过程中恪守客观性原则，就应该注意以下 3 点。

① 恪守独立性要求。离开独立性要求，就谈不上客观性。因为在不独立的前提下，评估专业人员的行为很容易受到来自客户和社会各种利害关系的牵制。

② 尽量控制主观意识。个人主观意识是客观性的大敌。如果评估专业人员不能控制个人的主观意识，即使在执业过程中恪守独立性要求，其客观性也会很容易被主观性所代替。

③ 辩证看待客观性标准。辩证唯物主义认为，世界上的任何事物都是对立和统一的，主观和客观也是对立和统一的。客观是不依赖于主观而独立存在的，主观能动地反映客观，并对客观事物的发展起促进或阻碍作用。因此，在资产评估过程中，必须辨证地看待客观性标准。

（3）恪守公正性要求

公正性要求是指中介服务业的行为主体在执业时应当具备正直、诚实的品质，公平、正直地对待有关利益各方，不以牺牲一方利益而使另一方受益。恪守公正性要求评估专业人员应始终不偏不倚，公平地对待资产评估业务中的利益相关方，在承接业务、评估过程、出具报告中都要坚持公正性。

要保证评估专业人员在执业过程中恪守公正性要求，就应该注意以下 3 点。

① 恪守独立性和客观性要求。离开独立性和客观性要求，公正性不可能做到。没有独立性，评估专业人员的分析、判断能力和行为就容易受到外来的干扰，从而影响其公正性；同样，没有客观性，评估专业人员在技术标准和行为标准上都会缺乏依据和保证，评估执业过程只能凭主观臆断，其结果也不可能公正。

② 正确处理好服务与报酬的关系。在为客户提供评估业务服务时，不提倡"义务劳动"，也不得利用执业过程掌握的资料和确定评估价值高低的专业技术权利为自己和所在机构牟取正当收费以外的私利。

③ 建立健全监督约束制度。在委托合同签订、资产清查、产权认定、评估价值的确定和收取服务报酬等过程中要建立健全必要的监督和约束制度，并尽量消除评定价值与服务收费之间的因果关系，不得因为多收费而使评估价值升高或降低，以防止各种影响公正的不良

---

① 亲属是指配偶、父母、子女及其配偶。

② 经济利益关联是指资产评估机构及其评估专业人员或者其亲属拥有委托人或者其他相关当事人的股权、债权、有价证券、债务，或者存在担保等可能影响独立性的经济利益关系。

③ 人员关联是指资产评估专业人员或者其亲属在委托人或者其他相关当事人担任公司董事、监事、高级管理人员或者其他可能对评估结论施加重大影响的特定职务。

④ 业务关联是指资产评估机构从事的不同业务之间可能存在利益输送或者利益冲突关系。

行为发生。

3. 专业能力的要求

专业能力要求，是指社会中介服务业的行为主体在执业过程中应当具备相应的能力，从而保证该行为主体在承揽、接受、执行和完成任务的各环节都能顺利进行。资产评估专业人员在承揽、接受和进行资产评估业务时，只能在其专业技能和时空安排等方面能够胜任的范围内开展工作，对于超越其专业技能和时空安排等胜任能力的业务应该放弃或拒绝。

资产评估是一项专业性很强的工作，不仅需要专业知识、专业训练和专业实践经验，还需要对业务的分析、判断和表达的综合能力。同时，资产评估又是经济签证类社会中介服务，它要求评估专业人员对客户和社会公众提供客观、独立及公正的服务。在资产评估业务范围内，各种资产的性质、特征千差万别，开展每项资产评估业务都花费相应的时间，而且每个评估专业人员的专业能力和时间都相对有限。所以，如果已具备资产评估专业能力的评估专业人员不实事求是，搞大包大揽，必然造成违背客观、公正的原则，不能按时、按质完成资产评估任务。这不仅会给客户或有关当事人的利益造成损害，也会给评估行业和评估机构的信誉造成不良的影响，也可能因此造成必须承担相应责任的后果。

要保证资产评估专业人员具备专业能力就应该注意以下 7 个方面。

① 应当经过专门教育和培训。在接受资产评估业务之前，资产评估专业人员应该接受与评估资产相关专业知识的教育、培训与实践，通过相应执业资格的考试、考核。

② 应当继续学习相关知识。资产评估专业人员应当完成规定的继续教育，保持和提高专业能力。

③ 积极参加评估业务的具体实践。资产评估是一门特殊的专业，资产评估的执业能力不仅要求评估专业人员具备相应的专业理论知识，还要求必须具备一定的实践经验。在目前的专业准入制度下，在已取得专业执业资格的评估专业人员中，有部分人员虽然通过考试获取了相应的资产评估执业资格，但由于缺乏相应的资产评估的具体实践而无法承担专业工作。因此，要保证评估专业人员具备专业能力，不论在获取专业执业资格之前或之后，都要求其积极参加资产评估实践，使其在实践中积累和总结经验，成为名副其实的资产评估师。

④ 在承接业务时，资产评估机构及其评估专业人员应当如实声明其具有的专业能力和执业经验，不得对其专业能力和执业经验进行夸张、虚假和误导性宣传。

⑤ 在进行资产评估业务和出具资产评估报告时，不具备执业能力的资产评估师不得进行资产评估，也不得出具资产评估报告，更不得在资产评估报告上签字。

⑥ 资产评估机构执行某项特定业务缺乏特定的专业知识和经验时，应当采取弥补措施，包括利用专家工作及相关报告等。

⑦ 对虽具备执业胜任能力，但由于时间、人力安排等原因而不能在正常所需的工作时间内完成的资产评估业务，也应视为不能胜任的评估业务。

4. 履行责任的要求

责任通常有两层含义：一是分内应做的事情；二是没有做好分内应做的事而应当承担的相应责任。履行责任的要求是指社会中介服务业的行为主体在执业过程中应当做的分内之事和没有做好分内之事而应当承担的有关责任。

1）从做好分内之事的角度分析

从做好分内之事的角度分析，资产评估专业人员的责任要求包括对资产评估业务的责任要求、对客户的责任要求、对同业的责任要求及对社会的责任要求 4 个方面。

（1）对资产评估业务的责任要求

对资产评估业务的责任要求是指资产评估专业人员在从事资产评估业务的过程中有严格遵守资产评估的技术规范的责任，认真执行资产评估有关准则、评估程序和评估质量控制标准，做好资产评估业务的各项具体工作。

（2）对客户的责任要求

对客户的责任要求是指资产评估专业人员在从事资产评估业务过程中，应当坦诚地对待客户，在不违背其他当事人和公众利益的前提下，尽最大努力竭诚为客户提供与评估有关的专业服务，维护客户的合法权益并与客户保持相互信任的关系。具体包括以下 3 个方面。

① 按时、按质完成委托的资产评估业务。即应当按照资产评估业务委托合同明确的业务性质、范围要求等各项约定，在客户提供必要资料的前提下，在规定的时间内按资产评估专业标准的要求，在保证质量的情况下完成委托评估业务。

② 坚持保密原则。资产评估专业人员的职业决定了他能够掌握和了解客户的大量信息和资料。在这些信息和资料中，有些可能涉及客户的商业秘密，有些可能涉及经营决策、生产技术、财务状况等，如果这些信息和资料被泄露或被竞争对手获知，都可能给客户造成经济损失。因此，为客户保守秘密就成为评估专业人员对客户负责任的一个重要内容。资产评估机构及其评估专业人员应当遵守保密原则，对评估活动中知悉的国家秘密、商业秘密和个人隐私予以保密，不得在保密期限内向委托人以外的第三方提供保密信息，除非得到委托人的同意或者属于法律、行政法规允许的范围。

③ 竭诚为客户服务。资产评估专业人员不得私自接受委托从事资产评估业务并收取费用。资产评估机构及其评估专业人员不得利用开展业务之便，为自己或者他人谋取不正当利益，不得向委托人或者其他相关当事人索要、收受或者变相索要、收受资产评估委托合同约定以外的酬金、财物等。资产评估机构及其评估专业人员执行资产评估业务，应当保持公正的态度，以客观事实为依据，实事求是地进行分析和判断，拒绝委托人或者其他相关当事人的非法干预，不得直接以预先设定的价值作为评估结论。资产评估机构及其评估专业人员执行资产评估业务，应当与委托人进行必要的沟通，提醒资产评估报告使用人正确理解评估结论。

（3）对同业的责任要求

对同业的责任要求是指资产评估专业人员在从事资产评估业务过程中，应当做好与同行之间的沟通与协作，以诚相待，共同维护和增进本行业的职业信誉和形象。其具体要求包括：不得以恶性压价、支付回扣、虚假宣传，或者采用欺骗、利诱、胁迫等不正当手段招揽业务；不得对其执业能力进行夸张、虚假及容易引起误解的宣传；不得贬低同行，损害同行的声誉和利益；不得做出可能损害职业形象的行为，在本行业中团结协作，互相尊重，共同维护行业信誉和形象；不得允许其他资产评估机构以本机构名义开展资产评估业务，或者冒用其他资产评估机构名义开展资产评估业务；不得签署本人未承办业务的资产评估报告，也不得允许他人以本人名义从事资产评估业务，或者冒用他人名义从事资产评估业务。资产评估机构及其评估专业人员在开展资产评估业务过程中，应当与其他资产评估专业人员保持良好的工作关系。

（4）对社会的责任要求

对社会的责任要求是指资产评估专业人员在从事资产评估业务时，不得损害社会公众利益。社会公众利益是相对于客户利益而言的其他利益，包括国家利益、公众利益、其他组织和非客户公民的合法权益。社会责任要求评估专业人员在执业过程中，不得迁就客户，满足其不合理要求，不得为了客户利益损害国家利益、公众利益和其他组织、公民的合法权益。

2) 从没有做好分内之事的角度分析

从没有做好分内之事而必须承担相应责任的角度看，评估专业人员应承担的责任包括道德责任和法律责任。道德的实现是靠精神号召，靠个人的良知和领悟。职业道德的培育形成靠社会氛围的熏陶和烘托，靠典型范例的感召和启示，靠组织和行业的开导和指引。所以，道德责任在严格意义上只能是一种"软约束"，违反道德的行为一般由"道德法庭"进行审判。当然，"道德法庭"有时也能起到一定作用，但职业道德的一般道德责任的维护还是主要依靠职业团体的行业自律。目前，资产评估职业团体已普遍认识到评估专业人员违反职业道德会对整个职业和社会带来严重后果，都自发地采取了警告、训诫、不予注册、通报批评、限期整改、暂停执业、吊销执业资格等自律惩戒措施。

这里的法律责任是指违反有关法律的重要职业道德条款而应承担的相应责任，具体包括民事责任、行政责任和刑事责任。当然，法律责任的执法主体主要是行政和公检法部门。相反，职业道德责任的执行主体主要是行业自律组织，除有关法律授权外，其只能依靠行业自律组织对违反职业道德的评估专业人员追究道德责任。因此，在评估专业人员履行责任的内容中，也包括要求评估专业人员应当履行对协会的相关义务，并接受行业自律组织做出的处罚决定，这样才能保证行业自律的有效性。

4.2.2　资产评估具体职业道德规范

资产评估具体职业道德规范，是指资产评估专业人员应当遵循的体现在承揽业务、评定价值、信息披露过程中的具体道德规范。它是在秉承评估专业人员基本职业道德规范实质内容的基础上，对评估专业人员基本职业道德规范的进一步补充和延伸。它和评估专业人员基本职业道德规范共同构成评估专业人员职业道德规范，在一定程度上也会与评估专业人员基本职业道德规范存在重叠与交叉。资产评估专业人员除了应当遵循基本职业道德规范外，还应遵守以下不同执业环节的具体道德规范。

1. 承接业务过程中的职业道德规范

资产评估专业人员承接业务过程包括承揽业务和接受业务两个具体环节。

① 不得以个人名义承揽资产评估业务。这是由资产评估职业的特点和资产评估职业胜任能力的职业道德规范所决定的。一方面，资产评估业务涉及经济、财会、工程技术、法律等学科，仅靠一个人的知识水平远远不够，因此资产评估必须由多个专业人员共同进行；另一方面，资产评估机构根据不同的能力水平实行不同的从业资格管理。如目前存在从事证券业务资格管理和资产评估资格管理，以个人名义承揽评估业务明显违背职业道德中的职业胜任能力的要求。当然，这不仅要求评估专业人员不得以个人名义承揽资产评估业务，也要求评估专业人员不得以个人名义接受和开展资产评估业务。

② 在承揽和接受业务时，当与委托方或相关当事方存在利害关系时，应主动回避。这既是资产评估专业人员在执业过程中应当恪守的独立、客观、公正原则在承接业务过程中的具体体现，也是社会公信的客观要求。这里的利害关系包括两个方面：一是利益一致关系；二是利益对立关系。如果评估专业人员承接了与其存在利益一致关系的评估业务或与其利益存在对立关系的评估业务，一方面容易产生为了委托方或相关当事方的利益而牺牲非委托方或其他相关当事方的利益；另一方面也容易被非委托方或其他相关当事方和社会公众认定为

其不恪守独立、客观、公正的职业道德。即使该评估专业人员在评估过程中能够坚持恪守独立、客观、公正原则，也不容易获取社会公众对其公信力的认可。

在接受资产评估业务时，应实事求是地与委托方签订规范的委托合同①。这个具体规范一方面是要规范委托与受托关系，明确委托方和受托方各自的权利和义务，保证资产评估能够顺利进行；另一方面是评估专业人员职业道德规范中恪守客观性原则和具备胜任能力原则的具体要求。在签订资产评估委托合同时评估专业人员应当实事求是，根据具备的执业能力，把提供评估服务的有关内容写入合同条款。

2. 评定价值过程中的职业道德规范

① 进行价值评估时，应当严格执行资产评估执业标准和执业程序，不得随意降低职业标准，不得随意删减和简化执业程序。资产评估执业标准是资产评估行业根据资产评估活动的特征和实践制定的用来规范资产评估行为的行业执行标准，通常包括资产评估业务技术标准和资产评估专业人员的行为标准。资产评估执业程序是指资产评估过程的全部工作规程和工作步骤。在这一过程中，随意降低资产评估执业标准和随意缩减执业程序都会降低评估工作质量，并直接影响评估结论的客观性和公正性。

② 进行价值评估时，应当独立地进行专业判断，不得以委托方或相关当事方预先设定的价值作为评估结果。这是评估专业人员职业道德规范中，恪守独立性和公正性原则在价值评定过程中的具体要求。在这一过程中，评估专业人员若以委托方或相关当事方预先设定的价值作为评估结果，不仅会失去评估专业人员的独立性立场，而且会失去评估专业人员应有的专业判断能力。其后果必然要损害非委托方或其他相关当事方的利益，严重违背评估专业人员独立性和公正性的基本职业道德规范。

③ 进行价值评估时，应当使用合理的假设。在价值评定过程中，假设对资产的价值影响很大。对同一资产做出不同假设，不仅得出的评估价值会出现明显差异，而且有些假设可能会导致错误的结论。所以，评估专业人员在进行价值评定时，不得采用不合理的假设。

④ 进行价值评估时，应当获取足够的相关资料和数据，并对获取的资料、数据和有关资料进行充分分析。要对资产的价值做出评定，就必须有评定的依据，评定依据必须建立在获取足够的相关资料和数据的基础上，并对其和评估有关事宜进行充分分析和判断后才能形成。在价值评定过程中，要求评估专业人员应当对评估对象进行现场调查，收集足够的相关资料和数据，并对所获取的资料、数据和影响评估价值的有关因素进行充分的分析和判断，以足够的资料和数据支持资产评估结论。

⑤ 进行价值评估时，应当对参与评估的专业人员的工作进行指示、督促和复核，保证评估专业人员执行执业标准、程序和遵守职业道德规范。资产评估是一个涉及面广、多专业综合的学科，对一项资产评估业务，在客观上需要多人参与，共同完成。这就要求在价值评定过程中，评估专业人员不仅本身要严格执行评估职业标准、程序和职业道德规范，而且还要督促参与评估的专业人员执行执业标准、程序和遵守职业道德规范。

⑥ 进行价值评估时，对需要有关专家协助工作的情况，应当采取必要措施确保专家对该工作的可信度，并对专家工作的结果负相应的责任。由于资产评估涉及的评估对象多种多样，不同的评估对象有不同的特性。在现实中，评估专业人员的专业知识面再宽也不可能熟悉各种不同的评估对象。同时，在整体资产评估项目中，具备和胜任执业能力的业务与不具

---

① 要求遵守《资产评估执业准则——资产评估委托合同》的各项规定。

备胜任能力的业务总是结合在一起的。所以，为了保证对不熟悉的资产评估对象的评估质量，客观上就必须聘请相关专家，利用专家的专业特长协助开展评估工作。当然，评估专业人员在利用专家协助评估工作过程中，应当采取必要的措施保证对该专家的专业水平和对该资产价值有关的专家工作意见的可信度，并对协助其开展评估工作的其他专家的工作结果负相应的责任，从而防止盲目利用专家协助工作产生不良影响。

⑦ 进行价值评估时，应当就每个具体的工作过程形成评估工作底稿。评估工作底稿是用来反映评估过程有关资料、数据、内容的文字记录，是为最终完成评估任务、归档和随时准备提供验证做好准备的主要资料依据和来源。同时，资产评估工作底稿也是用来证明评估专业人员是否执行资产评估执业程序，是否遵守有关职业道德条款的重要依据。因此，评估专业人员在执行资产评估业务时，应当自觉形成工作底稿，并妥善加以管理。

3. 评估结论披露过程中的职业道德规范

资产评估专业人员在评估结论披露过程中，除了应当遵守评估人员基本职业道德规范对评估结论披露过程的有关要求外，还应遵守以下具体职业道德规范。

① 披露评估结论时，应当根据相关法律、法规和资产评估准则出具评估报告。资产评估报告是按照一定格式和内容反映评估目的、程序、标准、依据、评估结果及适用条件等基本情况的报告。它既是资产评估机构及其评估专业人员完成对资产作价意见，提交给委托方的公证性报告，也是资产评估机构及其评估专业人员履行评估合同情况的总结，还是资产评估机构为资产评估项目承担相应法律责任的重要证明文件。因此，如果评估专业人员不根据相关法律、法规和资产评估准则出具评估报告，不仅会影响评估报告的合法性，也会影响委托方的利益，还会给资产评估机构及其评估专业人员带来相应的责任。这就要求评估专业人员应当遵纪守法，恪守独立、客观、公正的原则，根据规定的格式，以真实的内容出具资产评估报告。

② 披露评估结论时，应当在评估报告中充分披露评估所依据的假设、限制条件和与评估相关的信息。一方面，资产价值与其经济用途，所处的自然条件，经济、人文社会环境和未来前景等都有着十分密切的关系。同一资产在不同的经济用途，不同的自然、人文社会、经济环境和不同未来前景的条件下，其价值体现都不同，在有些条件限制下，资产价值甚至无法实现。因此，评估专业人员应当在资产评估中充分披露评估所依据的假设和限制条件，以及与评估有关的各种信息。另一方面，资产评估报告是资产评估机构和评估专业人员以独立中介人的身份向委托方和有关方面报告对资产作价的专业意见。为了充分体现其独立、客观、公正的立场和专业业务知识水平，评估专业人员应该把与资产价值有关的信息充分地披露出来，以便报告者和有关方能够检验和正确认识评估结果。

③ 披露评估结论时，应当引导报告使用者恰当使用评估报告。由于资产价值受评估目的、依据的假设和时间等因素限制，所以每项资产的评估价值只能在一定的假设前提、评估目的、时间等具体限制条件下实现。离开这些限制条件，情况就会发生变化。出于职业责任和专业知识水平，评估专业人员应当在出具的资产评估报告中正确引导报告使用者恰当使用评估报告，避免因误导而造成对评估报告的使用不当。

④ 披露评估结论时，不应在自己未参与或不真正了解项目的评估报告上签章，也不得允许他人以本人名义签署评估报告。在资产评估报告上签章，这既是评估专业人员在评估结论披露过程中的一项权利，也是一项义务。它表明了评估专业人员对该项资产评估发表了专业意见，同时也包含了该评估专业人员对该项评估结果承担相应的责任。资产评估专业人员

在自己未参与的评估报告上签章，不仅严重违背恪守独立、客观、公正的职业道德规范，也会给自己带来巨大的责任风险。允许他人以本人名义签署评估报告，同样严重违背恪守独立、客观、公正的职业道德规范，同样会给自己带来巨大的责任风险。在一般情况下，公司可以委托他人代理行使包括签署权利在内的民事权利，但是资产评估是一个专业性很强而且责任重大的中介服务行业，在法律上绝对不允许他人以本人名义签署。这就要求评估专业人员在披露评估结论时，既不得签署本人未参与项目的评估报告，也不得允许他人以本人名义签署评估报告。

⑤ 披露评估结论时，不应从委托或相关当事方获取服务费之外的不正当利益。资产评估是一种有偿的社会中介服务，评估专业人员在完成委托评估业务后，向委托方出具资产评估报告并收取合理的评估服务费属于正当行为。但是，在这一过程中，如果评估专业人员从委托方或相关当事方获取服务费之外的不正当利益，就可能有几种不良行为发生：第一种可能是因得到委托方或相关当事方的不正当利益而出具损害非委托方或其他相关当事方的利益；第二种可能是虽没有出具损害任何一方利益的评估报告，但增加了委托方或相关当事方的费用负担；第三种可能是虽然没有增加委托方或相关当事方的费用，但损害了本机构和同事的利益；第四种可能是以上 3 种情况的交叉。总之，这些情况的出现都会违背评估专业人员恪守独立、客观、公正的职业道德规范，并在不同程度上损害评估专业人员的职业荣誉和形象，因此要求评估专业人员应尽量避免这种行为发生。

4.2.3　违反职业道德的行业自律

资产评估专业人员违反职业道德的行业自律，是指资产评估行业协会①针对违反职业道德行为的评估专业人员采取的一些追究责任和严肃行业纪律的措施，包括强制培训、谈话提醒、公开批评或谴责、限期整改、不予注册或撤销注册、开除会员资格等带有惩戒性的非法律性质的行业自律措施，并对存在的违法行为，依法转交有关部门调查处理。

到目前为止，我国资产评估行业协会对资产评估专业人员违反职业道德的行业自律惩戒措施主要有两个方面：一是对涉嫌违反相关法律、法规和资产评估职业道德规范的资产评估机构及其评估专业人员实行资产评估行业谈话提醒制度；二是对违反资产评估制度规定的申请人和有关的资产评估专业人员实行不予注册、撤销注册、通报批评等惩戒措施。

1. 谈话提醒制度的主要规定

根据《注册会计师、资产评估行业谈话提醒制度（试行）》的规定，国家和地方资产评估行业协会应当邀请有下列情形之一的资产评估事务所机构的负责人和相关资产评估师进行谈话提醒：

① 涉嫌违反法律、法规；

② 涉嫌违反《中国注册资产评估师职业道德规范》；

③ 其他有必要谈话的情形。

通过谈话，发现谈话对象存在情节轻微的违规执业行为，但不构成行政处罚的，谈话邀请部门应给予严肃训诫并要求整改，同时要求整改对象限期把整改情况向谈话邀请部门（国家或地方资产评估行业协会）报告。通过谈话，发现谈话对象存在违法违规行为，应给

---

① 评估行业协会是资产评估机构和评估专业人员的自律性组织，依照法律、行政法规和章程实行自律管理。评估行业按照专业领域设立全国性评估行业协会，根据需要设立地方性评估行业协会。

予进一步调查处理的，依法转交有关部门调查处理。此外，根据该制度规定，资产评估人员在一年内因被谈话提醒累计达 3 次以上（含 3 次），并证实有违规执业行为且被提出口头警告的，其执业资格年度检查不予通过。

2. 违反注册资产评估师注册管理制度的处理

对申请人有下列情形之一的不予注册：

① 不具有完全民事行为能力的；

② 因受刑事处罚，自刑罚执行完毕之日起至申请注册之日不满 5 年的；

③ 因在会计、财务、审计、资产评估、企业管理或者其他经济管理工作中受行政处罚及撤职以上处分，自处罚、处分完毕之日起至申请注册之日不满 2 年的；

④ 受吊销"中华人民共和国注册资产评估师证书"的处罚，自处罚决定之日起至申请之日不满 3 年的；

⑤ 在申报注册过程中有弄虚作假行为被撤销注册，自撤销注册之日起至申请之日不满 2 年的；

⑥ 其他不予注册的情形。

已取得资产评估师证书的人员，有下列情形之一的，撤销注册，收回注册资产评估师证书：

① 不具有完全民事行为能力的；

② 停止执行资产评估业务满 12 个月的；

③ 受刑事处罚的。

申请人在申报注册过程中有弄虚作假行为的，由中国注册会计师协会撤销注册，收回注册资产评估师证书。同时规定，资产评估师为申请人出具资产评估工作年限虚假证明的，由省级协会予以通报批评；两次以上出具虚假证明的，由中国注册会计师协会撤销注册，收回注册资产评估师证书。评估机构申报注册存在弄虚作假行为的，由省级协会予以通报批评，并在 12 个月不再受理其有关注册事宜。

4.3 资产评估职业道德修养

4.3.1 资产评估职业道德修养的概念

资产评估职业道德修养，是指为了使资产评估专业人员的职业道德水准达到社会对该行业的职业要求所进行的对自身职业道德的自我教育、自我改造和自我完善的自律过程。它是资产评估职业道德体系的重要内容，也是资产评估职业道德建设的重要环节。

4.2 节已分别对评估专业人员的职业活动提出了基本职业道德规范、具体职业道德规范和对违反职业道德行为的行业自律要求。相对于整个资产评估行业而言，这些职业道德规范仍属于自律的性质，它有别于相应法律规范的强制他律性质。资产评估职业道德规范虽然能在其职业活动中起到惩恶扬善的作用，防止和减少违反道德行为的发生，但是它们并不能绝对禁止和完全有效地达到职业道德建设的要求，更不能做到使每个评估专业人员从内心自觉、自愿地产生和形成符合职业道德的行为和情操。实践证明，要使资产评估专业人员自觉、自愿地符合其职业道德标准要求，除了需要他律性的约束条件外，还必须通过开展资产评估职业道德修养活动的自律行为来实现。

4.3.2 资产评估职业道德修养的内容和境界

1. 资产评估职业道德修养的内容

资产评估职业道德修养由职业道德意识修养和职业道德行为习惯两个方面组成，具体包括：提高职业道德认识、陶冶职业道德情操、磨炼职业道德意志、树立职业道德信念和养成职业道德习惯等内容。

（1）提高职业道德认识

在职业道德修养活动中，资产评估专业人员对其职业道德的认识是增强其道德责任感，形成良好职业道德品质的基础。"有德出于有知，无德出于无知"。资产评估专业人员对其职业道德的认识越正确、越深刻、越全面，就越能处理和解决好与其职业有关的各种关系，并越能自觉地选择好职业道德行为。

（2）陶冶职业道德情操

资产评估职业道德情操，是指评估专业人员在履行职业道德义务过程中，基于一定的职业道德认识，对处理与资产评估职业活动有关的各种关系所产生的各种体验、态度和情绪。资产评估的职业实践表明，没有相应的职业道德情操的评估专业人员，不可能在其职业活动过程中产生对善和正义的追求；缺少职业道德情操的评估专业人员，更不可能在其职业活动中形成高尚职业道德行为。资产评估的职业实践还表明，资产评估职业道德情操具有相当程度的稳定性，一旦形成，就很难改变。因此，在资产评估职业道德修养形成的过程中，要不断对自身的职业道德情操进行陶冶和提升。通过对资产评估职业荣誉感、尊严感、责任感、义务感和对评估职业活动相关人员的同情、尊重和热爱等情感的培养和相应品格的有益影响促进良好的职业道德品质的形成。

（3）磨炼职业道德意志

资产评估职业道德意志，是指评估专业人员履行其职业道德义务时表现出来的坚强意志，它使其能克服和排除职业活动中来自外部或内部的各种困难和障碍，顽强地履行其职业道德义务，实现自身的职业道德理想。在资产评估职业活动中，评估专业人员可能职业道德意志薄弱，遇到工作困难和挫折时就畏缩不前，不能坚持职业道德标准，屈服于各种压力，甚至丧失职业道德原则，从而毁掉自身良好的职业道德品质。因此，在资产评估职业道德修养中，要不断磨炼职业道德意志，坚持自身的高尚职业道德情操，不断提高克服和战胜困难的毅力。

（4）树立职业道德信念

资产评估职业道德信念，是指评估专业人员在履行职业道德义务过程中，发自内心的对其职业道德义务的强烈责任感和对其职业理想的坚定信仰。资产评估专业人员树立职业道德信念后，在从事资产评估职业活动时，就能自我调动、自我控制，根据自身的职业信念去选择好的职业道德行为，自觉地履行其职业道德义务，主动完成其职业道德使命。由于职业道德信念是职业道德品质的灵魂，因此树立职业道德信念也是资产评估职业道德修养的核心内容。

（5）养成职业道德习惯

资产评估职业道德习惯，是指评估专业人员在职业道德规范的调节下，对其职业活动采取良好的职业道德行为，经多次反复形成的职业道德行为习惯。这种良好的职业道德行为形成习惯后，就变成不需任何监督的自觉行为。当然，这种自觉行为并不是轻易自觉形成的，而是在资产评估的职业道德认识、职业道德情操、职业道德意志和职业道德信念等道德意识修养的基础上，通过不断加深职业道德行为修养后才形成的。因此，评估专业人员在资产评估职业活动中，在对其职业道德认识、职业道德情操、职业道德意志和职业道德信念等不断加深意识修养的同时，也要不断对其职业道德行为进行修炼，以养成良好的资产评估职业道德行为习惯。

2. 资产评估职业道德修养的境界

职业道德修养境界，是指职业者遵循一定的职业道德原则、理念，进行自我修养所达到的觉悟水平，也是职业者道德修养的努力目标。

从整体上看，职业者个人的职业道德水平与社会对其职业道德要求的标准存在差距。对每个评估专业人员而言，也会因道德意识修养和道德行为修养的层次不同而存在差距。因此，客观上就存在这样两个事实：第一，在同一时点上，不同的评估专业人员存在不同的职业道德修养境界；第二，同一评估专业人员在不同的职业道德修养阶段，其职业道德修养境界也不同。从职业道德修养境界发展的全过程看，资产评估职业道德修养境界的发展过程经历了"他律为主、自律为辅""自律为主、他律为辅""完全自律" 3 个不同层次。

（1）"他律为主、自律为辅"的职业道德修养境界

这属于职业道德修养中的初级境界。在这一层次上，资产评估职业道德行为标准主要取决于外部的规定和期望，是通过被动、消极服从既成的职业道德规范或迫于法律强制威慑力履行其职业道德义务。在这一修养阶段，大多数评估专业人员虽然或多或少有承担其职业道德义务的需要，但因未能真正理解社会对本行业的职业道德要求标准和责任，对其职业道德认识、情感、意志和信念等道德意识的修养仍很肤浅。

（2）"自律为主、他律为辅"的职业道德修养境界

这是职业道德修养中的中级境界。在这一层次上，资产评估职业道德修养境界已经从原来的"他律为主、自律为辅"的被动性层次上升到"自律为主、他律为辅"的相对主动性和相对稳定性的层次。

（3）"完全自律"的职业道德修养境界

这是职业道德修养的高级境界，是社会职业者的职业道德修养的高级目标层次。在当前的资产评估职业活动中，达到这一境界的人毕竟是少数，因此要使大多数评估专业人员的职业道德修养境界达到这一层次，不仅需要他们加强个人的职业道德修养，还需要加强资产评估行业协会自律机制建设。

4.3.3 培养资产评估职业道德修养的方法

资产评估专业人员要培养职业道德修养，除了需要自觉地对职业道德意识和道德行为的内容进行修养外，还需要把握相应的职业道德修养方法。从古至今，在职业道德修养方面，有作为的职业者的成功经验和历史文献资料表明，职业者行之有效的职业道德修养方法主要有以下 3 种，这些同样适用于资产评估专业人员的职业道德修养。

（1）认真学习资产评估职业技能和相关的理论知识

资产评估职业技能和相关的理论知识是指导资产评估职业活动的重要内容。只有从理论高度去认识和把握它们，才能避免在评估职业道德修养实践中出现盲目性，把握主动性。

（2）坚持不懈地对所进行的资产评估职业活动进行反省

反省，也称内省，是指人的内心的自我批判和自我检讨。人如果不经常进行内心的自我

批判和自我检讨，就不可能达到自律的目的，自我调控和自我激励也会失去目标。资产评估专业人员坚持不断地对所从事的资产评估活动加以反省，是其进行职业道德修养的一种重要方法。

（3）积极参加资产评估职业活动的社会实践

辩证唯物主义认识论认为，实践是认识的基础，认识从实践中产生，随着实践的发展而发展，并反过来为实践服务。这就是说，资产评估职业道德修养的主要方法除了认真学习资产评估职业技能和理论知识、坚持不断反省外，还必须积极投身于资产评估职业活动的实践中，去获得真实的职业道德体验，不断提高职业道德认识，不断陶冶职业道德情操，不断磨炼职业道德意志，树立崇高的职业道德信念，养成优良的职业道德行为习惯。

4.4　资产评估法律规范

4.4.1　中国资产评估行业立法进展

资产评估行业作为一个独立的社会中介行业，在国外有着上百年的发展历史。我国资产评估行业起步于 20 世纪 80 年代末，虽然发展时间不长，但发展迅猛，经过 30 多年的发展目前已经成为我国社会主义经济建设过程中一个不可缺少的社会中介行业。30 多年来，资产评估行业在国有资产管理、资本市场和证券市场建设、中外合资合作等领域发挥了重要作用。随着我国社会主义市场经济体制的逐步完善、产权主体的多元化和经济发展的全球化，我国资产评估行业在稳定财政收入、服务公共财政等领域将进一步发挥重要的作用。

由于我国的特殊国情和国有资产管理工作的需要，我国资产评估行业发展具有鲜明的中国特色，走出了一条与西方国家传统评估行业发展不同的道路。西方国家资产评估行业是随着经济的发展，为满足相关经济行为当事人在决策过程中了解资产价值的需要而自发产生并逐步得到发展的。我国资产评估行业的产生则是适应经济体制改革和国有资产管理改革的需要，由政府通过颁发法令等形式推动产生的。其产生首先是基于维护国有资产权益、加强国有资产管理的需要，并通过政府加强资产评估制度建设等工作而推动资产评估行业迅猛发展的。

20 世纪 80 年代，我国经济体制改革深入进行。随着经济体制改革步伐的加快，国有企业对外合资合作、承包租赁、兼并、破产等经济行为和产权变动行为日益增多，这些行为都需要建立在对所涉及的国有资产的价值进行合理确定的基础上。20 世纪 80 年代后期，也是我国国有资产管理体制改革的起步阶段，政府对国有资产的管理方式已经从过去的无偿、行政划拨逐步转向有偿转让，因此对资产价值的合理确定提出了更高的要求。在实践中，当时国有企业往往以账面价值与国外投资者合资，导致大量国有资产流失，这些现象引起了社会各界的广泛关注，要求合理重估国有资产价值而不是简单地以账面价值进行合资的呼声日益高涨。在这种时代背景下，根据当时经济体制改革和国有资产管理体制改革的需要，为确定合理的国有资产转让价格，维护国有资产所有者的合法权益，防止国有资产流失，资产评估作为国有资产管理、维护国有资产权益的一种重要手段被引入我国，并迅速发挥了重要作用。

1989 年，国家体改委、国家计委、财政部、国家国有资产管理局共同发布的《关于出售国有小型企业产权的暂行办法》和《关于企业兼并的暂行办法》明确规定："对被出售企业的资产（包括无形资产）要认真进行清查评估。……对兼并方的有形资产和无形资产，一定要进行评估作价，并对全部债务予以核实。如果兼并方企业在兼并过程中转换为股份制企业，也要进行资产评估。"同年，国家国有资产管理局发布了《关于在国有资产产权变化时必须进行资产评估的若干暂行规定》。1990 年 7 月国家国有资产管理局成立了资产评估中心，负责资产评估项目和资产评估行业的管理工作。这些早期资产评估管理文件的发布和资产评估管理机构的成立，标志着我国资产评估工作正式起步。

20 世纪 90 年代初，受当时经济体制改革进展和资产评估工作刚刚起步等的影响，国家国有资产管理局代表国家直接管理资产评估行业，包括立法、机构管理、项目管理等基础工作。由于国家的高度重视，在较短的时间内即完成了《国有资产评估管理办法》的起草工作，并于 1991 年以国务院第 91 号令发布了该办法。《资产评估收费管理办法》等评估行业基本法规、制度的起草和发布工作也陆续完成。《国有资产评估管理办法》的发布和相关评估管理法规的出台，为建立国有资产评估项目制度、资产评估资格管理制度等提供了法律依据，推动了我国资产评估行业在初期阶段的快速发展，并对我国资产评估行业的发展发挥了长期指导作用。

1993 年以后，随着我国经济体制改革的深入进行，国有企业股份制改组、国内证券市场迅速发展及国企大量海外上市等对资产评估行业提出了更高的要求，也为资产评估行业提供了重要的发展机会。我国资产评估行业得到空前发展，资产评估机构和从业人员数量迅速增加，建立了注册资产评估师制度，完善了资产评估行业准入制度，发布了资产评估操作规范意见等技术性规范。

1998 年，根据政府体制改革方案，国家国有资产管理局被撤销，中国资产评估协会划归财政部，我国资产评估行业完成了评估机构脱钩改制工作。

2000 年，根据国家统一安排，中国资产评估协会与中国注册会计师协会合并，合并后的中国注册会计师协会对评估和审计两个行业、两种资格进行管理，同时保留中国资产评估协会的牌子，在国际交流和评估行业统一管理工作中使用。

2001 年 12 月 31 日，国务院办公厅转发了财政部《关于改革国有资产评估行政管理方式 加强资产评估监督管理工作意见的通知》（国办发〔2001〕102 号），对国有资产评估管理方式进行重大改革，取消财政部门对国有资产评估项目的立项审批制度，实行财政部门的核准制或财政部门、集团公司及有关部门的备案制。之后财政部相继制定了《国有资产评估管理若干问题的规定》《国有资产评估违法行为处罚办法》等配套改革文件。与此相适应，财政部将资产评估机构管理、资产评估准则制定等原先划归政府部门的行业管理职能移交给资产评估行业协会。这次重大改革不仅是国有资产评估管理的重大变化，同时也标志着我国资产评估行业的发展进入一个强化行业自律管理的新阶段。

2003 年国务院设立国有资产管理监督委员会（简称国资委）。财政部有关国有资产管理的部分职能划归国资委。国资委作为国务院特设机构，以出资人的身份管理国有资产，包括负责监管所属企业资产评估项目的核准和备案。财政部则作为管理部门负责资产评估行业的管理工作。这次改革对我国评估行业的发展具有重大影响，从源头上彻底解决了长期以来国有资产评估管理与资产评估行业的完全分离。

2003 年 12 月，国务院办公厅发布了《国务院办公厅转发财政部关于加强和规范评估行业管理的意见的通知》（国办发〔2003〕101 号），对加强和规范资产评估行业的管理提出了全面要求。2003 年 12 月 31 日，国务院国有资产管理监督委员会和财政部联合发布《企业国有产权转让管理暂行办法》，对企业国有产权转让行为进行规范，其中明确规定在企业国有产权转让时，应当委托具有相关资质的资产评估机构依照国家有关规定进行资产评估。2004 年 2 月，财政部决定中国资产评估协会继续单独设立，并以财政部名义发布了《资产评估准则——基本准则》《资产评估职业道德准则——基本准则》。

2005 年 5 月，财政部发布《资产评估机构审批管理办法》（财政部令第 22 号），对资产评估机构及其分支机构的设立、变更和终止等行为进行规范。2017 年 4 月，财政部发布《资产评估行业财政监督管理办法》（财政部令第 86 号），对资产评估机构及其评估专业人员根据委托对单项资产、资产组合、企业价值、金融权益、资产损失或者其他经济权益进行评定、估算，并出具资产评估报告的专业服务行为做出了规定。

4.4.2 资产评估法律责任

随着资产评估行业的迅速发展，我国资产评估法制和规范体系建设工作也在不断完善。这些法律法规既有专门关于资产评估的行政法规、规章和规范性文件，也有从不同方面对资产评估进行规范的其他制度，内容涵盖资产评估综合管理、考试、培训、注册、机构审批、执业规范、项目管理、涉外管理、财务管理、收费管理、业务管理、纠纷调处、违规处罚、清理整顿、体制改革等各个方面。以下重点介绍《资产评估行业财政监督管理办法》的相关规定。

1. 资产评估专业人员承担的法律责任

资产评估专业人员违反规定，有下列情形之一的，由有关评估行政管理部门予以警告，可以责令停止从业六个月以上一年以下；有违法所得的，没收违法所得；情节严重的，责令停止从业一年以上五年以下；构成犯罪的，依法追究刑事责任：

① 私自接受委托从事业务、收取费用的；

② 同时在两个以上评估机构从事业务的；

③ 采用欺骗、利诱、胁迫，或者贬损、诋毁其他评估专业人员等不正当手段招揽业务的；

④ 允许他人以本人名义从事业务，或者冒用他人名义从事业务的；

⑤ 签署本人未承办业务的评估报告或者有重大遗漏的评估报告的；

⑥ 索要、收受或者变相索要、收受合同约定以外的酬金、财物，或者谋取其他不正当利益的。

资产评估专业人员违反规定，签署虚假评估报告的，由有关评估行政管理部门责令停止从业两年以上五年以下；有违法所得的，没收违法所得；情节严重的，责令停止从业五年以上十年以下；构成犯罪的，依法追究刑事责任，终身不得从事评估业务。

2. 资产评估机构承担的法律责任

资产评估机构违反规定，有下列情形之一的，由有关评估行政管理部门予以警告，可以责令停业一个月以上六个月以下；有违法所得的，没收违法所得，并处违法所得一倍以上五倍以下罚款；情节严重的，由工商行政管理部门吊销营业执照；构成犯罪的，依法追究刑事责任：

① 利用开展业务之便，谋取不正当利益的；

② 允许其他机构以本机构名义开展业务，或者冒用其他机构名义开展业务的；

③ 以恶性压价、支付回扣、虚假宣传，或者贬损、诋毁其他评估机构等不正当手段招

揽业务的；

④ 受理与自身有利害关系的业务的；

⑤ 分别接受利益冲突双方的委托，对同一评估对象进行评估的；

⑥ 出具有重大遗漏的评估报告的；

⑦ 未按《资产评估法》规定的期限保存评估档案的；

⑧ 聘用或者指定不符合《资产评估法》规定的人员从事评估业务的；

⑨ 对本机构的评估专业人员疏于管理，造成不良后果的。

违反规定，未经工商登记以评估机构名义从事评估业务的，由工商行政管理部门责令停止违法活动；有违法所得的，没收违法所得，并处违法所得一倍以上五倍以下罚款。

资产评估机构未按规定备案或者不符合规定的条件的，由有关评估行政管理部门责令改正；拒不改正的，责令停业，可以并处一万元以上五万元以下罚款。

资产评估机构违反规定，出具虚假评估报告的，由有关评估行政管理部门责令停业六个月以上一年以下；有违法所得的，没收违法所得，并处违法所得一倍以上五倍以下罚款；情节严重的，由工商行政管理部门吊销营业执照；构成犯罪的，依法追究刑事责任。

资产评估机构、资产评估专业人员在一年内累计三次因违反《资产评估法》规定受到责令停业、责令停止从业以外处罚的，有关评估行政管理部门可以责令其停业或者停止从业一年以上五年以下。

资产评估专业人员违反规定，给委托人或者其他相关当事人造成损失的，由其所在的评估机构依法承担赔偿责任。评估机构履行赔偿责任后，可以向有故意或者重大过失行为的评估专业人员追偿。

3. 委托人承担的法律责任

违反规定，应当委托资产评估机构进行法定评估而未委托的，由有关部门责令改正；拒不改正的，处十万元以上五十万元以下罚款；情节严重的，对直接负责的主管人员和其他直接责任人员依法给予处分；造成损失的，依法承担赔偿责任；构成犯罪的，依法追究刑事责任。

违反规定，委托人在法定评估中有下列情形之一的，由有关评估行政管理部门会同有关部门责令改正；拒不改正的，处十万元以上五十万元以下罚款；有违法所得的，没收违法所得；情节严重的，对直接负责的主管人员和其他直接责任人员依法给予处分；造成损失的，依法承担赔偿责任；构成犯罪的，依法追究刑事责任：

① 未依法选择评估机构的；

② 索要、收受或者变相索要、收受回扣的；

③ 串通、唆使评估机构或者评估师出具虚假评估报告的；

④ 不如实向评估机构提供权属证明、财务会计信息和其他资料的；

⑤ 未按照法律规定和评估报告载明的使用范围使用评估报告的。

4. 其他责任主体承担的法律责任

资产评估行业协会违反规定的，由有关评估行政管理部门给予警告，责令改正；拒不改正的，可以通报登记管理机关，由其依法给予处罚。

有关行政管理部门、评估行业协会工作人员违反规定，滥用职权、玩忽职守或者徇私舞弊的，依法给予处分；构成犯罪的，依法追究刑事责任。

关 键 概 念

职业道德　资产评估职业道德　资产评估职业道德规范　资产评估法律规范

复习思考题

1. 资产评估职业道德要素包括哪些？
2. 资产评估职业道德规范包括哪些内容？
3. 资产评估职业道德修养的方法有哪些？
4. 如何界定资产评估专业人员承担的法律责任？
5. 如何界定资产评估机构承担的法律责任？
6. 如何界定委托人承担的法律责任？

练 习 题

判断题

1. 为人民服务就是一切向人民负责，一切从人民利益出发的思想观点和行为准则。
（　）

2. 资产评估专业人员虽不能从事资产评估业务以外的业务，但可以承揽、接受、进行和完成自身业务能力不能胜任的资产评估业务。（　）

3. 恪守公正性原则要求资产评估专业人员应始终不偏不倚、公平地对待资产评估业务中的利益相关方，在承接业务过程中、评估过程中和出具报告过程中都要坚持公正性。
（　）

4. 为客户保守秘密是资产评估专业人员对客户负责任的一个重要内容。（　）

5. 对资产评估业务的责任要求是指资产评估专业人员在从事资产评估业务的过程中要严格遵守资产评估技术规范的责任，认真执行资产评估有关准则、评估程序和评估质量控制标准，做好资产评估业务的各项具体工作。（　）

6. 资产评估具体职业道德规范和资产评估基本职业道德规范共同构成资产评估职业道德的职业道德规范。（　）

7. 资产评估专业人员可以用个人名义承揽资产评估业务，可以用个人名义接受和开展资产评估业务。（　）

8. 资产评估专业人员在披露评估结论时，不得签署本人未参与项目的评估报告，但可以允许他人以本人名义签署评估报告。（　）

9. 资产评估职业道德修养境界的发展过程经历了"自律为主、他律为辅""他律为主、自律为辅"这两个不同阶段。（　）

10. 资产评估具体职业道德规范和资产评估基本职业道德规范在一定程度上存在重叠与交叉。（　）

第 5 章 流动资产评估

本章导读

资产评估专业人员应当根据评估目的，结合流动资产性质及其评估特点对流动资产进行分类评估。

对库存材料进行评估，在进行库存材料实物盘点的基础上，根据不同评估目的和库存材料的特点，选择相应的评估方法。库存材料的评估方法主要包括成本法或市场法，评估中注意 ABC 分类法的运用。对周转材料的评估，可以根据具体情况，采用与库存材料评估相同的方法。库存商品应依据其变现能力和市场可接受的价格进行评估，分析库存商品的销售及周转情况，选择成本法和市场法进行评估，同时应结合评估资产的具体经济行为，注意对其可能实现的利润情况进行分析。

对应收账款及预付账款进行评估，一是要清查核实应收账款数额；二是要估计可能的坏账损失。评估时应关注并分析债务方的经营情况，合理判断其风险。

应收票据的评估方法包括：一是按票据本利和计算，即应收票据的评估价值为票据面值加上应计利息；二是按应收票据的贴现值计算，即应收票据的评估价值为按评估基准日到银行申请贴现的贴现值确定。

5.1 流动资产评估概述

5.1.1 流动资产的分类和特点

1. 流动资产的分类

流动资产，是指在企业生产经营活动中，由企业拥有或控制的可在一年或超过一年的一个营业周期内变现或耗用的资产，包括货币资金、交易性金融资产、应收及预付款项、存货、合同资产、持有待售资产等。货币资金是指企业在生产经营过程中处于货币形态的资产，包括库存现金、银行存款和其他货币资金。交易性金融资产是指企业分类为以公允价值计量且其变动计入当期损益的金融资产，以及企业持有的指定为以公允价值计量且其变动计入当期损益的金融资产。应收及预付款项是指企业在日常生产经营过程中发生的各项债权，包括应收票据、应收账款、应收款项融资、预付款项和其他应收款等。存货是指企业在日常活动中持有以备出售的产成品或商品、处在生产过程中的在产品、在生产过程或提供劳务过程中耗用的材料、物料等，包括原材料、在产品、半成品、产成品、商品、周转材料等。合同资产是指企业已向客户转让商品而有权收取对价的权利，该权利取决于时间流逝之外的其他因素。企业主要通过出售（包括具有商业实质的非货币性资产交换）而非持续使用一项非流动资产或处置组收回其账面价值的,应当将其划分为持有待售资产。[1]

2. 流动资产的特点

与非流动资产相比,流动资产具有以下特点。

(1)周转速度快

实物类流动资产一般只参加企业的一个生产循环,就改变了原有的实物形态,并将其全部价值转移到所生产的产品中,构成产品成本的重要组成部分,并随着商品的销售,从销售收入中得到补偿。所以,周转速度快是流动资产的一个显著特点。

(2)变现能力强

各种形态的流动资产一般都能在较短的时间内出售或者变现,具有较强的变现能力,是企业交易性支付和偿还债务的重要物质基础。不同的流动资产变现能力不同,按变现能力大小排序为货币资金、交易性金融资产、应收票据、应收账款、预付款项、存货及其他流动资产等。企业拥有和控制的流动资产越多,其交易性支付和偿还债务的能力越强。

(3)存在形态多样化

流动资产在企业日常生产经营活动中依次经过购买、生产、销售等环节,并分别以货币资产、储备资产、生产资产及成品资产等形态存在。这几种形态资产不断循环往复,表现为随生产经营过程的依次转化、相互并存。

(4)具有较强的波动性

流动资产(尤其是存货)一般随着生产经营活动的进行,需要不停地购买和销售,受供求关系和生产、消费的季节性影响较大,同时还受到宏观经济形势等多种经济因素的影响和制约,导致其占用总量、形态及构成比例呈现显著的波动性。

(5)市价与成本相近

由于流动资产具有较强的流动性,一般来说在企业滞存的时间不长,市价与成本不会相差很远,即其成本接近市价。

5.1.2 流动资产评估的特点

由于流动资产周转速度快、变现能力强、存在形态多样化、具有较强波动性及市价与成本相近的特点,因此其价值评估与其他资产价值评估又有所不同,主要表现在以下 4 个方面。

(1)评估对象是单项资产

一般情况下,对流动资产的评估主要以单项资产为对象,不需要对流动资产的综合盈利能力进行估价。

(2)合理确定评估基准日

由于流动资产存在形态多样化、具有较强波动性的特征,不同形态的流动资产随时都在变化,而流动资产评估则是确定其在某一时点上的价值,不可能为了评估而人为地停止流动资产的流动。因此,流动资产评估基准日应尽可能选择在会计期末,在规定的时点进行资产清查,确定账面价值,避免重复和漏评现象的发生。

(3)既要全面,又要抓重点

由于流动资产存在形态多样化的特点,清查工作量很大,所以流动资产评估需要考虑评估

---

[1] 《企业会计准则第 42 号——持有待售的非流动资产、处置组和终止经营》第五条。

的时间要求和评估成本。流动资产评估往往需要根据不同企业的生产经营特点和流动资产分布情况，分清主次、重点和一般，选择不同的方法进行清查和评估，做到突出重点、兼顾一般。

（4）账面价值基本上可以反映其现值

流动资产周转速度快、变现能力强，在价格水平相对稳定的情况下，流动资产账面价值基本上可以反映其现值。因此，在特定情况下，可以考虑以历史成本作为其评估值，同时评估流动资产时一般不考虑资产的功能性贬值，其实体性贬值计算一般只适用于周转材料及呆滞、积压类流动资产的评估。流动资产评估不论采取什么样的评估方法，都必须考虑其市场变现问题，包括变现价格、变现风险和变现费用等，这也是流动资产评估区别于其会计核算和审计的重要方面。

5.1.3 流动资产评估的原则

1. 合理界定流动资产类别

流动资产与非流动资产在概念上是很容易区分的，但是由于企业规模与性质不同，非流动资产与流动资产的划分标准是不一样的。例如，一般企业的缝纫机可能作为周转材料，但在服装加工企业则作为固定资产处理。

2. 合理确定流动资产评估范围

有些流动资产虽然在评估时点为企业所有，但其所有权并不属于企业，因此在对企业价值进行评估时，无须对这些流动资产的价值进行评估。这些流动资产主要包括受托加工物资、受托代销商品、代管商品等。

3. 评估方法与评估假设相匹配

在继续使用假设下，应当选用成本法对流动资产进行评估。在公开出售假设下，应当选用市场法对流动资产进行评估。在强制清偿假设下，通常选用清算价格法对流动资产进行评估。

4. 不同种类的流动资产选择不同的评估方法

一般情况下，对于实物类流动资产，可以采用成本法、市场法和清算价格法进行评估；对于货币类流动资产，只需核实其账面价值即可，无须采用专门的方法进行评估；对于债权类流动资产，一般选用市场法进行评估。

5.1.4 流动资产评估的程序

（1）确定评估对象和范围

在对流动资产进行评估之前，首先要确定流动资产的评估对象和范围，这是保证流动资产评估质量的前提。流动资产评估对象和评估范围应该根据经济活动所涉及的流动资产范围而定。在实施评估前应做好以下各项工作。

① 鉴定流动资产属性。首先应该明确流动资产与非流动资产的界限，注意区分哪些应该划入流动资产，哪些应该划入非流动资产。如果将固定资产划入流动资产，或将周转材料划入非流动资产等，都将导致流动资产价值高估或低估。

② 审查流动资产产权。企业在对流动资产价值进行评估前，应该核实流动资产的产权，以免将不属于企业但存放在企业的财产物资纳入流动资产评估的对象，如外单位委托加工材料、受托保管物资等。对于流动资产的评估对象和范围，要求在接受评估前在评估合同中予以详细说明。

③ 核实评估对象。即对被评估的流动资产进行抽查核实，验证基础资料。由于企业流动资产具有数量大、种类多的特点，对流动资产的清查核实往往是在企业自查的基础上采用抽查核实的方法，抽查数量和金额取决于评估专业人员对企业自查结果所做的判断和抽查所得出的初步结论。如果评估专业人员认为企业自查结果可信度不高，则应当根据实际情况扩大抽查范围，甚至对流动资产进行全面清查。

（2）调查实物类流动资产的质量和技术状况

对企业需要评估的库存材料、半成品、产成品等流动资产进行质量和技术状况调查，目的是了解这部分资产的质量状况，以便确定这些资产是否具有使用价值，并核实其技术状况和等级与被评估资产清单记录是否一致。对被评估资产进行技术调查是正确评估资产价值的重要基础。特别是那些时效性较强的存货，如有保质期的食品、存在有效期的药品等，对这部分存货进行技术检测和价值鉴定是非常重要的工作。同时也要注意，部分存货在存放期内质量也可能发生变化，这样就会影响其市场价值。因此，在对存货进行评估时，必须考虑其评估基准日内在的质量及其使用价值。存货资产内在质量和使用价值的鉴定人员，可以是资产评估专业人员，也可以是专业技术人员。

（3）调查债权类流动资产的资信

对企业应收款项基本情况的了解，应根据被评估企业与债务人经济活动的资信情况进行分析。同时对每项债权资产的经济内容、债权时间长短及未清理原因等因素进行详细核查，综合分析以确定这部分债权回收的可能性、回收时间、回收风险和回收费用。

（4）选择合理的评估方法

流动资产评估方法的选择，取决于流动资产评估目的和不同类型流动资产的特点。对于实物类流动资产，可以采用市场法或成本法进行评估。对于存货类流动资产，如果其价格变动较大，应以市场价格为基础，对购入价格较低的存货，按现行市场价格进行调整；对于购入价格较高的存货，除考虑现行市场价格外，还要分析最终产品价格是否能够提高或存货本身是否具有按现行市价出售的可能性。对于货币类流动资产，由于货币资金本身就是度量尺度，不存在评估问题，主要是确定是否存在不同币种的折算问题。对于债权类流动资产，一般只适用可变现净值法。对于与机器设备的价值运动具有相似特点的实物类流动资产，可以参考机器设备的价值评估方法。

（5）汇总估算价值，确定评估结论

经过上述评估程序后，即可按选定的方法对流动资产进行评定估算，得出相应的评估结论。在得出最后的评估结论之前，应该与被评估单位就初步结论进行必要的沟通。必要时，对初步评估结果进行必要的调整，以形成最终评估结论。对各项流动资产评估的结果进行汇总得出综合性评估结论后，评估专业人员最后应完成评估报告的撰写工作。当然，如果流动资产作为企业资产评估的一部分进行评估，一般不需要撰写专门的评估报告。

5.1.5 流动资产评估的方法

选择流动资产的评估方法，既要考虑评估目的，又要考虑不同种类流动资产的特点。目前，流动资产评估通常有以下 4 种方法可供选择。

1. 历史成本法

历史成本法，是指以流动资产的账面净值为评估价值的评估方法。一般来说，在物价水平比较稳定且被评估对象购入时间不长的情况下，可以采用历史成本作为计价标准。企业的非流动资产，如固定资产、无形资产等，由于单位价值较大、变现周期长、历史成本与市场价值相差较大，一般不适合以历史成本作为评估标准。这也是流动资产评估与非流动资产评估的重要区别之一。

2. 重置成本法

重置成本法，是指按照被评估资产的重置成本减去损耗或贬值确定被评估资产价值的评估方法。这种评估方法的估价标准是以被评估资产的重置净值作为评估价值。在物价水平变化较大、币值不稳定的情况下，这种评估方法得出的评估结论具有真实性和公允性。

3. 现行市价法

现行市价法，是指通过与被评估对象相同或相似资产市场价格的对比分析，确定被评估资产价值的评估方法。运用现行市价法一般应具备两个条件：一是必须有一个充分发育、完善活跃的资产交易市场，且市场所反映的资产价格真实、准确、正常；二是被评估资产的市场参照物及比较指标、技术参数等资料能够收集且比较经济。

4. 清算价格法

清算价格法，是指以清算价格为标准，对资产进行评估的方法。所谓清算价格，是指企业由于破产或其他原因，要求其在一定期限内将企业或资产变现，在企业清算日预期出卖资产可收回的快速变现价格。

5.2　各类流动资产的评估

5.2.1　实物类流动资产的评估

实物类流动资产主要包括库存材料、在产品、库存产品等。实物类流动资产评估是流动资产评估的重要内容，是流动资产评估的重点和难点。

1. 库存材料评估

（1）库存材料评估的步骤

库存材料主要包括原料及主要材料、辅助材料、燃料、修理用备件和外购半成品等[①]。库存材料品种较多，数量较大，性质各异，而且其计量单位、计价方式、购入时间、自然损耗等各不相同，因此评估时一般按下列步骤进行。

① 核实账、表与实物数量是否一致，并查明有无腐烂、变质、毁损及呆滞等影响库存材料评估价值的情况发生。

② 根据不同评估目的和库存材料的特点，选择适当的评估方法。不同的经济行为，库存材料评估的方法是不同的。库存材料评估的方法主要有重置成本法、现行市价法和清算价格法。考虑到库存材料等流动资产的功能主要取决于自身价值高低及其在再生产过程中被一次性消耗的特点，在某种库存材料存在活跃市场且供求基本平衡的情况下，重置成本法和现行市价法可以互用，但如果不具备上述条件则应分别使用。

③ 运用 ABC 分类法对库存材料进行分类管理。由于库存材料品种丰富、数量较多、性质各异，其价格和价值可能相差甚远，而且计量单位、计价方式、购入时间、自然损耗等各不相同，在对库存材料进行评估时，可以根据评估的特定目的，对照库存材料管理的 ABC

---

① 由于周转材料在某种程度上与库存材料类似，一般也采用与库存材料类似的评估方法。

分类法，对企业全部库存材料重新进行分类。一般来说，A 类库存材料品种少，占用资金多；C 类库存材料品种多，占用资金少；B 类库存材料处于二者之间。对 A 类库存材料一般属于重点关注对象，应详细评估。这样既可以保证库存材料评估的质量，又可以节约评估时间和评估费用。

（2）库存材料的评估方法

① 近期购入库存材料的评估。近期购入的库存材料，由于库存时间较短，在市场价格变化不大的情况下，其账面价值与现行市价基本接近。评估时，可采用历史成本法和现行市价法进行。实务中，更多地采用历史成本法。

【例 5-1】　某企业库存甲材料是一个月前从外地购买的，数量为 6 000 kg，价格为 500 元/kg，运费为 1 200 元。评估时，根据盘点记录，该材料实存数量为 2 000 kg。根据上述资料，该材料的评估价值为

$$甲材料评估价值 = \left(500 + \frac{1\,200}{6\,000}\right) \times 2\,000 = 1\,000\,400 \text{（元）}$$

② 购入时间较长、价格变化较大库存材料的评估。如果库存材料各批次购入时间间隔较长，且材料价格随时间变化较大，则应采用现行市价法。一般以最接近市场价格的那批材料的价格或直接以市场价格作为评估价格，同时考虑购置费用对评估价值的影响。

【例 5-2】　某企业乙材料是分两批购进的，第一批 800 t，单价 4 000 元，购入时间为去年 8 月；第二批 200 t，单价 3 000 元，购入时间为今年 3 月。今年 4 月对上述材料进行评估。经盘点，截至评估基准日，库存材料为 500 t，其中上年购入 300 t，本年购入 200 t。经市场调查，发现乙材料价格市场波动较大。则乙材料评估价值计算如下。

$$乙材料评估价值 = 500 \times 3\,000 = 1\,500\,000 \text{（元）}$$

应该注意，如果材料是分批分期购入，最后一次购入材料与评估时的市场价格相差很大，则不能以最后一批购入材料的市场价格作为评估基准日库存材料的现行市价，而应该采取评估基准日的市场价格作为评估价格。同时，也可以采用物价指数法，即以统一的评估时点为基准日，利用物价指数对不同批次的库存材料账面价值进行调整。

另外，由于各企业购入材料采用的会计计价方法不同，如发出材料的计价，有的企业采用先进先出法，有的企业采用加权平均法。采用不同的计价方法，其账面余额是不相同的。因此，在利用这些会计资料时，必须关注不同会计核算方法之间的差异。

③ 购入时间较长、市场无货可供库存材料的评估。对于这类库存材料，由于无法判断该库存材料准确的市场价格，应该通过以下方法进行价值评估。

第一，运用同类库存材料平均物价指数修正、调整原进价，其计算公式为

库存材料评估价值 = 库存材料数量 × 进价 × 同类库存材料物价指数 - 减值

第二，参照替代材料的现行市价，其计算公式为

库存材料评估价值 = 库存材料数量 × 替代材料现行市价 × 调整系数 - 减值

第三，根据市场价格趋势修正进价，其计算公式为

库存材料评估价值 = 库存材料数量 × 进价 × 市场供需指数 - 减值

（3）库存积压材料的评估

库存积压材料，是指从企业库存材料中清理出来，需要进行处理的那部分材料。这类材料由于长期积压，可能因为自然力作用或保管不善等原因造成价值和使用价值下降。对这类库存材料的评估，应对其数量和质量进行核实和鉴定，注意区分不同情况采用不同的评估方法。对失效、变质、毁损、报废的库存积压材料，应通过分析计算，扣除相应的贬值后，确定其评估价值。

2. 在产品评估

在产品包括生产过程中尚未加工完毕的在产品和已加工完毕但不能单独对外销售的半成品。在对这部分在产品进行评估时，一般可采用重置成本法或现行市价法。

（1）重置成本法

由于企业的在产品一般不对外销售，没有一个明确的市价，因而无法通过市场确定其价值。正是基于在产品价值主要体现在企业内部的使用中，对在产品价值的评估主要采用重置成本法，即根据技术鉴定和质量检测的结果，按评估时的相关市场价格及费用水平重置同等级在产品及半成品所需合理的料、工、费计算评估值。通常有以下几种方法可供选择。

① 根据价格变动系数调整原成本。这种方法主要适用于生产经营正常、会计核算较好的在产品、半成品的价值评估。具体评估步骤如下。

第一，对被评估的在产品进行技术鉴定，将其中不合格在产品的成本从总成本中剔除，同时对在产品进行等级分类。

第二，分析原始成本构成，将其不合理费用从总成本中剔除。

第三，分析在产品中材料从投入开始到评估基准日为止市场价格的变动情况，测算出相应的价格变动系数。

第四，测算在产品成本中工资、燃料、动力及制造费用是否存在上涨事宜和其他重大变动，是否需要进行调整，若需要调整，测算出调整系数。

第五，根据技术鉴定、原始成本的构成分析及价值变动系数的测算，调整成本，确定其评估价值。如有必要，则从变现角度修正评估价值，基本计算公式为

在产品评估价值＝原材料成本×（1＋价格变动系数）＋原工资、费用×（1＋工资费用变动系数）

【例5-3】 某企业准备继续生产已入库的某种在产品，其累计账面总成本为250万元。该在产品中有150件已经报废，账面成本为100元/件，估计可回收的废料价值为1 500元，该在产品的材料成本占总成本的60%，该材料从其生产准备开始到评估基准日有180天，该种材料在半年内价格上涨10%，另有前期漏转费用6万元计入本期材料成本。则在产品评估价值计算如下。

在产品评估价值＝250－100×0.015－6＋（250－1.5）×60%×10%＋0.15＝257.56（万元）

② 按社会平均工艺定额和现行市价计算。这种方法是按重置同类资产的社会平均成本确定被评估在产品价值。按此方法进行在产品价值评估需要掌握的会计资料主要包括：被评估在产品的完工程度、有关工序的工艺定额、耗用物料的近期市场价格、合理工时及单位工时费率①等。在产品评估价值的计算公式为

---

① 这里所说的合理工时及工时费率，是指在正常生产经营条件下的工时定额和工资费用定额。

$$在产品评估价值=在产品实际数量×（该工序单位产品材料工艺定额×单位材料现行市价+$$
$$该工序单位在产品工时定额×单位小时工资）×$$
$$（1+调整系数）×在产品完工程度$$

③ 按在产品完工程度计算。一般来说，在产品最终都会加工成产成品，因此可以在计算产成品成本的基础上，按在产品的完工程度确定在产品成本，从而评估在产品的价值。其计算公式为

$$在产品评估价值=产成品重置成本×在产品约当产量$$
$$在产品约当产量=在产品数量×在产品完工程度$$

在产品约当产量的计算可以参照成本会计的有关内容。

（2）现行市价法

现行市价法是按同类在产品和半成品的市场价值，扣除销售过程中预计发生的费用后计算、确定在产品的评估价值。

当被评估资产的通用性较好，能够作为产成品的部件或可以用于维修时，其评估价值相对来说比较高。这类在产品评估价值的计算公式为

$$在产品评估价值=在产品实有数量×市场可接受的不含税单价-预计销售费用$$

如果是不能继续使用或生产，又无法通过市场调剂出去的专用设备，则只能按废料回收的价格进行价值评估。其价值评估的公式为

$$某报废在产品评估价值=可回收废料数量×单位回收价格$$

3. 库存产品评估

库存产品，是指企业已完成全部生产过程，可以直接对外销售的产成品。对此类库存产品应依据其变现能力和市场价格进行价值评估，主要评估方法有成本法和市场法。

（1）成本法

采用成本法对库存产品进行评估，以确定库存产品的可变现净值，可根据生产该项产品发生的全部正常合理的成本费用加上适当的利润后确定其评估价值。具体而言，可以分为以下几种情况。

① 评估基准日与库存产品完工时间接近，企业会计信息质量较高，其所反映的库存产品成本与社会正常合理的平均成本基本一致。其评估价值计算公式为

$$库存产品评估价值=库存产品数量×产品单位成本+合理利润$$

或

$$库存产品评估价值=库存产品数量×产品单位成本×（1+成本利润率）$$

② 评估基准日与库存产品完工时间间隔较长，库存产品成本费用变化较大，但是会计信息质量较可靠，能够反映库存产品完工时的社会平均正常合理的成本。其评估价值计算公式为

$$库存产品评估价值=库存产品实际成本×（材料成本比例×材料调整系数+$$
$$工资费用成本比例×工资费用调整系数）$$

③ 会计核算提供的信息质量较差，库存产品的账面成本不能反映社会正常合理的成本。

其评估价值计算公式为

$$库存产品评估价值=库存产品数量×(合理材料工艺定额×单位材料现行市价+$$
$$合理工时定额×单位小时工资费用)×(1+成本利润率)$$

【例5-4】 东方公司对库存甲产品进行价值评估。甲产品实有数量为 5 000 件，标准单位材料用量为 3 kg，材料现行市价为 15 元/kg；甲产品标准单位工时为 2 h，每小时标准工资为 1.5 元，每小时标准制造费用为 2 元，甲产品的成本利润率为 10%。则甲产品评估价值计算如下。

$$甲产品评估价值=5\ 000×(3×15+2×1.5+2×2)×(1+10\%)=286\ 000\ （元）$$

（2）市场法

市场法，是指以不含税的可接受市场价格扣除销售费用后的余额作为被评估库存产品价值的方法。其计算公式为

$$库存产品评估价值=库存产品数量×(不含税单价-销售税费-所得税)$$

【例5-5】 某企业库存甲产品实际数量为 200 件，目前其正常的出厂含税价格为 565 元/件，该产品适用的增值税税率为 13%，销售费用率为 2.5%，销售税金及附加率为 1.5%，销售利润率为 15%，企业所得税税率为 25%。则库存甲产品评估价值计算如下。

$$库存甲产品评估价值=200×\frac{565}{1+13\%}×(1-2.5\%-1.5\%-15\%×25\%)=92\ 250\ （元）$$

5.2.2 其他流动资产的评估

1. 应收及预付款项的评估

（1）应收及预付款项评估程序

应收及预付款项是指以货币形式表现的债权类流动资产。应收及预付款项无物质实体的存在，到期偿还的数额是事先确定的，因此评估这类流动资产通常只需核实即可。由于应收及预付款项的回收时间与回收金额具有一定的不确定性，所以这类流动资产的评估可以围绕以下几个方面进行。

① 清查、核实应收及预付款项是否真实可靠。

● 核对应收及预付款项的总账、明细账是否相符，会计报表与总账余额是否相符；

● 清查债务人的姓名、地址，由评估机构协同委托人向债务人发出询证函，要求债务人对询证函中所列债务的真实性做出明确的回答；

● 根据债务人的反馈信息，对应收及预付款项的可靠性做出评估。

② 认定已确认的坏账损失。

③ 预计将要发生的坏账损失。

应收及预付款项评估价值的计算公式为

$$应收及预付款项评估价值=应收及预付款项账面价值-已确认坏账损失-预计坏账损失$$

（2）坏账损失的确定方法

① 应收账款余额百分比法。应收账款余额百分比法是根据坏账损失占应收账款的比例

判断不可收回的应收账款，从而确定坏账损失的数额。坏账比例的确定，可以根据被评估企业前若干年（一般为 3~5 年）的实际坏账损失与其应收账款发生额的比例确定。其计算公式为

$$坏账比例 = \frac{评估前若干年发生的坏账损失}{评估前若干年应收账款发生额} \times 100\%$$

如果企业应收账款多年未清理，账面找不到处理坏账的数额，也就无法推算出坏账比例，这种情况下就不能采用这种方法。

②账龄分析法。账龄分析法是根据应收账款账龄的长短，分析应收账款预计可收回的金额及其坏账的可能性。一般来说，应收账款账龄越长，坏账损失的可能性就越大。因此，可将应收账款按账龄分成不同组别，按不同组别估计坏账损失的可能性，进而估计坏账损失的金额。

2. 应收票据的评估

应收票据分为带息票据和不带息票据两种类型。对于不带息票据，其面值就是评估值。对于带息票据的评估一般有以下 2 种方法。

（1）本金加利息法

本金加利息即为票据的到期值，其计算公式为

$$应收票据评估值 = 本金 \times (1 + 票面利率 \times 期限)$$

其中，期限是指从票据签发日到评估基准日这段时间。

（2）贴现法

贴现法是指对企业拥有的尚未到期的票据，按评估基准日从银行可以获得的现金数额计算确定票据评估价值的方法。其计算公式为

$$应收票据评估价值 = 到期值 - 贴现利息$$
$$贴现利息 = 到期值 \times 贴现率 \times 贴现期$$
$$贴现期 = 到期天数 - 持票天数$$

【例 5-6】　某企业流动资产中有一张商业汇票，面值为 100 万元，期限为 3 个月，票面利率为 8%。至评估基准日，已持有一个月，贴现率为 6%。要求计算该商业汇票的评估价值。

$$商业汇票评估价值 = 100 \times \left(1 + \frac{8\%}{12} \times 3\right) \times \left(1 - \frac{6\%}{12} \times 2\right) = 100.98（万元）$$

3. 货币类资产的评估

货币类资产的价值不会因时间的变化而发生差异，因此对货币类资产的评估实质上就是清查和确认其实有数额。当然，对于外币存款，应当按照评估基准日的国家外汇牌价折算成人民币。其中，美元、日元、欧元、卢布、港币直接采用中国人民银行公布的基准汇率作为折算汇率；其他货币对人民币的汇率，根据美元对人民币的基准汇率和国家外汇管理局提供的纽约外汇市场对其他外币的汇率进行套算，按照套算后的汇率作为折算汇率。

关 键 概 念

实物类流动资产 债权类流动资产 库存材料价值评估 在产品价值评估 库存产品价值评估 应收及预付款项评估 货币类资产评估

复习思考题

1. 什么是流动资产？流动资产的特点主要表现在哪些方面？
2. 流动资产评估的特点表现在哪些方面？
3. 如何根据流动资产的评估目的确定评估结果的价值类型？
4. 简述流动资产的评估程序。
5. 库存材料价值如何评估？
6. 在产品价值如何评估？
7. 库存产品价值如何评估？
8. 应用市场法评估库存产品价值时，选择市场价格时应注意什么？
9. 预计坏账损失的评估方法有哪些？
10. 应收账款评估是否应该考虑折现问题？

练 习 题

一、单项选择题

1. 流动资产根据形态的不同，可分为货币形态的流动资产、可在短期内出售的存货和近期可变现的债权性资产、生产加工过程中的在制品及准备耗用的物资。根据其变现快慢，排序是（   ）。

  A. 可在短期内出售的存货和近期可变现的债权性资产、货币形态的流动资产、生产加工过程中的在制品及准备耗用的物资

  B. 货币形态的流动资产、生产加工过程中的在制品及准备耗用的物资、可在短期内出售的存货和近期可变现的债权性资产

  C. 货币形态的流动资产、可在短期内出售的存货和近期可变现的债权性资产、生产加工过程中的在制品及准备耗用的物资

  D. 生产加工过程中的在制品及准备耗用的物资、货币形态的流动资产、可在短期内出售的存货和近期可变现的债权性资产

2. 应收账款评估价值的计算公式为（   ）。

  A. 应收账款评估价值=应收账款账面价值−已确认坏账损失−预计坏账损失

  B. 应收账款评估价值=应收账款账面价值

  C. 应收账款评估价值=应收账款账面价值−已确认坏账损失

  D. 应收账款评估价值=应收账款账面价值−预计坏账损失

3. 企业持有一张期限为一年的商业票据，面值为 40 万元，票面利率为 12%，截至评估

基准日，离到期日还有两个半月，则该应收票据的评估价值为（　　）万元。

    A. 43.8　　　　　　B. 40　　　　　　C. 48　　　　　　D. 41

4. 与其他非流动资产评估相比，评估流动资产时一般不考虑（　　）。

    A. 功能性贬值　　　　　　　　　　　B. 经济性贬值

    C. 实体性贬值　　　　　　　　　　　D. 功能性贬值和实体性贬值

5. 对企业的应收账款进行评估，评估基准日应收账款余额为 36 万元，根据前 5 年的有关数据可知，前 5 年应收账款总额为 50 万元，坏账发生总额为 2.5 万元，并预计企业应收账款的催讨成本为 0.3 万元，则应收账款评估价值为（　　）元。

    A. 180 000　　　　B. 352 800　　　　C. 342 000　　　　D. 339 000

6. 某企业有一张期限为 10 个月的商业票据，面值为 50 万元，月利率为 10‰，截至评估基准日离付期尚差三个半月，则该票据的评估价值为（　　）元。

    A. 532 500　　　　B. 500 000　　　　C. 517 500　　　　D. 以上答案都不对

7. 某被评估企业截至评估基准日，经核实后的应收账款余额为 146 万元，该企业前 5 年的有关资料如表 5-1 所示。

表 5-1　某企业前 5 年应收账款坏账情况　　　　　　　　　　　单位：元

年份	坏账损失	应收账款余额	备注
第一年	180 000	1 200 000	
第二年	50 000	1 480 000	
第三年	100 000	1 400 000	坏账中不包括体制变动形成的坏账
第四年	80 000	1 600 000	
第五年	200 000	1 520 000	
合计	610 000	7 200 000	

根据上述资料，确定该企业应收账款的评估价值为（　　）元。

    A. 1 336 620　　　　　　　　　　　　B. 7 200 000

    C. 36 000　　　　　　　　　　　　　　D. 123 662

8. 某企业向甲企业售出材料，价款 500 万元，商定 6 个月后收款，采取商业承兑汇票结算。该企业于 4 月 10 日开出汇票，并由甲企业承兑，汇票到期日为 10 月 10 日。现对该商业汇票进行评估，评估基准日定为 6 月 10 日，由此确定贴现日期为 120 日，贴现率按月以 6‰ 计算，因此该应收票据的评估价值为（　　）万元。

    A. 12　　　　　　　B. 500　　　　　　C. 488　　　　　　D. 以上答案都不对

9. 某项在用周转材料，原价 750 元，预计使用 1 年，现已使用 9 个月，该周转材料全新状态的现行市价为 1 200 元，由此确定在用周转材料的评估价值为（　　）元。

    A. 300　　　　　　　B. 900　　　　　　C. 750　　　　　　D. 1 200

二、多项选择题

1. 下列资产中属于流动资产的是（　　）。

    A. 现金和各项存款　　　　　　　　　B. 应收账款

    C. 存货　　　　　　　　　　　　　　D. 交易性金融资产

    E. 预付款项

2. 库存产品评估适用的方法主要有（　　）。

    A. 现值法   B. 成本法

    C. 市场法   D. 分类评估法

    E. 收益法

3. 流动资产评估的特点有（　　）。

    A. 评估对象是单项资产

    B. 合理确定评估基准日

    C. 既要全面，又要分清主次

    D. 账面价值基本上可以反映流动资产的现值

4. 流动资产评估的程序包括（　　）。

    A. 确定评估对象和评估范围

    B. 调查实物类流动资产质量和技术状况

    C. 调查债权类流动资产资信

    D. 合理选择评估方法

    E. 评定估算流动资产，得出评估结论

5. 使用（　　）计价方法，对库存材料的评估价值会产生一定的影响。

    A. 先进先出法   B. 后进先出法

    C. 加权平均法   D. 移动平均法

6. 评估应收账款价值时，其坏账的确认方法有（　　）。

    A. 应收账款余额百分比法   B. 账龄分析法

    C. 财务制度规定的 3‰~5‰   D. 毛估法

7. 对库存材料采用市场法评估时，需考虑的因素有（　　）。

    A. 市场价格的选择   B. 被估材料变现成本

    C. 被估材料变现风险   D. 产品的生产成本

8. 对流动资产评估无须考虑功能性贬值是因为（　　）。

    A. 周转速度快   B. 变现能力强

    C. 形态多样化   D. 库存数量少

9. 流动资产的实体性贬值可能会体现在（　　）上。

    A. 在产品   B. 应收账款

    C. 周转材料   D. 呆滞、积压物资

    E. 货币资金

10. 用市场法对产成品进行评估，应考虑的主要因素有（　　）。

    A. 市场价格   B. 实体损耗

    C. 管理费用   D. 变现费用

三、判断题

1. 流动资产由于其周转速度快、变现能力强、形态多样化等特点，所以一般不考虑其功能性贬值。（　　）

2. 由于流动资产的形态多样，因此在评估流动资产时，应对其综合获得能力进行评估。（　　）

3. 在流动资产评估中，当抽查核实中发现原始资料或清查盘点工作可靠性较差时，应重新对已评估过的流动资产进行评估。（　　）

4. 对于库存商品一般以可变现净值作为评估值。　　　　　　　　　　　（　　）

5. 资产实体性贬值的计算只适用于周转材料以及呆滞、积压流动资产的评估，而在其他流动性资产中一般不计算。　　　　　　　　　　　　　　　　　　　　（　　）

6. 债权类流动资产（如应收账款、应收票据等）的评估只适用于按市场价格进行评估。
　　　　　　　　　　　　　　　　　　　　　　　　　　　　　　　　　（　　）

7. 对流动资产进行评估，所选评估基准日应尽可能在会计期初。　　　　　（　　）

8. 对购进时间早、市场已经脱销、没有准确市场现价的库存材料进行评估，可以根据库存材料的账面价值进行评估。　　　　　　　　　　　　　　　　　　　（　　）

9. 将外币存款折算为人民币时，一般应按评估基准日的外汇牌价折算。　（　　）

四、计算题

1. 对某企业库存燃料进行评估，库存量为 50 t，经现场技术鉴定，没有发生质量变化，仍能满足正常需要，只是保管中自然损耗 1%。根据市场调查，得知该燃料近期市场价格为每吨 4 000 元，每吨运费 100 元，整理入库费为每吨 40 元。要求：评估该库存燃料的价值。

2. 企业在联营过程中，需对其某一工序上的在产品进行评估，该工序上的在产品数量为 5 000 件，根据行业平均定额标准得知，该在产品在该工序上的材料消耗定额为 10 kg/件，工时定额为 5 h/件。经过市场调查得知，该在产品耗用材料的近期市场价格为 10 元/kg，相同工种正常工资为 6 元/h。经调查该企业产品销路一向很好，假设不存在变现风险，要求：计算该在产品的评估价值。

3. 评估某企业化工类库存材料，经核实材料库存量为 100 t，原始购入成本为 200 万元，根据进货情况，材料的平均库存期为 3 个月，经技术鉴定，其中的一种材料已全部报废，数量为 2.5 t，购进单价为 2 万元，无回收价值。此外，根据该企业生产用该类材料的实际月耗量计算，库存的该材料有 25% 为超额储存，这部分超储的原料比原材料多支付利息费用、占地租金费用及保管费用等按每吨 400 元计算。根据有关权威部门公布的信息，该类材料每月价格上涨系数为 2%，要求：计算该类化工原料的评估价值。

4. 某企业准备继续生产已入库的 A 系列在产品。经调查了解，关于该系列在产品的资料如下。

① 至评估基准日，该系列在产品账面累计总成本为 200 万元，该系列在产品中有一种在产品报废 150 件，账面单位成本为 100 元/件，估计可回收的废料价值为 3 500 元。

② 该系列在产品的材料成本占总成本的 70%，所有材料为某种贵重金属材料，其从生产准备到评估基准日有半年时间，据了解，同类生产材料在半年内价格上涨了 10%。

③ 关于该系列在产品的费用分析表明，本期在产品的单位产品费用偏高，主要是前期漏转费用 5 万元计入本期成本，其他费用在半年内未变化。

要求：按照价格变动系数调整该系列在产品的原始成本，确定该系列在产品的评估价值。

5. 某企业被其他企业兼并，生产全面停止，现对其库存的在产品 A、B、C 进行评估，有关评估资料如下。

① 在产品 A 已从仓库中领出，但尚未进行加工处理。这批在产品 A 共有 1 000 件，账面价值为 25 000 元。经调查，该在产品如果完好无损地出售，市价为 20 元/件。

② 在产品 B 已加工成部件，共有 500 件，账面价值为 5 500 元，可通过市场调剂且流动性较好。据调查了解，该在产品的市场可接受价格为 10 元/件，调剂费用为 100 元，但调剂

存在风险，预计有 90% 的在产品能通过市场调剂。

③ 在产品 C 已加工成部件，账面价值为 3 000 元，但是对于兼并后的企业来说，在产品 C 已经没有继续加工的价值，而且也无法调剂出去。经分析，该在产品只能作为报废的在制品处理，可回收的价值为 500 元。

要求：根据以上资料，采取市场法估算该企业在产品的评估价值。

6. 某保健品厂生产的口服液十分畅销，由于其营销网络十分强大，因此被某集团看中，欲收购该保健品厂。在评估过程中，涉及对该厂库存口服液的评估。经查实，该厂库存口服液账面价值为 208 950 元，查实数量为 2 000 瓶，账面记载的价格为 105 元/瓶，出厂价格为 135.6 元/瓶（含增值税）。经调查，该产品的销售费用占销售收入的 3%，销售税金及附加占销售收入的 2%，销售利润率为 20%。已知企业所得税税率为 25%，增值税税率为 13%。要求：估算该产品的评估价值。

第6章 长期投资评估

本章导读

　　资产评估中的长期投资只涉及被评估企业的对外投资。虽然用于长期投资的资产可能是货币资产、实物资产或无形资产，但从它们对投资者作用来看，都发挥着资本的功能，因此长期投资评估实质上是对投资资本的评估。长期投资的价值由被投资企业决定，因而对长期投资进行评估超出了被评估企业的范畴，需要对被投资企业的盈利能力及偿债能力进行评估。

　　债权投资评估主要介绍长期债权投资的评估；长期股权投资评估则根据投资方式分为股票投资评估和其他权益工具投资评估，其中债券与股票的评估方法主要是市场法和收益法。其他长期投资评估包括投资性房地产评估和长期待摊费用评估。

6.1 长期投资评估概述

6.1.1 长期投资的概念与分类

　　投资，是指特定经济主体（包括政府、企业和个人）以本金回收并获利为基本目的，将货币、实物资产等作为资本投放于某一个具体对象，以在未来较长期间内获取经济利益的经济行为。企业投资，是企业为获取未来长期收益而向一定对象投放资金的经济行为。按投资目的和持有时间长短，企业投资可分为短期投资和长期投资。其中，长期投资有广义与狭义之分。广义的长期投资泛指企业投入财力、物力以期获得长期收益的活动或行为，包括对内投资和对外投资。狭义的长期投资仅指企业的对外投资活动或行为。企业的对外投资行为是现代企业经营活动的重要组成部分。这种投资一是从企业生存和发展的战略出发，通过对外投资优化资源配置，提高资产利用效率，增强抵御市场风险的能力；二是充分利用企业尚未使用的积累资金，通过长期积累扩大企业规模。

　　资产评估中的长期投资是指狭义的长期投资，是一种间接投资，是指将资金投放于股票、债券等资产上的投资。长期投资按不同标准可作不同的分类，考虑资产评估的技术特点，可将长期投资作如下分类。

　　（1）根据投资方式分类

　　根据投资方式，长期投资可分为以下3类。

　　① 债券投资。债券投资是指企业以购买债券的方式进行的对外投资，包括政府债券投资、企业债券（公司债券）投资和金融债券投资。

　　② 股票投资。股票投资是指企业以认购其他企业股票的方式进行的对外投资，包括普通股股票投资和优先股股票投资。

③ 其他投资。其他投资是指除债券投资、股票投资以外的以现金、实物资产或无形资产等直接投入到其他企业的投资，如合营安排等。

（2）根据投资存在的形态分类

根据投资存在的形态，可将长期投资分为以下 3 类。

① 实物资产投资。实物资产投资是指企业以实物资产形式，如房地产、机器设备、库存材料等，作为资本投入或参与其他企业运营，或组成联营企业的投资行为。

② 无形资产投资。无形资产投资是指企业以自身拥有的无形资产，如特许经营权、专利权、土地使用权等，作为资本投入其他企业，或组成联营企业的投资行为。

③ 有价证券投资。有价证券投资是指企业以货币资金购买股票、债券等金融资产的长期投资行为。

（3）根据投资的性质分类

根据投资的性质，长期投资可分以下 3 类。

① 股权投资。股权投资，又称权益性投资，是指通过支付现金或非现金资产等取得被投资单位的股份或股权，享有一定比例的权益份额代表的资产。投资企业取得被投资单位的股权，相应地享有被投资单位净资产有关份额，通过被投资单位分得现金股利或利润以及待被投资单位增值后出售等获利。股权投资基于投资合同、协议等约定，会形成投资方的金融资产，而对被投资单位，其所接受的来自投资方的出资会形成所有者权益。因此，按照《企业会计准则第 22 号——金融工具确认和计量》的界定，股权投资一方面形成投资方的金融资产，另一方面形成被投资单位的权益工具，原则上属于金融工具。

② 债权投资。债权投资是指企业通过证券市场购买各种中长期债券而进行的投资。债券是表明债权债务关系的一种有价证券，债券持有人与发行人之间是债权债务关系，债券发行人有义务向债权人按期支付利息，到期归还本金，因此债权投资属于确定请求权的投资。

③ 混合性投资。混合性投资是指兼有股权和债权双重性质的投资。这种投资通常表现为混合性证券，如优先股、可转换公司债券、认股权证等。

6.1.2　长期投资评估的特点

由于长期投资是以对其他企业享有的权益而存在的，因此长期投资评估主要是对长期投资所代表的权益进行评估，其特点主要表现在以下 2 个方面。

① 长期投资评估是对投资资本的评估。虽然投资者的出资方式有货币资金、实物资产和无形资产等，但它们是被投资企业当作资本投入到其他企业或特殊资产项目上的，对投资者而言，它们发挥着资本的职能。因此，对长期投资的评估实质上是对投资资本的评估。

② 长期投资评估是对被投资企业获利能力和偿债能力的评估。长期投资价值的高低主要取决于该项投资所能带来的收益。显然，这不是取决于投资企业，而是取决于被投资企业的经营成果、财务状况和现金流量情况。对长期债权投资进行评估，主要考虑被投资方是否有足够的偿债能力，能否按时支付利息、到期归还本金。对长期股权投资进行评估，主要考虑被投资企业是否具有较强的获利能力，能否使投资者获得较高的股息收入与资本利得。由此可见，长期投资评估不是对投资企业内部资产的评估，而是对被投资企业偿债能力和获利能力进行的评估。

6.1.3 长期投资评估的程序

长期投资评估一般按照以下程序进行。

① 明确长期投资评估对象。进行长期投资的评估，首先应该明确长期投资的种类、初始投资额、评估基准日余额、投资收益计算方法、历史收益额、长期股权投资比例及核算方法等。

② 进行必要的职业判断。主要判断长期投资预计可收回金额计算的正确性和合理性，判断被评估的长期投资余额在被投资企业资产负债表上的准确性等。这种职业判断是准确评估长期投资的基础，需要资产评估专业人员具有较强的职业判断能力。

③ 选择适当的评估方法。对于可以在证券市场上交易的股票和债券一般采用市价法进行评估，按评估基准日的收盘价确定评估价值；对于非上市交易的股票和债券一般采用收益法，评估人员应根据综合因素选择适宜的折现率确定评估价值，当然也可以采用评估人员认为其他可行的方法进行评估。

④ 评定测算长期投资，得出评估结论。

6.2 长期债权投资评估

6.2.1 长期债权投资及其特点

长期债权投资包括债券投资和其他债权投资。资产评估中的长期债权投资主要是以摊余成本计量的债券投资为主。债券是政府、企业、金融机构等经济主体为筹集资金，按照法定程序发行的约定在一定期限内还本付息的有价证券，反映证券发行者与持有者之间的债权债务关系。按照发行主体分类，债券可分为政府债券、金融债券和公司债券；按照期限长短分类，债券可分为短期债券、中期债券和长期债券；按照利率是否固定分类，债券可分为固定利率债券和浮动利率债券；按照是否上市流通分类，债券可分为上市债券和非上市债券；按照有无抵押分类，债券可分为抵押债券和信用债券。

1. 债券的基本要素

债券一般包括以下 3 个基本要素。

① 债券面值。债券面值是指债券上设定的票面金额，它代表发行人借入并且承诺于未来某一特定日期偿付债券持有人的金额。债券面值包括票面币种和票面金额两方面的内容。票面币种，是指以何种货币作为债券的计量单位。一般而言，在国内发行的债券，发行的对象是国内有关经济主体，则选择本国货币；若在国外发行，则选择发行地国家或地区的货币或国际通用货币（如美元）作为债券的币种。票面金额对债券的发行成本、发行数量和持有者的分布有影响，票面金额小，有利于小额投资者购买，从而有利于债券发行，但发行费用可能增加；票面金额大，会降低发行成本，但可能减少发行量。

② 票面利率。票面利率是指债券上标明的利率，即债券发行人预计一年内向持有者支付的利息占票面金额的比率。债券票面利率一般都是固定的，但也可以是非固定的，即浮动利率。浮动利率是根据约定的期限（如 3 个月、6 个月）在某一基础利率（如政府债券利

率、银行优惠利率、IIBOR^① 等）之上增加一个固定的溢价（如 1%）进行浮动。另外，票面利率不同于实际利率，实际利率是指按复利计算的一年期的利率。债券的计息和付息方式有多种，可以使用单利或复利计息，利息支付可能半年一次、一年一次或到期一次还本付息，这使得票面利率可能与实际利率产生差异。

③ 债券到期日。债券到期日是指偿还债券本金的日期。债券一般都规定到期日，以便到期时归还本金。

2. 债券的特点

债券是企业对外投资的一种重要工具。作为投资工具，债券具有以下特点。

（1）投资风险较低

相对于股票投资而言，债券投资风险相对较低。不论是政府债券、企业债券，还是金融债券，发行债券必须满足国家规定的基本条件。例如，政府债券通常由财政部发行，由国家信誉作担保；银行或其他金融机构发行债券，需经中央银行或国务院证券监督管理部门批准，并以其信誉和一定的资产作为保障；企业发行债券也有严格的限定条件，发行债券的企业通常是有发展前途的，并由企业资产担保。在以上三类债券中，政府债券信誉度最高，一般会保证本息的兑付，风险最小，有"金边债券"之称。公司债券一般期限较长，风险比政府债券及金融债券大。金融债券的风险很大程度上取决于发行主体的性质，信誉好的金融机构发行的债券风险较低，若是非国有银行或金融机构发行的债券，则其风险与企业债券相当。另外，债券投资体现的是一种债权债务关系，即使被投资企业破产清算，债券持有人作为债权人享有优先受偿权。因此，与股票投资相比，债券投资具有较高的安全性。

（2）投资收益稳定

债券投资收益不随企业的经营收益变化而变化。债券投资收益主要受两个因素制约：一是债券面值；二是票面利率。这两个因素都是事先约定的，债券利率通常是比较稳定的，在正常情况下高于同期银行存款利率，只要债券发行主体不发生较大的风险事件，债券收益是相对稳定的。

（3）流动性较强

多数债券都可以在特定市场（如证券市场）上流通，投资者可随时在此市场上交易变现。

6.2.2　长期债权投资的评估

债券作为一种有价证券，从理论上讲它的市场价值就是收益现值的市场反映，所以当债券可以在市场上自由买卖变现时，债券的现行市价就是债券的评估价值。但是，如果债券不能在证券市场上自由交易，其价值就需要通过一定的方法评估确定。

1. 上市交易债券的评估

上市交易债券是指经过批准，可以在证券市场上自由交易的债券，也叫挂牌券。对此类债券，一般采用市场法进行评估，即以该种债券的现行市场价格作为评估价值。上市交易债券的现行市场价格，一般是以评估基准日的收盘价为准。当上市交易的债券市场存在垄断和过度投资行为或存在人为操纵市场行为，致使债券价格严重扭曲，不能代表其实际价格时，就应该采用非上市交易债券的评估方法进行评估。采用市场法，债券评估价值的计算公式为

$$债券评估价值=债券数量×评估基准日收盘价$$

① IIBOR：伦敦银行同业拆借利率。

【例 6-1】　某资产评估机构受托对 A 企业的长期债权投资进行评估，"债权投资"账户有 3 年期债券 5 000 张，每张债券面值 1 000 元，票面利率为 5%，已经上市交易。根据评估专业人员的市场调查，评估基准日的收盘价为 1 100 元，据评估人员分析，认为该价格比较合理，则债券评估价值计算如下。

$$债券评估价值 = 5\,000 \times 1\,100 = 550（万元）$$

采用市场法进行债券评估，评估专业人员应在评估报告中说明所用评估方法和结论与评估基准日的关系，并说明该评估结果应随市场价格变化予以调整。

2. 非上市交易债券的评估

对于非上市交易的债券，无法直接通过市场判断其评估价值，一般采用收益法进行评估，即根据该债券本利和的现值确定其评估价值，但在实际评估时可根据具体情况由评估专业人员灵活掌握。例如，对于距评估基准日 1 年内到期的债券，可以根据本金加上持有期间的利息确定评估价值；对于超过 1 年到期的债券，可以根据本利和的现值确定评估值；对于不能按期收回本金和利息的债券，评估专业人员应在调查取证的基础上，通过分析预测，合理确定其评估值。

根据债券付息方式，债券可分为分期付息、一次还本债券和到期一次还本付息债券两种。

（1）分期付息、到期一次还本债券的评估

对于分期付息、到期一次还本的债券，其评估价值的计算公式为

$$P = \sum_{t=1}^{n} \left[R_t (1+r)^{-t} \right] + A(1+r)^{-n}$$

式中：P——债券评估价值；

$\quad R_t$——第 t 年利息；

$\quad r$——折现率；

$\quad A$——债券面值；

$\quad t$——评估基准日距收取利息日的期限；

$\quad n$——评估基准日距到期还本日的期限。

由于债券面值、票面利率、债券期限及债券利息的计算方式都是事先规定的，在债券票面均有明确记载，所以债券预期收益是确定的，因此很容易取得数据。在运用收益法对债券价值进行评估时，比较难以确定的关键数据是折现率，即债券的必要收益率，它需要由评估专业人员根据评估时的实际情况分析后综合确定。折现率通常由两部分组成：无风险报酬率和风险报酬率。无风险报酬率通常以同期银行储蓄利率、国库券利率或国家公债利率为准；风险报酬率则需要评估专业人员根据经验和专业技能判断，结合发行债券企业的财务状况、行业风险和通货膨胀率等因素综合确定。就我国债券看，国家债券、金融债券等有良好的担保条件，其风险报酬率一般较低；对于公司债券，如果公司的经营业绩良好，有足够的还本付息能力，则风险报酬率较低，否则应采用较高的风险报酬率调整。

【例 6-2】　某资产评估机构受托对 B 企业的长期债权投资进行评估。被评估企业的"债权投资"账户表明拥有 C 企业发行的债券，面值为 10 万元，期限为 5 年，票面利率为 10%，按年付息，到期一次还本。评估时，债券已购入两年，前两年利息已收，当时的国库

券利率为5%。经过评估专业人员分析调查，发现企业经营业绩良好，财务状况稳健，三年后具有还本付息的能力，投资风险较低，取2%的风险报酬率，评估专业人员以国库券利率作为无风险报酬率，故折现率为7%，则该债券的评估价值为

$$债券评估价值 = 100\ 000 \times 10\% \times (1+7\%)^{-1} + 100\ 000 \times 10\% \times (1+7\%)^{-2}$$
$$+ 100\ 000 \times 10\% \times (1+7\%)^{-3} + 100\ 000 \times (1+7\%)^{-3}$$
$$= 107\ 873\ （元）$$

（2）到期一次还本付息债券的评估

对于到期一次还本付息的债券，其评估价值的计算公式为

$$P = F(1+r)^{-n}$$

式中：P——债券评估价值；

F——债券到期时的本利和；

r——折现率；

n——评估基准日到债券到期日的期限。

关于本利和（F）的计算，还要区分债券利息是采用单利计算还是复利计算两种计算方式。

① 债券利息采用单利计算。当采用单利计算时，债券到期时的本利和为

$$F = A(1+mi)$$

式中：A——债券面值；

m——计息期数；

i——债券票面利率。

② 债券利息采用复利计算。当采用复利计算时，债券到期日的本利和为

$$F = A(1+i)^m$$

【例6-3】 仍用例6-2的基本资料，假定该债券是到期一次还本付息债券，不计复利，则其评估价值为

$$F = A(1+mi) = 100\ 000 \times (1+5 \times 10\%) = 150\ 000\ （元）$$
$$P = F(1+r)^{-n} = 150\ 000 \times (1+7\%)^{-3} = 122\ 445\ （元）$$

6.3　长期股权投资评估

根据投资方对被投资单位能够施加影响的程度，企业会计准则将股权投资区分为应当按金融工具确认和计量准则进行核算和应当按照长期股权投资准则进行核算两种情况。其中，属于长期股权投资准则规范的股权投资，是根据投资方能够对被投资单位施加影响的程度来划分的。会计意义上的长期股权投资包括投资方持有的对联营企业、合营企业及子公司的投资。对长期股权投资评估将按股票投资评估和股权投资评估两种类型分别讨论。

6.3.1 股票投资评估

1. 股票投资与股票价格

股票是股份有限公司为筹措股权资本而发行的有价证券,是公司签发的证明股东持有公司股份的凭证。股票作为一种所有权凭证,代表着对发行公司净资产的所有权。股票种类很多,可按不同的标准进行分类:按票面是否记名分为记名股票和无记名股票①;按有无票面金额分为面值股票和无面值股票;按股东权利和义务分为普通股股票和优先股股票②;按股票是否上市分为上市股票和非上市股票;按发行对象和上市地点,分为 A 股、B 股、H 股、N 股和 S 股③等。

股票投资具有高风险、高收益的特点。股票投资收益一是来自股利收入;二是根据股票价格的波动,投资者在证券市场上通过低价买入、高价卖出而获得资本利得。但股票投资是一种风险投资,如果被投资企业不能盈利,投资者便得不到经济收益,一旦被投资企业破产,投资者有可能收不回本金,因为在破产清算时,股东对破产财产的求偿权排在债权人之后。

股票价格有很多种,包括票面价格、发行价格、账面价格、清算价格、内在价格和市场价格等。股票评估与股票的票面价格、发行价格及账面价格的关系并不十分紧密,而与股票的内在价格、市场价格和清算价格有着较为密切的联系。

股票内在价格是一种理论价格或模拟市场价格,它是资产评估专业人员根据对股票未来收益的预测,经过折现后得到的股票价格。股票内在价格的高低主要取决于公司的发展前景、财务状况、管理水平、技术开发能力及公司面临的各种风险。

股票市场价格是证券市场上买卖股票的价格,在证券市场比较成熟的条件下,股票的市场价格就是市场对公司股票的一种客观评价,是股票收益现值的市场反映。

股票清算价格是公司清算时公司的净资产与公司股票总数的比值。如果公司因经营不善或者其他原因被清算,该公司的股票价值就相当于公司股票的清算价格。

对于股票的价值评估,一般分为上市交易股票和非上市交易股票两类进行。

2. 上市交易股票的评估

上市交易股票是指由公司发行,可以在股票市场上自由交易的股票。这类股票在正常交易的情况下,随时都有市场价格,因此对此类股票的评估一般采用市场法,即以该种股票的现行市场价格作为它的评估价值。上市交易股票的现行市场价格,一般是以评估基准日的收盘价为准。

在判断是否运用市场法对上市交易股票进行评估时需要考虑两方面的因素。一是投资目的与投资期限。如果投资者是为了投资,则应以市场价格进行评估;如果投资者是为了控股长期持有,则一般采用收益法评估。二是股票市场机制是否健全。当股票市场机制健全时,

---

① 记名股票是在股票票面上记载有股东姓名或将名称记入公司股东名册的股票;无记名股票不登记股东名称,公司只记载股票数量、编号及发行日期。我国《公司法》规定,公司向发起人、国家授权投资机构、法人发行的股票,为记名股票;向社会公众发行的股票,可以为记名股票,也可以为无记名股票。

② 普通股股票,简称普通股,是公司发行的代表股东享有平等的权利、义务,不加特别限制的,股利不固定的股票。优先股股票,简称优先股,是公司发行的相对于普通股具有一定优先权的股票。

③ A 股即人民币普通股票,由我国境内公司发行,境内上市交易,以人民币标明面值,以人民币认购和交易。B 股即人民币特种股票,由我国境内公司发行,境内上市交易,以人民币标明面值,以外币认购和交易。H 股是注册地在内地、在香港上市的股票;在纽约和新加坡上市的股票分别称为 N 股和 S 股。

股票自由交易，有较完善的相关法规体系和监管体系，没有非法炒作现象，此时股票的市场价格可以代表评估时点被评估股票的价值；否则，市场价格就不能作为评估的依据，而应与非上市股票相同，采用收益法对其进行评估。

由于股票是一种特殊的商品，其市场价格不仅仅取决于该股票的未来收益，还受市场及人们的心理预期等的影响，因此对于股票价格必须冷静判断，必要时应对评估结果做适当的调整。

依据股票市场价格进行评估的结果，应在评估报告中说明所用的方法，并说明该评估结果应随市场价格变化而应予以适当调整。

3. 非上市交易股票的评估

对于非上市交易股票的评估，一般采用收益法，即在正确预测股票投资收益的基础上，选择合理的折现率将预期收益折算成评估时点的价值，以确定其评估值。

股票投资的预期收益通常包括两种现金流：持股期间的现金股利和持股期末的预期股票价格。由于持有期末股票的预期价格是由股票未来的股利决定的，所以股票当前价值应等于无限期股利的现值[①]。采用收益法对股票进行评估，其计算公式为

$$P = \sum_{t=1}^{\infty} \frac{D_t}{(1+r)^t}$$

式中：P——股票评估价值；

D_t——第 t 期预期股利；

r——折现率。

股票预期股利的预测、折现率的选择需要综合考虑股票发行企业的经营状况及发行风险、历史利润水平和分红情况、行业收益等因素，这就需要评估专业人员对股票发行企业进行全面综合的分析。非上市交易股票按普通股和优先股的不同，应采用不同的评估方法。

1）普通股的价值评估

普通股是股份有限公司最基本、数量最多的股份，普通股股东是对公司承担最终责任并享有权利的主体。普通股没有固定的股利，其投资收益完全取决于企业的经营状况和盈利水平，因此不可能对普通股的股利作无限期的预测。为了便于对普通股进行评估，一般根据被评估公司股利分配政策的不同对普通股未来股利的增长变化作几种不同的假设，在此基础上完成对普通股的价值评估。股份公司的股利分配政策通常可以分为固定红利型、红利增长型和分段型，在不同类型的股利政策下，其股票价值的评估方法并不完全相同。

（1）固定红利型

固定红利型是假设企业今后发放的红利保持一个相对固定的水平。该类型适用于生产经营较为稳定，红利派发亦较稳定的公司的普通股评估。在这种假设条件下，可根据基本评估公式推导出普通股评估价值的计算公式，即

$$P = \sum_{t=1}^{\infty} \frac{D_t}{(1+r)^t}$$

当每期股利 D_t 都相同时，公式可简化为

---

① 运用收益法对股票价值进行评估，有学者认为应根据股票投资未来各期应分得的盈余折现，也有学者认为投资者如无限期持有股票，其收益只来自股利，所以股利折现更确切。传统上，投资者大都重视股利，并就股利加以折现。

$$P = \frac{D}{r}$$

式中：P——股票评估价值；

　　D——每期股利；

　　r——折现率。

【例6-4】　假设某被评估企业拥有 D 公司发行的非上市普通股 30 万股，每股面值 1 元。在持股期间，每年红利一直很稳定，收益率保持在 18% 左右。经过资产评估专业人员分析，判断 D 公司生产经营比较稳定，管理人员素质较高，预测今后若干年内股票红利收益最低仍有把握保持在 15% 左右。评估专业人员根据 D 公司行业特点及宏观经济情况，确定无风险报酬率为 4%（国库券利率），风险报酬率为 4%。根据上述资料，该股票投资的评估价值计算如下。

$$P = \frac{D}{r} = \frac{30 \times 1 \times 15\%}{4\% + 4\%} = 56.25 \text{（万元）}$$

（2）红利增长型

红利增长型适用于成长型公司股票评估。成长型公司具有发展前景好、潜力大，追加投资能带来较高收益的特点。红利增长型假设发行企业并未将剩余收益分配给股东，而是用于追加投资扩大生产，增加公司的获利能力，从而使得股票潜在获利能力增大，红利呈增长趋势。在这种假设条件下，根据基本评估公式可推导出此类股票评估价值的计算公式如下。

$$P = \sum_{t=1}^{\infty} \frac{D_t}{(1+r)^t} = \frac{D_0(1+g)^1}{1+r} + \frac{D_0(1+g)^2}{(1+r)^2} + \frac{D_0(1+g)^3}{(1+r)^3} + \cdots + \frac{D_0(1+g)^n}{(1+r)^n} + \cdots$$

式中：P——股票评估价值；

　　D_1——第一年预期股利；

　　r——折现率；

　　g——股利增长率。

假定股利增长率低于投资报酬率，即 $g<r$，则运用等比数列求和公式，当 n 趋向于无穷大时，上式可简化为

$$P = \frac{D_0(1+g)}{r-g} = \frac{D_1}{r-g}$$

运用以上公式时，对股利增长率的预测要谨慎，因为增长率对股票价值的影响十分明显。股利增长率的预测方法有两种：一是历史数据分析法，它是根据对企业历年红利分配数据的分析，利用统计学方法计算出股票红利的历史平均增长速度，作为确定股利增长率的基本依据；二是发展趋势分析法，主要是依据被评估企业的股利分配政策，以企业剩余收益中用于再投资的比例与企业净资产利润率的乘积，作为股利增长率。

【例6-5】　假设某被评估企业拥有 B 公司发行的非上市普通股 40 万股，每股面值 1 元，持股期间每年股票收益率稳定在 15% 左右。根据调查，B 公司每年净利润的 60% 用于发放股利，其余 40% 用于追加投资。经过评估专业人员对 B 公司经营状况的调查分析，

认为该公司所在行业具有发展前途，该公司具有较强的发展潜力。经过分析认为，公司今后净资产利润率将保持在18%左右，测定的风险报酬率为4%，无风险报酬率以国库券利率4%为依据。根据上述资料，该股票投资的评估价值为

$$P = \frac{D_1}{r-g} = \frac{40 \times 15\%}{(4\% + 4\%) - 40\% \times 18\%} = \frac{6}{8\% - 7.2\%} = 750 （万元）$$

（3）分段型

前两种股利政策过于简单模式化，以此预测股票未来的股利收益可能与实际有较大的偏差，从而影响股票价值评估的准确度。在现实中，受产品市场周期、企业发展周期等的影响，企业的盈利水平在不同的阶段落差较大，股票股利也会呈现出一种阶段性变化的特征。例如，在一段时间里高速增长，在另一段时间里正常增长或固定不变等。在这种情况下只有分段计算，才能确定股票的价值。

通常把股票收益期限分为两段：第一段是以能够较客观预测股票的收益期间为限或以股票发行企业的某一生产经营周期为限；第二段是以不易直接估测出股票收益的时间为起点，假设企业持续经营到永续，收益额采用趋势分析法或其他方法确定。根据每期收益变化的特点分别运用基本公式、固定红利型、红利增长型将各期预测收益折现，对于第二段收益要先资本化再折现，最后将两段收益相加，得出股票投资的评估价值。

【例6-6】 假设某被评估企业拥有D公司发行的非上市普通股50万股，每股面值1元，企业已经持有该股票两年，每年股票收益率维持在15%左右。评估专业人员在对股票发行公司进行调查分析后认为，该公司经营的产品已进入市场成熟期，预计从明年开始将在5年内出现较高的增长，增长率约为12%，在此之后股利恢复为零增长，并将一直持续下去。评估时国库券利率为4%，测定的风险报酬率为2%。根据以上资料，该股票投资的评估价值计算如下。

股票评估价值 = 前5年收益现值 + 第5年后收益现值

$$= \sum_{t=1}^{5} \frac{50 \times 1 \times 15\% \times (1 + 12\%)^t}{(1 + 6\%)^t} + \frac{50 \times 1 \times 15\% \times (1 + 12\%)^5 \times (1 + 6\%)^{-5}}{6\%}$$

$$= 161.14 （万元）$$

2）优先股的价值评估

优先股是在股利分配和剩余财产分配方面优先于普通股的股票。优先股股票按其所包含的权利不同有不同的分类，如累积优先股和非累积优先股、参与优先股和非参与优先股、可转换优先股和不可转换优先股。累积优先股是指本年未支付的股利，可累积到未来盈利年度支付的优先股；参与优先股是指不仅能按规定分得额定股息，而且还有能与普通股一并参与公司剩余利润分配的优先股；可转换优先股是指股票持有人可以在规定的条件下将持有的优先股转换成普通股的优先股。

优先股的股利是固定的，一般情况下都要按事先确定的股利率支付股利。优先股的风险主要在于股票发行主体是否有足够的税后利润用于优先股的股利分配。在评估优先股价值时必须首先对股票发行企业的生产经营情况、负债情况、利润实现情况、股本构成中优先股所占比重、股利率水平等进行全面了解，确定风险报酬率，进而确定折现率。如果股票发行企业资本构成合理，具有很强的股利支付能力，评估专业人员就可以根据事先确定的股利支付

率计算出优先股的年收益，然后进行折现计算，其计算公式如下。

$$P = \sum_{t=1}^{\infty} \frac{D_t}{(1+r)^t}$$

式中：P——优先股评估价值；

D_t——第 t 年优先股股息；

r——折现率。

包含不同权利的优先股其评估方法有所不同，以下作简要介绍。

（1）累积优先股的价值评估

由于累积优先股的每期股利是按照固定股利率计算的，所以各期的股利是固定的，其计算方法类似于基于固定红利型股利政策的普通股，其计算公式如下。

$$P = \sum_{t=1}^{\infty} \frac{D_t}{(1+r)^t} = \frac{D}{r}$$

式中：r——折现率；

D——年等额股利收益。

【例6-7】 假设某被评估企业拥有 E 公司发行的 4 000 股累积非参与优先股，每股面值 1 000 元，年股利率为 16%。资产评估专业人员在对 E 公司进行调查的过程中了解到 E 公司资本构成不尽合理，负债率较高，可能会对优先股股息的分配产生消极影响。因此，评估专业人员在经过综合分析后，将该优先股股票的风险报酬率定为 6%，评估时国库券的利率为 4%。根据上述资料，该优先股的评估价值为

$$P = \frac{D}{r} = \frac{4\,000 \times 1\,000 \times 16\%}{4\% + 6\%} = 6\,400\,000 \text{（元）}$$

（2）参与优先股的价值评估

参与优先股除按固定股利率分得额定股利外，还可分得额外股利。对参与优先股的评估，可将其额定股利、额外股利分别折现并汇总。其中，额外股利类似于普通股股息，其风险大于额定股利，故其风险报酬率也大于额定股利的风险报酬率，可参照普通股评估方法评估其价值。参与优先股的评估计算公式如下。

$$P = \sum_{t=1}^{n} \left[\frac{D_t}{(1+r)^t} + \frac{D_t'}{(1+r')^t} \right]$$

式中：D_t——第 t 年额定股利；

D_t'——第 t 年额外股利；

r——额定股利折现率；

r'——额外股利折现率，一般 $r' > r$。

（3）可转换和可赎回优先股的价值评估

若优先股带有可转换或可赎回条款，评估时除了将年收益折现外，还要将预期的由优先股转换成普通股的价格或预计的赎回价格进行折现，计算公式如下。

$$P = \sum_{t=1}^{n} \frac{D_t}{(1+r)^t} + \frac{P_n}{(1+r)^n}$$

式中：D_t——第 t 年股利；

    r——折现率；

    P_n——优先股转换成普通股的价格或预计赎回价。

【例6-8】 假设某被评估企业 2 年前购入 N 公司可转换优先股股票 200 股，每股面值 1 000 元，年股利率为 15%。N 公司发行时承诺 5 年后优先股持有者可按 1∶50 转换成该公司的普通股，普通股现行市价为 5 元/股，预计未来股价上涨率每年约为 10%。资产评估专业人员在对 N 公司进行综合分析后，确定其风险报酬率为 4%，评估时国库券的利率为 4%。若该企业持满 5 年后将优先股转换成普通股，根据上述资料，该优先股的评估价值计算如下。

$$P = \sum_{t=1}^{n} \frac{D_t}{(1+r)^t} + \frac{P_n}{(1+r)^n} = \sum_{t=1}^{3} \frac{200 \times 1\,000 \times 15\%}{(1+8\%)^t} + \frac{200 \times 50 \times 5 \times (1+10\%)^3}{(1+8\%)^3}$$

$$= 130\,150.7\ (元)$$

6.3.2 股权投资评估

股权投资，是指除了股票投资以外，投资主体以现金、实物资产或无形资产直接投入到被投资企业，取得被投资企业的股权，从而参与被投资企业经营管理或控制被投资企业获取收益的投资行为。这种投资是以实际生产要素直接注资受资企业，属于实质性的产业资本。

对这类股权投资的评估，首先需要了解投资的具体形式、收益获取方式和投资额占被投资企业实收资本或所有者权益的比重，再根据不同情况采取不同的方法进行评估。股权投资的具体形式表现为投资方持有的对联营企业①、合营企业②及子公司③的投资等，其投资收益的分配方式比较常见的有：按投资额占被投资企业实收资本的比例，参与被投资企业净利润的分配；按被投资企业收益的一定百分比分成，如协议规定按销售收入提成或按利润提成作为投资收益；对投入资产核定价格，按其价格的一定比例支付使用费。

对于投资合同或协议规定有投资期限的，投资到期时投入资本的处理方式通常有：按投资时的作价金额以货币资金返还；将原投入实物资产返还；按期满时实投资产的变现价格或约定金额以货币资金返还。如果收回投资是以原投入实物资产返还或按投资期满时的变现价格以货币资金返还，投资回收额的确定不仅要考虑原投入资产的自然损耗，还应充分考虑投资期满时资产的功能性贬值和经济性贬值。

根据股权投资是否对被投资企业形成控股权，可将股权投资分为非控股型股权投资（少数股权）和控股型股权投资。

1. 非控股型股权投资的评估

对于非控股型股权投资的评估，一般采用收益法进行，即根据投资收益的历史数据和被投资企业的未来经营情况及风险，预测长期投资的未来收益，再用适当折现率折算为现值，得出评估价值。

---

① 联营企业投资是指投资方能够对被投资单位施加重大影响的股权投资。重大影响是指投资方对被投资单位的财务和生产经营决策有参与决策的能力，但并不能控制或与其他方一起共同控制这些政策的制定。

② 合营企业投资是指投资方持有的对构成合营企业的合营安排的投资。

③ 对子公司投资是投资方持有的能够对被投资单位施加控制的股权投资。

① 对于投资合同、协议明确约定了投资报酬的长期投资，可按规定可获得的收益折为现值作为评估价值。

② 对到期收回资产的实物投资，可按约定或预测的收益折为现值，加上到期收回资产价值的现值计算评估价值。

③ 对于不是直接获取投资收入，而是取得某种权利或其他间接经济利益的，可测算相应的经济收益折现计算评估价值，或根据剩余权利或利益所对应的重置价值确定评估价值。

④ 对于明显没有经济利益，也不能形成任何经济权利的投资，应按零值计算评估价值。

⑤ 在未来收益难以确定的情况下，可采用重置成本法进行评估，即通过对被投资企业进行评估，确定净资产数额，再根据投资方所占的份额确定长期投资的评估价值。

⑥ 如果该项投资期限较短，价值变化不大，被投资企业资产账实基本相符，则可根据核实后的被投资企业资产负债表上的净资产数额，按投资方应占的份额确定评估价值。

非控股型股权投资也可以采用成本法进行评估，即根据被评估企业长期投资的账面价值，经审核无误后作为评估价值。

2. 控股型股权投资的评估

对于控股型的股权投资，应对被投资企业进行整体评估，按投资方股权份额计算投资的评估价值。企业价值评估应以收益法为主，特殊情况下可以单独采用市场法。

【例 6-9】　假设某被评估企业的长期投资全部为股权投资。对甲企业以厂房、生产线进行投资，投资额为 1 500 万元，占甲企业股权比例的 60%。以专利权向乙企业投资，协议联营期 10 年，按规定该企业每年按乙企业使用其专利技术生产产品销售收入的 3% 收取投资收益。协议期满，该企业将放弃专利技术。评估时双方已经营业 5 年，乙企业历年销售额在 150 万元上下波动。评估人员经调查分析认为，乙企业今后 5 年仍可保持前期水平，折现率定为 15%，试评估该企业的长期投资价值。

对甲企业的投资占控股地位，因此需先对甲企业进行整体评估。假设甲企业的评估价值为 5 000 万元，则

$$对甲企业长期投资评估价值 = 5\,000 \times 60\% = 3\,000（万元）$$

以专利权对乙企业投资的评估值是各期投资报酬的折现值，即

$$对乙企业长期投资评估价值 = 150 \times 3\% \times (P/A,\ 15\%,\ 5) = 15.08（万元）$$
$$该企业长期投资评估价值 = 3\,000 + 15.084 = 3\,015.08（万元）$$

6.4　其他长期投资的评估

其他长期投资是指企业对外投资中除了长期债权投资、长期股权投资以外的投资，如投资性房地产、长期待摊费用等。

6.4.1　投资性房地产的评估

投资性房地产，是指企业为赚取租金或者资本增值，或者两者兼有而持有的房地产①。

---

① 《企业会计准则第 3 号——投资性房地产》及其应用指南。

投资性房地产评估，是指资产评估机构及其评估专业人员遵守法律、行政法规和资产评估准则，根据委托对以财务报告为目的所涉及的符合会计准则规定条件的投资性房地产在评估基准日的公允价值进行评定和估算，并出具资产评估报告的专业服务行为。

执行投资性房地产评估业务，应当充分理解相关会计准则的要求、评估对象在企业财务报告中的核算和披露要求，并提请企业管理层按其经营意图及会计准则的规定对投资性房地产进行恰当分类。资产评估专业人员应当提醒委托人根据会计准则的相关要求确定评估基准日。评估基准日可以是资产负债表日、投资性房地产转换日等。执行投资性房地产评估业务，应当对投资性房地产进行现场调查，明确投资性房地产的实物状况、权益状况和区位状况，收集相关权属证明、租赁合同等文件；没有权属证明文件的，应当要求委托人或者其他相关当事人对投资性房地产的权属做出承诺或者说明。

1. 投资性房地产的评估对象

资产评估专业人员应当知晓会计准则中投资性房地产的分类，并提请委托人参照以下会计准则的要求，明确评估对象。

① 已出租的土地使用权，是指企业通过出让或者转让方式取得的、以经营租赁方式租出的土地使用权。

② 持有并准备增值后转让的土地使用权，是指企业取得的、准备增值后转让的土地使用权。按照国家有关规定认定的闲置土地，不属于持有并准备增值后转让的土地使用权。

③ 已出租的建筑物，是指企业拥有产权、以经营租赁方式租出的建筑物，包括自行建造或者开发活动完成后用于出租的建筑物。

执行投资性房地产评估业务，应当明确评估对象对应的是个别建筑物单元，还是多个建筑物单元及其附属设施共同构成的整体。当出租建筑物的附属设备和设施是租金收入所对应出租资产的组成部分时，应当考虑该设备和设施对投资性房地产价值的影响。

当评估对象存在产权瑕疵且该瑕疵事项可能对投资性房地产的公允价值产生重大影响时，应当对该瑕疵事项及其影响进行披露并提请资产评估报告使用人予以关注。

2. 投资性房地产的评估方法

执行投资性房地产评估业务，应当根据评估对象、价值类型、资料收集情况和数据来源等相关条件，参照会计准则关于评估对象和计量方法的有关规定，选择评估方法。投资性房地产评估主要采用市场法和收益法。

（1）市场法

采用市场法评估投资性房地产时，应当收集足够的同类或者类似房地产的交易案例，并对所收集的信息及其来源进行分析。在选用交易案例时应当关注案例的可比性，重点分析投资性房地产的实物状况、权益状况、区位状况、交易情况及租约条件。

采用市场法评估投资性房地产时，应当建立价值可比基础，细化相关比较因素，包括交易情况、交易日期、容积率、使用年期、面积、具体位置、经营业态和所带租约等，明确相关指标参数内涵。

（2）收益法

采用收益法评估投资性房地产时，应当对企业来自投资性房地产的租金收益，以及当期产生的相应费用进行分析，判断租金收益与相应费用的匹配性，确定净收益。投资性房地产的净收益是指租金中直接归属于评估对象所对应的房地产权益部分，不包括物业管理费、代垫水电费等其他项目，并考虑免租期和租金收取方式的影响。

采用收益法评估投资性房地产时，应当关注投资性房地产现有租约条款对公允价值的影响，包括租金及其构成、租期、免租期、续租条件和提前终止租约的条件。评估中应当关注租约的合法性、有效性，了解实际履行状况。对合法、有效并实际履行的租约，预测未来净收益所使用的租约期内的租金应当采用租约所确定的租金，租约期外的租金应当采用正常客观的租金。当约定租金与市场租金水平存在较大差异时，应当分析原因，并进行披露。

采用收益法评估投资性房地产时，应当根据建筑物的剩余经济寿命年限与土地使用权剩余使用年限等参数，以及法律、行政法规的规定确定收益期限。

采用收益法评估投资性房地产时，应当合理确定折现率。折现率应当反映评估基准日类似地区同类投资性房地产平均回报水平和评估对象的特定风险。折现率的口径应当与收益口径保持一致，并考虑租约、租期、租金等因素对折现率选取的影响。

需要说明的是，采用市场法和收益法评估投资性房地产时，评估结论通常包括土地使用权价值。执行投资性房地产评估业务应当关注已出租的建筑物的会计核算中是否包含建筑物所对应的土地使用权。如果会计核算不包含土地使用权，应当提请企业管理层重新分类，或者在评估结论中扣除土地使用权的价值，并在资产评估报告中进行披露。采用市场法和收益法评估投资性房地产时，应当排除特殊交易情况的影响，包括非常规的融资、售后租回、特殊对价或者折让等。采用市场法和收益法无法得出投资性房地产公允价值时，可以采用符合会计准则的其他方法。如果仍不能合理得出投资性房地产公允价值，经委托人同意，还可以采用恰当的方式分析投资性房地产公允价值的区间值，得出价值分析结论，并提醒资产评估报告使用人关注公允价值资产评估结论和价值分析结论的区别。

6.4.2　长期待摊费用的评估

长期待摊费用是指企业已经发生但应由本期和以后各期负担的分摊期限在一年以上的各项费用，如固定资产大修理支出等。

长期待摊费用，实质是一种预付费用，它没有具体的物质实体，因而不可能单独对外交易和转让。只有当它赖以依存的企业发生整体产权变动时，才有可能涉及企业长期待摊费用的评估。从资产评估的角度看，长期待摊费用的评估不在于它在评估基准日以前已经支付了多少，而取决于它在评估基准日之后能为新的产权主体带来多大的利益。如果企业整体产权的变动使得长期待摊费用带来的权利或新资产消亡，或者长期待摊费用的收益已经在评估基准日以前全部实现，只是因为发生数额过大才采用分期摊销办法，在评估基准日之后不能再为新的产权主体创造价值，那么这种长期待摊费用就不应在评估范围之内。所以，某项长期待摊费用能否被视为评估对象，首先要看它能否在评估基准日以后为新的产权主体带来经济利益。

在确定一项长期待摊费用可以作为评估对象后，就要对它的真实性、合法性、合理性及准确性进行判断，核查会计记录，了解费用的支出和摊销情况，了解形成新资产和权利的尚存情况。评估时要把握以下 5 点。

① 对于能够准确地预测其未来收益及收益产生年限的长期待摊费用，一般采用收益法进行评估。

② 对于尚有未来经济利益，但是价值难以准确计算的长期待摊费用，如开办费、租入固定资产改良支出等，可以按照账面余额计算其评估价值。

③ 对于没有尚存的资产或权利所对应的长期待摊费用，不计算评估价值。

④ 注意与其他资产评估之间的协调。对于在其他资产评估中已经计算过的，不再计算

评估价值。例如，预付固定资产大修理费用的摊销价值，评估时已经体现在固定资产中，就不能再计入长期待摊费用，否则会造成重复评估。

⑤ 长期待摊费用尚存期内产生的效益是否需要考虑货币时间价值，主要根据新的产权主体在未来的受益期限而定。一般来说，受益期限在1年以内的不予考虑，受益期限超过1年的需要根据具体内容、数额和市场变化趋势处理。但从实践上看，由于这些费用对未来产生收益的能力和状况并不能准确界定，如果物价总水平波动不大，可以将账面价值作为评估价值或者按其发生额的平均数计算。

> **【例6-10】** 某企业因产权变动涉及长期待摊费用评估。截至评估基准日企业长期待摊费用账面余额为72万元，其中租入固定资产改良支出42万元，租赁协议中设备租入期为3年，始租时间为1年前，已经摊销14万元；办公楼装修摊销费用10万元；预付销售门市部租金30万元，承租时间为2年，始租时间为1年前，已摊销租金12万元，账面余额18万元；固定资产大修理摊余费用16万元。
>
> 评估专业人员经详细调查，根据评估基准日后能否产生经济效益为标准，认定企业账面长期待摊费用余额70万元可以作为评估对象进行评估。由于办公楼装修和固定资产大修理所体现的市场价值已经分别包含在房屋评估和固定资产评估之中，因此办公楼装修摊余费用10万元和固定资产大修理摊余费用16万元就不重复评估；租入固定资产改良支出费用42万元，已经摊销14万元，使用期尚有2年，按租约合同规定的租期（3年）和总租金42万元计算，每年租金14万元；预付销售门市部房租已摊销12万元，按合同规定的租期（2年）和总租金30万元计算，每年租金15万元，尚有1年使用期。根据上述资料，假定折现率为10%，则该企业长期待摊费用的评估价值为
>
> $$长期待摊费用评估价值 = 14 \times (P/A, 10\%, 2) + 15 \times (1+10\%)^{-1} = 37.94（万元）$$

关 键 概 念

长期债权投资评估　　长期股权投资评估　　固定红利型　　红利增长型　　分段型
投资性房地产评估　　长期待摊费用评估

复习思考题

1. 长期投资评估的特点是什么？
2. 运用市场法评估债券与股票的前提条件是什么？
3. 普通股评估有哪几种类型？
4. 固定红利型与红利增长型的区别在哪里？
5. 如何评估企业的长期待摊费用？
6. 运用市场法评估投资性房地产需要注意什么？
7. 运用收益法评估投资性房地产需要注意什么？
8. 投资性房地产的评估对象如何确定？

练 习 题

一、单项选择题

1. 基于资产评估的角度,在股市发育不全、交易不规范的情况下,作为长期投资中的股票投资的评估值应以股票的( )为基本依据。

    A. 市场价格   B. 发行价格   C. 理论价格   D. 票面价格

2. 股票的清算价格是( )。

    A. 企业的资产总额与股票总数的比值

    B. 企业的资产总额与股票总数的比值再乘以一个折现系数

    C. 企业的净资产总额与股票总数的比值

    D. 企业的净资产总额与股票总数的比值再乘以一个折现系数

3. 被评估企业以机器设备向 B 企业直接投资,投资额占 B 企业资本总额的 20%。双方协议联营 10 年,联营期满,B 企业将机器设备折余价值 20 万元返还投资方。评估时双方联营已有 5 年,前 5 年 B 企业的税后利润保持在 50 万元,投资企业按其在 B 企业的投资份额分享利润,评估专业人员认定 B 企业未来 5 年的收益水平不会有较大的变化,折现率设定为 12%,投资企业的该项直接投资的评估价值最有可能是( )元。

    A. 500 000   B. 473 960   C. 700 000   D. 483 960

4. 长期待摊费用评估通常发生在( )时。

    A. 企业整体产权变动   B. 企业财务检查

    C. 资产转让   D. 企业纳税

5. 作为评估对象的长期待摊费用的确认标准是( )。

    A. 是否已摊销   B. 摊销方式

    C. 能否带来预期收益   D. 能否变现

二、计算题

1. 被评估债券为 4 年期一次性还本付息债券 10 000 元,年利率为 18%,不计复利。评估时债券的购入时间已满 3 年,当年的国库券利率为 10%,评估专业人员通过对债券发行企业的调查了解,认为应该考虑 2% 的风险报酬率。要求:评估该债券的价值。

2. 被评估企业拥有 M 公司面值共 90 万元的非上市股票,从持股期间来看,每年股利分派相当于票面值的 10%。评估专业人员通过调查了解到 M 公司只把税后利润的 80% 用于股利分配,剩余 20% 用于公司扩大再生产,公司有很强的发展后劲,公司的股本利润保持在 15% 水平上,折现率设定为 12%。要求:运用红利增长型评估被评估企业拥有的 M 公司股票价值。

3. 某企业因产权变动需对长期待摊费用进行评估,该企业长期待摊费用余额 100 万元,其中办公楼装修摊余费用 35 万元;租入固定资产改良支出费用发生总额 28 万元,摊余 15 万元,租赁协议中固定资产租入期 4 年,已租入 2 年;设备大修理费用 50 万元。根据调查,办公楼装修费已在房屋评估中体现,设备大修理费用体现在设备评估中。假设折现率为 12%,要求评估确定该企业的长期待摊费用价值。

第7章 机器设备评估

本章导读

　　机器设备是企业固定资产的重要组成部分，是企业生产能力的基本标志，也是决定企业素质和效益的基本因素。机器设备评估在资产评估中占有重要地位。由于机器设备本身的特殊性，在评估时应考虑以下特点：以单台机器设备和机器设备组合对应的全部或者部分权益为评估对象，以技术检测为基础，价值特点必须把握，多种评估方法并用，土地及其建筑物不可分离等。

　　科学、合理、实用的机器设备评估程序是提高评估工作效率、避免失误的重要保证。影响机器设备评估价值的因素主要包括原始成本、重置成本、成新率、功能成本系数和功能性贬值、物价指数等。成本法是机器设备评估中最常使用的评估方法之一。除了成本法外，还可采取市场法、收益法等。其中市场法主要包括直接匹配法、因素调整法和成本比率调整法等。

7.1　机器设备评估概述

7.1.1　机器设备及其特点

1. 机器设备的概念

　　机器设备是指一台（辆）、一套或一组由金属及其他材料制成，由若干零部件装配起来的，在一种或几种动力驱动下，能够完成生产、加工、运行等功能或效用的装置。

　　资产评估中的机器设备，是指人类利用机械原理以及其他科学原理制造的、特定主体拥有或者控制的有形资产，包括机器、仪器、器械、装置、附属的特殊建筑物等。机器设备是企业固定资产的重要组成部分，是企业生产能力的基本标志，也是决定企业素质和效益的基本因素。因此，机器设备评估在资产评估中占有重要地位。

2. 机器设备的特点

　　一般来说，机器设备具有以下特点。

　　① 机器设备属于固定资产，是一种可以长期使用的劳动手段，具有单位价值高、使用期限长、资金投入量大的特点。在我国会计核算中，凡是列为固定资产的机器设备除了符合固定资产的概念外，还应同时满足下列两个条件：与该固定资产有关的经济利益很可能流入企业；该固定资产的成本能够可靠地计量[①]。

---

　　① 陈昌龙. 新企业会计准则讲解. 北京交通大学出版社，2006：26.

② 机器设备属于动产类资产，相对于固定资产中的房屋、建筑物等，具有可移动性的特点。因此在评估前清点资产数量和范围时，应该特别仔细，防止遗漏和重复。

③ 机器设备属于有形资产，常常是无形资产价值借以实现的载体与依托。评估专业人员把握这一特点，考虑的问题将会更全面，得出的结论也会更准确。

④ 价值补偿和实物更新不一致。机器设备价值补偿是在机器设备发挥功能的期间通过折旧形式逐渐实现的，而实物更新一般是在机器设备寿命终结时一次性完成的。由于机器设备是以折旧形式进行价值补偿的，而折旧要受到企业会计政策和税收制度的制约和影响，因而机器设备的会计折旧和累计折旧并不一定能够客观反映出机器设备价值损失和价值转移。机器设备价值补偿与实物更新的非同步性，使其价值评估具有较大的复杂性。

⑤ 涉及专业门类多，工程技术性强。机器设备存在于各行各业，各专业门类的机器设备千差万别。而机器设备又是工程技术很强的一类资产，许多机器设备的价值是由其技术性能决定的。因此，评估时应注意把握不同门类机器设备的技术特点，并且要注意与企业设备管理和技术装备部门在评估中的密切合作。

3. 机器设备的分类

资产评估中对机器设备进行分类，一是考虑到机器设备的技术特点，为评估中的专业技术检测创造条件；二是有利于收集市场和其他方面的相关资料，有效地选择参照物；三是适应委托方的要求，与财务会计处理惯例相适应；四是便于评估专业人员合理分工，专业化协作，提高评估工作质量与效率。在资产评估中可根据需要，选择不同的标准对机器设备进行分类。

（1）按会计制度分类

① 生产用机器设备。生产用机器设备是指直接参加生产过程和直接服务于生产过程的机器设备，包括动力设备、传导设备、工作机器及设备、运输设备、管理用具、仪器及生产用具等。

② 非生产用机器设备。非生产用机器设备是指用于非生产过程的各种机器设备，包括职工宿舍、招待所、学校、医院、幼儿园、俱乐部、浴室、理发室、科研机构所需的机器设备。

③ 租出机器设备。租出机器设备是指按有关规定出租给外单位使用的各种机器设备。

④ 未使用机器设备。未使用机器设备是指本企业需用但暂时还未使用的机器设备，包括建设单位完工后已移交或以专用基金购建完成但尚未投产的、由外部调进尚待安装的、正在改建的、经批准暂停使用的机器设备。

⑤ 不需用机器设备。不需用机器设备是指本企业不再需用而等待处理的机器设备。

⑥ 封存机器设备。封存机器设备是指连续停用满一定时期，以后本企业仍需使用但未使用而办理封存的机器设备。在实际工作中，凡连续停用满一个月的，作为停用机器设备（由于季节性生产、大修理、轮换而暂未使用的除外）。

⑦ 经营性租入机器设备。经营性租入机器设备是指根据租赁合同从其他单位租赁的，在租赁期间内归企业使用，并按期交纳租金的机器设备。

⑧ 融资租赁设备。融资租赁设备是指企业以融资租赁方式租入的机器设备。在一般情况下，资产租赁期满后，其产权要让渡给承租方，在租赁期内承租方应视同本企业的资产进行评估。

（2）按机器设备的应用范围分类

① 通用设备。通用设备普遍用于各行各业，不具备专门或特定用途，如普通机床、起重机、卡车、电车、机电设备等。

② 专用设备。专用设备是指专门用于某行业、某部门或某企业的设备，具有很强的行业特点，如专门为电视机厂制造的彩电生产线、为冰箱厂制造的冰箱生产线等。

③ 非标准设备。非标准设备一般没有国家统一的制造标准，通常根据企业需要自行制造或委托加工而成。

（3）按机器设备在生产中所起的作用分类

① 生产工艺设备。生产工艺设备是指加工企业用来生产产品的机器设备，通常能反映企业的生产能力和生产水平的高低，如粮食加工企业的粮食烘干设备等。

② 辅助生产设备。辅助生产设备主要是为生产提供管理、安全等服务或起辅助作用的设备，如通风设备、通信设施、供电设备、供水设备等。

（4）按机器设备的自动化程度分类

① 自动化设备，如数控车床、机器人等。

② 半自动化设备，如半自动锻锤等。

③ 其他设备，如手动吊车等。

（5）按机器设备的来源分类

① 自制设备。

② 外购设备。外购设备又可分为国内购置和国外引进两种。

（6）按机器设备的组合程度分类

机器设备在使用中通常将不同功用的设备进行分配组合，以完成某种生产工艺活动。按其组合程度可分为以下 3 类：

① 单台设备（独立设备）。

② 机组，如柴油发电机组等。

③ 成套设备（包括生产线），由若干不同设备按生产工艺过程，依次排序联结，形成一个完整或主要生产过程的机器体系，如合成氨成套设备、胶合板生产线等。

需要注意的是，上述各种分类并不是相互独立的，它们之间存在着不同程度的关联。例如，外购设备中，可能是通用设备或专用设备，也可能是进口通用设备或进口专用设备；成套设备中可能部分是外购，部分是自制的。资产评估中可以根据委托单位的生产技术特点、评估目的、评估方法、评估专业人员特长等，按不同分类进行操作，最后按评估结果要求进行统计。在评估时既可按生产车间进行清查评估，也可按通用设备、专用设备等分类清查评估，还可按自制设备、外购设备、国内设备和进口设备分类清查评估等，完成这些工作后再进行分类汇总。

7.1.2 机器设备评估的特点

机器设备评估，是指资产评估机构及其评估专业人员遵守法律、行政法规和资产评估准则，根据委托对评估基准日特定目的下单独的机器设备、资产组或者作为资产组成部分的机器设备价值进行评定和估算，并出具资产评估报告的专业服务行为。机器设备评估具有以下 5 个方面的特点。

① 以单台机器设备和机器设备组合对应的全部或者部分权益为评估对象。资产评估专业人员应当了解，机器设备的评估对象分为单台机器设备和机器设备组合对应的全部或者部

分权益。单台机器设备是指以独立形态存在、可以单独发挥作用或者以单台形式进行销售的机器设备。机器设备组合是指为了实现特定功能，由若干机器设备组成的有机整体。机器设备组合的价值不一定等于单台机器设备价值的简单相加。

② 以技术检测为基础。机器设备是一类技术含量很高的资产，其评估价值高低在很大程度上取决于自身的技术含量，而技术检测正是确定机器设备技术含量的重要手段。另外，机器设备分布在各行各业，情况千差万别，技术性强，又处于不断的磨损中，因此通过技术检测判断机器设备的磨损状况，也是判断机器设备评估价值的重要方面。总而言之，为了评定机器设备技术水平、损耗程度、实物状况及其价值，必须进行技术检测。

③ 认识机器设备价值的构成要素及其变化规律，把握其价值评估特点。在机器设备价值构成中，有设备本身的制造成本或变现价值，有时还需加上设备运杂费、安装调试费及进口设备的关税、增值税等。另外，由于机器设备更新周期长，影响价值量变化的因素较多，价值补偿问题显得较为突出。

④ 多种评估方法并用。机器设备品种繁多，规格型号各异，且各类设备单位价值、使用时间、性能等差别较大，因此在评估实践中不可能采用单一的计价方法，而应该针对不同的机器设备，选用不同的方法进行评估。即便是同一设备，必要时也可选用几种不同方法进行评估，以验证评估结果的准确程度。

⑤ 与土地及其建筑物不可分离的机器设备①，可将机器设备与土地、建筑物一起评估，如建筑物中的电梯、水、电、通信等设施设备。

7.1.3 机器设备评估的基本程序

机器设备评估大致经历以下 6 个阶段。

（1）接受委托阶段

当客户有意委托资产评估机构进行某项机械设备的评估时，评估专业人员要向客户了解被评估资产的背景、现状、评估目的和评估报告用途，以及该评估涉及的其他因素②。这些都会影响整个评估过程和结果，进而影响评估服务的质量。

（2）评估准备阶段

资产评估机构及其评估专业人员在签订资产评估委托协议，明确评估目的、评估对象和评估范围后，就应着手做好评估准备工作。

① 明确评估范围。根据评估目的、评估假设等条件，明确评估范围是否包括设备的安装、基础、附属设施，是否包括软件、技术服务、技术资料等无形资产。对于附属于不动产的机器设备，应当划分不动产与机器设备的评估范围，避免重复或者遗漏。

② 收集相关资料。包括待评机器设备现行市场价格，可比参照物现行价格资料，国家公布的有关物价指数，以及评估专业人员自行收集整理的物价指数等。

③ 整理有关数据。收集的资料和数据是否真实可靠，直接影响到评估结果的真实性，因此必须对所获得资料进行科学处理，以提高资料的可靠性和可用性，并利用计算机整理、存储，以使资料管理科学化。其中，资料的处理包括筛选、审核、验证、分类、编号和

---

① 分离设备会严重影响土地及建筑物使用价值和价值。
② 资产评估专业人员应当根据机器设备的预期用途和评估目的，明确评估假设，包括继续使用或者变现、原地使用或者移地使用、现行用途使用或者改变用途使用。

存档。

④ 制定评估方案。分析研究委托方提供的被评估资产清册及相关表格，制定评估方案，设计评估技术路线，明确评估重点和清查重点，落实人员安排。

（3）现场工作阶段

现场调查是机器设备评估的一个非常重要的步骤。在机器设备评估现场调查中，要了解工艺过程，核实设备数量，明确设备权属，观察询问设备状况。

① 逐台核实评估对象，以确保评估对象的真实可靠。执行机器设备评估业务，应当对机器设备进行现场逐项调查或者抽样调查，确定机器设备是否存在、明确机器设备存在状态并关注其权属。如果采用抽样方法进行现场调查，应当充分考虑抽样风险。因客观原因等因素限制，无法实施现场调查的，应当采取措施加以判断，并予以披露。

② 按照评估重点或人员安排，对待评设备进行必要的分类。当被评估设备种类数量较多时，为了突出重点，发挥具有专长的评估人员的作用，可对设备进行必要分类。一种分类方法是按设备的重要性划分，如 ABC 分类法，把单位价值大的重要设备作为 A 类；把单位价值小且数量较多的设备作为 C 类；把介于 A 类和 C 类之间的设备作为 B 类。根据委托方对评估的时间要求，对 A、B、C 三类设备投入不同的资源进行评估。另一种分类方法是按设备性质划分为通用设备和专用设备，以便有效地收集数据资料，合理地配备评估人员。

③ 设备鉴定。对设备进行鉴定是现场工作的重点，包括对设备的技术鉴定、使用情况鉴定、质量鉴定及磨损鉴定等。资产评估专业人员通常可以通过现场观察，利用机器设备使用单位所提供的技术档案、检测报告、运行记录等历史资料，利用专业机构的检测结果，对机器设备的技术状态做出判断。必要时可以聘请专业机构对机器设备进行技术鉴定。

设备鉴定工作要有完整的工作记录，特别是设备鉴定工作更要有详细的鉴定内容。这些记录是评估机器设备价值的重要依据，也是工作底稿的重要组成内容。

（4）评定估算阶段

在做好上述各项工作的基础上，资产评估专业人员应选择适宜的评估途径及方法，运用恰当的经济技术参数对待评设备的价值进行评定估算。

① 根据评估目的、价值类型要求及评估条件，选择适宜的评估方法。如果可能，可选择复合评估方法进行对比分析。

② 阅读有关的可行性分析报告、设计报告、概预算报告、竣工报告、技术改造报告、重大设备运行和检验记录等，以扩大和深化对被评估设备的了解。评估中遇到问题和困难应继续与委托方有关人员沟通，收集资料和调查分析要贯穿于整个评估过程。

③ 查阅有关法律法规，如税法、环境保护法、车辆报废标准等，以便在评估涉及这些规定时考虑法律法规的影响。

④ 对产权受到某种限制的设备，包括已抵押或作为担保品的设备、租入租出的设备，要单独处理。

⑤ 如果与房屋建筑物、无形资产等的界限难以分清，应及时和其他资产评估专业人员进行交流，防止重评漏评。

⑥ 选择合适的方法估算评估值。执行机器设备评估业务，应当根据评估目的、评估对象、价值类型、资料收集等情况，分析成本法、市场法和收益法三种资产评估基本方法的适用性，选择评估方法。

⑦ 调整评估结果。注意评估结果应与评估目的和用途相适应。

（5）撰写报告阶段

无论单独出具机器设备评估报告，还是将机器设备评估报告作为资产评估报告的组成部分，都应当在资产评估报告中披露必要信息，使资产评估报告使用人能够正确理解评估结论。在评定估算过程结束后，应对评估结果进行分析评价，及时撰写评估报告及评估说明。机器设备评估结果汇总表的一般格式如表 7-1 所示。

表 7-1　机器设备评估结果汇总表

评估基准日：　　　　　　　　　　　　　　　　　　　　　　　　　　　　　　　　单位：万元

资产类别	账面原值	账面净值	调整后净值	重置价值	评估值	增加值	增加率
专用机器							
普通机器							
运输设备							
…							

（6）报告报出阶段

评估报告完成以后，要进行必要审核，包括复核人审核、项目负责人审核和评估机构审核。在三级审核确认评估报告无重大纰漏后，再将评估报告送达委托方及有关部门。

7.1.4　影响机器设备评估价值的因素

影响机器设备评估价值的因素主要包括原始成本、重置成本、成新率、功能成本系数和功能性贬值、物价指数等。

（1）原始成本

原始成本，也称原始价值，是机器设备购建时的全部费用，包括购置价款、运杂费、安装调试费等。原始成本是机器设备价值评估的原始依据。

（2）重置成本

重置成本，是现时完全重置成本的简称，分为复原重置成本和更新重置成本两种，是按现行价格计算的、购置与被评估机器设备完全相同或以新型材料、先进技术标准购置类似机器设备的全部费用。全新设备以重置成本为计价标准，是采用重置成本法评估机器设备价值的直接依据。

（3）成新率

成新率是机器设备的新旧程度，一般用机器设备剩余使用年限与设计使用年限的比率表示，或者以机器设备折余价值（即净值）与原值的比率表示。机器设备成新率是在计算出机器设备完全价值后，计算机器设备评估净值的决定性因素。由于机器设备寿命、磨损程度和累计折旧直接影响成新率的高低，因而它们也是影响机器设备评估价值的间接因素。

（4）功能成本系数和功能性贬值

功能成本系数，是指机器设备的功能变化引起其购建成本变化程度的函数关系。在被评估机器设备的生产能力已经不同于其原核定生产能力或参照机器设备的生产能力时，功能成本系数便可作为该机器设备价值量的调整参数。功能性贬值是机器设备因技术进步使其功能相对落后而带来的无形损耗，在评估其价值时应将其扣除。因而，若机器设备发生了功能性贬值，就会使机器设备的评估价值降低。

（5）物价指数

物价指数是表示市场价格水平发生变化的百分数。资产评估是要按现时价格评定出资产的实际价值，因而若评估基准日物价指数与机器设备购建时的不同，就需按照物价指数将机器设备原价调整成现时价值，然后作进一步评估。可见，物价指数也是机器设备价值评估中一个重要的调整参数。

除了上述影响机器设备评估价值的基本因素外，执行机器设备评估业务，还应当关注机器设备所依存资源的有限性、所生产产品的市场寿命、所依附土地和房屋建筑物的使用期限、法律、行政法规以及环境保护、能源等产业政策对机器设备价值的影响。

7.2 机器设备评估的成本法

目前，我国机器设备的交易市场还处于发展阶段，尚需进一步规范和完善，这就使得运用市场法和收益法评估机器设备的价值受到一定的制约，因此成本法在机器设备评估中得到较广泛的运用。

成本法是指通过估算机器设备的重置成本和各种贬值，并用重置成本扣减各种贬值作为机器设备评估价值的方法。它是机器设备评估中最常用的评估方法之一，其计算公式为

机器设备评估值=重置成本-实体性贬值-功能性贬值-经济性贬值

机器设备评估值=重置成本×成新率-功能性贬值-经济性贬值

机器设备评估值=重置成本×综合成新率

上述这些计算公式可称作成本法的理论表达式。

7.2.1 机器设备重置成本的构成

采用成本法评估机器设备首先要确定机器设备的重置成本。机器设备的重置成本包括购置或者购建设备所发生的必要的、合理的成本、利润和相关税费等。取得机器设备的方式不同，重置成本的构成内容也不尽相同。

1. 国产机器设备重置成本的构成

（1）外购设备重置成本的构成

外购设备的重置成本一般包括以下 4 个部分。

① 现行购置成本，即设备购买价。

② 设备运杂费，是指从生产厂家运送到设备使用地点所发生的采购、运输、保管、装卸及其他有关费用。小型设备的运杂费较低，可以忽略不计。

③ 设备安装调试费，是指为测定安装工程质量所进行的单机试运转和联动无负荷试运转费，如果安装调试的周期较长，费用较高，还必须考虑设备购置和安装调试所占用的资本成本。

④ 其他费用，如手续费、验车费、牌照费等。

原地续用的组合机器设备重置成本除上述构成内容外，还应包括一些间接费用，如勘察设计费、管理费、联合试运转费等。

（2）自制设备重置成本的构成

自制设备的重置成本一般包括以下 4 个部分。

① 制造成本和相配比的期间费用。制造成本包含的项目比较多，除了直接材料和直接

人工外，还包括建设单位临时设施费、工程监理费、工程保险费等；相配比的期间费用，如应分摊的管理费用、销售费用和财务费用（即大型自制设备合理的资本成本）等。

② 合理制造利润。评估时必须把制造利润包括在内，这是自制设备评估的重要特点，通常根据行业情况确定该设备的合理利润率。

③ 安装调试费。

④ 其他费用，如设计、论证等前期费用。

2. 进口机器设备重置成本的构成

（1）境外成本

① FOB 价，即离岸价，是指在装运港船上交货时的价格，卖方负责支付货物的出口税款，买方负责货物越过船舷之后的一切费用及风险。

② 境外运杂费。

③ 境外保险费。

上述三项费用相加，就是进口设备的到岸价（CIF），用公式表示如下。

$$到岸价 = 离岸价 + 境外运杂费 + 境外保险费$$

（2）从属费用

进口设备的从属费用包括海外运费、海外保险费、进口关税、消费税、增值税、银行财务费、外贸手续费、海关监管手续费、车辆购置税等。

（3）境内成本

进口设备在境内发生的成本主要包括境内运杂费、安装调试费等。

7.2.2　机器设备重置成本的测算

1. 自制机器设备重置成本的测算

自制机器设备通常是根据企业自身的特定需要，自行设计并建造或委托加工建造的非标准设备。由于自制设备是非通用设备，很难采用市场询价的方法测算其重置成本。如果市场上有功能相同的替代设备，则可以替代设备为参照物，采用功能价值法进行评估。自制设备重置成本测算通常采用重置核算法。

重置核算法是利用成本核算的原理，根据机器设备建造时所消耗的材料、工时及其他费用，按现行价格或费用标准计算资产现行建造费用及安装调试费用，然后再加上合理的利息、利润确定被评估机器设备重置成本的方法。

【**例 7-1**】　某电视机厂的一台设备，账面原值为 39 000 元，现委托 N 资产评估机构对其进行评估，要求测算其重置成本，该设备有关成本资料如表 7-2 所示。

表 7-2　有关成本资料　　　　　　金额单位：元

成本项目	数量	单价	金额
直接材料费	1 000 kg	21 元/kg	21 000
直接人工费	2 000 h	4 元/h	8 000
燃料及动力费		2 元/h	4 000
制造费用		3 元/h	6 000
合计			39 000

通过市场调查及分析，评估专业人员获悉至评估时，直接材料费上涨18%，直接人工费上涨8%，燃料及动力费上涨10%，制造费用上涨6%。

① 现时重置制造成本 = 21 000×(1+18%)+8 000×(1+8%)+4 000×(1+10%)+6 000×(1+6%)= 44 180（元）

② 经评估专业人员调查分析，该设备应分摊的管理费用率为2.4元/h，该类设备生产企业的平均利润率为10%，该设备建造期较短，且无需安装，因此不必考虑安装成本及资本成本。

$$制造企业利润 = 44\ 180×10\% = 4\ 418（元）$$
$$分摊的管理费用 = 2\ 000×2.4 = 4\ 800（元）$$

③ 自制设备重置成本 = 44 180+4 418+4 800 = 53 398（元）

2. 外购机器设备重置成本的测算

外购机器设备，如果市场上存在与被评估设备完全相同的设备时，可通过直接询价法确定待评估机器设备的重置成本。该方法是通过市场调查，从生产厂家或销售部门取得设备购买价格或建造费，在此基础上加上合理的运杂费、安装调试费及其他费用估测被评估机器设备的重置成本。如果设备安装调试周期较长，则需要考虑设备购置、建造及安装调试所占用的资本成本。

外购单台不需安装的机器设备重置成本的计算公式为

$$重置成本 = 全新设备评估基准日市场价格+运杂费$$

或

$$重置成本 = 全新设备评估基准日市场价格×(1+运杂费率)$$

外购单台需安装的机器设备重置成本的计算公式为

$$重置成本 = 全新设备评估基准日市场价格+运杂费+安装调试费$$

或

$$重置成本 = 全新设备评估基准日市场价格×(1+运杂费率)×(1+安装调试费率)$$

外购成套需安装设备重置成本的计算公式为

$$重置成本 = \sum 单台未安装设备重置成本+工具器具重置成本+安装工程费+$$
$$工程监理费+软件重置成本+设计费+贷款利息(资本成本)$$

【例7-2】 甲公司2×17年购置一台设备，其原始价值为24 300元。2×19年对该设备进行评估，经市场调查获得该设备市场销售价格为25 000元，运杂费800元，安装调试费1 600元，则该设备的重置成本为

$$重置成本 = 25\ 000+800+1\ 600 = 27\ 400（元）$$

如果市场上没有与待评估设备完全相同的设备，可寻找类似设备，通过比较、调整计算测定其重置成本。

如果机器设备的功能与成本之间呈线性关系，可按下列公式计算

$$机器设备重置成本 = 参照设备现行价格 \times \frac{被评估设备功能}{参照设备功能}$$

【例 7-3】　现对某企业的 A 设备进行评估，其年生产能力为 90 吨，由于市场上没有与 A 设备完全相同的设备，所以选择了与 A 设备具有相同性质和用途的全新设备 B 作为参照物，其年生产能力为 120 吨，设备 B 的现行成本（包括设备价格，运杂费及安装调试费）为 20 000 元，评估专业人员分析认为该资产的功能与成本之间呈线性关系，则

$$A \text{ 设备重置成本} = 20\,000 \times \frac{90}{120} = 15\,000 \text{（元）}$$

如果机器设备的功能与成本之间呈指数关系时，可按下列公式计算

$$机器设备重置成本 = 参照设备现行价格 \times \left(\frac{被评估设备功能}{参照设备功能}\right)^x$$

公式中的 x 为规模经济效益指数，取值范围在 $0.4 \sim 1$。机器设备评估中 x 的取值范围一般在 $0.6 \sim 0.8$ 之间。

【例 7-4】　2×19 年 9 月 10 日，评估专业人员对甲企业拥有的一套年产 A 产品 60 万吨的生产线进行评估，该生产线账面原值为 240 万元，评估时选择了一套与被评估对象相似的新建生产线作为参照物，该生产线年产同类 A 产品 80 万吨，现行成本为 350 万元。根据被评估资产所在行业的经验数据，该类生产线的功能价值指数为 0.8，则

$$被评估生产线重置成本 = 350 \times \left(\frac{60}{80}\right)^{0.8} = 278.05 \text{（万元）}$$

如果上述两种情况都不存在，则可考虑采用物价指数法确定机器设备重置成本，其计算公式如下

$$机器设备重置成本 = 机器设备原始成本 \times \frac{评估时该类设备价格指数}{购置时该类设备价格指数}$$

【例 7-5】　某被评估机器设备购置于 2×16 年，其账面原始价值为 840 000 元，购置时该类机器设备物价指数为 112%。2×19 年进行评估时，该类机器设备的物价指数为 124%，则

$$被评估机器设备重置成本 = 840\,000 \times \frac{124\%}{112\%} = 930\,000 \text{（元）}$$

3. 进口机器设备重置成本的测算

进口机器设备重置成本的测算与外购机器设备重置成本的测算原理是相同的。但由于进口机器设备的生产商不在我国，直接向国外生产厂家询问价格有一定难度，另外由于进口机器设备进口渠道比较多，国际市场价格变化快，税收制度及汇率变化频繁等的影响，进口机器设备重置成本的测算比外购机器设备更为困难和复杂。

如果能查询到进口机器设备现行离岸价（FOB）或到岸价（CIF）的，可按下列公式测算：

$$进口机器设备重置成本=(FOB\ 价+境外保险费+境外运杂费)\times外汇汇率+$$
$$关税+银行及其他手续费+国内运杂费+安装调试费$$

或

$$进口机器设备重置成本=CIF\ 价\times外汇汇率+关税+银行及其他手续费+$$
$$国内运杂费+安装调试费$$

其中，进口设备从属费用的计算如下。

① 境外运杂费，可按设备的重量、体积及海运公司的收费标准计算，也可按一定的比例计算，取费基数为设备货价，计算公式为

$$境外运杂费=离岸价(FOB)\times海运费率$$

其中，海运费率远洋一般取 5%～8%，近洋一般取 3%～4%。

② 境外保险费，其计算公式为

$$境外保险费=\left[\,离岸价(FOB)+海运费\,\right]\times\frac{保险费率}{1-保险费率}$$

保险费率可根据保险公司费率表确定，一般在 0.4% 左右。

③ 关税，其计算公式为

$$关税=进口机器设备完税价格\times进口关税税率$$

完税价格一般采用到岸价（CIF），关税税率按国家税务总局发布的进口关税税率表确定。

④ 如果进口机器设备属于消费税的征收范围，还要计算消费税。其计算公式为

$$消费税=\frac{进口机器设备完税价格+关税}{1-消费税税率}\times消费税税率$$

消费税税率按国家税务总局发布的《消费税税目税率表》确定。

⑤ 银行财务费，其计算公式为

$$银行财务费=离岸价(FOB)\times银行财务费率$$

现行银行财务费率一般为 4‰～5‰。

⑥ 外贸手续费，其计算公式为

$$外贸手续费=到岸价(CIF)\times外贸手续费率$$

外贸手续费率一般在 1%～1.5% 之间。

⑦ 车辆购置税，其计算公式为

$$车辆购置税=\left[\,到岸价（人民币）+关税+消费税\,\right]\times车辆购置税率①$$

⑧ 国内运杂费，是指进口设备从境外运抵我国后，从所到达的港口、车站、机场等地，将设备运至使用目的地所发生的港口费、装卸费、运输费、保管费、保险费等各项运杂费，不包括在运输超限设备时发生的特殊措施费。具体计算公式如下

---

① 根据《中华人民共和国车辆购置税法》（2019 年 7 月 1 日起实施）的规定，车辆购置税采用 10% 的比例税率。

国内运杂费＝进口机器设备到岸价（CIF）×国内运杂费率

其中，运杂费率分为海运方式和陆运方式两种，国家有相应的规定。

⑨ 安装调试费，其计算公式为

安装调试费＝进口机器设备到岸价（CIF）×安装调试费率

或

安装调试费＝相似国产机器设备原价×国产机器设备安装调试费率

由于进口机器设备原价较高，进口机器设备的安装调试费率一般低于国产机器设备的安装调试费率。

对于无法查询进口机器设备 FOB 价格或 CIF 价格的，若可以取得境外替代产品的现行（FOB）或（CIF），则可采用功能价值法估测被评估机器设备的重置成本；若没有国外替代机器设备的现行（FOB）或（CIF），也可利用国内替代机器设备的现行市价或重置成本推算被评估进口机器设备的重置成本。

如果上述情况均不符合，也可考虑使用物价指数测算进口机器设备的重置成本。该方法是以被评估机器设备的账面原值为基础，通过对汇率、价格、关税税率及其他税费率变化因素的调整，确定被评估进口机器设备的重置成本。

【例 7-6】　某进口设备 FOB 价为 12 000 000 美元，境外运杂费率为 5%，境外保险费率为 0.4%，外汇汇率为 1 美元＝8.30 元人民币，关税税率为 16%，银行财务费率为 0.4%，公司代理费率为 1%，国内运杂费率为 1%，安装费率为 0.6%，基础费率为 1.7%。设备从订货到安装完毕投入使用需要 2 年时间，第一年投入的资金比例为 30%，第二年投入的资金比例为 70%，假定每年的资金投入是均匀的，银行贷款利率为 5%，试计算该设备的重置成本。

该设备重置成本包括设备货价、境外运杂费、境外保险费、关税、银行财务费、公司代理费、国内运杂费、安装费、基础费、资本成本，计算过程如表 7-3 所示。

表 7-3　计算过程　　　　　　　　　　　单位：元

序号	项目	计费基数	费率	计算公式	金额
1	FOB				12 000 000
2	境外运杂费	FOB	5%	FOB×境外运杂费率	600 000
3	境外保险费	FOB	0.4%	计费基数×保险费率/（1-保险费率）	50 602.41
	CIF 外币合计				12 650 602.41
	CIF 人民币合计	外币	8.3	计费基数×汇率	105 000 000
4	关税	CIF	16%	CIF×16%	16 800 000
5	银行财务费	FOB	0.4%	FOB×0.4%	398 400
6	公司代理费	CIF	1%	CIF×1%	1 050 000
7	国内运杂费	CIF	1%	CIF×1%	1 050 000
8	安装费	CIF	0.6%	CIF×0.6%	630 000
9	基础费	CIF	1.7%	CIF×1.7%	1 785 000
	合计				126 713 400
10	资本成本		5%	资金合计×30%×5%×1.5＋资金合计×70%×5%×0.5	5 068 536
	合计				131 781 936

7.2.3　机器设备实体性贬值的测算

机器设备实体性贬值，也称有形损耗，是由于使用磨损和自然损耗所造成的贬值。实体性贬值率，是指由于使用磨损和自然损耗所造成的贬值相对于机器设备重置成本的比率。实体性贬值率的估测是机器设备成本法估价中的重点和难点，测定实体性贬值率是以被评估对象有关事实和环境条件为依据，通常采用使用年限法、观察法和修复费用法等。

1. 使用年限法

使用年限法，是从使用寿命角度估测贬值。这种方法假设机器设备在整个使用寿命期间内，设备价值随着设备使用寿命消耗而同比例损耗。因此，实体性贬值率的计算公式可表示为

$$实体性贬值率 = \frac{机器设备已使用年限}{机器设备已使用年限 + 机器设备尚可使用年限} \times 100\%$$

上述公式是计算实体性贬值率的基本算式，因为不是所有的机器设备都是以"年"为单位反映寿命，如汽车的寿命使用行使里程反映更为准确，而大型建筑施工机械按工作台班反映寿命更为合理。尽管反映寿命的单位不同，但评估实体性贬值率的原理与按"年"计量的评估方法并无区别，因此可统称为使用年限法。

运用使用年限法测算机器设备的实体性贬值率涉及3个参数：总使用年限、已使用年限和尚可使用年限。

1）总使用年限

机器设备总使用年限是指机器设备的使用寿命，可分为物理寿命、经济寿命和技术寿命。机器设备的物理寿命，也称为自然寿命，是指机器设备从开始使用到报废为止所经历的时间，物理寿命长短取决于机器设备自身的质量、使用保养和正常维修情况等；机器设备的经济寿命是指从开始使用到经济上不合算而停止使用所经历的时间，经济寿命与机器设备本身的物理性能、外部环境的变化等都有联系；机器设备的技术寿命，也称为有效寿命，其长短则取决于社会技术进步和技术更新的速度和周期。

当采用机器设备总使用年限进行机器设备成新率或实体性贬值率的估测时，通常优先选择经济寿命作为其总使用年限，这是国际资产评估行业的通行做法，但这并不排除把机器设备的物理寿命和技术寿命作为机器设备总使用年限的可能性。资产评估专业人员应根据机器设备评估的总体思路和要求，在保证确定机器设备评估值的各项经济技术参数前后协调一致的前提下，可以使用机器设备的物理寿命或技术寿命作为机器设备的总使用年限。

2）已使用年限

机器设备已使用年限是指机器设备从开始使用到评估基准日所经历的时间。由于机器设备在使用中负荷程度及日常维护保养差别的影响，已使用年限可分为名义已使用年限和实际已使用年限。名义已使用年限是指会计账簿记载的已提折旧的年限；实际已使用年限是指机器设备在使用中实际磨损的年限，可根据机器设备运行的记录资料用下列公式计算。

$$实际已使用年限 = 名义已使用年限 \times 机器设备利用率$$

$$机器设备利用率 = \frac{截至评估基准日机器设备累计实际利用时间}{截至评估基准日机器设备累计法定利用时间} \times 100\%$$

在机器设备评估中，应根据机器设备的名义已使用年限，考虑机器设备的使用班次、使

用强度和维修保养水平，据实估测其实际已使用年限。

3）尚可使用年限

机器设备尚可使用年限，也称剩余使用寿命，估测依据是机器设备的实际状态和评估专业人员的评估经验。但在实际评估中往往采用一种替代的方法，即用"设备总使用年限"减去"设备已使用年限"确定。这种替代方法特别适合较新机器设备的评估，具有简便易行、前后易于统一的优点。但该替代方法有一定的局限性，对已使用较长时间的老机器设备不适用，因为有些老机器设备已达到甚至超过机器设备预计的总使用年限。在这种情况下，评估专业人员可根据机器设备的实际状态和长年积累的专业经验直接估算其尚可使用年限。确定尚可使用年限的方法主要有以下 3 种。

（1）法定年限法

法定年限法是参照国家规定的机器设备折旧年限，扣除已使用年限，即为机器设备的尚可使用年限。折旧年限是会计准则以会计制度的形式规定的机器设备计提折旧的时间跨度，综合考虑了机器设备的物理使用寿命、技术进步因素、企业承受能力及税收政策等因素确定。从理论上讲，折旧年限并不等同于机器设备的总寿命年限，机器设备已折旧年限不一定能全面反映出机器设备的磨损程度。因此，采用此法计算机器设备的尚可使用年限及成新率时，一定要注意法定年限与机器设备的经济寿命、已折旧年限与机器设备的实际磨损程度是否相吻合，并注明使用前提和使用条件。法定年限法一般适用于较新机器设备尚可使用年限及成新率的确定。对于国家明文规定限期淘汰禁止超期使用的机器设备，其尚可使用年限不能超过国家规定禁止使用的日期。

（2）预期年限法

预期年限法，也称技术鉴定法，是应用工程技术手段现场勘察和技术鉴定，检测机器设备的各项性能指标，确定资产的磨损程度，并同现场操作人员和设备管理人员交谈，了解机器设备的使用状况、维修保养及运行环境状况，凭专业知识和经验判定机器设备的尚可使用年限。对于已使用时间较长、比较陈旧的机器设备及超龄服役的机器设备，其尚可使用年限的确定一般采用此方法。预期年限法主观性较强，难度较大，需要评估专业人员具有较强的专业水准和丰富的评估经验。

（3）寿命年限平均法

寿命年限平均法是根据企业已退役的机器设备使用寿命年限的记录，按加权平均法确定机器设备的平均寿命年限，并以此作为被评估机器设备的总寿命年限，扣除已使用年限即得尚可使用年限。这种方法要求机器设备的报废资料比较完整，且具有一定数量；机器设备保养使用情况正常或与退役的机器设备使用情况、维修保养及运行环境状况基本相同；被评估机器设备与退役的机器设备类型、规格型号、制造质量等方面基本相同。

使用年限法假定：机器设备的投资是一次完成的，没有更新改造和追加投资等情况发生。如果机器设备投资分次完成或是经过大修理、技术更新改造和追加投资等情况，则需运用综合年限法。

所谓综合年限法，是根据机器设备投资分次完成、机器设备进行过更新改造和追加投资，以及机器设备不同构件部分的剩余寿命不相同等情况，经综合分析判断，并采用加权平均计算法，确定被评估机器设备的成新率。利用综合年限法估算机器设备成新率可以参考下述计算公式

$$成新率=\frac{尚可使用年限}{加权投资年限+尚可使用年限}\times100\%$$

其中

$$加权投资年限=\frac{\sum 加权更新成本}{\sum 更新成本}$$

$$加权更新成本=更新成本\times 已使用年限$$

【例7-7】 某企业2×10年购入一台设备，账面原值为3万元，2×15年、2×17年两次更新改造，当年投资分别为3 000元和2 000元，2×20年对该设备进行评估。假定从2×10年至2×20年年通货膨胀率为10%，该设备的尚可使用年限经检测和鉴定为7年，要求估算该设备的成新率。

第一步，计算调整现行成本，即

$$30\ 000\times(1+10\%)^{10}+3\ 000\times(1+10\%)^{5}+2\ 000\times(1+10\%)^{3}$$
$$=77\ 812.27+4\ 831.53+2\ 662$$
$$=85\ 305.8\ （元）$$

第二步，计算加权更新成本，即

$$77\ 812.27\times10+4\ 831.53\times5+2\ 662\times3=810\ 266.35\ （元）$$

第三步，计算加权投资年限，即

$$\frac{810\ 266.35}{85\ 305.8}\approx9.5\ （年）$$

第四步，计算成新率，即

$$\frac{7}{9.5+7}\times100\%=42.42\%$$

需要说明的是，设备使用寿命除了用时间表示外，还可使用行驶里程等表示。

【例7-8】 某汽车按行使里程设计的总使用寿命为80万km，已运行15万km。要求计算该汽车的实体性贬值率。

$$实体性贬值率=\frac{15}{80}\times100\%=18.75\%$$

---

2. 观测分析法

设备磨损一般会引起一些客观症状变化，如振动、噪声增大、温度升高、精度下降、生产能力下降、能耗增高、故障率上升等。观察分析法是指资产评估专业人员通过现场观察，查阅机器设备历史资料，向操作人员询问设备使用情况、使用精度、故障率、磨损情况、维修保养情况、工作负荷等，并对所获信息进行分析、归纳、综合，依据经验判断设备的磨损程度及其贬值率。这种方法相对简单、省时省力，但主观性强、精确度较差，在不具备测试条件的情况下，是最常使用的方法。观测分析法一般适用于单位价值小、数量多、技术性不是很强的机器设备成新率的确定。表7-4为机器设备成新率评估参考表。

表 7-4 机器设备成新率评估参考表

类别	新旧情况	有形损耗率/%	技术参数标准参考说明	成新率/%
1	新设备及使用不久设备	0~10	全新或刚使用不久的设备，在用状态良好，能按设计要求正常使用，无异常现象	100~90
2	较新设备	11~35	已使用一年以上或经过第一次大修恢复原设计性能使用不久的设备，在用状态良好，能满足设计要求，未出现过较大故障	89~65
3	半新设备	36~60	已使用两年以上或大修后已使用一段时间的设备，在用状态较好，基本上能达到设备设计要求，需经常维修以保证正常使用	64~40
4	旧设备	61~85	已使用较长时间或几经大修，目前仍能维持使用的设备。在用状态一般，性能明显下降，使用中故障较多，经维修仍能满足工艺要求，可以安全使用	39~15
5	报废待处理设备	86~100	已超过规定使用年限或性能严重老化，目前已不能正常使用或停用，即将报废待更新	14 以下

对于大型设备，为避免个人主观判断误差，可采用德尔菲法或模糊综合判断法。德尔菲法是在个人判断和专家会议的基础上形成的另一种直观判断法，它是采取匿名方式征求专家的意见，并将他们的意见综合、归纳、整理，然后反馈给各个专家作为下一轮分析判断的依据。经过几轮反馈，意见逐步趋于一致为止。模糊综合判断法是利用模糊数学原理，对各种模糊信息进行分析处理，量化损耗状态的方法。机器设备在整个使用寿命过程中，每一时点都对应一种损耗状态。每一种状态和每一种客观症状均应有相应的隶属度关系，多种状态和多种症状则应有隶属度模糊向量，两个向量之间可以用模糊关系矩阵联系。如果已知症状的隶属度模糊向量和模糊关系矩阵，可求出状态的隶属度模糊向量，从而由状态的隶属度模糊向量中各元素的大小，判断设备的损耗状态。

3. 修复费用法

修复费用法，是指以修复机器设备的实体有形损耗并使之达到全新状态所需要支出的金额，作为估测被修复机器设备实体有形损耗的一种方法。例如，某机床的电机损坏，如果这台机床不存在其他贬值，则更换电机的费用即为机床的实体性贬值。

使用修复费用法，资产评估专业人员要注意区分可补偿性损耗和不可补偿性损耗。可补偿性损耗是指可以用经济上可行的方法进行修复的损耗，即修复这些损耗在经济上是合理的，而不是指在技术方面是否可以修复。有些损耗尽管在技术上可以修复，但在经济上是不划算的，这种损耗则为不可修复性损耗。不可修复性损耗不能用修复费用法计算贬值。通常情况下，机器设备的可修复性损耗和不可修复性损耗是并存的，评估专业人员应分别计算它们的贬值。

【例 7-9】 某评估设备为一储油罐，该储油罐建成后已使用 8 年，预计尚可使用 16 年。经评估专业人员了解，该储油罐目前正在维修，主要原因是储油罐受到腐蚀，底部已出现裂纹致使油料渗漏，必须更换才能继续使用。整个维修计划需支出 25 万元，包括停止使用造成的经济损失、清理费、布置安全工作环境、拆卸并更换被腐蚀底部的全部费用。评估专业人员已经估算出该储油罐的复原重置成本为200万元，要求采用修复费用法估测该储油罐的实体性贬值率。

$$可修复部分实体性贬值 = 250\ 000\ （元）$$

$$实体性贬值率 = \frac{250\ 000}{2\ 000\ 000} \times 100\% = 12.5\%$$

修复费用法有着比较广泛的应用领域，尤其适用于需定期更换易损件的机器设备的成新率评估。但在运用修复费用法估算机器设备的成新率时，必须考虑该修复费用是否包括了对被评估机器设备的技术更新和改造支出，以便在考虑设备的功能性贬值时避免重复计算或漏评。

上述3种估算实体性贬值及成新率的方法，在资料信息充足且有足够的时间进行分析时都是行之有效的。评估时很难做到3种方法同时运用，往往只能根据实际情况和所掌握的有关资料选择某一种合适的方法。在评估时还应注意，采用某一方法确定的成新率是否包含了功能性贬值和经济性贬值的因素，以避免功能性贬值和经济性贬值的重复计算或漏评。

7.2.4 机器设备功能性贬值的测算

机器设备的功能性贬值主要是由于技术进步所导致的。技术进步不仅使购建新设备常常比复原重置成本便宜，而且新设备的效率更高，运营成本更低。机器设备的功能性贬值具体有两种表现形式：一是超额投资成本造成的功能性贬值，主要是由于新技术引起的布局、设计、材料、产品工艺、制造方法、设备规格和配置等方面的变化和改进，使购建新设备比老设备的投资成本降低；二是超额运营成本造成的功能性贬值，主要是由于技术进步，使原有设备与新式设备相比功能落后，运营成本增加。

1. 超额投资成本引起的功能性贬值的估算

超额投资成本是指由于技术进步引起的社会劳动生产率提高，生产制造与原设备相同功能的新设备所需的社会必要劳动时间减少、成本下降，即功能相同的新设备的购建成本比原设备购建成本更低，两者差异就是功能性贬值。用公式表示为

$$超额投资成本 = 机器设备复原重置成本 - 机器设备更新重置成本$$

需要指出的是，如果评估中使用的是更新重置成本，实际上就已经将被评估设备价值中所包含的超额投资成本部分剔除了，所以计算功能性贬值时就不必再单独计算超额投资成本引起的贬值，以避免重复计算。

【例7-10】 某机械设备，2×15年建造，建造成本项目及原始造价如表7-5所示。

表7-5 原始成本表

序号	成本项目	原始成本/元	备注
1	主材	50 160	钢材22.8 t×2 200元
2	辅材	11 200	铝、橡胶、聚乙烯、铜等
3	外购件	13 800	电机、阀
4	人工费	29 900	598工时×50元

续表

序号	成本项目	原始成本/元	备注
5	机械费	13 650	136.5 h×100 元
	成本小计	118 710	
6	利润	17 807	15%
7	税金	19 522	14.3%
	含税完全成本价	156 039	

评估基准日：钢材价格上涨了 23%，人工费上涨了 39%，机械费上涨了 17%，辅材现行市价为 13 328 元，电机、阀等外购件现行市场价为 16 698 元，假设利润、税费水平不变。由于制造工艺的进步，导致主材利用率提高，钢材用量比过去节约了 20%，人工工时和机械工时也分别节约了 15% 和 8%。要求计算该设备超额投资成本引起的功能性贬值。

（1）该机械设备的复原重置成本的计算如表 7-6 所示。

表 7-6　复原重置成本的计算

序号	成本项目	原始成本/元	复原重置成本
1	主材	50 160	61 697
2	辅材	11 200	13 328
3	外购件	13 800	16 698
4	人工费	29 900	41 561
5	机械费	13 650	15 971
	成本小计	118 710	149 255
6	利润	17 807	22 388
7	税金	19 522	24 544.95
	含税完全成本价	156 039	196 187.95

（2）该设备的更新重置成本的计算如表 7-7 所示。

表 7-7　更新重置成本的计算

序号	成本项目	计算过程	更新重置成本/元
1	主材	22.8×2 200×(1−20%)×(1+23%)	49 357
2	辅材		13 328
3	外购件	13 800	16 698
4	人工费	598×50×(1−15%)×(1+39%)	35 327
5	机械费	136.5×100×(1−8%)×(1+17%)	14 693
	成本小计	118 710	129 403
6	利润	17 807	19 410
7	税金	19 522	21 280.26
	含税完全成本价	156 039	170 093.26

（3）超额投资成本引起的功能性贬值

$$196\ 187.95 - 170\ 093.26 = 26\ 094.69\ （元）$$

2. 超额运营成本引起的功能性贬值的测算

超额运营成本，是指由于技术进步使得功能相同的新设备的运营成本远低于旧设备的运营成本。在继续使用前提下，被评估设备运营成本就会高于新设备的运营成本，这就是所谓的超额运营成本，新、旧设备运营成本上的这一差异即可视为功能性贬值，它很容易出现在下列场合：

- 使用高技术设备和制造高技术产品的工业企业；
- 新兴产业；
- 不断扩大规模的老企业；
- 拥有大量相同设备的企业；
- 开工不足或闲置设备的企业；
- 加工处理大量材料的企业。

资产评估专业人员可借助折现原理，将未来有效使用期的超额运营成本折现并累加作为机器设备的贬值额，这一原理可用公式表示为

$$超额运营成本贬值 = \sum_{t=1}^{n} \frac{超额运营成本净额}{(1 + 折现率)^t}$$

测算超额运营成本引起的功能性贬值有以下几个步骤。

① 选择参照物，并将被评估机器设备的年运营成本与参照机器设备的年运营成本进行比较，计算两者之间的差额（即年超额运营成本）。

② 估测被评估机器设备的剩余寿命。

③ 计算被评估机器设备因超额运营成本而抵减的所得税，从而得到被评估机器设备的年超额运营成本净额。

④ 确定折现率，将被评估机器设备在剩余使用年限内每年超额运营成本净额折现累加，计算确定被评估机器设备的功能性贬值，即机器设备未来超额运营成本的折现值，应考虑新机器设备与老机器设备相比，生产效率是否提高，维修费用是否降低，材料消耗、能源消耗是否降低，操作工人数量是否降低等。

【例7-11】 某被评估对象是一生产控制装置，其正常运行需8名操作工人，目前同类新式控制装置所需操作人员定额为5名。假定被评估控制装置与参照物在运营成本的其他项目支出方面大致相同，操作人员平均年工资福利费约为60 000元，被评估控制装置尚可使用3年，企业所得税税率为25%，适用的折现率为10%。根据上述资料，被评估控制装置的功能性贬值测算如下。

① 计算被评估生产装置的年超额运营成本：$(8-5) \times 60\ 000 = 180\ 000$（元）

② 测算被评估控制装置的年超额运营成本净额：$180\ 000 \times (1-25\%) = 135\ 000$（元）

③ 估算功能性贬值：$135\ 000 \times (P/A, 10\%, 3) = 335\ 731.5$（元）

7.2.5 机器设备经济性贬值的测算

机器设备经济性贬值，是指由于外部因素引起的设备贬值，是以评估基准日以后是否闲

置、停用或利用不足为依据。引起经济性贬值的因素很多，主要包括：由于市场竞争加剧，产品需求量减少，导致设备开工不足，生产能力相对过剩；原材料、能源等价格上涨、工资和管理费用增加，造成成本增加，而生产的产品售价没有相应提高；国家有关能源、环境保护等限制或削弱产权的法律、法规，使产品生产成本提高或者使设备强制报废，缩短了设备正常使用寿命等。上述因素的影响可归结到两个方面：设备利用率下降和收益减少。

由于经济性贬值是外部因素对整个企业（而不是对单台设备或孤立的一组设备）发生作用的结果，因此采用成本法对机器设备估价时，很难确定和估算设备的经济性贬值。如果经过分析，经济性贬值确实存在并造成影响，应当采取适当方法进行估测。

1. 因利用率下降导致的经济性贬值的测算

当机器设备因外部因素影响出现开工不足，致使设备的实际生产能力显著低于其设计生产能力时，它的价值也就低于其充分利用时的价值。这种差异可以用经济性贬值率表示。

$$经济性贬值率 = \left[1 - \left(\frac{机器设备实际生产能力}{机器设备设计生产能力} \right)^x \right] \times 100\%$$

其中，x 为规模效益指数，取值范围为 $0.4 \sim 1$。在机器设备评估中，x 一般在 $0.6 \sim 0.7$ 之间。

经济性贬值一般是以机器设备的重置成本减去实体性贬值和功能性贬值后的余额乘以经济性贬值率获得。

$$经济性贬值 = (重置成本 - 实体性贬值 - 功能性贬值) \times 经济性贬值率$$

【例7-12】 某产品生产线，根据购建时市场需求，设计生产能力为年产 1 000 万件，建成后由于市场发生不可逆转的变化，每年产量只有400万件，60%的生产能力闲置。经过评估，该生产线重置成本为1 500万元，实体性贬值为300万元，功能性贬值为150万元，规模经济效益指数为0.7，要求计算该生产线的经济性贬值。

① 扣除实体性贬值和功能性贬值后的价值：1 500-300-150=1 050（万元）

② 经济性贬值率：$\left[1 - \left(\frac{400}{1\,000} \right)^{0.7} \right] \times 100\% = 47.34\%$

③ 经济性贬值：1 050×47.34%=497.07（万元）

2. 因收益减少导致的经济性贬值的测算

由于外部原因，虽然设备生产负荷并未降低，但出现如原材料价格上涨、劳动力成本增加等情况导致生产成本提高或迫使产品降价出售等情况，均可能使机器设备创造的收益减少，使用价值降低，进而产生经济性贬值。

由外界因素变化造成机器设备收益减少，可直接按机器设备继续使用期间每年收益损失折现累加，计算机器设备的经济性贬值。用公式表示为

$$经济性贬值 = 机器设备年收益损失 \times (1 - 企业所得税税率) \times (P/A, r, n)$$

公式中，$(P/A, r, n)$ 称作年金现值系数。

【例7-13】 被评估生产线年设计生产能力为1 000吨，评估时由于受政策调整影响，产品销售市场不景气，企业必须每吨降价150元以保持设备生产能力的正常发挥。政策调整预计会持续3年，该企业正常投资报酬率为10%，企业所得税税率为25%。根据所给条件，估算该生产线的经济性贬值。

$$经济性贬值 = (150 \times 1\ 000) \times (1 - 25\%) \times (P/A, 10\%, 3)$$
$$= 279\ 776.25\ （元）$$

7.2.6 运用成本法测算机器设备评估值举例

【例7-14】 被评估设备购建于2×09年，账面价值为100 000元，2×14年进行技术改造，追加技改投资50 000元，2×19年对该设备进行评估。根据评估专业人员的调查、检查与对比分析，得到以下数据：

(1) 2×09年至2×19年每年的设备价格上涨率为10%；

(2) 该设备的月人工成本比其替代设备高1 000元；

(3) 企业正常投资报酬率为10%，规模效益指数为0.7，企业所得税税率为25%；

(4) 该设备在评估前使用期间的实际利用率仅为正常利用率的50%，经技术检测该设备尚可使用5年，在未来5年中设备利用率能够达到设计要求。

根据上述条件，估测该设备的评估值。

第一步，计算该设备的重置成本，即

$100\ 000 \times (1 + 10\%)^{10} + 50\ 000 \times (1 + 10\%)^{5} = 339\ 900\ （元）$

$100\ 000 \times (1 + 10\%)^{10} \times 10 + 50\ 000 \times (1 + 10\%)^{5} \times 5 = 2\ 996\ 370\ （元）$

第二步，计算加权投资名义年限，即

$$\frac{2\ 996\ 370}{339\ 900} = 8.82\ （年）$$

第三步，计算加权投资实际年限，即

$$8.82 \times 50\% = 4.41\ （年）$$

第四步，计算成新率，即

$$\frac{5}{4.41 + 5} \times 100\% = 53\%$$

第五步，计算功能性贬值，即

$$1\ 000 \times 12 \times (1 - 25\%) \times (P/A, 10\%, 5) = 34\ 117.2\ （元）$$

第六步，计算经济性贬值，由于该设备在评估后的设计利用率可以达到设计要求，故经济性贬值为零。

第七步，计算评估值，即

$$339\ 900 \times 53\% - 34\ 117.2 = 146\ 029.8\ （元）$$

7.3　机器设备评估的其他方法

7.3.1　市场法在机器设备评估中的运用

市场法，是指通过分析最近市场上和被评估机器设备类似机器设备的成交价格，并对被评估对象和参照物之间的差异进行调整，由此确定被评估机器设备价值的方法。存在活跃的市场是采用市场法评估机器设备的前提条件，应当考虑市场是否能够提供足够数量的可比机器设备的交易数据以及数据的可靠性。市场法比较适用于有成熟市场、交易比较活跃的机器设备的评估，如汽车、飞机、计算机等。

1. 运用市场法评估机器设备的基本步骤

（1）明确被评估对象

评估专业人员通过鉴定被评估机器设备，掌握机器设备的基本资料，具体包括机器设备类别、价格、交易目的、交易方式、已使用年限、实际使用状态、名称、生产厂家、出厂日期、性能等。

（2）选择参照物

在机器设备交易市场选择参照物，最重要的是参照物与被评估机器设备具有可比性。参照物与被评估机器设备具有相似性和可比性是采用市场法的基础。对于机器设备而言，可比性因素可分为四类，即个别因素、交易因素、时间因素和地域因素。

① 个别因素。机器设备个别因素是指反映机器设备在结构、形状、尺寸、性能、生产能力、安装、质量、经济性等方面差异的因素。不同的机器设备，差异因素也不尽相同。在资产评估中，常用于描述机器设备的指标一般包括名称、型号、规格、生产能力、制造厂家、技术指标、附件、出厂日期、役龄、安装方式和实体状态等。

② 交易因素。机器设备交易因素是指交易动机、背景对价格的影响，不同的交易动机和交易背景都会对机器设备出售价格产生影响。例如，以清偿、快速变现或带有一定优惠条件的出售，其售价往往低于正常交易价格。另外，交易数量也是影响机器设备售价的一个重要因素，批量购买价格一般低于单台购买价格。

③ 时间因素。不同交易时间的市场供求关系、物价水平等都会不同，评估专业人员应选择与评估基准日最接近的交易案例，并对参照物的时间因素影响做出调整。

④ 地域因素。由于不同地区市场供求条件等因素的不同，机器设备交易价格也受到影响，评估参照物应尽可能与评估对象处在同一地区。如评估对象与参照物存在地域差异，则需要做出相应调整。

（3）调整差异

尽管在选择参照物时应尽可能与被评估机器设备相接近，但是两者之间在实体状态、交易时间、交易地点、交易背景等方面总会存在一定差异，需要评估专业人员在对比分析的基础上确定调整系数或调整值。

（4）确定评估值

由于选择市场法评估机器设备价值需要选择多个交易案例，因此需将多个参照设备调整后的价格通过算术平均或加权平均确定评估值。此外，由于采用市场法评估的仅仅是机器设备的购买价格，一般不包括运杂费、安装调试费等，因此如果评估机器设备的在用续用价值，就要在购买价的基础上加上必要的相关费用。

2. 运用市场法评估机器设备的具体方法

（1）直接匹配法

直接匹配法是根据与评估对象基本相同的市场参照物，通过直接比较确定评估对象的价值。例如，评估一辆汽车时，如果二手汽车交易市场能够发现与评估对象基本相同的汽车，它们的制造商、型号、年代、附件都相同，只有行驶里程和实体状态方面存在差异。在这种情况下，资产评估专业人员一般直接将评估对象与市场上正在销售的汽车做同样的比较，确定评估对象的价格。直接匹配法相对比较简单，对市场的反映最为客观，能精确地反映机器设备的市场价值。

使用直接匹配法的前提是评估对象与市场参照物基本相同，需要调整的项目较少，差异不大，并且差异对价值的影响可以直接确定。如果差异较大，则无法采用直接匹配法。

（2）因素调整法

因素调整法，是通过比较分析相似的市场参照物与被评估机器设备的可比因素差异，并对这些因素逐项做出调整，由此确定被评估机器设备的价值。这种方法是在无法获得基本相同的市场参照物的情况下，以相似参照物作为分析调整的基础。例如，当评估一台由 A 厂制造的车床，评估专业人员发现在市场上没有 A 公司生产的相似车床，但存在 B 和 C 公司生产的相似车床。这种方法与直接匹配法相比更主观，在对比较因素分析的基础上，需做更多调整。

为了减少调整时因主观因素产生的误差，所选择参照物应尽可能与评估对象相似。从时间上讲，参照物交易时间应尽可能接近评估基准日；在地域上，尽可能与评估对象在同一地区。另外，评估对象与参照物应具有较强的可比性，实体状态方面比较接近。

【例 7-15】 对企业一台使用了 10 年的设备进行评估，评估专业人员通过对该设备的考察，了解到市场上同类设备的交易情况，决定采用市场法进行评估，并选择了 3 个近期成交的类似设备作为参照物，参照物与被评估对象的有关资料如表 7-8 所示。

表 7-8　参照物与被评估对象的有关资料

	计量单位	参照物 A	参照物 B	参照物 C	评估对象
交易价格	元	200 000	300 000	220 000	
交易条件		公开市场	公开市场	公开市场	公开市场
交易时间		10 个月前	6 个月前	2 个月前	评估基准日
付款方式		一次付款	一次付款	一次付款	一次付款
生产能力	件/年	6 400	6 600	5 000	6 000
运营成本	元/年	90 000	94 000	80 000	86 000
已使用年限	年	6	5	4	5
尚可使用年限	年	6	6	8	6
成新率	%	50	60	70	60

① 生产能力差异调整。根据有关资料及经验数据，确定该类设备的规模效益指数为 0.6。参照物生产能力调整系数计算如下

$$参照物 A 生产能力调整系数 = 1 - \left(\frac{6\,400}{6\,000}\right)^{0.6} = -0.039$$

$$参照物 B 生产能力调整系数 = 1 - \left(\frac{6\,600}{6\,000}\right)^{0.6} = -0.116$$

$$参照物 C 生产能力调整系数 = 1 - \left(\frac{5\,000}{6\,000}\right)^{0.6} = 0.155$$

参照物生产能力差异额计算如下

$$参照物 A 生产能力差异额 = 200\,000 \times (-0.039) = -7\,800 （元）$$

$$参照物 B 生产能力差异额 = 300\,000 \times (-0.116) = -34\,800 （元）$$

$$参照物 C 生产能力差异额 = 220\,000 \times 0.155 = 34\,100 （元）$$

② 运营成本差异调整。该行业平均收益率为 10%，企业所得税税率为 25%，则运营成本差异额计算如下

$$参照物 A 运营成本差异额 = (90\,000 - 86\,000) \times (P/A, 10\%, 6) \times (1-25\%) = 13\,065.9 （元）$$

$$参照物 B 运营成本差异额 = (94\,000 - 86\,000) \times (P/A, 10\%, 6) \times (1-25\%) = 26\,131.8 （元）$$

$$参照物 C 运营成本差异额 = (80\,000 - 86\,000) \times (P/A, 10\%, 8) \times (1-25\%) = -24\,007.05 （元）$$

③ 价格变动因素调整。该类资产价格指数平均每月上涨 1%，则价格变动差异额计算如下

$$参照物 A 价格变动差异额 = 200\,000 \times 10\% = 20\,000 （元）$$

$$参照物 B 价格变动差异额 = 300\,000 \times 6\% = 18\,000 （元）$$

$$参照物 C 价格变动差异额 = 220\,000 \times 2\% = 4\,400 （元）$$

④ 新旧程度差异调整。调整系数计算如下

$$参照物 A 调整系数 = \frac{60\%}{50\%} = 1.2$$

$$参照物 B 调整系数 = \frac{60\%}{60\%} = 1$$

$$参照物 C 调整系数 = \frac{60\%}{70\%} = 0.86$$

⑤ 分析调整差异额的初步评估结果为

$$参照物 A 初评价值 = (200\,000 - 7\,800 - 13\,065.9 + 20\,000) \times 1.2 = 238\,960.92 （元）$$

$$参照物 B 初评价值 = (300\,000 - 34\,800 - 26\,131.8 + 1\,800) \times 1 = 240\,868.2 （元）$$

$$参照物 C 初评价值 = (220\,000 + 34\,100 + 24\,007.05 + 4\,400) \times 0.86 = 242\,956.45 （元）$$

采用简单平均法计算该设备的最终评估价值

$$\frac{238\,960.92 + 240\,868.2 + 242\,956.45}{3} = 240\,928.52 （元）$$

（3）成本比率调整法

成本比率调整法，是指通过大量市场交易数据的统计分析，掌握相似市场参照物成本售价比例，调整确定评估对象价值的方法。例如，资产评估专业人员在评估 A 公司生产的 6 米直径的双柱立式车床，但是市场上没有相同或相似的参照物，只有其他厂家生产的 8 米和 12 米直径的双柱立式车床。统计数据表明，与评估对象使用年限相同的设备售价都是重置成本的 55%~60%，那么可以认为评估对象的售价也应该是其重置成本的 55%~60%。

7.3.2 收益法在机器设备评估中的运用

收益法是指通过估算被评估机器设备未来预期收益将其折算成现值，以确定被评估机器设备价值的方法。收益法要求被评估机器设备具有独立的、能连续用货币计量的可预期收益。

机器设备评估中，就评估对象而言，通常以单台、单件设备为评估对象。而单台、单件设备的未来预期收益是很难预测的，这就不能满足收益法的应用条件。收益法一般适用于具有独立获利能力或者获利能力可以量化的机器设备。运用收益法评估机器设备价值，需要评估专业人员合理确定收益期限、合理量化机器设备的未来收益、合理确定折现率。

【例 7-16】 用收益法评估某租赁机器设备。

（1）根据市场调查，被评估机器设备的年租金净收入为 19 200 元。

（2）根据被评估机器设备的现状，确定该租赁设备的收益期限为 9 年。

（3）通过对类似设备交易市场和租赁市场的调查，得到市场数据如表 7-9 所示。

表 7-9 市场数据

市场参照物	设备使用寿命/年	市场售价/元	年收入/元	投资回报系数	折现率
1	10	44 000	10 500	23.86%	20.1%
2	10	63 700	16 700	26.22%	22.85%
3	8	67 500	20 000	29.63%	24.48%

上述 3 个市场参照设备折现率平均值为 22.48%，查复利系数表得到相应的投资回报系数为 26.8%，则该设备的评估值为

$$租赁设备评估值 = \frac{19\ 200}{26.8\%} \approx 71\ 642\ （元）$$

关 键 概 念

复原重置成本　更新重置成本　FOB　CIF　加权投资年限　超额运营成本

复习思考题

1. 简述机器设备评估的特点。
2. 简述机器设备评估的基本程序。
3. 简述机器设备的重置成本及其构成内容。

4. 估测机器设备的成新率有哪些方法?

5. 简述机器设备功能性贬值的成因及其测算。

6. 试述评估机器设备的成本法适用范围。

7. 简述外购机器设备的成本项目,写出相应的计算公式。

8. 简述应用市场法评估机器设备的前提条件。

9. 进口设备的从属费用如何构成?

10. 在什么条件下考虑机器设备的经济性贬值?

练　习　题

一、单项选择题

1. 机器设备评估通常采用 (　　)。

　　A. 收益法　　　　　　　　　　B. 收益法和成本法

　　C. 市场法和成本法　　　　　　D. 收益法和市场法

2. 一台切削机床,重置成本为 100 万元,已使用 2 年,其经济使用寿命约为 10 年,现该机床切削部分损坏,估计修复费用为 10 万元,其他部分工作正常,其实体性贬值为 (　　) 万元。

　　A. 10　　　　　　B. 40　　　　　　C. 30　　　　　　D. 50

3. 一台需安装的设备,设备安装调试周期很长,其重置成本不仅需考虑正常费用,且要考虑安装支出的 (　　)。

　　A. 调试费用　　　B. 保险费用　　　C. 运输费用　　　D. 资本成本

4. 已知资产的价值与功能之间存在线性关系,重置全新机器设备一台,其价值为 10 万元,年产量为 7.5 万件,被评估资产年产量为 6 万件,其重置成本为 (　　) 万元。

　　A. 8　　　　　　B. 6　　　　　　C. 10　　　　　　D. 以上答案均不正确

5. 机器设备的经济寿命是指 (　　)。

　　A. 从评估基准日到设备报废为止的时间

　　B. 机器设备从使用到报废为止的时间

　　C. 机器设备从使用到运营成本过高而被淘汰的时间

　　D. 机器设备从使用到被新出现的技术性能更好的设备淘汰的时间

6. 某一进口设备,评估基准日的 FOB 价为 100 万美元,美元对人民币汇率为 1 : 8.2,境外运杂费率为 5%,境外保险费率为 0.4%,其到岸价为 (　　) 万美元。

　　A. 100　　　　　　B. 1 054.2　　　　　　C. 105.4　　　　　　D. 117

7. 某一进口设备,评估基准日的 FOB 价为 100 万美元,美元对人民币汇率为 1 : 8.2,境外运杂费率为 5%,境外保险费率为 0.4%,关税税率为 15%,关税为 (　　) 万美元。

　　A. 15　　　　　　B. 15.75　　　　　　C. 17.55　　　　　　D. 15.81

8. 离岸价加境外运杂费的价格是 (　　)。

　　A. CIF 价　　　　B. FOB 价　　　　C. C&F　　　　D. FAS

9. 机器设备的评估大部分采用 (　　)。

　　A. 观察法　　　B. 收益法　　　C. 成本法　　　D. 市场法

10. 功能性贬值是指由于 (　　) 所造成的贬值。

A. 使用磨损和自然力的作用
B. 新技术的推广和应用
C. 外部环境变化
D. 新法规的限制

11. 计算重置成本时，不应计入的费用是（　　　）。

A. 维修费用　　　　B. 购建费用　　　C. 安装费用　　　D. 调试费用

12. 进口设备的到岸价格是指（　　　）。

A. 设备离岸价＋进口关税

B. 设备离岸价＋境外运杂费＋进口关税

C. 设备离岸价＋境外运杂费＋境外保险费

D. 设备离岸价＋境外保险费

二、多项选择题

1. 下面公式正确的是（　　　）。

A. 境外运杂费＝货价×境外运杂费率

B. 关税＝到岸价×关税税率

C. 境外保险费＝货价×保险费率/(1−保险费率)

D. 消费税＝(关税完税价格＋关税)×消费税税率

E. 银行财务费＝货价×费率

2. 计算进口机器设备重置成本时，进口从属费用通常包括（　　　）。

A. 进口关税
B. 境外运杂费
C. 海关监管手续费
D. 境外保险费

3. 分析研究设备的超额运营成本，应考虑新设备与老设备相比（　　　）。

A. 生产效率是否提高
B. 能源消耗是否降低
C. 操作工人数是否降低
D. 维修保养费用是否节约
E. 材料消耗是否降低

4. 影响资产价值量变化的因素有（　　　）。

A. 经济性贬值
B. 实体性贬值
C. 功能性贬值
D. 市场价格
E. 重置成本

三、判断题

1. 机器设备的已提折旧年限就是机器设备的已使用年限。　　　　　　　　　（　　　）

2. 各种机器设备原始成本的费用构成都是相同的。　　　　　　　　　　　（　　　）

3. 在机器设备评估实践中，技术检测是确定机器设备成新率的唯一手段。　　（　　　）

4. 综合成新率反映评估对象现行价值与其全新状态重置成本的比率。　　　　（　　　）

四、计算题

1. 某一进口设备，评估基准日的 FOB 为 100 万美元，美元对人民币汇率为 1∶6.3，境外运杂费率为 5%，境外保险费率为 0.4‰，财务率为 0.4%，外贸手续费率为 1%，国内运杂费率为 1%，关税税率为 16%。要求：

(1) 计算该设备的到岸价；

(2) 假定该设备安装费为 50 000 元，计算设备的重置成本。

2. 被评估的机器设备，与相同功能的新型设备相比较，引起超额运营成本的因素主要为旧设备的能耗比新设备高。经过统计分析，按每天工作 8 小时，每年 300 个工作日计算，每台旧设备比新设备多耗电 10 000 度，每度电 0.6 元，评估专业人员预计该设备尚可使用 10 年，企业所得税税率为 25%，折现率为 10%。要求：

（1）计算每年的超额运营成本；

（2）计算每年净超额运营成本；

（3）计算旧设备的功能性贬值。

3. 某电器生产线由两部分构成，分别购建于 2×16 年 1 月和 2×17 年 1 月，账面原价分别为 2 000 万元和 800 万元，现评估其在 2×20 年 1 月的价值。经调查得知，该类设备定基价格指数在 2×16 年、2×17 年和 2×20 年分别为 110%、120%、140%，该设备尚可使用 6 年。要求：

（1）计算该设备的重置成本；

（2）计算该设备的已使用年限；

（3）计算该设备的贬值额；

（4）估算该设备的价值。

4. 某数控机床，2×17 年购置，评估基准日为 2×20 年，该设备账面原价为 60 万元，其中设备购价 54 万元，基础及安装费 4.5 万元，运杂费 1.5 万元，已知 2×17 年和 2×20 年该类设备的定基物价指数分别是 120% 和 160%，基础及安装费的环比物价指数为 150%，按评估基准日价格标准重置，运杂费为 1 万元。该设备已使用 3 年，经济使用寿命为 20 年，现该机床的一部分损坏，估计修复费用 4 万元，其他部分工作正常。要求：

（1）计算该机床的重置成本；

（2）计算其实体性贬值；

（3）计算其评估价值。

第8章 房地产评估

本章导读

　　房地产是指土地、建筑物及其他附着于土地上的定着物，包括物质实体及其相关权益。由于房地产依附于土地而存在，土地的自然特征造成房地产呈现如下特征：位置的固定性、区域性和个别性、长期使用性、保值增值性、易受政策影响、不易变现及投资风险性等。

　　房地产价格是与房地产相关的权益价格，其价格与用途有关，具有个别性和可比性，还受到各种因素的影响，这些因素包括一般因素、区域因素和个别因素。一般因素又可以分为经济因素、社会因素、政策因素。而影响房地产价格的个别因素包括土地个别因素和建筑物个别因素。

　　房地产评估是指资产评估机构及其评估专业人员遵守法律、行政法规和资产评估准则，根据委托对评估基准日特定目的下的房地产价值进行评定和估算，并出具资产评估报告的专业服务行为。在对房地产进行评估时，要在综合考虑影响房地产价值因素的基础上，遵循合法性原则、最有效使用原则、替代原则和房地产合一原则，按照一定的房地产评估程序，选择合适的房地产评估方法，进行房地产评估。房地产评估的方法包括市场法、收益法和成本法。

　　剩余法、基准地价修正法和路线价法是比较有房地产特色的评估方法。剩余法是在评估房地产价值时，先估算该房地产开发完成后的正常交易价格，然后扣除正常投入的费用、正常税金及合理利润后，以该剩余价值测算被评估房地产价值的方法。基准地价修正法是以当地政府按级别制订的基准地价和基准地价修正系数为基础，按照替代原则，将被评估宗地的区域条件和个别条件等与其所处区域的平均条件进行对比，选择相应的修正系数对基准地价进行修正，从而确定被估宗地在评估基准日价值的方法。路线价法是根据土地价值随距街道距离增大而递减的原理，在特定地段设定单价，并依此单价配合深度百分率表及其他修正率表，用数学方法计算临街同一街道的其他宗地地价的方法。

　　对在建工程进行评估时，应注意在建工程的特点，遵循基本评估步骤，选择使用形象进度法、工程部位进度法或假设开发法、因素调整法等方法，注意评估基准日、工程前景、工期是否合理，在确定税金、利润、利息等因素后，对在建工程价值进行评估。

8.1　房地产评估概述

8.1.1　房地产特征

"房地产是土地和房屋及其权属的总称"[1]。有人认为，"房地产是指土地、建筑物及附着在其上的不可分离的部分"[2]。目前人们大都认同房地产是房产、地产或者是房产和地产的综合体的观点。房地产通常有 3 种存在方式，即地产、房产、房地产综合体。可见，土地和建筑物既是各自独立的实体，又是一个密不可分的整体。由于房屋和建筑物的存在必须以土地作为其物质载体，任何房屋、建筑物都不能离开土地而存在；同时，土地的区位决定了房屋建筑物的位置，直接影响到房地产的价格，因此在房地产评估中，通常评估房地产的整体价值。我国《城市房地产管理法》规定："房地产转让、抵押时，房屋的所有权和该房屋占用范围的土地使用权同时转让、抵押。"但也不排除其他原因而单独评估土地和房屋建筑物的可能。按照《资产评估执业准则——不动产》第二条的规定，不动产是指土地、建筑物及其他附着于土地上的定着物，包括物质实体及其相关权益。[3]

如上所述，房地产从构成内容上包括房产和地产。要想做好房地产的评估工作，必须了解房地产的特征。由于房地产依附于土地存在，其特征必然在很大程度上源于土地的特征。

1. 土地的特征

土地的特征可以分为土地的自然特征和土地的经济特征。

（1）土地的自然特征

土地的自然特征包括以下 5 个方面。

① 承载力或支持力。承载力或支持力是指土地上面可以承载万物的特征。这种特征对于不同的地块表现并不相同，不同的建筑物对于土地承载力的要求是不同的。例如，平房、多层建筑和高层建筑对于土地承载力的要求逐次提高。

② 肥力。肥力是指供给植物生长、繁殖所需养分的能力。土地的肥力对于农业生产非常重要，但对于其他产业并不重要。

③ 不可移动性。每一块土地都有固定的区位，为不可移动的物质，这一特征使土地利用形态严重受到位置的限制。因为位置固定，则附属于该位置的温度、湿度、阳光及交通、社会环境等都使得土地有了优劣之分，从而产生级差地租。

④ 稀缺性。由于土地总量的有限性和土地位置的固定性，同时由于人口的增加和对土地需求的增加，某一地区必然出现土地供不应求，形成稀缺的经济资源，土地经济供给的稀缺性客观存在。

⑤ 效用的永续性。土地只要合理使用，其利用价值就不会消失，这种价值的永续性可给其占有人带来永续不断的收益。

（2）土地的经济特征

土地的经济特征包括以下 3 个方面。

---

[1] 全国注册资产评估师考试用书编写组. 资产评估. 北京：中国财政经济出版社，2006：166.

[2] 王伟. 资产评估方法与实务. 成都：西南财经大学出版社，2003：105.

[3] 不动产不包含海域、林木等。

① 用途多样性。多数土地可以用作不同的用途，既可作为农林牧的经营用地，也可作为道路、工业、居住、办公、商业等用途。同时，不同的用途又可以选择不同的利用方式。例如，居住用房，可以建平房，也可以建多层楼房或高楼大厦。因土地具有这种特性，从而使得土地使用产生了竞争、优选的问题。这种多样性客观上要求地产评估中要确定土地的最佳用途，即所谓的"最有效使用原则"。通常，土地利用的一般顺序是：商业、办公、工业、耕地、牧场、森林等。

② 经济位置可变性。土地的自然地理位置是固定的，但其经济位置却是可变的。土地的经济位置受周围环境、交通条件、城市规划、经济发展状况等多种因素的影响，当上述因素发生变化时，土地的经济位置就会发生变化。

③ 保值增值性。由于土地供给总量有限，随着社会生产力的发展及人口的增长，对土地的需求日益增加，土地的价格必然呈上涨趋势，因此土地作为一种稀缺资源具有保值增值性。

2. 房地产的特征

房地产作为土地和房屋建筑物的综合体，其特征主要体现在以下 6 个方面。

（1）位置的固定性、区域性和个别性

土地的不可移动性使得附着于其上的建筑物也往往不可移动，即房地产的位置具体固定性特征。这种位置的不可移动性又派生出了房地产的区域性和个别性特征。区域性表现在一个城市的房地产供给过剩并不能解决另一个城市供给不足的问题，如海南省大量空置的房地产并不能解决上海市房地产供给不足的问题。房地产供求关系的地区差异又造成了区域之间房地产价格的差异性。房地产的个别性则表现在没有两宗房地产是完全相同的，即使两处的建筑物一模一样，但由于其坐落位置不同，周围环境各异，这两宗房地产实质上也是不同的。因此，现实中的房地产价格千差万别。

（2）房地产的长期使用性

由于土地可以永续使用，建筑物也是耐用品，其使用时间可达数十年甚至上百年，即使使用期间内房屋破旧或受损，也可以通过修复延长其使用期限。

（3）保值增值性

与一般物品在使用过程中不断老化、变旧、耗损、损坏等原因造成不断减值不同，在正常的市场条件下，土地的价值呈上升趋势。由于土地资源的有限性和固定性，从而制约了房地产不断膨胀的供给，特别是对良好地段的供给，而需求却不断增加，从而导致价格上涨。同时对土地的改良和城市基础设施的不断完善，使土地原有的区位条件改善，导致房地产增值。

（4）易受政策限制性

任何国家和地区对房地产的使用、支配都存在某些限制。房地产受政府法令和政策影响较大的有 3 个方面：一是政府基于公共利益，限制某些房地产的使用，如城市规划对土地用途、建筑容积率、建筑覆盖率、建筑高度和绿地率等的规定；二是政府为满足社会公共利益的需要，有权对任何房地产实行强制征用和购买；三是政府制定的与房地产相关的政策，如住房政策、房地产信贷政策、房地产税收政策等都会对房地产价格产生影响。

（5）不易变现性

由于房地产位置固定、用途不易改变等，房地产不像股票和外汇那样可以迅速变现，即变现能力较差。

（6）投资风险性

房地产使用的长期性和保值增值性使之成为投资回报率较高的行业，同时房地产投资风险也比较大。其投资风险来源于 3 个方面：首先是其位置固定性和不易变现性所导致的，如果市场销售不好，则容易造成长期的空置、积压；其次是房地产的建设周期较长，从取得土地到房屋销售完成，需要 3~5 年的时间，在此期间影响房地产发展的各种因素如果发生变化都会对房地产的投资效果产生影响；最后是自然灾害、战争、社会动荡等，都会对房地产投资产生无法预见的影响。

8.1.2 房地产价格及其影响因素

1. 房地产价格的种类

（1）根据权益的不同分为所有权价格、使用权价格和其他权利价格

房地产发生交易时，所针对的权益有所有权、使用权、抵押权、租赁权等。针对的房地产权益不同，其价格就不同，如房地产使用权价格、房地产抵押权价格、房地产租赁权价格等。房地产的使用权价格，是指房地产使用权的交易价格。一般情况下，房地产的所有权交易价格高于房地产的使用权价格。抵押权价格是为房地产抵押而评估的房地产价格，抵押权价格由于要考虑抵押贷款清偿的安全性，一般要比市场交易价格低。租赁价格是承租方为取得房地产租赁权而向出租方支付的价格。

（2）按价格形成方式可以分为市场价格和评估价格

市场价格是房地产在市场交易中实际成交的价格；评估价格是对市场价格的模拟。由于评估专业人员的经验、对房地产价格影响因素理解不同，同一宗房地产可能得出不同的评估价格。但在正常情况下，不论采用何种方法，评估结果不应有太大的差距。房地产评估价格根据使用目的的不同，可以分为基准地价、标定地价、房屋重置价格、交易底价、课税价格等。

（3）按房地产的实物形态可以分为土地价格、建筑物价格和房地产价格

土地价格包括基准地价、标定地价和土地交易价格等。基准地价，是指按照城市土地级别或均质地域分别评估的商业、住宅、工业等各类用地和综合土地级别的土地使用权的平均价格。标定地价，是指市、县政府根据需要评估的正常地产市场中，具体宗地在一定使用年限内的价格。标定地价可以基准地价为依据，根据土地使用年限、地块大小、土地形状、容积率、微观区位等条件，通过系数修正而得到，也可以通过市场交易资料直接进行评估得到。建筑物价格，是指纯建筑物部分的价格，不包含其占用的土地价格。房地产价格，是指建筑物连同其占用土地的价格。

（4）按房地产价格表示单位可以分为总价格、单位价格和楼面价格

房地产总价格是一宗房地产的整体价格。房地产的单位价格有 3 种情况：对土地而言，是单位土地面积的土地价格；对建筑物而言，是指单位建筑面积的建筑价格；对房地产单位价格而言，是指单位建筑面积的房地产价格。房地产的单位价格可以反映房地产价格水平的高低，而房地产总价格一般不能说明房地产价格的高低。楼面地价，又称单位建筑面积地价，是指平均到每单位建筑面积的土地价格。由于"楼面地价＝土地总价格/建筑总面积，建筑总面积/土地总面积＝容积率"，所以"楼面地价＝土地单价/容积率"。

（5）其他价格类型

公告价格是政府定期公布的土地价格，在有些国家和地区一般作为征收土地增值税和征

用土地补偿的依据。申报价格是房地产权利人转让房地产时向政府申报的房地产成交价格。

2. 房地产价格的特征

（1）房地产价格是权益价格

房地产买卖并不转移房地产本身，而是转让房地产的有关权益，如所有权、使用权、抵押权、租赁权等。因此，同一宗房地产，由于转让的权益不同，其转让价格可能出现较大差别。评估时务必对转让权益仔细考虑。

（2）房地产价格与用途有关

房地产在不同用途下其产生的收益会出现很大差异。例如，同一块土地，如果进行农业生产所获得的收益与建成写字楼出租相比，收益会有很大差别。一般而言，房地产的用途收益，以商业用途、办公用途、居住用途、工业用途、耕地、牧业、森林的顺序，其收益呈递减趋势。因此，在进行房地产评估时，要注意房地产的可实现用途，要在其可实现用途中以最大收益的用途评估房地产价格。

（3）房地产价格具有个别性

由于房地产的个别性，没有任何两宗房地产的条件完全一致，即没有成为批量生产的产品，其价格由于产品的不同必然会有差异。

（4）房地产价格具有可比性

虽然房地产之间存在着差异，但并非意味着其价格之间互不联系，人们可以根据房地产价格形成的规律，对影响房地产价格的因素进行分析，据以比较房地产价格。

3. 房地产价格的影响因素

1）一般因素

一般因素是指影响一定区域范围内所有房地产价格的普遍的、共同的因素。一般来说，房地产的价格也是由其供给和需求决定的，即与需求成正比，与供给成反比。房地产的供求状况有以下几种类型：地产供求状况、本地区房地产供求状况、同类房地产供求状况、本地区同类房地产供求状况等。影响房地产供给和需求的因素主要包括经济因素、社会因素和政策因素等，这些因素直接或间接地影响房地产的需求与供给，从而影响房地产价格。

（1）经济因素

经济因素包括经济发展水平、居民收入和消费水平、物价变动、储蓄和投资水平、财政收支和金融状况、利率水平等。如果经济发展水平高，居民收入和消费水平高，则相应物质生活比较繁荣，人们对于房地产的需求会上升，在一定程度上促进房地产价格的上涨；物价变动如果呈现出通货膨胀趋势，人们为了对自有资产进行保值增值就会增加房地产的投资，促使房地产价格上升；储蓄和投资水平、财政收支和金融状况及利率高低都会直接影响到房地产的供给和需求。例如，如果利率升高，人们可能会增加储蓄，减少在房地产上的投资，造成对房地产需求的减少；由于房地产开发有一定的周期，一定时期的供给不可能有太大变动，在一定程度上也会造成房地产价格的下降。此外，实施货币政策的目的是改善国家金融状况，如果利率提高，一方面房地产投资商增加房地产开发成本，同时也有部分房地产开发商减少房地产的投资。因此造成房地产供给减少，使得房地产价格又有一定幅度的上升。从另一方面来看，对于贷款的买房者来说，由于利率的提高加重了其还款负担，会有部分消费者因此而买不起房，也会造成需求的降低从而导致房地产价格的下降。

（2）社会因素

社会因素包括人口数量、人口密度和人口素质等人口因素，家庭规模因素，房地产投机因素，教育科研水平和治安因素，社会福利因素等。人的数量和素质直接决定对房地产的需求程度，同时即使人口数量不变，如果家庭人口平均数降低，也会增加对房地产的需求。房地产投机因素会在一定程度上歪曲房地产的需求，造成房地产价格的大幅度上涨或下跌，但不排除在上涨或跌落时投机者的相反判断而平衡房地产供求，从而稳定房地产价格。至于教育科研水平和治安因素及社会福利因素，都是通过影响房地产本身的适宜居住性从而提高了房地产的差异性，导致特殊房地产供给和需求的差异，从而影响房地产的价格。例如，如果治安不好，大家对于该房地产的需求减少，从而导致房价下跌。

（3）政策因素

政策因素包括土地制度、城市规划、交通管制、特殊政策和行政隶属的变更，以及税收和房地产金融政策等。土地制度将决定在房地产买卖中，特别是地产交易中，交易的权利类别，所以对于房地产价格的影响最大。比如我国不允许买卖土地所有权，只能转让土地使用权。我国长期以来，土地无偿无限期使用，且不允许转让、出租，因此地价水平根本不存在，隐性地价也很低。改革开放以来，土地使用制度发生了重大变革，地价随着经济的发展而上升。城市规划、土地利用规划、城市发展战略这些因素决定了一个城市的性质、发展方向和发展规模，还决定了城市用地结构、城市景观轮廓线、地块用途、利用程度等。土地被规划为住宅区、商业区、工业区、农业区等不同区域，对土地价格影响很大。

税收制度、投资政策、优惠政策等国家宏观调控政策对某地区的倾斜会诱发该地区房地产价格的上涨。

一个地区行政隶属的改变也会对其房地产价格产生影响。例如，某个非建制镇升级为建制镇，将某个建制镇升级为市等，都会促进该地区房地产价格的上涨。同样，将原属于较落后地区的地方划归另一发达地区管辖，也会促进这一地区的房地产价格上升；相反，会导致房地产价格下降。

2）区域因素

区域因素，是指因土地所在地区的特征而影响地价的因素，即土地所在地区的自然条件与社会经济、行政因素相结合所形成的地区特点所影响的地价因素。区域因素包括位置、交通条件、环境（如噪声、环境污染、绿化与景观及邻近区影响等）、城市规划限制等。对于不同用途的土地，其影响房地产价格的因素并不相同。例如，对于商业用地来说，商业繁华程度、交通便捷程度、环境优劣度（包括人文环境与自然环境）及规划限制（建筑物高度、建筑密度、容积率）等都会对其价格产生重大影响；对于住宅用地而言，应考虑位置（如距离商业服务中心和城市中心的距离）、交通便捷程度、基础设施保证度、公用设施保证度、环境质量、规划限制等；影响工业用地价格的主要因素包括交通便捷程度、基础设施完善程度、产业集聚规模、环境质量及规划限制等。可见，不同的用途，其影响因素不尽相同，在房地产评估中要注意区域因素对用途的适应程度。

3）个别因素

个别因素分为土地个别因素和建筑物个别因素两个方面。

（1）土地个别因素

房地产的位置、地质条件、地形地势、土地面积及日照与风向等都会对房地产价格造成一定的影响。例如，住宅用地对于位置的要求是周围环境好，而商业用地则要求繁华程度高。地形地质因素主要表现在：第一，如果地形交叉，则其使用效果差，造成地价水平较低；第二，复杂的地形、较差的地质条件会造成土地开发成本增高，从而降低房地产的获利性。面积大小对土地利用也有一定的制约作用，其对地价的影响主要取决于土地利用性质的适应性，即土地使用者需要的是大面积还是小面积土地。一般来说，面积大的土地由于规模效益产生高额收益，其地价会高于面积小的土地。土地形状有规则和不规则之分，形状规则的土地比形状不规则的土地利用效率高，从而价格高。受到周围巨大建筑物遮挡的房地产价格（尤其是住宅）必然低于无遮挡情况下的同等房地产价格。而风向与房地产价格的关系在城市中比较明显，在上风地区房地产价格一般较高，在下风地区的房地产价格一般较低。

（2）建筑物个别因素

建筑物的用途、物业所在的楼层位置、装修的标准和设备配套状况、建筑物的质量、外观、建筑结构、法律限制等，都会在一定程度上影响到房地产的价格。建筑物的用途可能是单一的，也可能是综合的，不同的物业其价格是不同的。单一用途的房地产，其价格比多用途的房地产价格低；房地产所在楼层的方便程度与基础设施的配套程度也会影响到其价格；建筑物的建筑面积、居住面积、高度等不同，则建筑物的重建成本也不同，以及建筑物的结构、建材质量都会对重建成本产生影响，从而影响其价格；而施工质量的好坏、建筑结构的合理性会影响到建筑物以后的收益程度和收益期限，所以必然会影响到其价格。法律的限制可能会影响到房地产的运营成本或收益，也会影响到房地产价格。

8.1.3　房地产的评估原则

房地产评估是指资产评估机构及其评估专业人员遵守法律、行政法规和资产评估准则，根据委托对评估基准日特定目的下的房地产价值进行评定和估算，并出具资产评估报告的专业服务行为。[①] 房地产评估应该遵循以下 4 项原则。

（1）合法性原则

合法性原则要求房地产评估应该以有关的法律、法规为依据，以评估对象的合法产权、合法使用和合法处分为前提。例如，在测算房地产净收益时，其经营用途应为合法用途，不能用作赌场；城市规划为居住用地的，评估该地块价值时，必须以居住地作为其用途，而不能作为工业用地或商业用地；测算房地产净收益时，不能以临时建筑或违章建筑的净收益作为测算依据等。房地产评估应当在评估对象符合用途管制要求的情况下进行。对于房地产使用的限制条件，应当以有关部门依法规定的用途、面积、高度、建筑密度、容积率、年限等技术指标为依据。我国关于房地产价格方面的法律法规、政策条例等相当丰富。例如，《中华人民共和国城乡规划法》规定了土地的用途、容积率、覆盖率、建筑物的高度和建筑风格等；《中华人民共和国城市房地产管理法》《中华人民共和国土地管理法》《城市私有房屋管理条例》《中华人民共和国城镇国有土地使用权出让和转让暂行条例》《房屋完损等级评定标准》等都会指引评估专业人员对于房地产有一个客观的评估。

（2）最有效使用原则

最有效使用原则，是指房地产评估应该以获利最大的使用方式衡量其评估价值。主要表现在 3 个方面：房地产的用途最有效、生产要素的组合最有效、与环境的协调最有效。根据房地产价格最有效使用原则进行评估时，就不应该受现实使用状况的限制，而应该根据何种情况下才能最有效使用房地产做出正确的判断。最有效使用原则的基本要求是：对土地不同使用方案进行比较，选择与土地属性配合最好的建筑方案；在土地用途既定的情况下，对不同的开发、改良方案

---

① 房地产评估包括单独的房地产评估和企业价值评估中的不动产评估。本章只介绍单独的房地产评估。

进行比较，按最高收益用途评估房地产价格。当房地产存在多种利用方式时，应当在合法的前提下，结合经济行为、评估目的、价值类型等情况，选择和使用最优利用方式进行评估。

（3）替代原则

具有相同使用价值，有替代可能的地块之间，会相互影响和竞争，使其价格相互牵引而趋于一致。

① 土地价格水平由具有相同性质的替代土地的价格决定。

② 土地价格水平由最了解市场行情的买卖者按市场交易实例相互比较后所决定的价格确定。

③ 土地价格可通过比较地块的条件及使用价值确定。

在土地评估中，经常采用的市场法就是以替代原则为基础的，可以通过调查同一市场供需圈内近期发生交易的、与待估地块有替代可能的地价，通过与待估地块进行比较确定待估地块价格。当然，在使用替代原则时，因为土地的个别性特征，在土地评估时很难找到像一般商品一样的性质、条件完全相同的替代品，所以总是要进行时间和其他条件的修正后，才能按照替代原则采用市场法确定待估土地的价格。

（4）房地产合一原则

尽管房产和地产是可以区别评估的对象，而且土地使用权可以独立于房产而存在，但是由于两者在价值上的相互依存和价格形成中的内在联系，要求在评估中将两者作为相互联系的对象综合评估。这表现在以下 4 个方面。

① "房地两依"是房地产最终形成的基本特点。城市土地就其自然属性分析，可以不依建筑物而存在，但就其经济属性而言，必须有一部分用来构建房屋建筑物，而对这部分土地来说，只有完整的房地产才是预期的使用价值，才是最终商品。对于房产来说，它总是依托于一定的土地，土地开发成本蕴含在房产价值之中，土地使用价值也通过房产实现。

② "房地配合"是房地产取得预期收益的保障。在闹市的街角地建造商业大楼，就是利用了地段的地理优势；如果建住宅楼，就把地段优势变成了劣势，从而会使地价受损。如果灵活运用地段优势，提高建筑容积率，就可以进一步提高地价。

③ 房地产质量的区别是土地产生的，在很多程度上决定着房产的价格。对居住用房和营业用房来说，环境质量分别由不同因素决定，但从根本上来说有两点是相同的：一是它们的价格在很大程度上受环境质量的支配；二是决定环境质量的不取决于房产建筑本身，只与地产不可移动性有关。

④ 土地使用权价格与该地块上可建房产的收益有关。土地本无价，就城市来看，因房产需求而引起对土地的需求，这种需求越强烈，土地就越具有稀缺性。因而，不仅可以根据房地产整体价格扣除房产成本和报酬后得出土地使用权价格，而且开发中的地产使用权，也要根据特定功能房产形成的预期收益确定价格。

房地合一原则，并不是要求任何时候都要房、地综合评价。在实际中，由于房产和地产价格的性质不同，而且房屋会折旧、毁损，价值会越来越低；而土地则不存在折旧问题，反而会随着社会经济的发展而升值。影响房产和地产评估价格的因素也不尽相同，所以在必要时可以将两者分离评估。例如，如果要对某一建筑物进行保险而进行价值评估，就需要单独评估房产价格。

8.1.4 房地产的评估程序

房地产评估工作量大，涉及面广，内容复杂，如果没有一套科学严谨的评估程序，很可能会造成不必要的浪费，甚至会影响到评估结果的客观性和公正性。按照相应的程序进行房地产评估，才能在一定程度上起到事半功倍的效果。可以说，房地产评估程序反映了各个评估步骤之间的内在逻辑关系，是评估工作顺利进行的必要保证。

房地产评估一般遵循如下程序。

（1）明确评估事项

在对房地产评估时，必须了解被评估对象的基本情况，这是拟定房地产评估方案、选择评估方法的前提。评估基本事项包括以下内容。

① 明确评估目的。不同的评估目的所评估的价值也不完全相同，在受理评估业务时，通常由委托方提出评估目的，将评估目的明确地写在评估报告上。

② 明确评估对象。房地产评估对象，可以是房地产对应的全部权益，也可以是房地产对应的部分权益。执行房地产评估业务，应当全面了解房地产的实物状况、权益状况和区位状况，掌握评估对象的主要特征。资产评估专业人员应当关注房地产的权属，收集相关的权属证明文件，对于没有权属证明文件的房地产应当要求委托人或者其他相关当事人对其权属做出承诺或说明。

③ 确定评估基准日。确定评估基准日就是确定评估对象的评估时点，通常以年月日表示。由于房地产价格处于变化之中，而且房地产价格随其价格影响因素的变化而变化，必须事先确定评估某一具体时点上的价值。

④ 签订评估合同。在明确评估基本事项的基础上，双方可以签订合同，以法律的形式保护各自的权益。评估合同是委托方和资产评估机构就评估过程中双方的权利和义务达成的协议，包括对评估对象、评估目的、评估基准日、评估收费、双方责任、评估报告等事宜的约定。评估日期一般也要写在评估项目委托合同中，一旦确定，评估人员必须保证按期完成。

（2）制订工作计划

制订工作计划就是对评估工作日程、人员组织等做出安排。

（3）现场调查与收集资料

现场调查是房地产评估工作的一个重要步骤。执行房地产评估业务，应当对所评估的房地产进行现场调查，明确房地产存在状态并关注其权属状况。特殊情况下，如需采用抽样等方法对房地产进行现场调查，应当充分考虑抽样风险。对于房地产处于隐蔽状况或者因客观原因无法进行实地查看的部分，应当采取适当措施加以判断并予以披露。对于水利工程、码头、桥涵、道路等房地产，应当根据房地产的价值特性和资产特点，通过设计概算、工程图纸、竣工决算、定额标准等技术资料，结合对房地产的现场查看，了解房地产的结构、工程量、工程费用分摊、建设周期以及收益等情况。

评估资料的收集在评估过程中是一项耗时较长且艰苦细致的工作，其内容涉及选用评估方法和撰写评估报告所需要的一些资料数据，包括评估对象的基本情况、评估对象所在区段环境和区域因素资料、与评估对象有关的房地产市场资料（如市场供需状况、建造成本、租售价格、房地产评估政策、法规和定额指标等）。上述资料除了委托方提供以外，主要通过现场勘查和必要的调查得到。

（4）测算被评估房地产价值

在调查研究和资料分析的基础上，便可以根据选定的评估方法进行价值测算。由于房地产评估的性质差异，并非每一种评估方法都适用于各类具体条件下的房地产。为了求得一个公平合理的价格，一般是以某种评估方法为主，同时以另一种或几种评估方法为辅，以相互对照和检验修正。无论采用哪种方法，评估专业人员都要对收集到的数据、参数进行认真的分析、检验，最后根据自己的判断进行选择。

（5）综合分析，确定评估结果

综合分析是对所选用的评估方法、资料及评估程序的各个阶段，做客观的分析和检查。此时应特别注意所选用的资料是否恰当、评估原则的运用是否合理、对资料的分析是否准确，特别是对影响因素权重的赋值是否客观等。[①]

（6）撰写评估报告

房地产评估报告是对评估过程和结果的综合反映。通过房地产评估报告，不仅应该能得到房地产评估的结果，而且还能了解到整个评估过程的技术思路、评估方法和评估依据。

8.2 房地产评估的基本方法

资产评估方法是评定、估算资产价值的技术手段。就资产评估方法本身而言，它并不为资产评估所独有，更不为某一类资产评估所独有。资产评估方法将其他学科的技术方法按照资产评估作业的内在要求，用资产评估技术思路加以重组，从而构成了资产评估方法体系。执行房地产评估业务，应当根据评估目的、评估对象、价值类型、资料收集等情况，分析市场法、收益法和成本法三种资产评估基本方法以及假设开发法、基准地价修正法等衍生方法的适用性，选择评估方法。本节主要介绍 3 种基本方法在房地产评估中的应用，衍生方法将在下一节进行介绍。

8.2.1 市场法在房地产评估中的应用

1. 基本思路

市场法，是房地产评估方法中最常用的基本方法。它是在同一市场条件下，根据替代原则，以条件类似或使用价值相同的地产交易实例与待估房地产加以对照比较，对两者之间的交易情况、交易日期、地块因素及个别因素等的差别进行修正，以确定待估房地产在评估基准日价格的方法。采用该方法时，通常首先应通过市场调查，选择 3 个以上正常交易实例作为参照物，参照物与评估对象应属于同一地区，地块条件基本一致，交易时间应尽量接近评估基准日；然后对交易条件、成交时间、区域及个别因素、容积率、使用年限等进行比较调整，最后确定评估值。

2. 适用范围

市场法需要有合适的类似房地产交易实例，所以在房地产市场发达的情况下，市场法得到广泛应用。房地产交易市场越发达，与待估房地产相类似的交易实例越多，市场法的应用就越有效。正是由于市场法对房地产交易实例的需求，对房地产交易市场的要求，使得以下情况下不能使用市场法进行评估。

① 没有房地产交易或很少有房地产交易发生的地区。

② 某种类型很少的房地产或交易实例很少的房地产，如古建筑等。

③ 很难成为交易对象的房地产，如教堂、寺庙等。

---

① 需要说明的是，房地产组成部分的价值存在相互影响关系。建筑物对于其所占有的土地使用权存在价值减损的可能。如果建筑物对于其所占有的土地使用权存在价值减损情形，评估土地使用权价值时应当计算该损失金额并加以扣除。对于土建工程与机器设备安装为一体或者形成紧密关联的房地产，应当关注机器设备与房地产的关系，合理进行区分，并考虑机器设备等资产对房地产价值的影响。

④ 风景名胜区土地。

⑤ 图书馆、体育馆、学校用房等。

3. 计算公式

房地产评估市场法的基本计算公式如下。

$$P = P' \times A \times B \times C$$

式中：P——待评估房地产的评估价值；

P'——作为参照物的比较实例价格；

A——交易情况修正系数；

B——交易日期修正系数；

C——房地产状况修正系数。

其中，上述参数计算如下。

$$A = \frac{正常交易情况指数}{比较实例交易情况指数}$$

$$B = \frac{待估房地产评估基准日价格指数}{比较实例交易时价格指数}$$

$$C = \frac{待估对象房地产状况指数}{比较实例房地产状况指数}$$

其中，C 又可以拆分为 D 和 E，分别表示区域因素修正系数和个别因素修正系数。

$$D = \frac{待估房地产所处区域因素条件指数}{比较实例所处区域因素条件指数}$$

$$E = \frac{待估房地产个别因素条件指数}{比较实例个别因素条件指数}$$

通过上式，更明确了市场法就是通过对近期交易的房地产进行比较，对其一系列因素进行修正，从而得到被评估房地产在评估基准日市场状况下的价格水平。以上在介绍时，主要通过调整交易情况因素、交易日期因素和土地状况因素。此外，容积率因素和土地使用年限因素对于被评估对象价格的影响也不容忽视，可以将其纳入计算公式。如果以 F、G 表示容积率因素和使用年限因素，则运用市场法评定房地产价格的公式就可以表示为

$$P = P' \times A \times B \times D \times E \times F \times G$$

通过上述表达式可以看出，对于市场法的应用，重点是通过对交易实例的修正得到待估房地产的参考价值。

4. 操作步骤

市场法在应用时，一般通过搜集交易资料、可比交易实例确定、因素修正 3 个环节，最后得出被估房地产的价值。

（1）搜集交易资料

采用市场法评估房地产时，应当收集足够的交易实例，这是市场法运用的前提条件。收集交易实例的信息包括：

① 交易实例的基本状况，如名称、坐落、四至、面积、用途、产权状况、土地形状、土地使用期限、建筑物建成日期、建筑结构、周围环境等；

② 成交日期；

③ 成交价格，如总价、单价及计价方式；

④ 付款方式；

⑤ 交易情况，如交易目的、交易方式、税费负担方式、交易人之间的特殊利害关系、交易动机等。

收集交易实例资料的途径包括：查阅政府有关部门房地产交易资料；查阅各种报刊有关房地产交易的消息；采访房地产经办人，了解各种信息；同行之间的资料交流，参加各类估价协会组织及其他途径等。最后，对于搜集到的每宗交易实例都要认真查对，以保证资料的准确性。

（2）可比交易实例确定

在进行房地产评估时，需要根据被估房地产特点，从搜集的众多房地产交易实例中选择符合一定条件的交易实例作为参照物。可比交易实例是否适当，会直接影响市场法评估的结果，因此对可比交易实例的选择应该特别慎重。

一般而言，作为参照物的交易实例应当具备下列条件：

① 在区位、用途、规模、建筑结构、档次、权利性质等方面与评估对象类似；

② 成交日期与评估基准日接近；

③ 交易类型与评估目的相适合；

④ 成交价格为正常价格或者可以修正为正常价格。

（3）因素修正

根据市场法在房地产评估中应用的计算公式，因素修正包括交易情况修正、交易日期修正、房地产状况修正、区域状况修正、个别因素修正、容积率修正和土地使用年限修正等。

① 交易情况修正。交易情况修正是指将参照物实际交易情况下的价格修正为正常交易情况下的价格。房地产的独特性，决定了房地产市场不是一个完全竞争市场，而是一个不完全竞争市场。在房地产市场上，房地产交易价格的形成具有个别性，如果要运用市场法对房地产进行评估，需要对选取的交易实例进行交易情况修正。计算公式为

$$交易情况修正后价格 = 可比交易实例价格 \times \frac{正常交易情况指数}{可比交易实例交易情况指数}$$

② 交易日期修正。交易日期修正是指将参照物成交日期的价格修正为评估基准日的价格。可比交易实例的交易日期与待评估房地产的评估基准日往往有一段时间差，在此期间房地产市场可能发生变化，地产价格可能升高或降低。因此，要根据房地产价格的变动率，将可比交易实例的房地产价格修正为评估基准日的房地产价格。计算公式为

$$评估基准日待估房地产价格 = 可比交易实例价格 \times \frac{评估基准日价格指数}{可比交易实例交易时价格指数}$$

③ 房地产状况修正。房地产状况修正是将参照物状况下的价格修正为评估对象状况下的价格。可比交易实例房地产与被评估房地产状况不相同，应将可比交易实例房地产状况与被评估房地产状况加以比较，找出由于房地产状况的差别而引起的可比交易实例房地产与待评估房地产价格的差异，对可比交易实例房地产价格进行修正。

④ 区域状况修正。区域状况是土地所在地区的自然、社会、经济、行政等因素相结合所产生的地区特征，对土地价格水平产生影响的因素。区域状况主要包括：地区的繁华程

度、交通状况、基础设施状况、人文环境等。进行区域因素修正时，首先确定比较因素，即根据具体的评估对象，选择确定的比较内容，然后评价各因素的比较修正系数。

⑤ 个别因素修正。个别因素是指构成房地产的个别特征并影响其价格的因素。个别因素比较的内容主要有：地块的面积、形状、宗地基础及市政设施状况、地形、地质、临街类型、临街深度、临近位置等。进行个别因素修正的方法与区域状况修正方法基本相同。

⑥ 容积率修正。一般来说，城市规划对城市不同区域建筑的建筑容积率有不同的规定。容积率大小直接影响土地利用程度的高低，容积率越大，土地利用效率越高，地价越高；反之，地价越低。对容积率进行修正可以消除由于容积率不同而造成的地价差异。

容积率与地价的关系并非呈线性关系，需要根据具体区域的情况具体分析。具体估价时，需要通过对容积率与地价水平的相关程度的分析，并根据容积率与地价的相关系数，编制容积率修正系数表，再按以下公式计算。

$$容积率修正后价格 = 可比交易实例价格 \times \frac{待估宗地容积率修正系数}{可比交易实例容积率修正系数}$$

例如，某城市容积率修正系数如表 8-1 所示。

表 8-1 容积率修正系数表

容积率	0.1	0.4	0.7	1.0	1.1	1.3	1.7	2.0	2.1	2.5
修正系数	0.5	0.6	0.8	1.0	1.1	1.2	1.6	1.8	1.9	2.1

如果确定比较实例地价为 1 000 元/m²，容积率为 2.0，待估土地容积率为 1.3，则

$$容积率修正后价格 = 1\,000 \times \frac{1.2}{1.8} \approx 667 \ （元/m^2）$$

⑦ 土地使用年限修正。由于土地使用年限的长短会影响到土地收益的多少，所以土地使用年限对土地价格的影响非常显著。土地的使用年限越长，在年收益确定的情况下，其总收益越多，土地价格也会因此而提高。通过年限的修正，可以消除由于使用年限不同而对房地产价格造成的影响。

因为使用年限对土地价格的影响主要体现在未来收益期的长短上，所以使用年限修正实际上就是使用年限对总收益的影响。在年收益确定的情况下使用年限对收益的影响可以通过年金现值系数这一概念表达。所以，土地使用年限修正系数可以按下列公式计算。

$$y = \frac{1 - \dfrac{1}{(1+r)^m}}{1 - \dfrac{1}{(1+r)^n}} = \frac{(P/A, \ r, \ m)}{(P/A, \ r, \ n)}$$

式中： y ——宗地使用年限修正系数；

r ——土地资本化率；

m ——被估宗地使用年限；

n ——比较实例使用年限；

$(P/A, r, m)$ ——资本化率为 r、期限为 m 年的年金现值系数；

$(P/A, r, n)$ ——资本化率为 r、期限为 n 年的年金现值系数。

【例 8-1】 若选择的比较实例成交地价为 1 000 元/m²，土地使用年期为 25 年，而待估宗地出让年限为 20 年，土地资本化率为 8%，则使用年限修正如下。

$$土地使用年限修正后地价 = 1\,000 \times \frac{(P/A,\ 8\%,\ 20)}{(P/A,\ 8\%,\ 25)} \approx 920\ （元/m^2）$$

如果比较实例使用年限为 30 年，则

$$土地使用年限修正后地价 = 1\,000 \times \frac{(P/A,\ 8\%,\ 20)}{(P/A,\ 8\%,\ 30)} \approx 872\ （元/m^2）$$

（4）房地产价值的确定

经过交易情况修正、交易日期修正、房地产状况修正、区域因素修正、房地产个别状况修正及区域因素和年限因素修正以后，就可以得出评估基准日待评估房地产的若干价格。

通过计算公式求得的若干价格不可能完全一致，而被评估的房地产价格只有一个，确定最终房地产价值可采用统计方法，如计算几个价格的简单平均数、加权平均数、众数或者中位数等。

5. 应用举例

【例 8-2】 待评估地块为一商业用途的空地，面积为 600 m²，要求评估其 2×19 年 5 月的公平市场交易价格。评估专业人员通过搜集相关数据资料（过程略），选出 3 个交易实例作为比较参照物。比较实例的有关资料如表 8-2 所示。

表 8-2 比较实例的有关资料

项目		A	B	C	待评估对象
坐落		略	略	略	略
所处地区		繁华区	非繁华区	非繁华区	繁华区
用地性质		商业	商业	商业	商业
土地类型		空地	空地	空地	空地
价格	总价	25.2 万元	49 万元	43.5 万元	
	单价	1 500 元/m²	1 400 元/m²	1 450 元/m²	
交易日期		2×18 年 10 月	2×18 年 12 月	2×19 年 1 月	2×19 年 5 月
面积		168 m²	350 m²	300 m²	600 m²
形状		长方形	长方形	长方形	长方形
地势		平坦	平坦	平坦	平坦
地质		普通	普通	普通	普通
基础设施		完备	较好	较好	较好
交通通讯状况		很好	很好	很好	很好
剩余使用年限		35 年	30 年	35 年	30 年

已知以下条件：

（1）交易情况正常；

（2）自 2×18 年以来，土地价格每月上涨 1%；

（3）折现率为 8%；

（4）交易实例 A 与待评估对象处于同一地区，B、C 的区域因素修正系数可以参照表 8-3 进行判断。

表 8-3　交易实例 B、C 的区域因素修正系数

项目	B	分值	C	分值
自然条件	相同	10	相同	10
社会环境	相同	10	相同	10
街道条件	稍差	8	相同	10
繁华程度	稍差	7	稍差	7
交通便捷程度	稍差	8	稍差	8
规划限制	相同	10	相同	10
交通管制	相同	10	相同	10
距离公交车站	稍远	7	相同	10
交通流量	稍少	8	稍少	8
周围环境	较差	8	相同	10
	总计	86		93

要求：根据以上资料，利用市场法对该房地产价值进行评估。

根据以上资料，先对各种因素进行修正，然后计算待评估地块的价格。

（1）交易情况修正

根据调查，交易实例的交易情况没有特殊性，故作为正常交易看待，无须修正。

（2）交易时间修正

由于地价每月上涨 1%，交易实例 A 从成交日 2×18 年 10 月到评估基准日 2×19 年 5 月，地价上涨了 7%；交易实例 B 从成交日 2×18 年 12 月至评估基准日 2×19 年 5 月，地价上涨了 5%；交易实例 C 从成交日 2×19 年 1 月至评估基准日 2×19 年 5 月，地价上涨 4%，故

$$交易实例 A 交易时间修正系数 = \frac{107}{100} = 1.07$$

$$交易实例 B 交易时间修正系数 = \frac{105}{100} = 1.05$$

$$交易实例 C 交易时间修正系数 = \frac{104}{100} = 1.04$$

（3）区域因素修正

由于交易实例 A 与待评估地块处于同一地区，故无须做区域因素调整，其修正系数为 1。交易实例 B 与 C 的区域因素修正系数计算如下。

$$交易实例 B 区域因素修正系数 = \frac{100}{86} = 1.163$$

$$交易实例 C 区域因素修正系数 = \frac{100}{93} = 1.075$$

（4）个别因素修正

由于待评估地块的面积大于 3 个交易实例地块，就商业用途而言，面积较大便于充分利用，待评估地块面积因素对地块价格的影响较交易实例高 3%，所以

$$评估实例 A 个别因素修正系数 = \frac{103}{100} = 1.03$$

$$评估实例 B 个别因素修正系数 = \frac{103}{100} = 1.03$$

$$评估实例 C 个别因素修正系数 = \frac{103}{100} = 1.03$$

（5）土地使用年限修正

除交易实例 B 与待评估地块的剩余使用年限相同外，交易实例 A 和 C 均需作使用年限因素修正，修正系数计算如下。

$$交易实例 A 年限修正系数 = \frac{(P/A,\ 8\%,\ 30)}{(P/A,\ 8\%,\ 35)} = 0.966$$

$$交易实例 B 年限修正系数 = \frac{(P/A,\ 8\%,\ 30)}{(P/A,\ 8\%,\ 30)} = 1.000$$

$$交易实例 C 年限修正系数 = \frac{(P/A,\ 8\%,\ 30)}{(P/A,\ 8\%,\ 35)} = 0.966$$

（6）计算待评估土地的初步价格

$$P_A = 1\ 500 \times 1 \times 1.07 \times 1 \times 1.03 \times 0.966 = 1\ 597\ （元/m^2）$$
$$P_B = 1\ 400 \times 1 \times 1.05 \times 1.163 \times 1.03 \times 1.000 = 1\ 761\ （元/m^2）$$
$$P_C = 1\ 450 \times 1 \times 1.04 \times 1.075 \times 1.03 \times 0.966 = 1\ 613\ （元/m^2）$$

（7）利用算术平均法计算评估结果

$$待评估土地单位面积评估值 = \frac{1\ 597 + 1\ 761 + 1\ 613}{3} = 1\ 657\ （元/m^2）$$

$$待评估地块评估值 = 1\ 657 \times 600 = 994\ 200\ （元）$$

6. 评价

市场法具有较强的现实性，只要有合适交易实例的发生便可应用，因此在房地产市场发达的情况下，市场法得到了广泛的应用。

但是由于市场法必须要有一定的房地产交易为基础，这也使得在一定条件下该方法无法使用，如地产交易发生较少或交易实例很少发生的地产等情况。

另外，市场法是通过价格求价格，欠缺理论基础，而且此种方法需要就多方面的情况进行修正，因此要求土地估价人员具备多方面的知识和丰富的经验，否则就难以得出客观准确的结果。

8.2.2 收益法在房地产评估中的应用

由于房产和地产结合才能更好地产生收益，所以在对房地产采用收益法进行评估时，更多的是将房产和地产结合，以计算房地产综合价格。所以，本部分在探讨收益法在房地产评估中的应用时，侧重于对方法使用本身的介绍，而不区分使用对象介绍。

1. 基本思路

收益法，又称收益现值法，是指在计算房地产价格时，将房地产估价对象未来各期的正常净收益折算到估价时点，据以确定房地产价值的方法。采用收益法评估确定的价格通常称为收益价格。

由于房地产耐用年限相当长久，因此占用某一房地产，不仅现在能取得一定的净收益，未来也将继续得到这个净收益，这样就相当于长久拥有了一笔稳定的未来货币流入。如果把这种稳定的货币流入看作一项投资带来的回报，那么带来这么大的回报所愿意投资的金额就是这笔未来现金流量的现值或者是资本化后的收益。也就是说，房地产投资价值就是未来现金流量（表现为净收益）的现值。对于土地来说，因为土地的永久使用性，土地价格可以简单的用"房地产价格＝净收益÷利率（资本化率）"计算。如果是房产与地产的结合，由于房产有一定的使用期限，则需要将收益现值按实际未来可使用年限折现。在我国，因为除国家以外的其他主体对土地只具有使用权而没有所有权①，所以在对于房地产评估时，需要根据实际情况②决定房地产的受益年限。

2. 适用范围

由于收益法需要将房地产带来的未来收益折现，所以其适用对象必须是可以带来收益的房地产，如商场、写字楼、旅馆、公寓等，对于那些不能带来收益的房地产，如政府机关、学校、公园、公益性房地产等一般是不适用的。

采用收益法评估房地产时，应当了解：

① 房地产应当具有经济收益或者潜在的经济收益；

② 房地产未来收益及风险能够较准确地预测与量化；

③ 房地产未来收益应当是房地产本身带来的收益；

④ 房地产未来收益包含有形收益和无形收益。

3. 计算公式

运用收益法，只要待评估对象具有连续的、可预测的净收益，就可以评估其价值。既可以单独评估土地的价值，也可以单独评估建筑物的价值，还可以评估房地合一的房地产价格。计算公式为

$$房地产价值 = \sum_{t=1}^{n} \frac{待估房地产第\ t\ 年净收益}{(1 + 折现率)^t}$$

（1）房地产价值评估

$$房地产价值 = \frac{房地产净收益}{综合折现率}$$

---

① 在我国转让的仅仅是土地使用权。我国对土地使用权的最高出让年限根据用途的不同而有所不同，其中居住用地最长使用期限为70年，工业用地50年，科教文卫体用地50年，商业、旅游、娱乐用地40年，综合或其他用地50年。

② 考虑房产使用年限和土地使用权年限的长短。

其中

$$房地产净收益=房地产总收益-房地产总费用$$
$$房地产总费用=管理费+维修费+保险费+税金$$

（2）土地价值评估

$$土地价值=\frac{土地净收益}{土地折现率}$$
$$土地净收益=土地总收益-土地总费用$$
$$土地总费用=管理费+维护费+税金$$

或

$$土地价值=房地产价值-建筑物现值$$

式中

$$建筑物现值=建筑物重置价值-年贬值额\times已使用年数$$
$$年贬值额=\frac{建筑物重置价值-残值}{使用年限}=\frac{建筑物重置价值\times（1-残值率）}{使用年限}$$
$$土地价值=\frac{房地产净收益-建筑物净收益}{土地折现率}$$

式中

$$建筑物净收益=建筑物现值\times建筑物折现率$$

（3）房产价值评估

$$建筑物价值=房地产价值-土地价值$$
$$建筑物价值=\frac{房地产净收益-土地净收益}{建筑物折现率}$$

在运用上述公式计算房地产净收益时，都是通过房地产总收益减去房地产总费用而得到的。需要注意的是，计算房地产净收益的房地产总费用并不包括房地产折旧费。同时，以上所列公式均假设土地使用年期为无限期，在评估实务中应注意土地使用的有限年期。

4. 收益法运用中各因素的确定

采用收益法评估房地产时，应当合理确定净收益、折现率与收益期限。

（1）净收益

土地净收益在正常情况下是通过总收益减总费用而得到的。房地产收益可分为实际收益和客观收益。实际收益是在现实状况下取得的收益，但因为实际收益受到个人或企业经营能力的影响，差别比较大，是不能直接作为房地产评估依据的，而是要根据房地产评估的最优使用原则，按照房地产最佳使用用途所能赚得的客观收益作为评估依据。例如，如果城市中一块空地闲置不用，其净收益为 0，这是其实际收益。但客观上，该块土地可以作为交易对象而收取租金，而且收取租金如果是它的最佳用途，那么其客观收益应该是收取的租金减去相关开支后的结余。所以，客观收益才是土地评估依据。客观收益是排除了实际收益中特殊的、偶然的因素后所能得到的一般正常收益，只有它才能作为评估的依据。确定客观收益时应当考虑未来收益和风险的合理预期。

需要注意的是，房地产收益不仅包括有形收益还包括无形收益。至于净收益的具体计算，因房地产情形的不同而不同。具体来说，以收益为目的而出租的房地产，其净收益是由该租赁收入扣除折旧费、维修费、管理费、保险费、税收等的余额；一般企业用房地产，是从销售额中扣除原材料价值、运输费、工资等经营成本及税收和利润后的余额；自用房地产净收益采用间接法，即以相同地区或类似地区中房地产的净收益为依据，进行地区因素及个别因素的修正，确定房地产的净收益；待开发房地产确定净收益可以采用假设开发法，即假设待开发土地在最有效使用下可能取得的收益，扣除为获取这一收益所付出的必要费用后所剩的收益就是房地产的净收益。

（2）折现率

折现率实际上就是土地投资报酬率。收益性房地产的购买实际上是一种投资行为，折现率在一定程度上反映了投资收益率，因此折现率同投资风险成正相关的关系。投资风险越大，利润率越高；投资风险越小，利润率越低。对投资行为而言，折现率高，意味着投资风险大，在净收益不变的情况下房地产价值越低；反之，则越高。处于不同用途、不同区位、不同交易时间的房地产，投资风险也不尽相同，其测算方法可以有以下几种。

① 利用多宗类似实例反推。

利用收益还原法公式，通过收集市场上相同或类似的土地净收益、价格资料，反推出折现率，即折现率=净收益/价格。为避免其偶然性，往往要抽取多宗土地，求得其净收益与价格之比的平均值。通常要求选择 4 项以上，并且应该是最近发生的，在种类、等级等都与待评估对象类似的交易实例。

② 折现率=安全利率+风险调整值。

其中，安全利率即无风险报酬率，可以选择银行中长期利率，也可以选择中长期国债利率，然后根据被评估房地产的社会经济环境状况，估计投资风险程度，确定一个调整值。风险调整值根据评估时经济环境对房地产投资的影响确定。在预期价格上涨时，风险调整值为负；当预期价格下降时，风险调整值为正。

③ 各种投资及其风险、收益排序插入法。

评估专业人员收集市场上各种投资收益率的资料，然后把各项投资按收益率大小排队，估计被评估房地产投资风险在哪个范围内，并将它插入其中，然后确定折现率的大小。

根据其使用对象的不同，还可以分为综合折现率、建筑物折现率和土地折现率。综合折现率是将土地和附着于其上的建筑物看作一个整体所采用的折现率。此时评估的是房地产整体价值，采用的净收益也是房地产合一的净收益。建筑物折现率用于评估建筑物的自身价值。这时采用的净收益是建筑物自身所产生的净收益，把房地产整体收益中的土地净收益排除在外。土地折现率用于计算土地自身的价值。这时采用的净收益是土地自身的净收益，把房地产整体收益中的建筑物净收益排除在外。综合折现率、建筑物折现率和土地折现率的关系，可以表示为

$$r = \frac{r_1 \times L + r_2 \times B}{L + B} \text{ 或者 } r_1 = \frac{r \times (L+B) - r_2 \times B}{L}$$

式中：r——综合折现率；

$\quad r_1$——土地折现率；

$\quad r_2$——建筑物折现率；

$\quad L$——土地价值；

B——建筑物价值。

（3）收益期限

收益期限应当根据建筑物剩余经济寿命与土地使用权剩余年限等参数，并根据法律、行政法规的规定确定。采用收益法评估房地产时，有租约限制的，租约期内的租金宜采用租约所确定的租金，租约期外的租金应当采用正常客观的租金，并在资产评估报告中披露租约情况。

5. 应用举例

【例8-3】　有一宗房地产，出让年期为50年，折现率为8%，预计未来前5年的净收益分别为15万元、16万元、20万元、23万元、24万元，第6年开始净收益每年大约可以稳定在25万元左右，如表8-4所示，试评估该房地产的收益价值。

表8-4　土地收益价值的评估　　　　　　　　　　　　单位：万元

时间	1	2	3	4	5	6~50	合计
年收益	15	16	20	23	24	25	
现值	$\dfrac{15}{(1+8\%)^1}$	$\dfrac{16}{(1+8\%)^2}$	$\dfrac{20}{(1+8\%)^3}$	$\dfrac{23}{(1+8\%)^4}$	$\dfrac{24}{(1+8\%)^5}$	$25\times\dfrac{1-(1+8\%)^{-45}}{8\%}\times(1+8\%)^{-5}$	
合计	13.89	13.72	15.88	16.91	16.33	206.03	282.76

其中，第6~50年的收益，可以用"$25\times[(P/A，8\%，50)-(P/A，8\%，5)]=206.03$"计算也可。

【例8-4】　某房地产开发公司于2×12年3月以有偿出让方式取得一块土地50年使用权，并于2×14年3月在此地块上建成一座砖混结构的写字楼，当时造价为2 000元/m²，经济使用年限为55年，残值率为2%。目前，该建筑重置价格为2 500元/m²，该建筑物占地面积500 m²，建筑面积为900 m²，现用于出租，每月实收租金3万元。另据调查，当地同类写字楼出租租金一般为每月每建筑平方米50元，空置率为10%，每年需要支付的管理费为年租金的3.5%，维修费为建筑重置价格的1.5%，城镇土地使用税及房产税合计为每建筑平方米20元，保险费为重置价的0.2%，土地折现率为7%，建筑物折现率为8%。假设土地使用权出让年限届满，土地使用权及地上建筑物由国家无偿收回。试根据以上资料评估该宗地2×18年3月的土地使用权价值。

（1）选定评估方法

该宗地有未来经济收益，适宜采用收益法。

（2）计算总收益

总收益应该是客观收益而不是实际收益，故

$$年总收益=50\times12\times900\times(1-10\%)=486\ 000（元）$$

（3）计算总费用

$$年管理费=486\ 000\times3.5\%=17\ 010（元）$$
$$年维修费=2\ 500\times900\times1.5\%=33\ 750（元）$$
$$年税金=20\times900=18\ 000（元）$$

$$年保险费 = 2\ 500 \times 900 \times 0.2\% = 4\ 500\ （元）$$

$$年总费用 = 17\ 010 + 33\ 750 + 18\ 000 + 4\ 500 = 73\ 260\ （元）$$

（4）计算房地产净收益

$$年房地产净收益 = 486\ 000 - 73\ 260 = 412\ 740\ （元）$$

（5）计算房屋净收益

① 计算年贬值额

年贬值额应该根据房屋的使用年限确定，但本例中由于土地使用年限小于房屋使用年限，土地使用权出让年限届满，土地使用权及地上建筑物由国家无偿收回，房屋的重置价必须在可以使用的年限内全部收回。因此，房地产使用者可以使用的年限为 48（50-2）年，并且不计算残值（因为土地使用期届满后，国家要收回土地使用权，并且地上建筑物也要无偿收回）。因此

$$年贬值额 = \frac{建筑物重置价值}{使用年限} = \frac{2\ 500 \times 900}{48} = 46\ 875\ （元）$$

② 计算房屋现值

$$房屋现值 = 房屋重置价值 - 年贬值额 \times 已使用年限$$

$$= 2\ 500 \times 900 - 46\ 875 \times 4 = 2\ 062\ 500\ （元）$$

③ 计算房屋净收益（假设房屋收益年期为无限期）

$$房屋年净收益 = 房屋现值 \times 房屋折现率 = 2\ 062\ 500 \times 8\% = 165\ 000\ （元）$$

（6）计算土地净收益

$$土地年净收益 = 年房地产净收益 - 房屋年净收益 = 412\ 740 - 165\ 000 = 247\ 740\ （元）$$

（7）计算土地使用权价值

土地使用权在 2×18 年 3 月的剩余使用年限为：50-6=44（年）

$$房地产价格 = 247\ 740 \times (P/A,\ 7\%,\ 44) = 247\ 740 \times \frac{1-(1+7\%)^{-44}}{7\%}$$

$$= 3\ 358\ 836.15\ （元）$$

$$单价 = \frac{3\ 358\ 836.15}{500} = 6\ 717.67\ （元/m^2）$$

（8）评估结果

本宗土地使用权在 2×18 年 3 月的土地使用权价值为 3 358 836.15 元，单价为 6 717.67元/m^2。

6. 评价

房地产买卖价格的确定，特别是收益性房地产收益价格的确定，从其本质而言可以看作是投资价格的确定。收益法以房地产估计的未来收益按估计的折现率折现的现值作为房地产本身的价格，易为房地产业务各方所接受。

但是这种方法的运用需要满足一定的前提条件，如被评估房地产的未来预期收益可以预

测并可以用货币衡量、房地产拥有者的风险可以预测并可以用货币衡量等，这使得收益法的运用范围有一定的限制。此外，不管是收益还是风险的衡量，甚至是未来的使用年限，所有的因素都是估计的，这就使得运用该方法对房地产进行评估需要评估专业人员很多的职业判断，其评估结果会在很大程度上取决于评估专业人员而不是客观实际。

8.2.3　成本法在房地产评估中的应用

1. 基本思路

成本法是指首先估算被评估资产的重置成本，然后估测被评估资产已经存在的各种贬值因素，并将其从重置成本中予以扣除而得到被评估资产价值的方法。其基本思路是重建或重置被评估资产。在条件允许的情况下，任何投资者所愿意支付的价格不会超过购建该资产的现行购建成本。如果投资对象并非全新，投资者愿意支付的价格会在投资对象全新的购建成本的基础上扣除各种贬值因素。简单而言，可用下式表示

$$资产评估价值=重置成本[①]-实体性贬值-功能性贬值-经济性贬值$$

需要注意的是，在房地产评估中，对于土地而言，因为具有保值增值的特征，所以仅仅对土地进行的评估不涉及各种贬值。而对于建筑物或者土地与房产合一的房地产，需要考虑其各种贬值。

2. 适用范围

成本法适用于新开发土地的评估，特别是在房地产市场发育不完善，土地成交实例不多，无法用市场法等其他方法评估时采用。对于那些既无收益又很少有交易情况的公园、学校、公共建筑、公益设施等特殊的房地产进行评估时，也可采用成本法。

3. 成本法在土地评估中的应用

成本法评估土地价值，必须分析地价中的成本因素。土地成本的主要内容包括：土地取得费、土地开发费、利息、利润、税费、土地增值收益等。

（1）计算待开发土地取得费

土地取得费是指为了取得土地而向原土地使用者支付的费用，可分为两种情况。第一，国家征用集体土地而支付给农村集体经济组织的费用，包括土地补偿费、地上附着物和青苗补偿费及安置补助费等。关于征用耕地费用的各项标准，以《中华人民共和国土地管理法》为准，征用其他土地的补偿和安置及青苗补偿等标准，由省、直辖市、自治区参照征用耕地的土地补偿费和安置补偿费的标准规定。在特殊情况下，国务院根据社会经济发展水平，可以提高被征用耕地的土地补偿费和安置补助费标准。第二，为了取得已利用的土地而向原土地使用者支付的拆迁补偿费用，这是对原土地使用者在经济上的补偿，补偿标准各地有具体的规定。

（2）计算土地开发费

土地开发费包括以下 3 个方面。

---

① 重置成本采用客观成本。房地产重置成本采用土地使用权与建筑物分别估算、然后加总的评估方式时，重置成本的相关成本构成应当在两者之间合理划分或者分摊，避免重复计算或者漏算。房地产的重置成本通常采用更新重置成本。当评估对象为具有特定历史文化价值的不动产时，应当尽量采用复原重置成本。

① 基础设施配套费。基础设施配套通常概括为"三通一平"① 和"七通一平"②。为达到"三通一平"或"七通一平"所花费的费用都可以列入土地开发费的范畴。

② 公共设施配套费。主要指邮电、图书馆、学校、公园、绿地等设施的费用，这与项目大小、用地规模有关，各地情况不一，视情况而定。

③ 小区开发费。同公共设施配套费类似，根据用地情况确定合理的项目标准。

（3）计算投资利息

运用成本法评估土地价值时，投资包括土地取得费和土地开发费两个部分。其中，土地取得费在土地开发动工前即要付清，在开发完成销售后方能收回，计息期为整个开发期和销售期。而土地开发费在开发过程中逐步投入，销售后收回，若土地开发费是均匀投入，则计息期是实际投入和使用期间的一半。

（4）计算投资利润和税费

税费是土地在取得和开发过程中所必须支付的税收和费用，所以应当计入土地重置成本；既然投资目的是盈利，那么重新购置土地时需要给予补偿中必然包含利润因素。利润的确定，关键是确定投资利润率或投资或收益率；投资利润率计算的基数可以是土地取得费和土地开发费，也可以是开发后的土地地价。

（5）计算土地增值收益

土地增值收益是由于土地用途改变或土地功能变化而引起的。这种增值变化是土地所有权人允许改变土地用途带来的，应归土地所有者所有。如果土地性能发生变化，提高了土地的经济价值，这个增加的收益也是由于土地性能改变所带来的，同样应归土地所有者所有。将上述四项加总得到土地的成本价格，成本价格乘以土地增值收益率即为土地增值收益。目前，土地增值收益率通常为 10%～25%。

（6）计算土地重置成本

将上述五项内容加总，就可以得到土地的重置成本。

【例 8-5】 某待估地块为一征用农地，面积 500 m²。土地取得费为 230 元/m²，土地开发费为 246 元/m²。土地开发周期为 2 年，第一年投资占总投资的 75%，第二年投资占总投资的 25%；银行贷款年利率为 8%，土地开发平均利润率为 10%，土地增值收益率为20%。要求计算待估土地开发后的价格。

土地取得费 = 500×230 = 115 000（元）

土地开发费 = 500×246 = 123 000（元）

投资利息 = 115 000×[（1+8%）² − 1] + 123 000×75%×[（1+8%）^1.5 − 1] +

123 000×25%×[（1+8%）^0.5 − 1]

= 31 631（元）

土地开发利润 =（115 000+123 000）×10% = 23 800（元）

土地增值收益 =（115 000+123 000+31 631+23 800）×20% = 58 686（元）

土地价格 = 115 000+123 000+31 631+23 800+58 686 = 352 117（元）

土地单价 = 352 117/500 = 704（元/m²）

---

① 即通水、通路、通电和平整地面。

② 即通上水、通下水、通电、通信、通气、通热、通路和平整地面。

4. 成本法在房地产评估中的应用

1）成本法在新建房地产评估中的应用

如果新建房地产项目以房地产开发建成日为评估基准日，无须考虑折旧因素，则可直接根据开发成本计算。开发成本是房地产开发过程中所发生的各种费用，包括土地征用及房地产价值拆迁补偿费、前期工程费、基础设施费、建筑安装工程费、配套设施费等。计算公式为

$$房地产价值=土地取得费+开发成本+管理费用+投资利息+销售税费+正常利润$$

① 土地取得费。土地取得费需要根据土地不同的取得途径[①]分别测算，主要涉及土地取得的相关手续费和税金。

② 开发成本。开发成本主要由勘察设计和前期工程费、基础设施建设费、房屋建筑安装工程费、公共配套设施建设费、开发过程中的税费和其他费用构成。

● 勘察设计和前期工程费：包括临时用水、用地、电、路、场地平整、工程勘察测量以及工程设计费，城市规划设计、咨询、可行性研究费，建设工程许可证照费等；

● 基础设施建设费：包括由开发商承担的自来水、雨水、污水、煤气、热力、供电、电信、道路、绿化、环境卫生、照明灯建设费用；

● 房屋建筑安装工程费：包括建筑安装工程费、招投标费、预算审查费、质量监督费、竣工图费等；

● 公共配套设施建设费：包括由开发商支付的非经营性用房（如居委会、派出所、托儿所、自行车棚、公厕等）、附属工程（如锅炉房、热力点、变电室等）费用、以及文教卫系统所用住房的建设费用。商业网点等经营性用房的建设费用应由经营者负担，按规定不计入商品房价格。

③ 管理费用。主要指开办费和开发过程中管理人员的工资等。

④ 投资利息。以土地取得费和开发成本之和作为计算利息的基数。

⑤ 销售税费。包括销售费用[②]、税金及附加[③]和其他费用[④]。

⑥ 开发利润。以土地取得费和开发成本之和作为利润的计算基数，利润率可根据开发类似房地产的平均利润率确定。

2）成本法在旧建筑物评估中的应用

在旧建筑物评价中使用成本法，除了要考虑建筑物本身的重置成本外，还需考虑其减值因素对建筑物价格的影响。以下按建筑物评估的思路阐述旧建筑物价值的评估。

（1）计算建筑物重置成本

可以运用重置成本法计算建筑物的重置成本，也可以运用预算调整法和价格指数调整法计算建筑物的重置成本。这些方法在建筑物评估中的应用，都有自己的一些特征。比如用预算调整法时

$$建筑物重置成本=原决算成本+直接成本调整+间接成本调整$$
$$直接成本调整=人工费调整+材料费调整+机械费调整×（1+评估日其他直接费取费标准）$$

---

① 取得途径包括征用、拆迁改造和购买。
② 包括广告费、委托代销手续费等。
③ 如城市建设维护税、教育费附加。
④ 如交易手续费、产权转移登记费等。

$$人工费调整=工作日数×（评估基准日工时单价-决算日工时单价）$$

材料费调整和机械费调整原理同人工费调整。

间接成本调整=按评估基准日各项费率标准计算得到的间接成本-决算时的间接成本

其他方法不再赘述。

（2）计算建筑物成新率

可以选择使用年限法，特别是年限平均法计算建筑物的成新率[①]。例如，如果认为建筑物的经济使用年限是 50 年，现在已经使用了 10 年，那么其成新率为（50-10）/50=80%。也可以根据评估专业人员借助于建筑物成新率的评分标准所打的分数作为建筑物的成新率。当然也可以首先使用年限平均法测算损耗率或成新率，再运用打分法测算损耗率或成新率，最后确定两种方法的适当权数，比如使用年限法权数取 40%，打分法权数取 60%，那么按照"成新率=使用年限法成新率×权数+打分法成新率×权数"确定建筑物的成新率。在考虑成新率时也要考虑功能性贬值和经济性贬值。另外，在估计成新率时除了要考虑建筑物的设计等级、设计部门等级、设防标准、施工单位等级和实际施工水平外，还应当注意考虑项目的大修情况，选择合适的成新率计算方法进行估算。

（3）计算建筑物价值

$$建筑物价值=建筑物重置成本×成新率$$

资产评估专业人员应当综合考虑可能引起房地产贬值的主要因素，估算各种贬值。建筑物的贬值包括实体性贬值、功能性贬值和经济性贬值。确定建筑物的实体性贬值时，通常综合考虑建筑物已使用年限、经济寿命年限和土地使用权剩余年限的影响。确定住宅用途建筑物实体性贬值时，需要考虑土地使用权自动续期的影响。当土地使用权自动续期时，可以根据建筑物的经济寿命年限确定其贬值额。

【例 8-6】 一栋房产有 1 000 m²，现重新购建，每平方米为 1 200 元，尚可使用 30 年，已经使用了 20 年，则其重估价格估算如下

$$房产重估价格=1\,000×1\,200×30/（20+30）=720\,000（元）$$

【例 8-7】 某房屋建造于 1980 年，当时投资 20 万元，而在 2000 年和 2010 年对该房屋进行过两次大修，分别投入资金 4 万元和 6 万元。2020 年对其进行评估，如果该房产重置价格为 100 万元，经现场勘查，还可继续使用 31 年，那么该房产的净价为多少？

$$加权投资年限=（2\,020-1\,980）×\frac{20}{30}+（2\,020-2\,000）×\frac{4}{30}+（2\,020-2\,010）×\frac{6}{30}$$

$$=31（年）$$

$$房产成新率=\frac{31}{31+31}×100\%=50\%$$

$$该房产净价=100×50\%=50（万元）$$

案例 8-1

---

① 资产评估专业人员应当对房地产所涉及的土地使用权剩余年限、建筑物经济寿命及设施设备的经济寿命进行分析判断，确定房地产的经济寿命。

8.3 房地产评估的其他方法

8.3.1 剩余法

1. 剩余法概述

(1) 剩余法的概念

剩余法，又称为假设开发法，是指在评估待估房地产价值时，先估算该房地产按照开发完成后的正常交易价格，然后扣除正常投入的费用、正常税金及合理利润后，以该剩余价值测算被评估房地产价值的方法。对于房地产投资商而言，在房地产方面的投资主要是为了获取利润。不同的开发商，由于其对房地产的利用不同，其所投入的成本和要求的利润可能也不相同。可以假设某房地产得到最合理的利用，取得最大的收益，然后扣除为达到最好用途所需花费的代价（包括投入成本、税金及合理利润），剩余的就是房地产投资商目前可以接受的最高价格。在这个价格上，开发商除了可以弥补成本外，还可以得到自己所要求的合理利润。所以，用剩余法评估的价格应该是房地产购买者可以接受的最高价格。

(2) 剩余法的应用范围

剩余法适用于具有开发和再开发潜力，并且其开发完成后的价值可以确定的房地产，主要适用于下列房地产的评估。

① 待开发土地的评估。用开发完成后的房地产价值减去建造费、专业费等。

② 将生地开发成熟地的评估。用开发完成后的熟地价格减去土地开发费用。

③ 待拆迁改造的再开发土地的评估。

(3) 剩余法应用的前提

应用剩余法要求有一个相应的社会经济环境保证，即有一个明确、开放和长远的房地产政策；有一套统一、严谨、健全的房地产法规；有一个完整、公开、透明的房地产资料库；有一个稳定、清晰、全面的有关房地产投资与交易的税费清单；有一个长远、公开、稳定的土地供给计划。

2. 剩余法计算公式

剩余法计算公式表现形式很多，但基本思路相同，可以表示为

$$P = A - (B + C + D + E)$$

式中：P——土地价值；

A——开发完成后的房地产价值；

B——项目开发成本；

C——投资利息；

D——开发商合理利润；

E——正常税费。

资产评估实践中常用的剩余法计算公式为

地价 = 预期楼价 - 建筑费用 - 专业费用 - 销售费用 - 利息 - 税费 - 利润

式中

$$利息 = （地价+建筑费用+专业费用）×利息率$$
$$利润 = （地价+建筑费用+专业费用）×利润率$$

3. 剩余法的运用步骤

① 调查被评估对象的基本情况。被评估对象的基本情况包括以下几个方面。

● 土地的限制条件，如土地政策的限制、城市规划制约等。

● 土地的位置。

● 土地的面积、形状、地质状况、地形地貌、基础设施和生活设施及公用设施状况。

● 土地的利用状况，如规划用途、容积率、覆盖率、建筑物高度限制等。

● 地块的权利状况，如权利性质、使用年限、能否续期、是否已设定抵押权等。

② 确定被评估房地产最佳的开发方式。根据调查对象情况，假设开发方式通常是满足规划条件下的最佳开发利用方式，包括用途、建筑物容积率、土地覆盖率、建筑高度、建筑装修档次等。开发完成后的房地产价值是开发完成后房地产状况所对应的价值。

③ 预测房地产售价。房地产售价可以根据不同用途通过不同途径进行估计：对于出售的房地产，可采用市场法确定开发完成后房地产总价；对于出租的房地产，根据市场法依据类似房地产确定房地产出租的净收益，然后再以收益还原法将出租净收益转化为房地产总价。

④ 估算各项成本费用。估算成本费用包括后续开发成本、管理费用、销售费用、投资利息、销售税费和取得待开发不动产的税费等。

⑤ 确定开发商的合理利润。

⑥ 估算待评估房地产价值。

4. 应用举例

【例8-8】 有一宗"七通一平"的待开发建筑用地，土地面积为 $2\,000\ m^2$，建筑容积率为 2.5，拟开发写字楼，建设期为 2 年，建筑费用为 $3\,000\ 元/m^2$，专业费用为建筑费用的 10%，建筑费用和专业费用在建设期内均匀投入。该写字楼建成后即出售，预计售价为 $9\,000\ 元/m^2$，销售费用为楼价的 2.5%，销售税费为楼价的 6.5%，当地银行的年贷款利率为 6%，开发商要求的投资利润率为 10%。试估算该宗土地目前的单位地价和楼面地价。

（1）已知写字楼预计售价和各项开发成本费用，可用假设开发法评估，计算公式为

$$地价 = 楼价-建筑费用-专业费用-销售费用-利息-税费-利润$$

（2）计算楼价

$$楼价 = 2\,000×2.5×9\,000 = 45\,000\,000（元）$$

（3）计算建筑费用和专业费用

$$建筑费用 = 3\,000×2\,000×2.5 = 15\,000\,000（元）$$
$$专业费用 = 建筑费用×10\% = 15\,000\,000×10\% = 1\,500\,000（元）$$

（4）计算销售费用和税费

$$销售费用 = 45\,000\,000×2.5\% = 1\,125\,000（元）$$
$$销售税费 = 45\,000\,000×6.5\% = 2\,925\,000（元）$$

（5）计算利润

利润＝（地价+建筑费用+专业费用）×10%＝（地价+16 500 000）×10%

（6）计算利息

利息＝地价×$[(1+6\%)^2-1]$+(15 000 000+1 500 000)×$[(1+6\%)^1-1]$

＝0.123 6×地价+990 000

（7）计算地价

地价＝楼价-建筑费用-专业费用-销售费用-利息-税费-利润

＝45 000 000-15 000 000-1 500 000-1 125 000-（0.123 6×地价）-

990 000-2 925 000-（地价+16 500 000）×10%

得

1.223 6×地价＝21 810 000

故

$$地价=\frac{21\ 810\ 000}{1.223\ 6}=17\ 824\ 452（元）$$

（8）评估结果

$$单位地价=\frac{17\ 824\ 452}{2\ 000}=8\ 912（元/m^2）$$

$$楼面地价=\frac{8\ 912}{2.5}=3\ 565（元/m^2）$$

8.3.2 基准地价修正法

1. 基准地价修正法概述

（1）基准地价的概念

所谓基准地价，就是按照土地级别或均值地域分别评估商业、住宅、工业等各类用地的平均价格。基准地价是某特定区域的平均价格，故基准地价的表现形式有片区价和路段价两种。基准地价是单位土地面积在一定时期内的价格，一般覆盖整个城市区域。

（2）基准地价的作用

之所以制定基准地价，是因为它具有政府公告作用，同时它还是宏观调控地价水平的依据，也是国家征收城镇土地使用税的依据，还是政府参与土地有偿使用收益分配的依据，是进一步评估宗地价格的基础，可以引导土地资源在行业部门间的合理配置。

（3）基准地价修正法的概念

基准地价修正法，是以当地政府按级别制定的基准地价和基准地价修正系数为基础，按照替代原则，将被评估宗地的区域条件和个别条件等与其所处区域的平均条件进行对比，选择相应的修正系数对基准地价进行修正，从而确定被估宗地在评估基准日价值的方法。

（4）基准地价修正法的基本思路

在正常的市场条件下，具有相似土地条件和使用功能的土地，在正常房地产市场中应当有相似的价格。基准地价既然是某级别土地的平均价格，故与基准地价相对应的土地条件是土地级别内该用途土地的平均条件。因此，通过被估宗地条件与级别和同类用地平均条件比较，并根据二者在区域条件、个别条件、使用年限、容积率和交易日期等方面的差异，选择适宜的修正系数对基准地价进行修正，即可得到被估宗地地价。采用基准地价修正法评估土地使用权价值时，应当根据评估对象的价值内涵与基准地价内涵的差异，确定调整内容。在土地级别、用途、权益性质等要素一致的情况下，调整内容包括交易日期修正、区域因素修正、个别因素修正、使用年限修正和开发程度修正等。

（5）基准地价修正法应用的注意事项

① 明确基准地价内涵，注意已公布的基准地价是生地价格还是熟地价格。

② 仔细分析和使用基准地价修正系数，注意修正系数的完善性和种类（有分等级的修正系数和路线价的修正系数）。

③ 确定级别和区域基准地价，根据基准地价的详细程度，据实进行调整。

④ 正确选择宗地地价的影响因素。

⑤ 计算各因素对地价的影响程度。

⑥ 运用宗地地价修正系数评估宗地地价。

2. 基准地价修正法的计算公式

宗地地价＝宗地基准地价×使用年限修正系数×交易日期修正系数×容积率修正系数×其他因素修正系数

3. 基准地价修正法的应用程序

① 收集、整理土地定级估价资料。

② 选择确定修正系数表。

③ 调查宗地地价影响因素的指标条件。

④ 制定被估宗地的因素修正系数。

⑤ 确定被估宗地的使用年限修正系数。基准地价对应的使用年限，是各用途土地使用权的最高出让年限，而具体宗地的使用年限可能各不相同，因此必须进行年限的修正。土地使用年限修正系数可按下式计算

$$y=\frac{1-\dfrac{1}{(1+r)^m}}{1-\dfrac{1}{(1+r)^n}}=\frac{(P/A,\ r,\ m)}{(P/A,\ r,\ n)}$$

式中：　　　　y——宗地使用年限修正系数；

r——土地折现率；

m——被估宗地可使用年限；

n——该用途土地法定最高出让年限；

$(P/A,r,m)$——折现率为 r、期限为 m 年的年金现值系数；

$(P/A,r,n)$——折现率为 r、期限为 n 年的年金现值系数。

⑥ 确定交易日期修正系数。交易日期修正一般根据地价指数的变动幅度进行，将基准地价对应的地价水平修正到宗地地价评估基准日的地价水平。

⑦ 确定容积率修正系数。容积率对地价的影响非常大，需要将区域平均容积率下的地价水平修正到宗地实际容积率下的水平。

⑧ 评估宗地地价。

8.3.3　路线价法

1. 路线价法概述

（1）路线价法的含义

所谓路线价，是指对面临特定街道而接近距离相等的市街土地设定标准深度，计算该标准深度的若干宗地的平均单价。路线价法，是根据土地价值随距街道距离增大而递减的原理在特定街道设定单价[①]，并依此单价配合深度百分率表及其他修正率表，用数学方法计算临街同一街道的其他宗地地价的方法。该方法是对大量土地价格进行迅速评估的常用方法。

（2）路线价法的理论依据

路线价法认为，市区内各宗土地的价值与其临街深度的大小关系很大。土地价值随临街深度的加深而递减，宗地越接近道路部分价值越高，距离街道越远则其价值越低。邻接同一街道的宗地根据其地价的相似性，可划分为不同的地价区段。在同一路线价区段内的宗地，虽然地价基本接近，但由于宗地的临街深度、宽度、形状、面积、位置等仍有差异，地价也会出现差异，所以需要制定各种修正率，对路线价进行调整。因此，路线价法实质上也是市场法的一种，路线价是标准宗地的单位地价，可以看作比较实例，对路线价进行的各种修正可视为因素修正。因此，路线价的理论基础也是替代原理。

（3）路线价法的适用范围

一般的土地价值评估方法适用于单宗土地的评估，路线价法则适宜于同时对大量土地进行评估，特别适宜于土地课税、土地重划、征地拆迁等需要在大范围内对大量土地进行评估的场合。路线价法运用是否得当，还有赖于较为完整的道路系统和排列整齐的宗地及完善合理的深度修正率和其他条件修正率。

2. 路线价法的计算公式

路线价法的计算公式有不同表现方式，常见的有

$$宗地总价=路线价×深度百分率×临街宽度$$

如果宗地条件特殊，如宗地属于街角地、两面临街地、三角形地、梯形地、不规则形状地、袋状地等，则依下列公式计算

$$宗地总价=路线价×深度百分率×临街深度×其他条件修正率$$

或

$$宗地总价=路线价×深度百分率×临街深度±其他条件修正额$$

3. 路线价法的操作程序

路线价法的操作程序主要包括：路线价区段的划分、标准深度的确定、路线价的评估、深度百分率表和其他条件修正率表的制作、宗地价值的计算。

（1）路线价区段的划分

地价相等、位置相连的地段一般划分为同一路线价区段。路线价区段一般为带状地段。在划分路线价区段时，原则上以地价有显著差异的地点为区段界，通常是从十字路口或丁字路口中心处划分，两路口之间的地段为一路线价区段。但繁华街道有时需将两路口之间的地

---

① 即路线价。

段做多段划分，附设不同的路线价；而某些不很繁华的地区，同一路线价区段可延长至数个路口。另外，如果在同一街道上，若两侧的繁华状况有显著差异，同一路段也可附设不同的路线价，此时在观念上应视为两个路线价区段。

路线价区段划分完毕，需要对每一路线价区段计算该路线段内标准宗地的平均地价，附设于该路线段上。

（2）标准深度的确定

标准深度是指标准宗地的临街深度，通常是路线价区段内临街各宗土地深度的众数。如果不以深度的众数作为标准深度，则由此而制作的深度百分率表将使以后多数宗地的地价计算都要用深度百分率加以修正，这不仅会增加计算工作量，而且会使路线价失去其代表性。例如，某路线价区段临街宗地大部分的深度为 16 m，则其标准深度就是 16 m，如果临街深度大部分是 20 m，则其标准深度也应当是 20 m，从而使宗地地价的计算达到简化。

（3）路线价的评估

路线价的评估，可以采用两种方法。第一种方法，是由熟练的评估专业人员依据买卖实例用市场法等基本评估方法确定。例如，在同一路线价区段内选择若干标准宗地，分别计算单位地价（可以用收益法、市场法等），然后确定这些宗地的众数或中位数、算术平均值、加权平均值，即得该路线价区段的路线价。第二种方法，采用评分方式，将形成土地价格的各因素分成几种项目加以评分，然后合计，换算成附设于路线价上的点数。

（4）深度百分率表和其他条件修正率表的制作

深度百分率，又称深度指数，是地价随临街深度长短变化的比率。深度百分率表，又称深度指数表，是路线价法的难点和关键所在。制作深度百分率表的原则：地块的各部分价值随距离街道的程度而有递减的趋势，即深度越深价值越低。路线价法在美国由来已久，长久以来根据丰富的实践资料，制定了各种路线价法则，如四三二一法则、苏慕斯法则（克利夫兰法则）、霍夫曼法则等；英国的有哈伯法则、爱迪生法则等。对于临街的长方形宗地，可以根据深度百分率表估算其地价，但其他宗地，如路角地、两面临街地、三面临街地、三角形地、不规则形地等，其地价的计算则可制定相应的修正率估算。

（5）宗地价值的计算

根据路线价和深度百分率及其他条件修正率，运用路线价法计算公式，可以得到宗地价值。由于路线价的表示方式、深度百分率表的制作形式不同，所以路线价法的计算公式不完全相同。例如，美国的计算公式为

$$V = u \times dv \times f$$

而日本的计算公式则为

$$V = u \times dv \times (f \times d)$$

式中：V——宗地总价；

u——路线价；

dv——深度百分率；

f——宗地临街宽度；

d——宗地深度。

4. 深度百分率表的制作

深度百分率的表现形式有 3 种：单独深度百分率、累计深度百分率和平均深度百分率。

如果将距离街面一定深度的一地块的面积价格以百分率表示，即为单独深度百分率；如果记录的是从街道到某一深度的所有地块面积价格的百分率，则此百分率为累计深度百分率；如果计算的是从街道到某一深度的单位面积的平均值，则这个百分率就是平均深度百分率。因为单位面积的价格随距离街道的距离而递减，所以单独深度百分率呈递减趋势；而累计深度百分率表因为反映的是总价值，所以呈递增趋势；平均深度百分率呈递减趋势。下面说明这几者之间的关系，如图 8-1 所示。

图 8-1 是一块临街宽度为 $m(\mathrm{m})$、深度为 $n(\mathrm{m})$ 的长方形宗地，每平方米的平均价格为 A 元，则该宗地的总价格为 mnA 元。

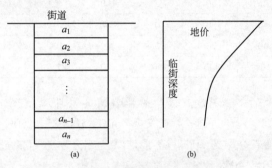

图 8-1 土地价值与地块临街深度的关系

按照道路的平行方向，将深度按某单位（如 $1\,\mathrm{m}$）划分为 n 个细片土地，临街方向土地的单位面积价格为 a_1，a_2，a_3，a_4，$\cdots$，a_{n-1}，a_n。因为地块越接近道路，利用价值越高，虽然深度同为 $1\,\mathrm{m}$，但其地价不同，表现为 $a_1>a_2>a_3>\cdots>a_{n-1}>a_n$，并且 $a_1-a_2>a_2-a_3>a_3-a_4\cdots>a_{n-1}-a_n$，其关系可通过图 8-1(b) 表现。

由此，土地总价值为

$$mnA = ma_1 + ma_2 + ma_3 + \cdots + ma_{n-1} + ma_n$$

从而

$$A = \frac{a_1 + a_2 + a_3 + \cdots + a_{n-1} + a_n}{n}$$

其中，a_1，a_2，a_3，$\cdots$就是单独深度百分率，A 是地块总的平均深度百分率。如果要求深度为 3 的累计深度百分率，那么可以计算 $a_1+a_2+a_3$ 得到。如果计算深度为 3 的平均深度百分率，那么应该为 "$(a_1+a_2+a_3)/(3/n)$"。

也就是说，单独深度百分率、累计深度百分率和平均深度百分率存在如下关系。

单独深度百分率表现为：$a_1>a_2>a_3\cdots>a_{n-1}>a_n$

累计深度百分率表现为：$a_1<a_1+a_2<a_1+a_2+a_3<\cdots<a_1+a_2+a_3+\cdots+a_{n-1}+a_n$

平均深度百分率＝累计深度百分率×标准深度/宗地深度

制作深度百分率表，需要考虑下列问题。

① 确定标准深度。

② 确定级距。

③ 确定单独深度百分率。

④ 根据需要采用累计或平均深度百分率。

　　根据制作深度百分率表的要求，以标准宗地的平均深度百分率（平均单价）作为100%，将单独深度百分率、累计深度百分率、平均深度百分率综合制成表格，即得到深度百分率表。下面通过一个实例（著名的四三二一法则）考察深度百分率表的制作。

　　【例8-9】　标准深度为100英尺（30.48 m）的宗地，每25英尺（7.62 m）其单独深度百分率分别为40%、30%、20%、10%、9%、8%、7%、6%，如表8-5所示。求其深度百分率表。

表8-5　深度百分率表

深度/英尺	25	50	75	100	125	150	175	200
单独深度百分率/%	40	30	20	10	9	8	7	6
累计深度百分率/%	40	70	90	100	109	117	124	130
平均深度百分率/%	160	140	120	100	87.2	78	70.86	65

　　表8-5中，25英尺的单独深度百分率为40%，其累计深度百分率相同，其平均深度百分率＝累计深度百分率×标准深度/宗地深度＝40%×100/25＝160%。

　　50英尺的单独深度百分率为30%，其累计深度百分率为40%＋30%＝70%，其平均深度百分率＝70%×100/50＝140%。

　　75英尺的单独深度百分率为20%，其累计深度百分率为40%＋30%＋20%＝90%，其平均深度百分率＝90%×100/75＝120%。

　　100英尺的单独深度百分率10%，其累计深度百分率为40%＋30%＋20%＋10%＝100%，其平均深度百分率＝100%×100/100＝100%。

　　其他计算方法同。

5. 几个路线价法则简介

（1）四三二一法则

　　四三二一法则是将标准深度为100英尺的普通临街地，与道路平行区分为四等分，即由街面算起，第一个25英尺的价值占路线价的40%，第二个25英尺占路线价的30%，第三个25英尺占路线价的20%，第四个25英尺占路线价的10%。如果超过100英尺，则需用九七八六法则补充，即超过100英尺的第一个25英尺的价值占路线价的9%，第二个25英尺为8%，第三个英尺为7%，第四个英尺为6%。该法则简明易记，但深度划分过于简略，可能出现评估不够精细的问题。

（2）苏慕斯法则

　　苏慕斯法则（Somers rule）是苏慕斯（William A. Somers）根据多年的实践经验并经对众多的买卖实例价格调查比较后创立的。其深度百分率表的分配原则：每100英尺深的土地价值，前50英尺部分价值占宗地价值的72.5%，后50英尺部分占27.5%，若再深50英尺，则该宗地所增加的价值仅为15%。[①]

（3）霍夫曼法则

　　霍夫曼法则（Hoffman rule）是1866年纽约市法官霍夫曼（Hoffman）所创造的，是最先被承认的对于某种深度的宗地评估的法则。该法则认为，深度为100英尺的宗地，在最初

---

① 由于该法则在美国俄亥俄州克利夫兰市的应用最为著名，也将其称为克利夫兰法则（Cleveland rule）。

50 英尺的价值应占宗地价值的 2/3，在此基础上深度为 100 英尺的宗地，最初的 25 英尺等于 37.5%，最初的一半，即 50 英尺等于 67%，75 英尺等于 87.7%，100 英尺等于 100%。霍夫曼之后，尼尔（Neil）修正了霍夫曼法则，由此创造了霍夫曼-尼尔法则（Hoffman-Neil rule）。

（4）哈伯法则

哈伯法则（Harper rule）创始于英国。该法则认为宗地的价值与其深度的平方根成正比，即深度百分率为其深度平方根的 10 倍。用公式表示为：

$$深度百分率 = (10 \times \sqrt{深度})\%$$

例如，一宗深度为 50 英尺的土地价值，相当于 100 英尺深度土地价值的 70%（10× $\sqrt{50}$）%。由于标准深度不一定为 100 英尺，所以修正后的哈伯法则认为

$$深度百分率 = \frac{\sqrt{所给深度}}{\sqrt{标准深度}} \times 100\%$$

6. 路线价法应用实例

【例 8-10】　现有临街宗地甲、乙、丙、丁、戊，深度分别为 25 英尺、50 英尺、75 英尺、100 英尺和 125 英尺，宽度分别为 30 英尺、30 英尺、20 英尺、20 英尺和 10 英尺。路线价为 2 000 元/英尺，设标准深度为 100 英尺。试运用四三二一法则，计算各宗地的价值。

$$P_{甲} = 2\,000 \times 0.4 \times 30 = 24\,000　（元）$$

$$P_{乙} = 2\,000 \times 0.7 \times 30 = 42\,000　（元）$$

$$P_{丙} = 2\,000 \times 0.9 \times 20 = 36\,000　（元）$$

$$P_{丁} = 2\,000 \times 1.0 \times 20 = 40\,000　（元）$$

$$P_{戊} = 2\,000 \times 1.09 \times 10 = 21\,800　（元）$$

8.4　在建工程评估

8.4.1　在建工程及其评估特点

在建工程是指在资产评估基准日尚未完工的建设项目或虽已完工但尚未交付使用的建设项目，以及建设项目备用材料、设备等物资。

在建工程评估具有自身的特点，与单独的土地、已建成的房地产及工程准备的机器设备等的评估有一定的区别。

① 在建工程情况复杂。在建工程涉及各种各样的资产，包括单项工程、配套工程及基建性质的整体工程等。从在建工程的施工情况看，又可以分为正常施工、延期施工、暂停施工、停止施工等。在建工程的范围涉及各个行业，包括建设中的各种房屋和建筑，以及维修、改建、扩建和大修理工程，因此情况十分复杂，评估中应认真考察和分析，选择适宜的评估方法。

② 在建工程可比性差。在建工程的工程进度差异很大，有的刚刚投资兴建，有的已经完工但尚未交付使用，这些工程进度上的差异就会造成在建工程功能上的差异。因此，在建工程之间的可比性较差，评估时直接可比实例较少。

③ 在建工程投资不能完全体现形象进度。由于在建工程的投资方式和会计核算要求，其账面价值往往包括预付材料款和预付设备款，同时也记录在建工程的应付材料款和应付设备款等，可能有时预付很多而工程进度尚未跟上，有时预付较少而进展超出。因此，在建工程的投资并不能完全体现在建工程的形象进度。

④ 在建工程价格受后续工程影响。在建工程工期长短差别很大，有工期比较长的在建工程，建造期间材料、工费、设计等价格都可能发生变化，使在建工程的承包及建成后发挥的效益都有很多的不确定性。因此，在建工程价格与后续工程进度和质量有着非常密切的关系。

8.4.2 在建工程评估的基本步骤

① 要求委托方提供在建工程的详细资料。首先，要求委托方编制在建工程评估申请表，其内容包括各项工程的名称、建筑面积、框架结构、项目预算、结算方式、实际用款、开工日期、工程完工进度和工作量等；其次，要求委托方提供工程图纸、施工方案、项目预算资料、安装设备的订货合同及付款到货情况，以及在建工程的会计账簿和原始记录等有关资料；最后，评估专业人员还应该掌握建设部门规定的当地当年的建筑预算定额、建筑工程间接费用标准、地方建筑材料价差指数、建筑工程预算外费用、建筑工程不可预见费和基础设施费等。

② 分析资料的真实性与正确性。通常采用有关的会计账簿和原始凭证，核对评估申请表中的项目，验证在建工程项目的真实性和完整性，并将账面用款数与预算资料进行核对，查验预算的执行情况。采用出包方式施工的，应与施工合同金额核对。对于安装设备和建筑材料，也要将账面有关记录与订货合同、发票、运费单、付款凭证等相互核对，验证设备和建筑材料的到货情况及其真实情况，使报表、预算和账目三者一致。

③ 清查核实在建工程进度。主要查实实际工程进度和工程形象进度情况，评估专业人员会同委托方工程技术人员到现场进行实地考察，核实工程进度、结合付款进度，共同查实确定在建工程的性质、用途、结构、类型及确切的工程进度。

④ 详细检查工程质量。详细检查在建工程的质量情况，如在建工程的各组成部分是否存在较为明显的实体性贬值、功能性贬值和经济性贬值，以及在建工程的布局是否合理。

⑤ 选择适宜的方法评估在建工程。根据掌握的资料及确定的完工进度、计算的工程预算造价或单位造价，确定在建工程的评估值。

⑥ 确定评估结果和撰写评估报告。如果在建工程与企业的整体资产或多项资产一起评估，可撰写一个评估报告。

8.4.3 在建工程评估方法及其选择

（1）形象进度法

形象进度法，是选择足够的可比销售资料，根据在建工程建造完成后的房地产市场价格，结合工程形象进度评估在建工程价值的方法。该方法在应用时可以用以下公式计算。

在建工程价值＝房地产市场单价×工程形象进度百分比×(1-折扣率)

$$工程形象进度百分比=\frac{实际完成建筑工程量+实际完成安装工程量}{总工程量}\times100\%$$

其中，在建工程建造完成后的房地产市场价值，一般可采用市场法或收益法评估。折扣率的确定应考虑营销支出、广告费和风险收益等因素。针对已经完成或接近完成，只是尚未交付使用的在建工程，可以采用该方法进行评估。

（2）工程部位进度法

工程部位进度法是将被评估的未完工工程根据其构造划分成若干部位，每个部位根据不同建筑结构类型，按其预算价格占工程总预算价格比重确定各部位在工程总预算造价的百分比，然后根据未完工程各部位在评估时的实际完成程度及各部位占工程总预算造价的百分比确定未完工程的工程进度，最后用未完工程进度乘上工程预算造价，即可求出未完工程的重置建筑安装成本。其计算公式为

$$未完工程重置安装成本=工程预算造价\times未完工程完成进度$$

其中

$$未完工程完成进度=\sum（各部位完成进度\%\times各部位占被评估工程造价\%）$$

这种方法适用于施工期较短且价格变化较小的未完工程价值评估。

【例8-11】　如某框架结构的工业厂房，工程设计为三层，建筑面积1 500平方米，总预算造价为1 125 000元。评估时该厂房正在建设中，其中建筑工程中的基础工程已经完工，结构工程完成了60%，装饰工程尚未进行。评估专业人员依据一般土建工程各部位占单位预算的比重，即工程造价构成表（表8-6），对该未完工程的重置建筑安装成本进行评估。

表8-6　工程造价构成表　　　　　　　　　　　　　　　单位：%

部位名称	建筑结构类型			
	混合结构	框架结构	预制装配结构	预制吊装结构
基础工程	13	15	25	15
结构工程	60	60	55	60
装饰工程	27	25	20	25

在建工程完成进度=15%+60%×60%=51%

在建工程重置成本=1 125 000×51%=573 750（元）

（3）假设开发法

假设开发法，是指在计算被估在建工程价值时，将被估在建工程预计开发完成后的价值，扣除后续正常的开发费用、销售费用、销售税金后以确定被估在建工程价值的方法。计算公式为

$$在建工程价值=房地产预售价-（后续工程成本+后续工程费用+正常利税）$$

其中，房地产预售价可以用市场法或收益法评估。

这种方法适用于那些建成后用于出售且实际完成工程量较少的在建工程，不适用于非营

利性的房地产。

（4）因素调整法

因素调整法，是对未完工程实际完成部分因价格变化和设计变更因素，分别计算调整数额，经归集加总后与在建工程实际支出相加减，以此确定在建工程的重置建筑安装成本。其计算公式为

未完工程重置建筑安装成本＝未完工程实际支出＋已完工部分各项直接费用因价格变化造成的增减额＋已完工部分各项间接费用因价格变化造成的增减额＋已完工部分因设计变更造成的增减额

这种方法主要适用于工期较长、设计变更及价格变化对未完工程影响较大的项目评估。

8.4.4 在建工程评估的注意事项

在建工程评估工作复杂，评估专业人员在具体操作中应注意以下问题：

① 评估基准日的确定。选定的评估基准日应易于划分工程完工进度和计算工程款项，尽量接近评估现场工作时间。

② 在建工程的前景。在建工程将来是否具有获利能力、发展前景如何，将直接影响评估标准的选择及对在建工程价值的判断。

③ 建设工期是否合理。在建工程评估应以正常的建设工期为依据，建设工期过长会导致建设费用增加，因此评估过程中评估专业人员应进行合理判断，超过正常建设期所引起的利息及其他费用超支额不能作为在建工程重置价值的组成部分。

④ 税费和利润的确定。各项税费以国家现行税法规定的税基和税率计算；利息应考虑正常的建设工期和银行基本贷款利率及统一口径的投资额计算；开发利润应根据在建工程所需发生的全部费用乘以行业平均资金利润率计算得出。

案例 8-2

关 键 概 念

房地产　剩余法　基准地价修正法　路线价法　标准深度　深度百分率

复习思考题

1. 什么是房地产？房地产有哪些特征？

2. 土地资产有哪些特征？

3. 房地产评估的原则有哪些？

4. 影响房地产评估价值的因素有哪些？

5. 房地产评估运用市场法时需要进行哪些因素的修正？如何计算修正后的价格？

6. 使用成本法评估房地产价值时，需要考虑的成本项目包括哪些？适用范围如何？

7. 运用收益法评估土地使用权价值时如何确定房地产净收益？如何理解折现率的实质？

8. 什么是基准地价？如何根据基准地价法评估房地产价值？

9. 什么是路线价法？怎样根据路线价对房地产价值进行评估？

10. 什么是四三二一法则？

11. 在建工程评估可以采用哪些方法？在建工程评估与一般房地产评估相比，更要注意哪些因素？

练 习 题

一、单项选择题

1. 有一块宗地，占地面积为 500 m²，地上建有一幢 3 层楼房，建筑密度为 0.7，容积率为 2.0，土地单价为 3 000 元/m²，则楼面地价为（　　）元/m²。

　　A. 1 000　　　　　　B. 1 500　　　　　　C. 2 100　　　　　　D. 2 800

2. 有一宗地，深度为 15 米，若标准深度为 10 米，按照四三二一法则，该宗地的单独深度百分率为 40%、30%、20%、10%、9%、8%，则其平均深度百分率为（　　）。

　　A. 117%　　　　　　B. 78%　　　　　　C. 58.5%　　　　　　D. 19.5%

3. 某地产未来第一年净收益为 30 万元，假设该地产的使用年限为无限年期，预计未来每年土地净收益将在上一年的基础上增加 1 万元，折现率为 7%，则该地产的评估值最接近于（　　）万元。

　　A. 205　　　　　　B. 429　　　　　　C. 633　　　　　　D. 690

4. 地产市场的不完全竞争性是由土地的（　　）决定的。

　　A. 稀缺性　　　　　　　　　　B. 用途多样性

　　C. 位置固定性　　　　　　　　D. 价值增值性

5. 待估地产年总收入 18 万元，年总费用 10 万元，使用年限 10 年，折现率为 10%，则其评估价值最接近于（　　）万元。

　　A. 110　　　　　　B. 61　　　　　　C. 80　　　　　　D. 49

二、多项选择题

1. 影响房地产价值的一般因素包括（　　）。

　　A. 房地产位置　　　　　　　　B. 社会福利水平

　　C. 城市规划　　　　　　　　　D. 经济发展水平

2. "三通一平"是指（　　）和平整地面。

　　A. 通水　　　　　　　　　　　B. 通路

　　C. 通气　　　　　　　　　　　D. 通电

3. 土地的价格是（　　）。

　　A. 是地租的资本化　　　　　　B. 是由土地的生产成本决定的

　　C. 与土地的用途无关　　　　　D. 具有个别性

　　E. 是土地的权益价格

4. 运用剩余法评估待拆迁改造的再开发地产时，其开发建筑成本费用包括（　　）。

　　A. 建筑承包商利润　　　　　　B. 建筑设计费

　　C. 拆迁费　　　　　　　　　　D. 育苗补偿费

　　E. 劳动安置费

5. 运用基准地价评估宗地地价时，需修正的因素包括（　　）。

A. 土地出让金　　　　　　　　　　B. 土地使用年限

C. 拆迁费用　　　　　　　　　　　D. 土地等级

E. 容积率

三、计算题

1. 某综合楼为六层砖混结构综合用房，该工程于 2×13 年竣工并投入使用。该工程的建筑面积为 8 534 m²，层高为 2.85 m。根据专家估计，从竣工到投入使用后，此楼的使用寿命为 25 年。2×18 年对此楼进行评估，评估基准日是 2×18 年 12 月 31 日。按照调整后的工程量、现行工程预算价格、费率计算出的定额直接费（建筑安装工程）为 4 151 497.07 元，综合间接费率为 27%，远征费率为 1.7%，劳保基金占 5%，施工利润占 6%，材料差价为 47 812.39 元，税费率为 3.22%；定额管理费占 0.18%，前期费用率和其他费用率为 5.77%，资本成本按工程投资两年均匀投入考虑，年利率为 5.94%。试评估该综合用房价值。

2. 某钢筋混凝土 5 层框架楼房，于 2×13 年建成，账面价值为 500 万元，现评估其 2×18 年的价值。经查询，该建筑所在区域建筑产值环比价格指数为 8%、12%、12%、15%、20%。经评估现场打分，结构部分为 80 分，装修部分为 70 分，设备部分为 60 分。查表得结构、装修和设备修正系数分别为 0.75、0.12、0.13。要求评估该框架楼房的价值。

3. 某被评估资产是一块 50 年期的空地，通过市场调查可以得到 3 个可比实例。其中，实例 A 成交于 2×17 年 1 月 15 日，市场分析近几年平均每月上涨 0.5%。A 的交通便捷程度比待评估土地高 6%，但其他设施完善程度是被评估土地的 95%，A 在成交时的剩余土地使用年限为 60 年，折现率为 10%。A 的成交价为 600 万元，评估基准日期定为 2×18 年 1 月 15 日。要求：

（1）计算各因素的修正系数；

（2）计算实例 A 修正后的地价。

4. 有一宗已"七通一平"的待开发建设空地，土地面积为 3 200 m²，建筑容积率为 2.5，拟开发建设公寓，土地使用权年限为 50 年。据市场调查和项目可行性分析，该项目建设开发周期为 3 年，取得土地使用权后即可动工，建成后即可对外出租，出租率估计为 90%，每建筑平方米的年租金预计为 300 元，年出租费用为年租金的 25%。建筑费用预计每建筑平方米 1 000 元，专业费用为建筑费用的 10%，建筑费用和专业费用在建设期内均匀投入。假设当地银行贷款利率为 7%，不动产综合还原利率为 8%，开发商要求的总利润为所开发不动产总价的 15%。试评估该宗土地地价（计算结果以元为单位，取整）。

5. 有一宗"七通一平"的空地，面积为 2 000 m²，允许用途为住宅建设，允许容积率为 6，覆盖率为 50%，土地使用权年限为 70 年。如果建设住宅，预计建设期 2 年，第一年投入 80% 的总建设费，第二年投入剩余的 20%，总建设费预计为 1 000 万元，专业费用为总建设费的 5%，利息率为 8%，利润率为 20%，售楼费用及税金等综合费用率为售楼价的 5%。假设住宅建成后即可全部出售，楼价预计为 4 000 元/m²，折现率 10%。要求按假设开发法估测该宗土地的市场价值。

第9章 资源资产评估

本章导读

资源资产具有自然属性、经济属性和法律属性。自然属性包括天然性、稀缺性、生态性和区域性等，经济属性包括具有使用价值、能够以货币计量、具有收益性等。法律属性包括资源资产产权具有独立性和资源资产的使用权可以依法交易等。

森林资源资产，是指由特定主体拥有或者控制并能带来经济利益的，用于生产、提供商品和生态服务的森林资源，包括森林、林木、林地、森林景观、森林生态等。执行森林资源资产评估业务，应当根据评估对象、评估目的、价值类型、资料收集等情况，分析市场法、收益法和成本法三种评估基本方法的适用性，选择评估方法。

我国的矿产资源属于国家所有，矿产资源物质实体及其所有权属于国家所有。国家实行探矿权、采矿权有偿取得制度，矿产资源的探矿权和采矿权可以依法出让和转让。探矿权和采矿权通常合称矿业权，简称矿权。所谓矿业权，是指在依法取得的勘查或采矿许可证规定的范围和期限内，对矿产资源进行勘查、开采等一系列生产经营活动的权利。可采用重置成本法、地学排序法、贴现现金流量法、可比销售法对矿产资源价值进行评估。

9.1 资源资产评估概述

9.1.1 自然资源与经济资源

资源是人类赖以生存和发展的物质基础，是可供人类利用的宝贵财富。资源包括自然资源、经济资源等。

1. 自然资源及其分类

自然资源是指一切能为人类提供生存、发展、享受的自然物质与自然条件及其相互作用而形成的自然生态环境和人工环境。它超出经济资源的范围，包括了社会经济内容。其中，自然物质与自然条件是在一定社会经济条件和一定科学技术水平，以及人类社会不同发展阶段上所需要的自然物质与自然条件，而不是其全部，即能为人类和人类社会的发展提供使用价值前提和基础的自然物质与自然条件。自然生态环境是自然物质在一定自然条件下相互作用、相互影响、相互制约所形成的具有生态结构与属性的、遵循生态平衡规律的有机的自然环境。它是自然物质与自然条件的综合形态，亦可称为生态环境资源。人工环境，是指经过人工干预的自然生态环境，即其中注入了人类的物化劳动，此种环境又可称为人工环境资源。自然物质、自然条件、生态环境资源和人工环境资源共同构成自然资源。它是人类和人类社会赖以生存、发展的物质基础。

根据自然资源的属性，可以将自然资源分为以下几类。

（1）可再生资源与不可再生资源

在自然资源中，有些资源，如生物资源，吸收了太阳能和水资源，并消耗了土壤里的养分。在一定的太阳能、生物繁殖能力及人类自我约束的条件下，这种具有很强生命力的生物资源是可以再生的，这类资源被称为可再生资源；相反，矿产资源受地质作用及生成空间的限制，数量是有限的，人类利用和开采它，使它的数量逐渐减少，最终耗竭，在人类生命期间内是无法恢复的，这类资源被称为不可再生资源。

（2）耗竭性资源与非耗竭性资源

对于人类社会而言，可以被用尽的自然资源被称为耗竭性资源，如矿产资源；可以永续利用的自然资源是非耗竭性资源，如土地。但是，人类如果不能合理利用它，土地就会沙化或盐碱化，变成不能利用的土地。如果人类加强治理，沙化、盐碱化了的土地便可以恢复利用。所以，土地是可恢复的非耗竭性资源。

（3）可利用资源与潜在资源

在现时技术经济条件下可以开发利用，并在经济效益、社会效益和生态效益上是有利的，称为可利用资源；反之，则称为潜在资源。可利用资源与潜在资源是相对的，随着科学技术的发展，暂时不可利用的潜在资源也会变成可利用资源。

（4）无机资源与有机资源

自然资源又分为无机资源与有机资源。由氧化物、酸、碱和盐四大类无机物构成的资源称为无机资源，如地质资源、矿产资源、气候资源等。由含碳有机物构成的资源称为有机资源，泛指生物资源，如地表水资源、陆地生物资源、海洋资源、土地资源等。

（5）生态资源和非生态资源

自然资源可分为生态资源和非生态资源。生态资源来源于生态系统或生物圈，包括土地资源、淡水资源、生物资源（动物、植物、微生物资源）、海洋资源等；非生态资源来源于非生态系统或非生物圈（岩石圈、大气圈），包括矿产资源、大气资源等。此外，旅游资源是介于自然资源和人文资源之间的一种资源，是以生态资源为载体的特殊资源。

2. 经济资源

经济资源是自然资源经过人类劳动的投入和改造，成为对人类社会具有使用价值的物质与条件（即社会财富）。人工环境（资源）具有经济资源的特性。

自然资源是经济资源的前提与基础，经济资源是人类对自然资源加工、改造的结果。

9.1.2 资源资产的概念

自然物无论发现与否，都是客观存在的。但只有已被人类确认为具有使用价值的自然物才被称为自然资源。在生产过程中，人类可以投入这些自然力作用下所生成的自然资源，并在未来获得更大的利益。如果将这些资源再赋予权利，它就会成为资产，即资源资产。然而，并不是所有自然资源都能成为资产，能够成为资源资产的自然资源必须同时具备以下6个条件。

（1）必须是处于静态的存置空间

任何一项资产都必须处于一定静态的存置空间，以便为人们提取使用。如果人们不知道自然资源的生成空间，尽管它客观上存在，但它是处在隐形动态存置空间，这时它只能是自然资源而不是资源资产。当人们查明并确定了其静态存置空间，并被人们所拥有和控制后，它才能成为资源资产。

（2）必须是处于使用状态

没有探明的矿产资源，没有开发利用的原始森林，没有捕捞上来的海洋鱼类等自然状态下的资源，因其不能进入社会生产过程，不处于使用状态而不能成为资产。只有进入社会再生产过程而被利用的自然资源，才能成为资源资产。

（3）必须能用货币计量

资源在自然状态下既不能以实物计量，也无法以货币计量，所以它只能是自然资源而不是资源资产。只有当资源被查明了蕴藏量、潜在实物量，并且人们可以用特殊方法计算出以货币反映的价值量后，资源才成为资产。

（4）必须为特定主体所拥有或控制

资源资产必须能为特定主体所拥有或控制。凡是能被特定主体拥有或控制的自然资源，一定是处于静态的存置空间和可以使用的状态，任何产权主体都不会拥有不能被控制的自然资源。

（5）能够为特定主体带来经济效益

自然资源作为自然生产要素原先并没有耗费或很少耗费，但当它以自身的自然力和自然有用要素同劳动相结合时，就会产生特别高的劳动生产力，创造超过自身价值的超额收益，为特定主体带来未来收益。

（6）能够用现代科学技术取得

这里专指矿产资源。已经探明了的矿产资源，若由于矿物组合成分复杂，选冶性能差，不能用现代科学技术取得，就不能成为人类的财富；相反，现代科学技术越先进，取得可供使用的矿产资源就越多。所以，只有能用现代科学技术取得的自然资源，才能称为资源资产。

综上所述，资源资产是指在现行技术经济条件下，能够进入社会生产过程并能给特定主体带来经济效益的自然资源。

9.1.3　资源资产的特性

资源资产与自然资源相比，其物质内涵是一致的，除了具有自然资源的基本特性外，根据资产的含义，还具有经济属性和法律属性。

（1）自然属性

① 天然性。资源资产的实体是自然资源，是大自然赋予人类的天然财富。随着人类改造能力的加强，部分资源资产则表现为人工投入与天然生长的共生性。

② 稀缺性。人类认识自然、利用和改造自然是有阶段性和渐进性的。一切自然资源在一定范围、一定时间上具有有限性，如矿产资源；部分物种具有稀缺性和贵重性，非再生资源还具有枯竭性。对于森林资源，如果人们不进行培植补充，长期无节制地利用，也会逐渐耗竭。

③ 区域性。任何一种自然资源在地球上都不是均衡分布的，它们在品种、数量、质量等方面都存在明显的地区差异，即具有明显的区域性。每一种资源都具有其特有的分布规律。自然资源的区域性，不论是表现为自然地理的不同，还是表现为经济地理的不同，都是形成级差地租的重要原因。

④ 生态性。各种资源，如太阳、大气、地质、水文、生物等构成了一个复杂的体系，形成特定的生态结构，构成不同的生态系统。不同的资源间互相依存，具有一定的生态平衡规律。如果毫无顾忌地开采和获取资源，使消耗超过补偿的速度，就会导致这些资源毁灭；

向陆地圈、水圈、大气圈以超过自然净化能力的速度排放废物，就会破坏生态系统的平衡，从而导致某些自然资源难以持续利用。

（2）经济属性

① 资源资产具有使用价值，是经济发展的基础。由于自然资源具有使用价值与物质效用，自然资源能够转化为经济资源，成为人类的生活资料或生产资料。经济增长与经济发展必然要耗费一定的资源，所以自然资源是人类发展的物质基础。全部物质财富必须以自然资源为物资基础，其相对丰度影响着经济发展速度。

② 资源资产能够以货币计量。资源资产除了能够用实物单位计量以外，还可以用价值量表示，这是资源资产评估的基础。对于无法用货币计量的自然资源，如空气、阳光等就不能成为资产。

③ 资源资产具有收益性。只有具有经济价值的自然资源才能成为资产。没有经济价值或在当今知识与技术条件下尚不能确定其有经济价值的资源不能成为资产。

（3）法律属性

① 资源资产产权具有独立性，它必须能够为特定的产权主体所拥有和控制。

② 资源资产使用权可以交易。我国实行资源资产的所有权和使用权相分离的制度，法律不允许资源资产的所有权转让，但是使用权可以依法交易。

9.1.4　资源资产的价值

传统的经济和价值观念认为，自然资源特别是天然的自然资源没有价值。自然资源的无价观造成了人们对自然资源的不合理利用，降低了自然资源的效用，导致资源浪费、生态破坏和环境恶化，降低了人类社会发展的可持续性。对自然资源的价值，理论界经过了长期的争论，已基本形成共识，认为自然资源具有价值。但自然资源为什么具有价值？价值体现在哪里？尽管目前人们的认识还不尽一致，但基本上是以马克思的劳动价值论作为理论依据，同时也有以效用价值论、稀缺价值论和垄断价值论为依据的。

（1）马克思的劳动价值论

马克思的劳动价值论指出：抽象劳动是价值（抽象财富）的唯一源泉。价值量的大小是由社会必要劳动时间决定的，并且每一种商品的价值都不是由这种商品本身包含的必要劳动时间决定的，而是由它的再生产所需要的社会必要劳动时间决定的，劳动并不是它所生产的使用价值，即物质财富的唯一源泉。因此，在理解马克思的劳动价值论时，需要把握好以下几个问题。

① 劳动是价值的唯一源泉。那些不需要付出劳动就可以为人类所用的物质没有价值，但是每件商品的价值不都是由这种商品本身包含的社会必要劳动时间决定的，而是由它的再生产所需要的社会必要劳动时间决定的。

② 劳动创造的价值量是以社会必要劳动时间衡量的。一个能充分反映社会需要的经济运行机制是有效率的，它能使资源得到合理的开发、利用，从而创造出相对更大的价值。

③ 人类在改变物质形态的劳动中，还经常要靠自然力的帮助，因而对自然力的充分利用能节约劳动。

自然资源虽然和人类密切相关，是人类生存、发展的一种必不可少的物质基础，但是它似乎表现出极大的丰富性，好像取之不尽、用之不竭，不需要人们付出具体劳动就自然存在、自然生成，因而在这一特定的历史条件下自然资源无疑没有价值。可是人类社会发展到今天，许多自然资源再也不能只凭其自然作用与社会经济协调发展了。为了保持经济社会长期的稳定发展，人类必须对自然资源的再生产投入劳动，使自然资源再生过程和社会再生产过程结合起来。因此，自然资源的再生过程是自然过程和社会过程的统一，在自然资源的再生产过程中伴随着人类劳动的投入，于是整个现存的、有用的、稀缺的自然资源（不管过去是否投入劳动，即是否是劳动产品）都表现为具有价值，其价值量的大小就是在自然资源的再生产过程中人类所投入的社会必要劳动时间。由此可见，自然资源具有价值不但不违背马克思的劳动价值论，而且完全符合马克思劳动价值论的一般原理。

（2）效用价值论

效用价值论是从物品满足人们欲望的能力或人对物品效用的主观心理评价角度解释价值及其形成过程的经济理论。19 世纪 50 年代以前，效用价值论主要表现为一般效用论，自 19 世纪 70 年代后，主要表现为边际效用论。英国早期经济学家 N. 巴本是最早明确表述效用观点的思想家之一。他认为，一切物品的价值都来自它们的效用，物品的效用在于满足人类天生的欲望，无用之物没有价值。19 世纪 30 年代以后，逐渐出现了边际效用价值论。边际效用价值论又称为主观价值论，认为商品的价值只表示人们对商品的心理感受，价值取决于人的欲望及人对物品的估价，人的欲望和估价会随物品数量的变化而变化，并在被满足和不满足的欲望之间的边际上表现出来。

效用价值论认为，一切生产无非都是创造效用的过程，但人们获得效用并不一定非要通过生产，效用完全可以通过大自然的赐予而获得。价值起源于效用，效用是价值的源泉，是形成价值的必要条件。任何有价值的东西都通过其效用表现出来，即使凝结着人类劳动的商品，如果没有效用，那么该商品也没有价值。

自然资源作为人类生存和发展的物质基础，其有用性是毋庸置疑的，可以使人们获得心理和物质上的享受。按照效用价值论，无论自然资源中是否凝结了人类的劳动，其有用性就决定了它具有价值。当资源处于自然赋存状态时，它的价值表现为"潜在的社会价值"。因此，有用性是自然资源具有价值的前提和必要条件。

（3）稀缺价值论

并不是所有具有使用价值的物质都有价值，如空气和阳光，具有很高的使用价值和效用性，但目前人们普遍认为它们没有价值，原因是空气和阳光在目前还可以认为是取之不尽、用之不竭的，不具备稀缺性，并且它们还不被任何一个社会主体所垄断。现代经济学研究的核心问题是稀缺资源的优化配置问题，对于自然资源同样也是核心问题。稀缺性是资源价值的基础，也是市场形成的根本条件，只有稀缺的东西才会具有经济学意义上的价值，才会在市场上有价格。

随着社会经济的发展，人类对资源的需求和开采强度逐渐加大，许多资源相应减少，具有了稀缺性。资源之所以有价值，首先是因为在现实社会经济发展中的稀缺性成为资源价值存在的充分条件。但资源的稀缺性又是一个相对概念，在某个地区或某一时期稀缺的资源，在另一个地区或时期可能并不缺少，这样就可能导致同样资源的价值量不同。资源价值量的大小与其稀缺性成正比。

对于矿产资源价值的认识，也是随着人类社会的发展和对矿产资源稀缺性的逐步认识（矿产资源供需关系的变化）而逐步发展和形成的。矿产资源价值也存在从无到有、由低到高的演变过程。因此，资源价值首先体现的是其稀缺性，资源价值的大小也是其在不同地区、不同时段稀缺性的体现。

（4）垄断价值论

资源在其开发利用过程中必然建立权属关系。产权是现代市场经济中的一个重要概念，直观地说，产权就是财产权利。H. 德姆塞茨认为："所谓产权，就是指自己和他人收益的权利。交易一旦在市场达成，两组产权就发生了交换，虽然一组产权常附着于一项物品或劳务，但交换物或劳务的价值却是由产权的价值决定的。"从这一解释可以看出，产权是与物品或劳务相关的一系列权利或一组权利。E. G. 富鲁普顿等认为："产权不是人与物之间的关系，而是由于物的存在和使用而引起的人们之间一些被认可的行为关系。"伊萨克森等认为："社会中盛行的产权制度可以描述为界定每个人在稀缺资源利用方面的地位的一组经济与社会关系。"因此，产权是经济运行的基础，商品和劳务买卖的核心是产权的转让，产权是交易的先决条件。

资源价值的一个重要方面是其产权的体现。设想在一个没有资源产权的地区，任何人可以以任何方式使用资源，而不用支付任何报酬，那么只有在资源无限的情况下，才不会稀缺，那时资源也就没有价值。

我国《宪法》明确规定，矿产资源等自然资源属国家所有，禁止任何组织或个人使用任何手段侵占或者破坏自然资源。《中华人民共和国矿产资源法》第三条明确规定，矿产资源属国家所有，由国务院行使国家对矿产资源的所有权。任何单位和个人要进行矿产资源的勘查、开采，必须取得矿业权。矿业权是由所有权派生出的他物权，是矿业权人依法取得的对矿产资源的使用和部分收益的权利。矿业权具有独占性和排他性，可以依法获得收益和进行转让，并且矿业权的取得和转让都是有偿的。因此，明确资源产权是资源具有价值的基础，稀缺性和垄断性构成了资源具有价值的充分条件。

9.1.5 资源资产评估及其特点

资源资产评估是指现时条件下对资源资产在某一时点上的有偿使用价值进行评定和估算。资源资产包括资源的实体（有形）资产和由所有权派生出来的使用权（无形）资产。资源资产评估，不仅为国民经济资源价值核算服务，还可以在资源资产产权的出让、转让、资产经营、抵押、环保等经济活动中为有关权益各方（包括国家和企业等）提供专业服务。资源资产评估的基本方法也是3种，即收益法、成本法、市场法。但在具体方法运用及参数的确定上，不同类型的资源资产具有派生的适合各类资源资产评估的特定方法。

资源资产由于具有独特的自然属性、经济属性和法律属性，因而与其他资产相比，资源资产评估具有自身的特点。

（1）资源资产价值是自然资源的使用权价格

我国自然资源大部分属于国家所有，只有一部分属于集体所有（如矿产资源属于国家所有，大部分森林资源属于国家所有），并实行所有权和使用权相分离的制度。由于不允许资源资产的所有权转让，因此资源资产评估的对象不是物质实体本身，而是资源资产的使用权，是对资源资产权益的价值评估。

（2）资源资产价值受区位影响较大

由于资源资产的有限性、稀缺性和区域性，资源资产价值受自然资源所在区位的影响很大。

（3）资源资产评估必须遵循自然资源的客观规律

资源条件包括资源的质量品位、资源的赋存开采条件、产地至销售地的运输距离和运输条件（运输工具和地貌等）。资源资产类别较多，不同资产其资源条件、经营方式、市场供求等都不相同。例如，矿产资源是经过一定的地质过程形成的，森林资源是一种生物资源，因此矿山企业对矿产资源开发利用、对矿业权的经营，森林工业企业的营林生产过程等都有自身的客观规律。因此，在资产评估中要充分了解资源资产实体和资产使用权的专业特点，以便合理评估资源资产的价值。

9.1.6　资源资产评估的对象

资源资产评估的对象是无形资产及其所依托的实物资源资产。资源资产所涉及的无形资产包括资源资产调查成果、资源资产经营权（如矿业权、土地使用权）、生态效益资产（如森林的水源涵养、防风固沙、水土保持等）及自然景观旅游资源资产、生物多样性和基因保存等专有技术无形资产。由于有些无形资产计量还不够明确，没有开展评估。目前开展评估的有矿产资源资产、森林资源资产和旅游资源资产等。

（1）矿产资源资产

矿产资源资产评估范围包括矿产资源实物资产、矿业权、地质勘查成果专有权，而主要评估对象为矿业权。矿业权分为探矿权和采矿权、矿产发现权。

① 探矿权和采矿权。探矿权和采矿权是矿产资源资产所有权派生出来的他物权，是所有者特许勘查出资人勘查矿产资源的权利。勘查出资人成为矿业权人，其法律文件是勘查许可证、采矿许可证。勘查许可证、采矿许可证又是行为产权，当矿业权发生租赁、抵押行为时，"两证"成为独立的评估对象。需要指出的是，探矿权和采矿权评估必须依托矿产资源实物资产，而矿产资源实物资产评估在特定的评估目的下可以不依托矿业权而成为独立的评估对象。

② 矿产发现权。矿产发现权属于知识产权。地质勘查是对地质规律和地质科学的具体运用，其发现对象可能是某种矿产，或者是某种成因类型的矿床，或者是某个成矿区带。这些对象都是客观自然现象的具体体现。所以，对发现主体应给予享有矿产发现权的权益，从而使矿产发现权成为独立的评估对象。

（2）森林资源资产

森林资源资产是林地上各种资源资产的总称，包括林地资产、林木资产、森林野生动植物资产、森林景观资产及林地经营权、林木采伐权等无形资产。森林资源资产具有多样性和多效性，有时很难确切测定实际价值。但森林资源资产的大部分经济效益来自林地资产和林木资产，因而森林资源资产评估通常是对林地资产、林木资产和森林景观资产的评估。

① 林木资产。林木资产是指林地内所有的林木，包括幼龄林、中龄林和未成林造林地上的幼树。按林木的用途又可分为用材林、经济林、薪炭林、防护林、特种用途林和竹林。人工林和天然林统一纳入林木资产评估。

② 林地资产。林地资产是森林生长的承载体，是指国家法律确认的用于林业用地中具有货币表现属性的资产，包括林地、疏林地、未成林造林地、灌木林地、采伐迹地、火烧迹地、苗圃地和国家规划的宜林地。

③ 森林景观资产。森林景观资产是指风景林（含森林公园）、森林游憩地、部分名胜古迹和革命纪念林、古树名木等。

（3）旅游资源资产

旅游资源是指所有进入旅游经济范围内的资源。从广义上说，旅游资源包括一切可供游客观赏、休闲、娱乐的各种自然景物、基础设施和历史文化古迹，以及对现代社会有重要影响的景物；从狭义上讲，旅游资源就是指旅游景点的自然景物和人文设施。旅游资源评估一般是指狭义旅游资源的评估。

（4）其他资源资产

① 浅海及大陆架水域，包括海洋动植物，但不包括海底矿产。

② 滩涂、退海荒地、利用程度很低的海滨土地、盐田等。

③ 草地、草山及其上的动植物。

9.1.7 资源资产的评估原则

资源资产评估除遵循一般资产评估原则外，还应遵循以下原则。

（1）尊重自然科学及客观规律

资源资产具有生长期较长的特点，对未来收益的计算，要做各种参数预测，这种预测是在一定的假设条件下进行的。例如，矿产资源资产开采规模是在矿产赋存状态探明的基础上假设储量不会发生变化的条件下做出的；森林资源资产蓄木量是在科学预测生态环境的基础上假设生长期一定的条件下做出的。

（2）最佳使用原则

资源资产的用途具有多样性，利用方式不同，获得的收益也不同。资源资产的权利人都期望获得最大的收益，这一目的指导着资源资产的利用方式。所以，资源资产评估也应以最大限度地发挥效用的利用方式为前提，确定预期的最大收益。

（3）价值递增原则

价值递增原则是指在评估资源资产价值时，必须充分考虑自然资源的稀缺性。自然资源价值递增原则的基本含义是评估时序越后的资源，其价值越高。之所以对资源资产评估要坚持价值递增原则，其一是由特殊的供求矛盾决定的。一方面，随着人类开采活动的继续和发展，自然资源在自然界的绝对量在不断减少；另一方面，由于社会经济的发展，人们的需求量又在不断增加，使得供给与需求的矛盾日益尖锐。这一矛盾是无法通过人为方式增加、扩大自然资源的拥有量解决的。这一矛盾在资源评估上的反映就是不断提高资源的价格，以刺激人们节约资源，尽可能减少对自然资源的需求和依赖。其二是由资源环境中人类劳动的积累增多决定的。人类改造自然的活动改变并改善了资源开发的环境和条件，这种追加于资源环境、条件方面的劳动代价，必然列于与之相联系的自然资源的价值中，从而使自然资源的价值呈递增趋势。

9.2 森林资源资产评估

9.2.1 森林资源资产评估的概念

1. 森林资源资产及其价值

（1）森林资源资产的特点

森林资源资产，是指由特定主体拥有或者控制并能带来经济利益的，用于生产、提供商品和生态服务的森林资源，包括森林、林木、林地、森林景观、森林生态等。森林资源是以多年生木本植物为主体并包括以森林环境为生存条件的林内动物、植物、微生物等在内的生物群落，它具有一定的生物结构和地段类型并形成特有的生态环境。森林资源具有以下特点。

① 森林资源的系统性。森林资源的各个组成部分在太阳辐射、热量、水分和土壤等环境条件下共同组成一个复杂的既相互联系又相互制约的森林生态系统或森林资源系统。该系统不仅包括各种乔木、灌木、草本植物、地表微生物，还包括各种飞禽走兽，甚至包括土

地、水和空气等，不仅有各种食物链结构、共生结构和立体结构，而且在空间分布上与其外部相交融。在这个系统中任何一个成分的改变都会影响系统的结构和功能，并引起其他成分在系统中的地位和作用的变化。

② 森林资源的功能性。森林资源不仅具有多种多样的经济功能、生态功能，而且具有极大的社会功能。例如，森林中的木材、干果、鲜果、树皮、香料、药材、饲料、薪材等都可作为工农业生产和生活之用，森林能净化大气、防风固沙、保持水土、涵养水源等，为人类创造良好的生存环境。由于森林资源的系统性，森林的一种功能的实现可能引起其他功能的损失，因此在利用森林资源时一定要综合考虑，使森林资源系统的功能在整体上实现最佳。

③ 森林资源的高效性。一方面，森林资源具有不断更新和增值的能力，只要不受外力破坏和超负荷开发利用，森林资源可供人类持续使用；另一方面，森林资源由于具有复杂的立体结构，拥有 50 倍于土地面积的叶面，因而可以充分利用阳光、空气、水分和养分，具有其他生物群落无可比拟的高效生产能力。森林同期内生产的物质比一年生植物高 10 倍，消耗的养分却只有一年生植物的 1/10。

④ 森林资源的可再生性。森林资源的可再生性表现为：当林木被采伐之后，可以通过人类劳动培育其再生，也可以在没有人为干预的情况下自然再生，只是后者需要更长的时间。由于森林资源具有可再生性，于是就可以通过人类劳动作用于自然，促进其生产和再生产，因此森林资源又不完全是纯粹的自然资源。

（2）森林资源的价值

森林资源的价值是森林生物群体的物质生产、能量储备及其对周围环境的影响所表现的价值，其价值主要表现在以下 3 个方面。

① 经济效益。即提供木材、能源、食物、药材、物种基因及其他原料所带来的价值。

② 生态效益。即由于森林环境（包括生物与非生物）的调节作用而产生的有利于人类和生物种群生息、繁衍的效益，如调节气候、保持水土、预防灾害和改良土壤等。

③ 社会效益。即森林对人类生存、生育、居住、活动，以及在人的心理、情绪、感觉、教育等方面所产生的作用。

上述 3 种效益从本质上来说，最终都会物化为经济利益，不过有的是直接的经济利益，有的是通过若干过渡环节转化为经济利益，因此森林资源预期给人类带来的经济利益实际上是上述 3 种效益带来的总的经济利益。

2. 森林资源资产评估的概念

森林资源资产评估，是指资产评估机构及其评估专业人员遵守法律、行政法规和资产评估准则，根据委托对评估基准日特定目的下的森林资源资产价值进行评定和估算，并出具资产评估报告的专业服务行为。

执行森林资源资产评估业务，应当遵守《资产评估执业准则——森林资源资产》的各项规定。

9.2.2 森林资源资产评估的基本规定

执行森林资源资产评估业务，应当具备森林资源资产评估的专业知识和实践经验，能够胜任所执行的森林资源资产评估业务。当执行某项特定业务缺乏相关的专业知识和经验时，应当采取弥补措施，包括聘请林业专业技术人员或者相关专业机构协助工作等。

在对持续经营前提下的经济组织价值进行评估时，作为经济组织资产的组成部分，森林资源资产价值通常受其对经济组织贡献程度的影响。

执行森林资源资产评估业务，应当根据评估目的等相关条件，选择恰当的价值类型。

执行森林资源资产评估业务，应当考虑国家相关林业法规和政策，以及森林资源的自然属性、经营特性、使用期限、用途等因素对森林资源资产价值的影响。执行涉及生态公益林等特殊用途的森林资源资产评估业务，除评估其经济价值外，还应当结合评估目的考虑是否评估其生态服务价值。

资产评估专业人员应当履行适当的评估程序，核实森林资源资产实物量及相关信息，分析经营管理的合理性，选择恰当的评估参数进行评定估算，编制和提交资产评估报告。

9.2.3　森林资源资产评估的操作要求

执行森林资源资产评估业务，应当要求委托人明确森林资源资产评估目的、评估对象和范围。执行森林资源资产评估业务，应当根据评估目的和具体情况进行合理假设，并在资产评估报告中予以披露。

资产评估专业人员应当要求委托人或者其他相关当事人明确森林资源资产的权属，出具林权证或者相关权属证明文件，并对其真实性、完整性、合法性做出承诺。资产评估专业人员应当对森林资源资产的权属资料进行核查验证。

执行森林资源资产评估业务，应当要求委托人或者其他相关当事人提供森林资源资产实物量清单。森林资源资产实物量是价值评估的基础。资产评估专业人员在进行森林资源资产价值评定估算前，可以委托相关专业机构对委托人或者其他相关当事人提供的森林资源资产实物量清单进行现场核查，由核查机构出具核查报告。当森林资源资产实物量清单由相关专业机构为满足所进行的资产评估需求，通过开展调查工作，以出具调查报告方式确定时，资产评估专业人员可以对调查工作进行现场核查。

资产评估专业人员应当依法对森林资源资产评估活动中使用的资料进行核查验证。

9.2.4　森林资源资产的评估方法

执行森林资源资产评估业务，应当根据评估对象、评估目的、价值类型、资料收集等情况，分析市场法、收益法和成本法三种资产评估基本方法的适用性，选择评估方法。

1. 市场法

采用市场法评估森林资源资产时，应当考虑以下 4 个方面。

① 森林资源资产市场的活跃程度，市场提供足够数量可比森林资源资产交易数据的可能性及可靠性。

② 森林资源所在地域的差异性对森林资源资产交易价格的影响。

③ 森林资源资产的用途和功能对交易价格的影响。

④ 不同林分质量、立地等级、地理条件、交易情况等因素对森林资源资产价值的影响。

2. 收益法

采用收益法评估森林资源资产时，应当考虑以下 4 个方面。

① 森林资源结构、功能、质量、自然生长力等对收益的影响。

② 森林资源管理相关法律、行政法规、财政补贴政策、采伐制度等对收益的影响。

③ 根据森林资源资产的特点、经营类型、风险因素等相关条件合理确定折现率。

④ 森林资源采伐方式和采伐周期对收益的影响。

3. 成本法

采用成本法评估森林资源资产时，应当考虑以下 4 个方面。

① 森林资源培育过程的复杂性对成本的影响。

② 森林资源经营的长期性对价值的影响。

③ 森林资源质量对价值的影响。

④ 森林资源培育技术、林地利用方式等造成的影响。

执行森林资源资产评估业务，应当关注各龄组之间计算结果的合理性。

9.2.5 林木资产的评估

在进行林木资产评估时，要根据不同的林种选择适用的评估方法和林分质量调整系数进行评定估算。目前主要的评估方法有市场法、收益法和成本法等。林木资产评估中，林分质量调整系数需综合考虑林分的生长状况、林地质量和经济质量等确定。

1. 市场法

市场法，是以相同或类似林木资产的现行市价作为比较基础，评估待估林木资产价值的方法。其计算公式为

$$P = K \times k_b \times G \times Q$$

其中，P 为林木资产评估值，Q 为被评估林木资产的蓄积量，K 为林分质量调整系数，k_b 为物价指数调整系数，G 为参照物单位蓄积的交易价格。

这里的林分是指内部特征大体一致而与邻近地段又有明显区别的一片林子。一个林区的森林可以根据树种组成、森林起源、林相、林龄、疏密度、地位级、林型及其他因素的不同，划分成不同的林分。不同的林分要求采取不同的森林经营措施。

2. 收益法

收益法，是指将被评估林木资产在未来经营期内各年的净收益按一定的折现率折算为现值，然后累计求和得出林木资产评估价值的方法。其计算公式为

$$P = \sum_{t=1}^{n} \frac{A_t - C_t}{(1 + r)^t}$$

其中，P 为林木资产评估值，A_t 为第 t 年的收入，C_t 为第 t 年的营林生产成本，n 为经营期，r 为折现率。

3. 成本法

成本法，是指按现时工价及生产水平重新营造一块与被评估林木资产相类似的林分所需的成本费用作为被评估林木资产价值的方法。其计算公式为

$$P = K \cdot \sum_{t=1}^{n} C_t (1 + r)^{n-t}$$

其中，P 为林木资产评估值，K 为林分质量调整系数，C_t 为过去第 t 年以现时工价及生产水平为标准计算的生产成本，r 为折现率，n 为林分年龄。

从理论上讲，市场法适合各种有交易的森林资源资产的评估，采用该方法时，至少应选取 3 个以上参照物进行测算。但是由于市场条件限制，在有些情况下，如防护林的评估，市场法就并不适用。收益法适合用于有经营性收益的林木资产，如经济林资产、竹林资产、实

验林资产、母树林资产等。幼龄林常用成本法评估。

9.2.6　林地资产的评估

林地资产既有土地评估的特点，又有自身的特征。根据《森林资源资产评估技术规范》的规定，对林地资产评估使用的主要方法有现行市价法、林地期望价法、年金资本化法和林地费用价法 4 种。

1. 现行市价法

现行市价法是以具有相同或类似条件林地在活跃市场的现行交易价格作为参照，经过调整后得到林地资产价值的方法。其计算公式为

$$B = K_1 \times K_2 \times K_3 \times K_4 \times G \times S$$

其中，B 为林地价，G 为参照林地的单位面积林地交易价值，S 为被评估林地面积，K_1 为林地质量调整系数，K_2 为地利等级调整系数，K_3 为物价指数调整系数，K_4 为其他因素综合调整系数。

现行市价法要求取 3 个以上的评估实例进行比较调整后，依据参照物的相对权重综合确定评估价值。

2. 林地期望价法

林地期望价法，是评估用材林林地资产的主要方法，是按复利计算，将无穷多个轮伐期的收入和支出全部折现为现值累加求和得到。

林地期望价法以实行永续皆伐为前提，并假定每个轮伐期林地上的收益相同，支出也相同，从无林地造林开始进行计算，将无穷多个轮伐期的纯收入全部折为现值，累加求和后作为被评估林地资产的评估价值。其计算公式为

$$B = \frac{A_u + D_a(1+p)^{u-a} + D_b(1+p)^{u-b} + \cdots - \sum_{i=1}^{n} C_i(1+p)^{u-i+1}}{(1+p)^u - 1} - \frac{V}{p}$$

其中，B 为林地价，A_u 为现实林分 u 年主伐时的纯收入，D_a 和 D_b 分别为第 a 年、第 b 年间伐的纯收入，C_i 为各年度营林直接投资，V 为平均营林生产间接费用[①]，p 为利率[②]，n 为轮伐期的年数。

公式中主伐收入是指木材销售收入扣除采运成本、销售费用、管理费用、财务费用、有关税费、合理利润后的剩余部分。间伐纯收入的计算方式与主伐纯收入相同，但其产量小、规格小、价格低，在进行第一次间伐时常常出现负收入（即成本、税费和投资应有的合理利润超过了木材销售收入）；间伐的时间、次数和间伐强度一般按森林经营类型表的设计确定。营林生产成本包括清杂整地、挖穴造林、幼林抚育、劈杂除草、施肥等直接生产成本和护林防火、病虫害防治等按面积分摊的间接成本[③]。管理费用摊入各类成本中，直接生产成本根据森林经营类型设计表设计的措施和技术标准，按照评估基准日的工价和物价水平确定它们的重置值；按面积分摊的间接成本必须根据近年来营林生产中实际发生的分摊数，并按

---

① 包括森林保护费、营林设施费、良种实验、调查设计费以及其生产单位管理费、场部管理费和财务费用。
② 不含通货膨胀率。
③ 本公式的使用中地租不作为生产成本。

物价变动指数进行调整确定。

3. 年金资本化法

年金资本化法是以林地每年稳定收益（地租）作为投资资本的收益，按适当的投资收益率作为折现率计算林地资产价值的方法。其计算公式为

$$E = \frac{A}{P}$$

其中，E 为评估值，A 为年平均地租，P 为投资收益率。

年金资本化法的计算较简单，仅涉及年平均地租和投资收益率。在确定平均地租时用近年的平均值，并尽可能将通货膨胀因素从平均地租中扣除；在确定投资收益率时尽可能将通货膨胀率扣除。如果在地租中无法将通货膨胀率扣除，则采用的投资收益率应包含通货膨胀率，但如果通货膨胀率的变化较大，则这种计算可能会产生较大的偏差。

4. 林地费用价法

林地费用价法是用取得林地所需要的费用和将林地维持到现在状态所需的费用确定林地价值的方法。其计算公式为

$$B = A \times (1 + p)^n + \sum_{i=1}^{n} M_i (1 + p)^{n-i+1}$$

其中，A 为林地购置费，M_i 为林地购置后第 i 年林地改良费，n 为林地购置年限，其他符号含义同前。

林地费用价法主要适用于林地的购入费用较为明确且购入后仅采取了一些改良措施，使之适合于林业用途，但又尚未经营的林地。该方法在一般的土地资产评估中较常使用，而在林地资产中，由于林地购入后仅维持、改良而不进行经营的情况极少，因此该方法在林地投资评估中用的较少。在林地费用价法的应用中，由于林地的购置年限一般较短，各项成本费用大多比较清晰，故其利率一般采用商业利率，而各年度的改良费一般采用历史成本，而不用重置成本。如果林地的购置费和各年的林地改良费均采用评估基准日的重置成本，则其利率采用不含通货膨胀的利率。

9.3　矿产资源资产评估

矿产资源资产评估的需求很广，但主要需求是产权交易和经营活动，其评估对象大多是矿业权[①]。适合矿业权的评估方法目前有 5 种，其中适合较低勘查程度矿业权评估的有重置成本法、地学排序法和联合风险勘查协议法；适合较高勘查程度及生产阶段矿业权评估的有贴现现金流量法、市场比较法。这里只介绍重置成本法、地学排序法、贴现现金流量法和市场比较法。

1. 重置成本法

重置成本法评估探矿权的基本思路是：探矿权的价值由已投入的勘查成本及其所取得的效果两个要素决定。成本要素是指勘查时所采用的各种技术方法、所投入工作量和工程量的现值，而不是原始实际成本，因此要对勘查投入进行重置计算。勘查有效性及效望系数是对

---

① 矿业权包括探矿权和采矿权。

勘查投入的有效性及今后勘查远景有望程度所做的判断,在具体评估方法中称为"勘查效望系数",通过地质专家和评估专业人员的评判加以确定。

根据重置成本法的原理,得到以下计算式

$$P_a = P_b \times F + 探矿权使用费$$

$$P_a = \left[\sum_{i=1}^{n} U_{bi} P_{ui} (1 + \varepsilon) \right] \times F + 探矿权使用费$$

其中,P_a 为探矿权价值,P_b 为探矿权重置全价,U_{bi} 为各类地质勘查实物工作量,P_{ui} 为各类地质勘查实物工作量相对应的现行市价,F 为勘查效望系数,ε 为其他地质工作、综合研究及编写报告、岩矿实验、工地建筑四项费用分摊系数,n 为地质勘查实物工作量项数。

公式中,勘查效望系数是指在待评估探矿权的勘查区内已完成的各类勘查工作及其成果对受让方利用价值及今后该地区找矿有望程度的大小,主要根据评估对象的蕴藏情况、矿化特征、施工效果及对后续勘查工作的指导意义等因素,对各类已实施的工程量的价值做出评判,其取值范围一般为 $0.5 \sim 2$。

探矿权使用费按勘查登记的实际区块面积计算,计算公式如下。

$$探矿权使用费 = 勘查区块面积 \times 第一年至评估基准日探矿权使用费之和$$

采用重置成本法评估矿业权仅适用于已开展过勘查工作(包括前人所做的勘查工作),但尚未达到可以估算储量的探矿权的评估,如预查及普查程度的探矿权。

2. 地学排序法

地学排序法是由澳大利亚矿产经济学家在加拿大地质学家基尔伯恩提出的"地质工程法"的基础上进行改进而提出的。基尔伯恩认为地质工程因素、矿产品市场、矿业权市场、矿业金融市场(信贷与股票市场)4个基本因素影响着探矿权价值。这些因素中,地质工程师或地质学家只能对地质工程因素加以评估,评估该探矿权的找矿技术前景;其余3个因素必须求助于矿产经济学家才可能解决。基尔伯恩将地质工程因素划分为4个主要特征,并将这4个主要特征分为19个亚范畴,依据其重要性加以排序,评估专业人员可以根据自己的经验确定相应的价值指数。澳大利亚的矿产经济学家在此基础上,对一些价值指数及基础购置成本重新进行测算,同时对原方法中未考虑到的3个因素(矿产品市场、矿业权市场和矿业金融市场)进行了研究,弥补了原地质工程法的不足,使地学排序法对探矿权价值评估的运用更加客观、全面。

根据地学排序法的原理,得到如下数学表达式

$$P = CR \times a = CR \times a_1 \times a_2 \times \cdots a_i \times \cdots \times a_n$$

其中,P 为探矿权评估价值,CR 为基础购置成本,a_i 为价值指数,a 为调整系数[①]。其中,基础购置成本的计算公式如下。

$$基础购置成本 = \left[基础工作单位成本 + 探矿权使用费 \right] \times 待评估探矿权面积$$

地学排序法主要适用于预查及普查工作阶段的探矿权评估业务,当勘查区内投入了一定的勘查工程,除了面积工作外,还投入了少量的轻型或重型山地工程,如槽探、钻探工程,

---

① 为探矿权价值指数乘积,即 $a = a_1 \times a_2 \times \cdots \times a_i \times \cdots \times a_n$。

但是待评估探矿权的找矿前景不明朗或很不明朗时，使用重置成本法评估较为合理；当有的勘查区内勘查工作即使投入不多，其找矿前景却较为明朗甚至前景很好时，使用地学排序法评估就更为合适。

3. 贴现现金流量法

贴现现金流量法的基本思路是：根据矿山企业现有的或设计的矿山设备、生产条件和方案等，预测矿山企业在预测收益期内各年开发利用矿产资源所取得的预期收益额，扣除生产经营成本和税费等后折算成现值，即为采矿权的价值。其计算公式为

$$P = \sum_{t=1}^{n} \left[(W_{at} - W_{bt}) \times \frac{1}{(1+r)^t} \right]$$

其中，P 为采矿权价值，W_{at} 为年剩余利润额，W_{bt} 为社会平均收益额，r 为折现率，t 为期限。

$$W_{at} = 年销售收入 - 年经营成本 - 年资源补偿费 - 资源税 - 其他税费$$

$$W_{bt} = 年销售收入 \times 销售利润率$$

值得注意的是，矿业权交易活动包括从地质预查开始，经普查、详查、勘探评价到矿山设计，进入矿山建设、生产，直至闭坑结束的全过程。贴现现金流量法既可用于采矿权的各个时期，也适用于达到详查以上的探矿权评估。

4. 市场比较法

市场比较法，也称现行市价法或可比销售法，是通过市场调查，选择两个以上与评估对象类似的矿业权作为参照物，分析参照矿业权与被评估矿业权的内在条件、地质特征、油藏条件、工作程度、开发技术条件、建设条件、市场条件、地区差别等方面的差异，对差异要素进行灵敏度分析，确定需调整的参数和调整幅度，计算得出待评估矿业权的价值。

采用市场比较法评估矿业权价值，其计算公式为

$$P_s = \frac{\sum_{t=1}^{n} (P_x \cdot \mu \cdot \omega \cdot \theta)_t}{n}$$

或

$$P_s = \frac{\sum_{t=1}^{n} (P_x \cdot \mu \cdot \omega \cdot \phi \cdot \tau)_t}{n}$$

其中，P_s 为待评估矿业权价值，P_x 为参照矿业权成交价格或评估值，μ 为可采储量调整系数，ω 为品位调整系数，ϕ 为价格调整系数，θ 为成本调整系数或用 τ（差异调整系数）替代，t 为年度，n 为参照矿业权项数。其中

$$\mu = \frac{待评估矿业权探明的控制的可采储量}{参照矿业权探明的控制的可采储量}$$

$$\omega = \frac{待评估矿业权入选品位}{参照矿业权入选品位}$$

$$\phi = \frac{待评估矿业权现时的矿产品价格}{参照矿业权当时的矿产品价格}$$

$$\theta = \frac{待评估矿业权的总成本费用}{参照矿业权的总成本费用}$$

$$\tau = \frac{待评估矿业权差异要素评判总值}{参照矿业权差异要素评判总值}$$

在利用市场比较法评估矿业权时，需要调整的因素很多，如果诸因素都需调整，会使评估过程复杂化，因而需要选择主要影响因素进行调整。在影响矿业权价值的诸因素中，选择最主要的矿产储量、矿石品位、价格、成本或差异要素作为该方法的基本调整参数，在实际应用中还应根据矿种的不同做具体分析，从而选取调整参数。

采矿权差异调整要素主要包括交通条件、自然条件、经济环境和地质采选条件等。具体的差异要素如表 9-1 所示。

表 9-1　采矿权具体差异要素参考表

采矿权差异调整要素	具体差异要素
交通条件	公路类型
	距国道距离
	距火车站距离
	距公共设施距离
自然条件	地形环境
	水源状况
	气候环境
	土地状况
经济环境	劳动力状况
	供电供气状况
	农业状况
	所在地国民收入
	地方经济政策
地质采选条件	埋藏深度
	矿床类型
	矿石选冶性能
	水文、工程地质条件
	开采方式
	采选规模

应用市场比较法进行矿业权评估，必须有一个自由、公平竞争的矿业权市场。在这个市场中，能够比较容易地找到一个近期的、相邻的、可比性较强的参照物，而且待评估矿业权与类似的参照矿业权可比参数既存在又容易收集到，这是市场比较法成功运用的关键。

关 键 概 念

自然资源　资源资产　森林资源资产　森林资源资产评估　林木资产　林地期望价法　年金资本化法　林地费用价法　重置成本法　地学排序法　贴现现金流量法　市场比较法

复习思考题

1. 简述资源资产的特征。
2. 简述资源资产的属性。
3. 分析资源资产的理论价值构成。
4. 简述资源资产的评估内涵和评估思路。
5. 简述资源资产评估的目的。
6. 简述矿产资源实物资产和权益资产评估的不同。
7. 需要评估的林业资产有哪几个层面的价值形态？
8. 比较矿业权评估各种方法的具体适用对象和条件。
9. 简述森林资源资产的价值内涵和评估对象。
10. 林木资产评估有哪些方法？

练 习 题

一、单项选择题

1. 资源资产是指（　　　）。
   A. 自然界存在的、能被用来产生使用价值或影响劳动生产率的天然物质财富
   B. 土地、矿藏、草原、森林、水体、海洋等
   C. 包括自然资源、社会经济资源和人文历史资源等
   D. 在当前技术经济条件下，开发和利用某类自然资源能给投资者带来一定经济价值的自然界物质和能量

2. 资源资产的资产属性不包括（　　　）。
   A. 是一种在一定条件下的经济资源
   B. 可以用货币计量
   C. 进入生产过程，为经济主体所占有和控制
   D. 有限性和稀缺性

3. 可再生资源资产和不可再生资源资产的划分依据是（　　　）。
   A. 自然资源的稀缺性　　　　　　　　B. 自然资源再生产的特点
   C. 自然资源的自然属性　　　　　　　D. 自然资源的资产属性

4. 资源资产由于其稀缺性和排他性而具有的价值（　　　）。
   A. 使用价值　　　　　　　　　　　　B. 租金价值

C. 交换价值   D. 补偿价值

5. 自然资源变为资产往往需要追加一定的人类劳动，从而形成各种劳动投入产生的价值，具体表现为（   ）。

    A. 市场价格

    B. 价值

    C. 勘探、开发和保护费用，再生性资源的再生费用，替代资源的开发费用等

    D. 成本

6. 矿产资源资产属于（   ）。

    A. 固定资产   B. 无形资产

    C. 不可再生资源资产   D. 可再生资源资产

7. 矿产资源的使用权价值，即矿业权价值是一种（   ）。

    A. 无形资产   B. 流动资产

    C. 资源资产   D. 不可再生资源资产

8. 矿产资源实物资产的价值评估和权益资产价值评估的区别在于（   ）。

    A. 前者是一种有形资产价值的评估，后者是一种无形资产价值的评估

    B. 前者是固定资产评估，后者是流动资产评估

    C. 前者是自然资源评估，后者是社会资源评估

    D. 前者是长期资产评估，后者是无形资产评估

9. 作为一项特殊的资产，森林资源资产评估的对象主要是指（   ）。

    A. 所有的森林资源

    B. 稀有的森林资源

    C. 产权变动或经营主体变动的森林资源资产

    D. 消失的森林资源

10. 用现行市价法评估森林资源资产使用的公式是（   ）。

    A. $P = K \times k_b \times G$ B. $P = W - C - F + S$

    C. $P = \sum_{t=1}^{n} \dfrac{A_t - C_t}{(1+r)^t}$ D. $P = K \cdot \sum_{t=1}^{n} C_t (1+r)^{n-t}$

二、多项选择题

1. 资源资产的个别属性有（   ）。

    A. 天然性   B. 有限性和稀缺性

    C. 地区差异性   D. 生态性和与其他资源的高度相关性

2. 资源资产的资产属性有（   ）。

    A. 是一种在一定条件下的经济资源

    B. 可以用货币计量

    C. 进入生产过程，为经济主体占有和控制

    D. 可以实现产权或使用权的让渡和流转

3. 资源资产按照自然资源再生产的特点可划分为（   ）。

    A. 常见资源   B. 可再生资源资产

    C. 不可再生资源资产   D. 稀有资源

4. 从理论上分析资源资产的价值构成，应包括（   ）。

A. 租金价值　　　　　　　　　B. 劳动投入产生的价值

C. 剩余价值　　　　　　　　　D. 劳动价值

5. 我国资源资产评估的目的主要有（　　　）。

A. 国家出让资源资产的使用权

B. 拥有使用权的单位或个人转让使用权或以使用权为资本投资入股以及抵押、出租等

C. 了解掌握资源的现况

D. 对资源资产征税

6. 影响矿产资源资产和矿业权资产价值的因素主要包括（　　　）。

A. 矿产资源的稀缺程度和可替代程度

B. 矿产资源产品的供求状况和科技进步的水平

C. 矿产资源的自然丰度及赋存条件等自然因素

D. 社会的平均资金利润率和矿业的资本利润率

7. 矿业权资产的评估方法有（　　　）。

A. 贴现现金流量法　B. 市场比较法　　C. 重置成本法　　D. 地学排序法

E. 联合风险勘查协议法

8. 森林资源资产的价值主要表现在（　　　）。

A. 经济效益　　　　B. 生态效益　　　C. 社会效益　　　D. 营利效应

9. 森林资源资产的评估方法有（　　　）。

A. 市场法　　　　　B. 剩余法　　　　C. 收益法　　　　D. 成本法

三、判断题

1. 资源资产评估所涉及的资源一般是自然资源、社会经济资源和人文历史资源等。
（　　　）

2. 资源资产具有资源资产的个别属性，同时又具有普遍意义的资产属性。（　　　）

3. 资源资产因为具有使用价值，所以它就是一种资产。（　　　）

4. 资源资产具有租金价值是因为其稀缺性和可排他性地占有。（　　　）

5. 资源资产因为具有租金价值，所以就成了资产。（　　　）

6. 资源资产的评估对象专指资源资产实物形态的价值。（　　　）

7. 矿业权资产的评估对象主要是矿产资源实物资产的价值。（　　　）

8. 矿产资源实物资产的价值评估和权益资产价值的评估是有区别的。（　　　）

9. 林木资源资产评估要根据不同的林种条件，选择不同的评估方法。（　　　）

第 10 章　无形资产评估

本章导读

　　无形资产，是指特定主体拥有或者控制的，不具有实物形态，能持续发挥作用并且能带来经济利益的资源。无形资产具有非实体性、高效性、风险性、共益性等特性。无形资产评估，是指资产评估机构及其评估专业人员遵守法律、行政法规和资产评估准则，根据委托对评估基准日特定目的下的无形资产价值进行评定和估算，并出具资产评估报告的专业服务行为。影响无形资产评估价值的因素包括成本因素、效益因素、风险因素、期限因素、市场因素、技术因素、法律因素、转让因素等。

　　无形资产价值的评估方法包括市场法、收益法和成本法三种基本方法及其衍生方法。执行无形资产评估业务，资产评估专业人员应当根据评估目的、评估对象、价值类型、资料收集等情况，分析上述三种基本方法的适用性，选择评估方法。

　　无形资产评估可分别按技术型和非技术型两类无形资产进行。前者包括专利权、非专利技术等无形资产评估，后者包括商标权、特许权、商誉等无形资产评估。

10.1　无形资产评估概述

10.1.1　无形资产及其分类

1. 无形资产的定义与特征

　　无形资产，是指特定主体拥有或者控制的，不具有实物形态，能持续发挥作用并且能带来经济利益的资源①。认识无形资产，既要把握该类资产的共性，又要考虑其区别于其他资产的特性。

　　1）无形资产的共性

　　无形资产的共性表现在以下 3 个方面。

　　（1）长期性

　　无形资产是一项经济资源，该项经济资源单独或与其他资产结合，可以直接或间接地为控制主体（如所有者、使用者或投资者）提供较长时期的未来经济利益。由于无形资产可在企业长期发挥作用，因此其价值转移和补偿方式是分期逐渐进行的。

　　（2）可计量性

　　无形资产必须能够用货币计量。从会计角度讲，一项资源如果不能用货币计量，企业就

---

　　① 《企业会计准则第 6 号——无形资产》将无形资产定义为"企业拥有或者控制的没有实物形态的可辨认非货币性资产"。

难以确认、记录、汇总与报告该项资源的财务价值，即不能作为资产要素记入财务会计账册。

（3）排他性

无形资产应为特定主体所拥有或控制。拥有是指企业获得了资产的所有权；控制是指虽无所有权，但在一定时期内获得了资产的自由支配权。无形资产的排他性可通过自身保护、法律保护和社会公认等途径获得。不论是拥有或实质性的控制，占有、处置这一资产的经济利益只能归于该企业。

2）无形资产的特性

无形资产的特性表现在以下 4 个方面。

（1）非实体性

无形资产没有具体的物质实体形态，是隐形存在的资产。但是，除商誉以外的无形资产也呈现出其特定的有形表现形式，如专利证书、商标标记、技术图纸、工艺文件，还有存储计算机软件的光盘、软盘、U 盘等。商誉则是由于地理环境、产品质量、管理思想、资金信誉、财务状况等多种因素综合形成的一种超额收益能力，难以单独用某种有形载体明确辨认。应当强调的是，非实体性是人们区分无形资产与有形资产的习惯性认识，二者的根本区别在于有形资产的价值取决于有形要素的贡献，而无形资产的价值则取决于无形要素的贡献。

（2）高效性

高效性是指无形资产的运用能够获得超额收益，这是无形资产最本质的特征。高效性是由无形资产的性质所决定的。无形资产以知识产权为主体内容，而知识产权又主要以高新技术为内容，它的不断创新性使其具有巨大的潜在效益。企业运用无形资产的关键在于如何将这种巨大的潜在效益变成现实的超额收益。

（3）风险性

风险性主要表现在以下 3 个方面。

① 研发风险。无形资产通常是在经历一系列研发失败后才出现的阶段性成果，研发风险甚高，故开发成功的无形资产与其研发成本之间存在弱对应性。而名牌商标、商誉的产生则更是取决于成本以外的因素，会计账面难以完整地反映无形资产的取得成本，可能造成成本补偿不足。

② 收益风险。无形资产经济寿命受技术进步和市场不确定性因素的影响较大，竞争对手新开发成功的先进技术有可能使得企业拥有的专利技术的市场价值在一夜之间一落千丈，有效期也大大缩短。因此，无形资产的经济寿命及其预期收益能力的实现存在较大风险。

③ 替代风险。无形资产自身的发展是一个演进与积累的渐进过程，其成熟程度、获利能力与影响范围均处于不断变化之中，因此存在替代风险。例如，一种技术取代另一种技术，一种工艺替换另一种工艺等，其特性不是共存或积累，而是替代与更新。鉴于无形资产技术进步与市场竞争带来的替代风险，在无形资产价值评估中应考虑其有效作用期间，并重点关注无形资产尚可使用年限。

（4）共益性

无形资产区别于有形资产的一个重要特点是，它可以作为共同财富，即存在共益性。一项无形资产可以同一个时间在不同地点为不同主体同时控制并使用，有形资产则不可能。例如，一项先进技术可以使一系列企业提高产品质量、降低单位成本，一项技术专利在一个企业使用的同时，并不影响其同时转让给其他企业使用。当然，无形资产共益性也会受到市场有限性与竞争性的约束。譬如，市场各经济主体基于追求自身利益的需要，还必须接受相关合约的限制。因此，评估无形资产应当考虑其保密程度和作用环境。在转让方继续使用的情形下，必须考虑因无形资产转让形成行业竞争对手、削弱竞争优势而产生的机会成本。

综合以上分析，无形资产的本质特征可以概括为：在形成垄断优势的基础上，能为企业带来长期的、不稳定的、其价值难以确定的超额获利能力[1]。

2. 无形资产的分类

不同类型的无形资产，其性质、特点、作用及价值影响因素均不相同，因而研究无形资产的类别，对其进行科学分类，对于做好无形资产评估工作具有重要意义。

① 无形资产按其能否独立存在，分为可辨认无形资产和不可辨认无形资产。可辨认无形资产包括专利权、商标权、著作权、专有技术、销售网络、客户关系、特许经营权、合同权益、域名等。不可辨认无形资产是指商誉，这是一种不可单独取得、离开企业就不复存在的特殊无形资产。

② 无形资产按其自身性质、内容构成，分为技术型无形资产和非技术型无形资产。前者包括专利权、非专利技术等，后者包括商标权、特许经营权、著作权、商誉等。

③ 无形资产按其获得方式，分为外购无形资产和自创无形资产。前者是指企业以一定代价从其他单位购入的无形资产，如外购专利权、商标权等；后者是指由企业自己研发创造而获得及由于客观原因所形成的无形资产，如自创专利、专有技术、商标权、商誉等。

④ 无形资产按其有无专门法律保护，分为有专门法律保护的无形资产和无专门法律保护的无形资产。前者包括专利权、注册商标权；后者如无专门法律保护的专有技术。受法律保护的程度对于无形资产价值有重要影响，评估中应当重点考虑。

⑤ 无形资产按其产生来源，分为权利类无形资产、关系类无形资产和组合类无形资产。权利类无形资产由书面或非书面契约的条款而产生，对于契约各方具有经济利益，如知识产权就属于权利类无形资产。关系类无形资产通常是非契约性的，能短期存在，但对于关系方有巨大价值，如顾客关系、客户名单、工作人员组合等。组合类无形资产是指从无形资产总体价值中扣除可辨认无形资产后的剩余价值，通常称为商誉。

10.1.2 影响无形资产评估价值的因素

无形资产评估，是指资产评估机构及其评估专业人员遵守法律、行政法规和资产评估准则，根据委托对评估基准日特定目的下的无形资产价值进行评定和估算，并出具资产评估报告的专业服务行为。[2] 资产评估机构及其评估专业人员开展无形资产评估业务，应当遵守法律、行政法规的规定，坚持独立、客观、公正的原则，诚实守信，勤勉尽责，谨慎从业，遵守职业道德规范，自觉维护职业形象，不得从事损害职业形象的活动。

执行无形资产评估业务，通常关注评估对象的产权因素、获利能力、成本因素、市场因素、使用期限、法律保护、风险因素、技术因素等。

（1）产权因素

无形资产的转让可以分为所有权转让与使用权转让，前者价格要高于后者，经济活动中

---

① 苑泽明. 无形资产评估. 上海：复旦大学出版社，2005.

② 涉及土地使用权、矿业权、水域使用权等的评估另行规范。

无形资产转让一般是指使用权转让。使用权转让可以进一步分为独占使用权和普通使用权，实际操作中可能还会涉及能否转让给第三者等问题，需要在合约条款中加以具体明确。在资产评估中，必须考虑不同转让方式的自身特性、合约具体条款的规定及其对资产交易双方权利与利益的影响。只有这样，才有可能得出真实、准确并为各方所接受的评估结论。

一般而言，交易中的买方所获权益越大，卖方的无形资产评估价值就越高；反之，评估价值会越低。因此，也就不难理解，同一无形资产的完全产权转让评估价值会高于其许可使用权的评估值。在技术贸易中，由于许可程度与范围的不同，无形资产评估价值也不相同。

（2）获利能力

无形资产最本质的特征是它所具有的超额获利能力。这种超额获利能力表现在经济效益与社会效益两个方面。经济效益是指某项无形资产所具有的预期获利能力。一项无形资产的预期获利能力越高，其市场竞争力就越强，评估价值就越高；反之，评估价值就越低。社会效益是指使用某项无形资产后所产生的非货币效益。如果能给社会带来积极效果，则称创造正效益；如果给社会带来诸如空气污染、资源浪费等不良后果，则称产生了负效益。显然，不论是正效益还是负效益，都会影响无形资产的最终评估价值。正效益越高，无形资产评估价值也越高；反之，负效益越高，无形资产评估价值就越低。在评估过程中，考虑无形资产非货币效益的难点是该类效益的价值计量问题，但是这并不能成为拒绝考虑无形资产非货币效益的一种借口。

根据资产评估基础理论，如果运用收益法评估无形资产价值，一般是假定预期收益能力越强，评估价值越高。一项无形资产，即使其创制成本很高，但如果市场有效需求不足或者其收益能力低微，则其评估价值也不会太高甚至很低。考虑经济效益因素对无形资产评估价值的影响时，应当重点关注以下方面：被评估无形资产预期获利能力，包括经济因素、技术因素、法律因素等；被评估无形资产预期获利方式；被评估无形资产预期获利能力与其他资产的相关性；预期收益、成本费用及现金流；收益风险与收益期限等。

（3）成本因素

成本因素包括取得成本与机会成本。相对有形资产而言，无形资产取得成本的确定不是十分明晰，特别是自创无形资产的成本计量较为困难。研发成本、转化成本、获权及维权成本、交易成本等构成无形资产取得成本的主要内容。值得注意的是，在无形资产的形成与创造过程中，脑力劳动占绝大部分，因此在考虑活劳动的消耗时，应该对研发活动所直接投入的劳动量，采用倍加系数计算。无形资产机会成本，是指将一项无形资产用于某一确定用途后所导致的该无形资产不能同时用于其他用途所造成的损失或丧失的收益。根据资产评估基础理论，如果运用成本法评估无形资产价值，一般是假定成本越高，评估价值越高，当然这一规律不能绝对化。

（4）市场因素

市场因素主要表现在以下 4 个方面。

① 无形资产的市场需求状况。一项无形资产，如果其市场供应大于需求或者可由同类产品替代，则其评估价值应适当降低；如果无替代品，则企业能获得垄断收益，其评估价值也应当适当提高。

② 无形资产的适用程度。一般来讲，无形资产适用范围越广，适用程度越高，则其市场需求量越大，其评估价值也应当越高。

③ 同类无形资产价格水平。在有效的公开交易市场上，买方充分了解相关无形资产的

市场价值，因此同类无形资产价格水平必然影响其评估价值。

④ 相关产品与行业市场状况。包括产品市场容量大小、市场前景、市场竞争状况及产品供需情况等，这些因素影响待估无形资产的获利额，从而影响无形资产的评估价值。

（5）使用期限

任何资产都有特定的使用期限，无形资产也不例外。无形资产的使用期限，在考虑法律规定期限的同时，应当考虑其所具有的超额获利能力的持续时间，即遵循实际收益期优先的原则。例如，按照我国法律规定，发明专利权的法律保护期不超过 20 年。一项无形资产如果其无形损耗较大，企业拥有该专利实际能获得超额收益的期限为 10 年，那么按上述实际收益期优先的原则，在评估该项专利时应当将其预期收益期限（折现期）确定为 10 年，并按 10 年估算该项无形资产的收益现值。

（6）法律保护

知识产权是无形资产的主要组成部分。作为一种法律赋予的权利，知识产权的获得及其在经济活动中的运用，必然会受到相关法律条款的保护，这种保护最终会反映到知识产权的价值评定上来。当然，由于不同类型的知识产权适用不同法律，因而其具体影响因子及其影响方式与程度也可能不同。

（7）风险因素

无形资产从开发到收益会承受一系列风险，包括研发风险、转化风险、市场风险等。这些风险的客观存在，使得无形资产预期价值的实现充满不确定性，从而影响其评估价值。

（8）技术因素

技术因素主要表现在以下 2 个方面。

① 技术成熟程度。任何事物都有一个研究—发展—成熟—衰退的演进过程，无形资产特别是技术型无形资产（如专利及专有技术）也不例外。相对于其他有形资产，无形资产的技术含量更高，更新换代速度更快，无形损耗与风险较大，因此其技术成熟程度极大地影响着自身的评估价值。一般而言，开发程度越高，技术越成熟，运用该技术成果的风险就越小，其评估价值就越高。如果一项技术工业化程度较低，则应根据该技术的成熟程度，充分考虑其商业运用风险，相应地调整其评估价值①。当然，无形资产价值贬值主要取决于同类或可替代无形资产的变化情况，而与其自身使用损耗关系不大。

② 技术寿命周期长短。如上所述，任何一项无形资产都有其特定的技术生命周期。技术生命周期的长短，会直接影响该项技术成果的获利时间及其总收益。就同类技术而言，技术生命周期越长，其获利时间将会越长，总收益就越高，因而其评估价值应该更高；反之，技术生命周期越短，说明同类技术发展速度较快，该无形资产的无形损耗较大，因而其评估价值也应当低一些。

10.1.3 无形资产评估的程序

无形资产评估程序是评估无形资产的操作规程，它既是评估工作规律的体现，也是提高评估工作效率、确保评估结果科学的基本保证。

1. 明确评估目的

评估目的由资产业务所决定。资产评估目的不同，则价值类型与评估方法的选择也不相

---

① 一般可以用正常条件下的社会平均科研风险损失率加以修正。

同，评估结果自然也不会相同。因此，进行无形资产评估，首先应当明确无形资产的评估目的。《知识产权资产评估指南》第十条规定，知识产权资产评估目的通常包括转让、许可使用、出资、质押、诉讼、财务报告等。在明确评估目的的同时，还需了解无形资产转让内容与契约条款，以便确定评估范围、基础数据及参数选择。执行企业价值评估中的无形资产评估业务，应当了解在对持续经营前提下的企业价值进行评估时，无形资产作为企业资产组成部分的价值可能有别于作为单项资产的价值，其价值取决于它对企业价值的贡献程度。执行以转让或者许可使用为目的的知识产权资产评估业务，应当知晓评估对象通常为知识产权资产的所有权或者使用权，并要求委托人明确评估对象。执行以出资为目的的知识产权资产评估业务，应当熟悉知识产权管理部门以及工商行政管理部门关于知识产权出资的有关规定。执行以质押为目的的知识产权资产评估业务，应当熟悉《中华人民共和国担保法》《中华人民共和国物权法》及知识产权管理部门、金融管理部门关于知识产权质押融资的相关规定。执行以诉讼为目的的知识产权资产评估业务，应当熟悉国家司法部门和知识产权管理部门有关知识产权诉讼的规定。执行以财务报告为目的的知识产权资产评估业务，应当提醒委托人根据项目具体情况及会计准则要求，合理确定评估对象。评估对象可以是单项知识产权资产，也可以是知识产权资产组合或者与其他有形资产和无形资产组成的资产组。

资产评估委托方根据需要可以委托资产评估机构进行评估。委托方一般是资产占有单位，也可以是经占有单位同意与被评估资产有关的其他当事人。资产评估机构接受评估委托后，双方应当签订资产评估业务委托合同。

2. 鉴定无形资产

通过无形资产的鉴定，主要解决以下 3 个问题。

（1）鉴别无形资产性质与产权范围

评估专业人员在进行具体测算前，应当根据评估基本理论和评估对象基本情况，判断评估对象是否具有无形资产的性质，并鉴别其产权范围，以便正确推算与该产权范围相对应的资产价值。通过查询被评估无形资产的内容、国家有关规定、专业人员评价情况、法律文书（如专利证书、著作权登记证书、商标注册证等），核实有关资料的真实性、可靠性和权威性，确认无形资产的现实存在，验明产权归属。对于虽已获得专利证书但并无实际经济意义的专利，在消费者中无影响力的、尚未使用的注册商标等，均不能确认为无形资产。如果专利技术必须与某专有技术配套使用才能产生实际效果，则应将该专利技术与专有技术并为一项无形资产进行评估。查验过程中，要注意避免重复评估和漏评估。通过认真细致的工作，确定无形资产的种类、具体名称和存在形式。

（2）鉴定无形资产功能

无形资产功能鉴定具体包括以下 3 个方面。

① 先进性。即确定该项无形资产是否达到国内外先进水平，其市场占有率和知名度如何等。

② 可靠性。即通过充分了解被评估无形资产的试验结果和实际应用效果，分析无形资产的优缺点、安全系数等指标，确定实际运用的可能危害。

③ 实用性。即分析无形资产使用所要求的与之相适应的特定技术与经济条件，鉴定其实际应用能力。

分析无形资产功能，需要评估专业人员把握其本质特性，因而往往要借助专家的工作以便进行合理判断。通过功能分析掌握主要经济技术指标，可从以下 3 个方面进行。

① 依据评估对象的本质特征，向委托方寻求相关法律文件和权威检验部门的质量、性

能证明文件。

② 现场鉴定资产功能。以技术型无形资产为例，其功能的有效发挥离不开合理的硬件支持，但在实际运营环境中因诸多原因资产的设计功能往往难以实现，此时评估专业人员需要借助专家的力量与智慧，进行评估资产的现场鉴定与分析，以确认资产的现实功能。

③ 分析历史经济效益。评估专业人员可根据资产经济寿命对已实现的历史经济效益进行认真分析，以便得出合理结论。

（3）确定无形资产收益期限

无形资产收益期限极大地影响其评估价值，可参照以下期限与方法合理确定：资产设计使用年限；合同或协议规定期限；法律保护期限；按国内外惯例确定，如无限期使用的商标、企业名称等；根据资料分析确定，即借助专家判断，分析资产功能、特性，预测该技术国内外发展趋势与发展速度等因素，合理确定资产的有效期限。

3. 收集相关资料

执行无形资产评估业务，应当根据评估业务具体情况，对评估对象进行现场调查，收集权属证明、财务会计信息和其他资料并进行核查验证、分析整理。执行无形资产评估业务，通常应当关注以下事项。

① 无形资产权利的法律文件、权属有效性文件或者其他证明资料。

② 无形资产持续的可辨识经济利益。

③ 无形资产的性质和特点及目前的使用状况。

④ 无形资产的剩余经济寿命和法定寿命。

⑤ 无形资产实施的地域范围、领域范围与获利方式。

⑥ 无形资产以往的交易、质押、出资情况。

⑦ 无形资产实施过程中所受到的法律、行政法规或者其他限制。

⑧ 类似无形资产的市场价格信息。

⑨ 宏观经济环境。

⑩ 行业状况及发展前景。

⑪ 企业状况及发展前景。

⑫ 其他相关信息。

4. 确定评估方法

确定无形资产价值的评估方法包括市场法、收益法和成本法三种基本方法及其衍生方法。执行无形资产评估业务，资产评估专业人员应当根据评估目的、评估对象、价值类型、资料收集等情况，分析上述三种基本方法的适用性，选择评估方法。

采用收益法评估无形资产时应当考虑以下5点。

① 在获取无形资产相关信息的基础上，根据该无形资产或者类似无形资产的历史实施情况及未来应用前景，结合无形资产实施或者拟实施企业经营状况，重点分析无形资产经济收益的可预测性，考虑收益法的适用性。

② 估算无形资产带来的预期收益，区分评估对象无形资产和其他无形资产与其他资产所获得的收益，分析与之有关的预期变动、收益期限，与收益有关的成本费用、配套资产、现金流量、风险因素。

③ 保持预期收益口径与折现率口径一致。

④ 根据无形资产实施过程中的风险因素及货币时间价值等估算折现率。

⑤ 综合分析无形资产的剩余经济寿命、法定寿命及其他相关因素，确定收益期限。

采用市场法评估无形资产时应当考虑以下 5 点。

① 考虑该无形资产或者类似无形资产是否存在活跃的市场，考虑市场法的适用性。

② 收集类似无形资产交易案例的市场交易价格、交易时间及交易条件等交易信息。

③ 选择具有比较基础的可比无形资产交易案例。

④ 收集评估对象近期的交易信息。

⑤ 对可比交易案例和评估对象近期交易信息进行必要调整。

采用成本法评估无形资产时应当考虑以下 3 点。

① 根据无形资产形成的全部投入，考虑无形资产价值与成本的相关程度，考虑成本法的适用性。

② 确定无形资产的重置成本，无形资产的重置成本包括合理的成本、利润和相关税费。

③ 确定无形资产的贬值。

对同一无形资产采用多种评估方法时，应当对所获得的各种测算结果进行分析，形成评估结论。

在资产评估中，价值测算公式与操作思路可能是简单的，但是具体评估方法与运算参数的选择与获取将是复杂的。为保证数据的取得有充分的把握，评估专业人员需要进行大量的调研与分析工作。

5. 撰拟评估报告

评估报告是资产评估机构将资产价值的评定结果，通过文字的方式提交给委托方的一种文件。它既是评估过程的总结，也是评估人员履行评估义务、承担法律责任的依据。按照《资产评估执业准则——无形资产》的规定，无论是单独出具无形资产评估报告，还是将无形资产评估报告作为资产评估报告的组成部分，都应当在资产评估报告中披露必要信息，使资产评估报告使用人能够正确理解评估结论。

无形资产评估报告应当说明下列内容：无形资产的性质、权利状况及限制条件；无形资产实施的地域限制、领域限制及法律法规限制条件；与无形资产相关的宏观经济和行业的前景；无形资产的历史状况、现实状况与发展前景；评估依据的信息来源；其他必要信息。

无形资产评估报告应当说明有关评估方法的下列内容：评估方法的选择及其理由；各重要参数的来源、分析、比较与测算过程；对测算结果进行分析，形成评估结论的过程；评估结论成立的假设前提和限制条件。

10.2　无形资产评估的方法

10.2.1　无形资产评估的收益法

收益法是指通过估算被评估资产的未来预期收益并将其折算成现值，借以确定被评估资产价值的方法。在无形资产评估中，收益法是使用最为普遍的方法。

采用收益法对无形资产进行价值评估的基本公式可以表示如下。

$$P = \sum_{t=1}^{n} R_t (1 + r)^{-t}$$

式中：P——无形资产评估价值；

    R_t——第 t 年预期超额收益；

    r——适用折现率；

    n——预期超额收益持续期限。

由上述公式可知，运用收益法进行评估需要确定 3 个基本参数，即预期超额收益、收益期限和折现率。

1. 预期超额收益

根据被评估无形资产是否独立转让或投资，其预期超额收益可分别采用分成率法和剩余法加以确定。

（1）分成率法

按预测的受让方实现的销售收入或利润指标及相应分成率确定预期超额收益的方法，称为分成率法。该方法将技术报酬与实施技术后的利益挂钩，能够较好地体现利益共享、风险共担的原则。

当无形资产独立对外转让或投资，受让方明确时，可以采用分成率法按下列公式测算其预期超额收益。

$$预期超额收益=受让方实现的销售收入×销售收入分成率$$
$$预期超额收益=受让方实现的销售利润×销售利润分成率$$

根据上述公式容易推导出以下公式

$$销售利润分成率=\frac{销售收入分成率}{销售利润率}$$

预测销售收入或利润指标应当考虑无形资产本身的技术先进性、同行业竞争及市场供求等因素，按科学、合理的原则确定。分成率一般按照历史统计资料，以销售收入（产量）或实现利润等分成基数为依据，采用数理统计等方法加以确定。国际惯例通常是采用销售收入作为分成基数，分成率一般为 0.5%~3%，我国的销售收入分成率一般为 1%~5%，销售利润分成率一般为 5%~30%。当然，不同行业分成率指标差异可能很大，实际工作中评估专业人员可根据行业统计数据加以选择确定。根据联合国贸易和发展组织的统计资料，一般情况下技术分成率为产品净销售额的 0.5%~10%，绝大多数为 2%~6%。常见的行业统计数据如表 10-1 所示。

表 10-1 常见行业分成率统计指标

行业名称	分成率/%	行业名称	分成率/%
石油化学	0.5~2.0	木材加工	3.5~5.0
日用消费品	1.0~2.5	精密机器	4.0~5.5
机械制造	1.5~3.0	汽车	4.5~6.0
制药	2.5~4.0	光学及电子产品等高技术	7.0~10.0
电气	3.0~4.5		

（资料来源：Business International Corporation. Investing, licensing and trading conditions. New York：Business International Corporation，1985.）

当缺乏行业分成率统计数据时，可以按边际比率法或约当投资分析法确定分成率指标。

边际比率法是根据使用无形资产以后企业实现的利润增量，占使用无形资产以后企业实现利润总额的比例确定分成率的方法，可用以下公式表达。

$$无形资产利润分成率 = \frac{\sum 使用无形资产利润增量现值}{\sum 使用无形资产利润总额现值}$$

约当投资分析法可用以下公式表达。

$$无形资产利润分成率 = \frac{无形资产约当投资额}{受让方约当投资额 + 无形资产约当投资额}$$

$$无形资产约当投资额 = 无形资产重置成本 \times 成本利润率$$

$$受让方约当投资额 = 受让方投入重置成本 \times 成本利润率$$

$$成本利润率 = \frac{利润}{成本} \times 100\%$$

（2）剩余法

如果无形资产转让是与企业其他资产同时转让的，则需采用剩余法计算预期超额收益。剩余法将企业利润总额扣除所有有形资产及其他所有可确指资产价值以后所获得的利润，作为无形资产的预期超额收益，可用公式表达如下。

无形资产预期超额收益 = 企业利润总额 - 固定资产 × 投资报酬率 - 流动资产 × 投资报酬率 - 其他可确指资产 × 投资报酬率

2. 收益期限

无形资产收益期限，又称有效期限，是指无形资产发挥作用，并具有超额获利能力的时间。该期限长短主要取决于无形资产价值损耗状况，且这种损耗是一种无形损耗[①]。具体来说，主要由以下情况决定：出现新的、更先进、更经济的无形资产，原有无形资产可被取而代之，导致原有无形资产的继续使用将无利可图，因而其市场价值一落千丈；随着无形资产的广泛传播，社会普遍合法掌握该无形资产，导致持有该项无形资产的企业获取超额收益的能力显著降低，资产价值降低；企业拥有的某项无形资产所决定的产品需求大幅度降低时，这一无形资产价值就会减少，甚至完全丧失。

在资产评估实践中，无形资产的收益期限可依照下列方法确定。

① 法律或合同、企业申请书分别规定有法定有效期限和受益年限的，可按照法定有效期限和受益年限二者孰短的原则确定。

② 法律未规定有效期限，企业合同或企业申请书中规定有受益年限的，可按照规定的受益年限确定。

③ 法律与企业合同或申请书均未规定有效期限和受益年限的，按预计受益期限确定。预计受益期限可以采用统计分析或与同类资产比较得出。

影响无形资产有效期限的因素很多，如废弃不用、人们爱好转变、经济形势变化等，特别是在科技飞速发展的今天，无形资产更新换代周期日渐加快，其经济寿命日益缩短，因而无形资产有效期限可能比其法定保护期限短。评估时对这种情况应给予足够的重视。

3. 折现率

折现率一般包括无风险报酬率（或无风险利率）和风险报酬率。无风险报酬率大都选

---

① 由于无形资产不存在物质实体，因而不可能发生由于使用或自然力作用而形成的有形损耗。

择政府债券利率，因为政府债券具有安全、可靠的特点，如美国以 3 个月期国库券利率作为无风险报酬率。风险报酬率的确定较复杂。评估专业人员应根据实际情况，充分考虑被评估无形资产功能、投资条件、收益获得的可能条件及其概率分布等因素，科学测算其风险报酬率，以便进一步合理确定恰当的折现率。当然，无形资产适用的折现率与收益额的计算口径应保持一致。另外，考虑到无形资产投资高收益、高风险的特点，评估中适用的折现率一般应高于有形资产评估折现率。

目前，无形资产评估中比较常用的折现率计算方法是风险报酬率模型，其计算公式如下。

$$r = r_f + \beta(r_m - r_f) + \alpha$$

式中：r——适用折现率；

r_f——无风险报酬率；

β——风险系数；

r_m——期望报酬率；

α——个别风险调整系数。

在上述公式中，β 为被评估企业所在行业平均风险与社会平均风险的比率，即行业风险系数；α 为被评估企业相对于所在行业的风险，即企业风险系数。各参数按以下方法确定。

① 无风险报酬率为在评估基准日以前上市的 5 年期记账式国库券利率。

② 风险系数（β），一般根据"中国沪深 A 股股票贝塔参数测算估计"中的 β 系数计算。

③ 期望报酬率为沪深两市连续三年所有上市公司净资产收益率的平均数。

④ 个别风险调整系数是根据对企业个别风险因素进行分析判断确定的。

应用收益法进行评估，要求评估专业人员对被评估无形资产的历史业绩、现行结构和社会经济发展趋势进行深入分析。只有掌握过硬的专业知识与分析能力，充分依托先进的现代信息系统，并保持严谨、认真、独立的职业态度，才能胜任无形资产收益法评估工作。

10.2.2　无形资产评估的成本法

当无形资产确实具有现实或潜在获利能力，但是不易量化，此时可以运用成本法进行价值评估，其计算公式如下。

无形资产评估价值＝无形资产重置成本×（1－无形资产贬值率）×转让成本分摊率＋转让机会成本

1. 无形资产重置成本的测算

无形资产重置成本是指在现时市场条件下，重新创制或购置一项全新无形资产所耗费的全部货币总额。按获得方式分类，无形资产可分为自创无形资产和外购无形资产两类。这两类资产的重置成本构成与评估方式不同，因此需要分别进行估算。

1）自创无形资产重置成本的测算

自创无形资产成本是指企业创制一项无形资产所耗费的（包括研发、持有期间）全部物化劳动和活劳动的货币支出。自创无形资产如果存在账面价格，且占全部资产比重较小，则可以按定基物价指数经相应调整后得到重置成本。在实务中，自创无形资产往往无账面价格，需要选择以下方法进行评估。

（1）财务核算法

财务核算法的基本公式如下。

$$无形资产重置成本＝生产成本＋期间费用＋合理利润$$

其中，生产成本是指创制无形资产过程中直接和间接消耗的材料与人工等费用；期间费用则是指发生的管理费用、财务费用与销售费用之和，评估实务中可依据受益原则合理测算。

（2）倍加系数法

对于智力资本密集的技术型无形资产，考虑到科研劳动的高风险与复杂性，可以运用倍加系数法测算其重置成本。具体可分以下两种情形讨论。

① 可以确定无形资产投资报酬率。相应评估公式为

$$P=[(C+\beta_1 V)(1-R)/(1-\beta_2)](1+P')$$

式中：P——无形资产重置成本；

C——研发无形资产物化劳动耗费；

V——研发无形资产活劳动耗费；

β_1——科研人员创造性劳动倍加系数；

β_2——科研平均风险系数；

R——无形资产贬值率；

P'——无形资产投资报酬率。

② 无法确定无形资产投资报酬率，但可以测算无形资产贡献率及其每年新增净收益，相应评估公式为

$$P=(C+\beta_1 V)(1-R)/(1-\beta_2)+\alpha \sum_{t=1}^{n} R_t(1+r)^{-t}$$

式中：α——无形资产贡献率；

R_t——每年新增净收益；

r——适用折现率；

n——无形资产尚可使用年限。

当被评估对象属于非技术型无形资产时，科研人员创造性劳动倍加系数（β_1）和科研平均风险系数（β_2）可以不予考虑。

2）外购无形资产重置成本的测算

外购无形资产重置成本包括购买价格和购置费用，可以根据具体情况选择下述方法进行测算。

（1）市价类比法

在无形资产交易市场中选择类似参照物，再根据其功能、技术先进性及其适用性进行相应调整，据以确定其现行购买价格。购置费用可根据现行标准和实际情况核定。

（2）物价指数法

依据无形资产账面历史成本，通过物价指数的调整推算无形资产重置成本。根据付款结算方式不同可分以下两种情形。

① 一次性付款方式，其计算公式为

$$无形资产重置成本 = 无形资产账面成本 \times \frac{评估时物价指数}{购置时物价指数}$$

② 分期付款方式，其计算公式为

$$P = \sum_{t=1}^{n} \left[R_t (1+r)^{-t} \right] \times w_1$$

式中：P——无形资产重置成本；

R_t——每期付款额；

r——适用折现率；

n——付款期限；

w_1——价格变动指数。

（3）成本-收益法

以无形资产外购成本为基础，综合考虑该资产运用将给企业创造的预期净增收益的折现值加以确定，其计算公式如下。

$$P = D + \alpha \sum_{t=1}^{n} R_t (1+r)^{-t}$$

其中，D 表示无形资产外购成本，其余符号含义同前。

2. 无形资产贬值率测算

通常，无形资产贬值率可以采用剩余经济寿命预测法和专家鉴定法测算。

（1）剩余经济寿命预测法

即评估专业人员通过预测和判断无形资产的剩余经济寿命以确定其贬值率的方法，计算公式为

$$无形资产贬值率 = \frac{已使用年限}{已使用年限 + 剩余使用年限} \times 100\%$$

上式中，已使用年限容易确定，剩余使用年限的分析方法参见本章相关论述，此处不再赘述。

（2）专家鉴定法

专家鉴定法是指邀请有关技术领域的专家，对被评估无形资产的先进性、适用性进行分析判断，进而确定其贬值率的方法。

如前所述，无形资产没有实体形态，自然也就不存在实体性贬值，因此计算无形资产贬值率，应当选择综合考虑功能性贬值和经济性贬值之后的折算比率。在确定适用的贬值率时，应当注意无形资产使用效用与使用时间的关系，这种关系通常是非线性的[①]，评估专业人员应对该变化趋势进行分析与说明。

3. 无形资产转让成本分摊率测算

根据无形资产的可转让性，还需要考虑无形资产转让次数与转让成本的分摊问题。从理论上讲，购买方使用无形资产，就应由购买方补偿成本费用；当购买方与转让方共同使用该

---

① 无形资产使用效用有的表现为非线性递减，如技术型无形资产；有的表现为非线性递增，如商标、商誉等无形资产。

无形资产时，应当由双方按运用规模、受益范围等合理标准进行分摊。实际操作时可按以下公式计算。

$$无形资产转让成本分摊率 = \frac{购买方运用无形资产设计能力}{无形资产总设计能力}$$

4. 无形资产转让机会成本测算

无形资产转让后，可能导致企业停业，由无形资产支撑的营业收益可能锐减或形成行业竞争对手，市场竞争加剧，相应降低了企业利润或增加了企业研发支出等。这些由无形资产转让产生的机会成本，理应由无形资产购买方进行补偿。

10.2.3　无形资产评估的市场法

如果能够收集充分的源于市场的无形资产交易案例，从中获得可以用作比较分析的参照物，并能对评估对象与可比参照物之间的差异加以适当调整，则可应用市场法评估无形资产价值。

评估专业人员应用市场法评估无形资产价值，应当注意以下事项。

① 收集具有合理比较基础的类似无形资产交易案例。作为参照物的无形资产与被评估无形资产，至少应满足形式相似、功能相似、载体相似及交易条件相似等要求。

所谓形式相似，是指参照物与被评估无形资产按照无形资产分类原则，可以归并为同一类。所谓功能相似，是指尽管参照物与被评估无形资产的设计与结构不可避免地存在差异，但它们的功能和效用应该相同或近似。所谓载体相似，是指参照物与被评估无形资产所依附产品或服务应满足同质性要求，所依附的企业应满足同行业与同规模要求。所谓交易条件相似，是指参照物成交条件与被评估无形资产模拟的成交条件在宏观、中观与微观层面上都应大体接近。

② 收集类似的无形资产交易市场信息，为横向比较提供依据；收集被评估无形资产以往的交易市场信息，为纵向比较提供依据。关于横向比较，评估专业人员在参照物与被评估无形资产在形式、功能与载体等方面满足可比性的基础上，应尽量收集交易达成的市场信息，包括供求关系、产业政策、市场结构、企业行为与市场绩效等内容，并重点分析市场结构。评估专业人员必须熟悉经济学市场结构理论，如完全竞争、完全垄断、垄断竞争、寡头垄断等理论。对于纵向比较，评估专业人员既要看到无形资产具有依法实施多元和多次授权经营的特征，使得过去交易案例能够成为未来交易的参照依据，同时也应分析时间、地点、交易主体和条件变化也会影响被评估无形资产的未来交易价格。

③ 作为市场法应用基础的价格信息应当满足相关、合理、可靠和有效的要求。相关，是指收集的价格信息与需要做出判断的被评估无形资产的价值具有较强的关联性；合理，是指收集的价格信息能反映被评估无形资产的载体结构与市场结构特征；可靠，是指收集的价格信息经过对信息来源和收集过程的质量控制，具有较高的置信度；有效，是指收集的价格信息能够有效地反映评估基准日的被评估无形资产在模拟条件下的可能价格水平。

④ 无论是横向比较还是纵向比较，参照物与被评估无形资产会因时间、空间和条件变化产生差异，评估专业人员应对此做出"言之有理、持之有据"的调整。

10.3 技术型无形资产的评估

10.3.1 专利权评估

1. 专利权的概念与种类

专利权，是指专利权人拥有或者控制的，能持续发挥作用并且能带来经济利益的专利权益，包括独占实施权、转让权、许可权、标记权和放弃权。专利权只在法定时间和地域范围内有效。我国《专利法》规定，发明专利权保护期限为 20 年，实用新型专利与外观设计专利保护期限为 15 年；而美国的专利权保护期限为 17 年。同样，一个国家依照其本国专利法授予的专利权，仅在该国法律管辖的范围内有效，对其他国家没有任何约束力。

我国《专利法》保护 3 种专利，即发明专利、实用新型专利和外观设计专利。

（1）发明专利

发明专利是指以发明为保护客体的专利权。所谓发明，是指对产品、方法或者改进所提出的新的技术方案，一般分为产品发明和方法发明两类。产品发明是指人们通过研究开发的关于各种新产品、新材料、新物质等的技术方案，如我国四大发明中的指南针、爱迪生的电灯、贝尔的电话等。方法发明是指人们为制造产品或解决某一技术课题而研发的有关操作方法、制造方法和工艺流程等技术方案，如我国四大发明中的造纸术与印刷术、汉字输入方法、无铅汽油的提炼方法等。

（2）实用新型专利

实用新型专利是指对产品形状、构造或者其结合所提出的适于实用的新的技术方案。实用新型专利的特征是：实用新型是一种新的技术方案；实用新型仅限于产品，不包括方法；实用新型专利要求产品必须是具有固定形状，构造的产品必须具有产业价值，装饰用珠宝首饰不包括在内。实用新型专利比发明专利的创造性要低，因此称"小发明"，如电冰箱除臭器等。

（3）外观设计专利

外观设计专利是指对产品形状、图案或者其结合，以及色彩与形状、图案的结合所做出的富有美感并适于工业应用的新设计。必须强调的是，外观设计必须与产品相结合，单纯的图案不能申请外观设计专利。

在以上 3 种专利中，发明专利和实用新型专利特别强调创造性、新颖性和实用性。

2. 专利权的评估

专利权评估，是指资产评估机构及其评估专业人员遵守法律、行政法规和资产评估准则，根据委托对评估基准日特定目的下的专利权价值进行评定和估算，并出具资产评估报告的专业服务行为。

（1）专利权评估价值类型的选择

执行专利权评估业务，应当在考虑评估目的、市场条件、评估对象自身条件等因素的基础上，选择价值类型。以质押为目的可以选择市场价值或者市场价值以外的价值类型，以交易为目的通常选择市场价值或者投资价值，以财务报告为目的通常根据会计准则相关要求选择相应的价值类型。

（2）专利权评估对象的确定

专利权评估业务的评估对象是指专利权权益，包括专利所有权和专利使用权。专利使用权是指专利实施许可权，具体包括专利权独占许可、独家许可、普通许可和其他许可形式。执行专利权评估业务，应当明确专利权的权利属性。评估对象为专利所有权的，应当关注专利权是否已经许可他人使用及使用权的具体形式，并关注其对专利所有权价值的影响。评估对象为专利使用权的，应当明确专利使用权的许可形式、许可内容及许可期限。

执行专利权评估业务，应当要求委托人明确专利权的基本状况。专利权的基本状况通常包括专利名称、专利类别、专利申请的国别或者地区、专利申请号或者专利号、专利的法律状态、专利申请日、专利授权日、专利权利要求书所记载的主权利要求、专利使用权利。其中，专利的法律状态通常包括专利申请人或者专利权人及其变更情况、专利所处的专利审批阶段、年费缴纳情况、专利权的终止、专利权的恢复、专利权的质押，以及是否涉及法律诉讼或者处于复审、宣告无效状态。

（3）专利权评估的操作要求

执行专利权评估业务，应当对专利及其实施情况进行调查，包括必要的现场调查、市场调查，并收集相关信息、资料等。调查过程收集的相关信息、资料包括：专利权的权利人及实施企业基本情况；专利证书、最近一期的专利缴费凭证；专利权利要求书、专利说明书及其附图；专利技术的研发过程、技术实验报告，专利权所属技术领域的发展状况、技术水平、技术成熟度、同类技术竞争状况、技术更新速度等有关信息、资料；如果技术效果需要检测，还应当收集相关产品检测报告；与分析专利产品的适用范围、市场需求、市场前景及市场寿命、相关行业政策发展状况、宏观经济、同类产品的竞争状况、专利产品的获利能力等相关的信息、资料；以往的评估和交易情况，包括专利权转让合同、实施许可合同及其他交易情况。

执行专利权评估业务，应当对影响专利权价值的法律因素进行分析，通常包括专利权的权利属性及权利限制、专利类别、专利的法律状态、专利剩余法定保护期限、专利的保护范围等。资产评估专业人员应当关注专利所有权与使用权的差异、专利使用权的具体形式、以往许可和转让的情况对专利权价值的影响。资产评估专业人员应当关注发明、实用新型、外观设计的审批条件、审批程序、保护范围、保护期限、审批阶段的差异对专利权价值的影响。资产评估专业人员应当关注专利所处审批阶段，专利是否涉及法律诉讼或者处于复审、宣告无效状态，以及专利有效性维持情况对专利权价值的影响。

执行专利权评估业务，应当对影响专利权价值的技术因素进行分析，通常包括替代性、先进性、创新性、成熟度、实用性、防御性、垄断性等。

对影响专利权价值的经济因素进行分析，通常包括专利权的取得成本、获利状况、许可费用、类似资产的交易价格、市场应用情况、市场规模情况、市场占有率、竞争情况等。

（4）专利权评估方法的选择

确定专利权价值的评估方法包括市场法、收益法和成本法三种基本方法及其衍生方法。执行专利权评估业务，应当根据评估目的、评估对象、价值类型、资料收集等情况，分析上述三种基本方法的适用性，选择评估方法。

① 收益法。运用收益法进行专利权评估时，应当收集专利产品的相关收入、成本、费用等数据。资产评估专业人员应当对委托人或者其他相关当事人提供的专利未来实施情况和收益状况的预测进行分析、判断和调整，确定相关预测的合理性。资产评估专业人员应当根据专利权的具体情况选择收益口径。

● 采用收益法进行专利权评估时，应当确定预期收益。专利权的预期收益应当是专利使用额外带来的收益，可以通过增量收益、节省许可费、收益分成或者超额收益等方式估算。确定预期收益时，应当区分并剔除与委托评估的专利权无关的业务产生的收益，并关注专利产品或者服务所属行业的市场规模、市场地位及相关企业的经营情况。

● 采用收益法进行专利权评估时应当合理确定专利权收益期限。收益期限可以通过分析专利权的技术寿命、技术成熟度、专利法定寿命及与专利权相关的合同约定期限等确定。

● 采用收益法进行专利权评估时应当合理确定折现率。折现率可以通过分析评估基准日的利率、投资回报率，以及专利实施过程中的技术、经营、市场、资金等因素确定。专利权折现率可以采用无风险报酬率加风险报酬率的方式确定。专利权折现率应当与预期收益的口径保持一致。

② 市场法。采用市场法进行专利权评估时，应当收集足够的可比交易案例，并对专利权与可比交易案例之间的各种差异因素进行分析、比较和调整。

③ 成本法。采用成本法进行专利权评估时，应当合理确定专利权的重置成本。重置成本包括合理的成本、利润和相关税费等。确定专利权重置成本时，应当确定形成专利权所需的直接成本、间接费用、合理利润及相关税费等。采用成本法进行专利权评估时，应当合理确定贬值。

【例 10-1】 甲企业将一项专利使用权转让给乙公司，拟采用利润分成的方法。该专利是三年前从外部购入，账面成本为 80 万元，三年间物价累计上涨 25%，该专利法律保护期为 10 年，已过 4 年，尚可保护 6 年。经评估专业人员测算，该专利成本利润率为 400%，乙公司资产重置成本为 4 000 万元，成本利润率为 12.5%。通过对该专利的技术论证和发展趋势分析，评估专业人员认为该专利剩余使用寿命为 5 年。另外，通过对市场供求状况及有关会计资料分析得知，乙公司实际生产能力为年产某型号产品 20 万台，成本费用每台约为 400 元，未来 5 年内产量与成本费用变动不大。该产品由于采用了专利技术，性能有较大幅度提高，未来第一、二年每台售价可达 500 元。在竞争的作用下，为维护市场占有率，第三、四年售价将降为每台 450 元，第五年降为每台 430 元。国库券利率为 5%，企业行业风险报酬率确定为 5%，因而适用折现率确定为 10%（5%+5%）。根据上述资料，确定该专利的评估价值（不考虑商品税因素）。

首先，计算利润分成率如下。

确定专利重置成本：$80 \times (1+25\%) = 100$（万元）

专利约当投资额：$100 \times (1+400\%) = 500$（万元）

乙公司资产约当投资额：$4\ 000 \times (1+12.5\%) = 4\ 500$（万元）

利润分成率：$\dfrac{500}{4\ 500+500} \times 100\% = 10\%$

其次，计算确定该专利的评估值。

（1）确定每年利润额

第一、二年：$(500-400) \times 20 = 2\ 000$（万元）

第三、四年：$(450-400) \times 20 = 1\ 000$（万元）

第五年：$(430-400) \times 20 = 600$（万元）

（2）确定分成额

第一、二年：2 000×10%＝200（万元）

第三年、四年：1 000×10%＝100（万元）

第五年：600×10%＝60（万元）

（3）确定评估值

$$\frac{200}{(1+10\%)^1}+\frac{200}{(1+10\%)^2}+\frac{200}{(1+10\%)^3}+\frac{200}{(1+10\%)^4}+\frac{200}{(1+10\%)^5}\approx528（万元）$$

10.3.2　非专利技术评估

1. 非专利技术的概念与特征

非专利技术，也称专有技术，是指为特定的人所知晓的尚未公开其完整形式，处于保密状态，并未申请专利的具有一定价值的知识或信息，包括设计资料、技术规范、工艺流程、材料配方、经营诀窍和图纸、数据等技术资料。其主要特征如下。

① 实用性。非专利技术价值取决于其能否在生产实践中操作，不能应用的技术不能称之为非专利技术。

② 获利性。非专利技术必须具有超额获利能力，这种能力是市场转让的基础。

③ 保密性。这是非专利技术的最主要特征。它是一项收益性无形资产，而非法定的权利，因而主要依赖于所有者的自我秘密保护。

2. 非专利技术的评估

评估非专利技术价值，必须注意核查并把握以下情况。

① 非专利技术的具体内容。包括名称、类别、具体内容，运用产品与领域，真实性、有效性、先进性、垄断性、技术成熟程度，所经过的鉴定与验证等。

② 非专利技术能被保持的原因及预期的保持时间、改进技术、类似或相关技术情况。

③ 非专利技术的使用情况。包括使用非专利技术需要具备的经济、技术、设备、工艺、原材料、环境等方面的前提或基础条件，启用时间、使用范围、使用权和所有权转让情况。

④ 非专利技术的成本费用和历史收益情况。包括非专利技术的创制或购买、保持、改进等支出成本，非专利技术使用、转让所带来的历史收益。

⑤ 非专利技术收益期和预期收益额情况。包括非专利技术持有人经营管理能力、技术更新和新产品开发能力，非专利技术的获利能力和收益水平，非专利技术产品的技术寿命和经济寿命，单位售价、销售量、市场占有率和利润情况，同功能产品单位售价情况，主要竞争对手的市场占有率和盈利情况等。

根据非专利技术的特点，一般采用收益法进行评估，而成本法则较少采用。

【例 10-2】 某企业将一啤酒生产配方转让给丙企业。该配方具有一定的技术先进性，生产出的啤酒销路大增，预计可以持续 3 年，今后 3 年预计新增利润分别为 200 万元、270 万元和 180 万元。双方签订的合约规定：丙企业从使用该配方所生产啤酒的新增利润中提成 30% 给转让方，作为技术转让费，时间为 3 年，折现率为 12%，要求评估该配方的转让价值。

$$该配方评估价值=\left[\frac{200}{(1+12\%)^1}+\frac{270}{(1+12\%)^2}+\frac{180}{(1+12\%)^3}\right]\times30\%\approx156.6（万元）$$

10.4 非技术型无形资产的评估

10.4.1 商标权评估

1. 商标权的概念及其特点

商标权，是指商标权利人拥有或者控制的，能够持续发挥作用并且能带来经济利益的注册商标权益，包括排他专用权（独占权）、转让权、许可使用权、继承权等。排他专用权，是指注册商标的所有者享有禁止他人未经其许可而在同一种商品服务或类似商品服务上使用其商标的权利。转让权，是商标所有者作为商标权人，享有将其拥有的商标转让给他人的权利。许可使用权，是指商标权人依法通过商标使用许可合同允许他人使用其注册商标。继承权，是指商标权人将自己的注册商标交给指定继承人继承的权利，当然这种继承必须依法办理有关手续。

商标权与专利权一样，均属于知识产权，必须经由申请、审批、核准、公告等法定程序才可获得。按照国际惯例，商标权是以申请注册时间先后作为审批依据的。但是，为了遏制恶意抢注行为，我国《商标法》明确规定："申请商标注册不得损害他人现有的在先权利，也不得以不正当手段抢先注册他人已经使用并有一定影响的商标。"

商标权的经济价值取决于商标所能创造的预期经济效益，预期经济效益越高，商标权价值就越高，反之则低。从根本上说，商标权是对企业生产经营者素质、技术与管理状况、产品质量与信誉、营销技能的综合反映。虽然评估中需要考虑诸如设计、宣传、注册等商标权创制成本，但商标权评估的实质应该是其带来的超额获利能力。

2. 商标权的评估

商标权评估，是指资产评估机构及其评估专业人员遵守法律、行政法规和资产评估准则，根据委托对评估基准日特定目的下的商标权价值进行评定和估算，并出具资产评估报告的专业服务行为。

（1）商标权评估价值类型的选择

执行商标权评估业务，应当在考虑评估目的等因素的基础上，恰当选择价值类型。以质押为目的可以选择市场价值或者市场价值以外的价值类型，以交易为目的通常选择市场价值或者投资价值，以财务报告为目的的通常根据会计准则相关要求选择相应的价值类型。

（2）商标权评估对象的确定

商标权评估对象是指受法律保护的注册商标权益。执行商标权评估业务，应当明确商标权的权利属性。评估对象为商标专用权的，应当关注商标是否已经许可他人使用及具体许可形式。评估对象为商标许可权时，应当明确该权利的具体许可形式、内容和期限。注册商标包括商品商标、服务商标、集体商标、证明商标。商标权评估涉及的商标通常为商品商标和服务商标。

执行商标权评估业务，应当要求委托人明确商标的基本状况，通常包括：商标的文字、图形、字母、数字、三维标志和颜色组合及其说明，商标注册号、注册期限及核准的注册类别；商标的取得，包括原始取得和继受取得，以及商标注册、转让和继承程序办理情况；指定使用注册商标的商品或者服务项目；在类似商品或者服务上注册的相同或者近似的商标情况。

（3）商标权评估的操作要求

执行商标权评估业务，应当对商标权相关情况进行调查，包括必要的现场调查、市场调查，并收集相关资料。

调查过程中收集的相关资料通常包括：商标注册人和商标使用人的基本情况；商标的权属及登记情况；商标注册、变更、许可、续展、质押、纠纷及诉讼等；对商标的知晓程度；相关商品或者服务的销售渠道和销售网络等；商标使用的持续时间；商标宣传工作的持续时间、程度、费用和地理范围；与使用该商标的商品或者服务相关的著作权、专利、专有技术等其他无形资产权利的情况；宏观经济发展和相关行业政策与商标商品或者服务市场发展状况；商标商品或者服务的使用范围、市场需求、同类商品或者服务的竞争状况；商标使用、收益的可能性和方式；商标实施企业财务状况、行业竞争地位、未来发展规划等；近似商标近期的市场交易情况；商标以往的评估及交易情况；商标权利维护方面的情况，包括权利维护方式、效果、成本费用等。

（4）商标权评估的方法

确定商标权价值的评估方法包括市场法、收益法和成本法三种基本方法及其衍生方法。执行商标权评估业务，应当根据评估目的、评估对象、价值类型、资料收集等情况，分析上述三种基本方法及其衍生方法的适用性，选择评估方法。

① 收益法。运用收益法进行商标权评估时，应当合理确定预期收益。商标权的预期收益应当是因商标的使用而额外带来的收益，可以通过增量收益、节省许可费、收益分成或者超额收益等方式估算。确定预期收益时，应当区分并剔除与商标无关的业务产生的收益，并关注商标商品或者服务所属行业的市场规模、市场地位及相关企业的经营情况。

采用收益法评估商标权时，应当根据具体情况选择恰当的收益口径。可以按照销售收入、利润或者现金流等口径估算商标权预期产生的收益。

采用收益法评估商标权时，应当合理确定商标权收益期限。收益期限可以通过分析商标商品或者服务所属行业的发展趋势，通过综合考虑法律保护期限、相关合同约定期限、商标商品的产品寿命、商标商品或者服务的市场份额及发展潜力、商标未来维护费用、所属行业及企业的发展状况、商标注册人的经营年限等因素确定。

采用收益法进行商标权评估时，应当合理确定折现率。折现率可以通过分析评估基准日的利率、投资回报率，以及商标商品生产、销售实施过程中的技术、经营、市场等因素确定。商标权折现率应当有别于企业或者其他资产折现率。商标权折现率可以采用无风险报酬率加风险报酬率的方式确定。商标权折现率口径应当与预期收益的口径保持一致。

② 市场法。采用市场法进行商标权评估时，应当对收集的可比交易案例与评估对象进行比较，分析时可以从交易时间、权利种类或形式、交易方的关系、获利能力、竞争能力、预计收益期限、商标维护费用、风险程度等方面的差异进行比较。

③ 成本法。采用成本法进行商标权评估时，应当考虑商标权价值与成本的相关程度，恰当考虑成本法的适用性。商标重置成本包括合理成本、利润和相关税费等。

【例 10-3】 A 企业将"雪花牌"注册商标使用权通过许可使用合同转让给 B 企业使用，合同期限为 4 年。经过对商标边际贡献因素分析与具体测算，各年可带来追加利润 100 万元、120 万元、90 万元、70 万元，分别占当年利润的 40%、30%、20% 和 15%，假定折现率为 10%，试评估该商标使用权的价值。

$$利润提成率 = \cfrac{\dfrac{100}{(1+10\%)^1} + \dfrac{120}{(1+10\%)^2} + \dfrac{90}{(1+10\%)^3} + \dfrac{70}{(1+10\%)^4}}{\dfrac{100}{40\% \times (1+10\%)^1} + \dfrac{120}{30\% \times (1+10\%)^2} + \dfrac{90}{20\% \times (1+10\%)^3} + \dfrac{70}{15\% \times (1+10\%)^4}}$$

$$\approx 25\%$$

$$商标使用权价值 = \left[\frac{100}{(1+10\%)^1} + \frac{120}{(1+10\%)^2} + \frac{90}{(1+10\%)^3} + \frac{70}{(1+10\%)^4} \right] \times 25\%$$

$$= 76.38（万元）$$

10.4.2 特许权评估

1. 特许权的概念及其特点

特许权是政府或企业给予其他法人或自然人的经营或销售某种特定商品的特殊权利，包括各种许可证、代理权、专营权、特许使用权等。特许权具有以下特点。

① 时效性。特许权以一定的物质和技术为基础，具有较强的时效性，其价值与剩余的许可期限紧密相关。

② 转让的限制性。某些特许权是政府权利的延伸，国家规定不能转让，也就不能评估其价值；可以转让的特许权也往往存在期限和区域限制，这对其评估价值大小有影响。

③ 垄断经济效益。电力、铁路、邮电等公用事业性质行业的专营权无形资产，都具有垄断性质，因而可以获得垄断经济效益。

2. 特许权的评估

特许权的评估基础是被许可方在使用特许权后所能获得的超额收益或垄断利润。对于以转让、招商、入股或联营为目的的特许权评估，一般采用收益法；对于作为开办费或直接作价计入股本为目的的特许权评估，通常采用成本法。如果能找到合适的参照物，也可采用市场法进行特许权价值评估。

【例 10-4】 某烟草公司开业 5 年来，产量与利润持续递增。为争取更好的效益，2×15 年底拟组建联营企业，要求评估该烟草专卖许可证的价值。

根据该公司提供的资料，评估专业人员预计该公司 2×16—2×20 年利润分别为 2 175 万元、2 738 万元、3 006 万元、3 456 万元、3 880 万元。烟草行业基准收益率为 12%，确定折现率为 14%，特许权提成率为 48%，并将 2×20 年收益设为永续年金收益，资本化率为 17.5%。则该烟草专卖许可证评估价值计算如下。

$$评估价值 = \left[\frac{2\,175}{(1+14\%)^1} + \frac{2\,738}{(1+14\%)^2} + \frac{3\,006}{(1+14\%)^3} + \frac{3\,456}{(1+14\%)^4} + \frac{3\,880}{(1+14\%)^5} + \frac{3\,880}{17.5\%} \times (1+14\%)^{-5} \right] \times 48\%$$

$$= 10\,377.69（万元）$$

10.4.3　商誉评估

1. 商誉的定义

商誉早期的定义是指企业经营活动中所取得的一切有利条件。发展到今天，一种更为流行的定义是：商誉是指能给企业带来超额利润的能力。

在会计学上，对有关商誉性质的认知素来存有分歧。美国著名会计学家亨德里克森教授在他所著的《会计学原理》一书中指出，从会计学的角度加以审视，文献里经常出现的关于商誉性质的 3 种主要观点是：对企业持有良好印象的价值表现；预期未来利润的折现值与正常投资报酬之间的差额；企业整体价值与单项有形资产及可辨认无形资产价值之间的差额。同样，美国北伊利诺伊大学的基索教授和威斯康星大学的卫根特教授他们共同编著的《中级会计》一书中也概述了关于商誉性质的两种基本观点。其中，一种观点认为："商誉代表净资产的获取代价与其公平价值之间的差额"；另一种观点则认为："商誉代表企业高于社会平均水平的盈利能力"。由此不难看出，这两种观点实质上是不谋而合的，只不过视角有所不同而已。前者是从企业兼并与收购的角度出发，将获取另一家企业净资产所耗费的代价（收买价）与这些净资产的现行公平市价之间的差额视同商誉；后者则是基于局部利益（即单项价值）与整体价值的关系来理解商誉的性质。

上述分析结论可以用以下公式加以表示

$$商誉=获取净资产所耗费的代价-这些净资产的现行公平市价$$

或

$$商誉=企业整体价值-单项有形资产及可辨认无形资产价值$$

2. 商誉的评估方法

商誉可以采用割差法、超额收益法进行评估。割差法，也称残值法，是指将企业整体评估价值与构成企业的各单项资产评估价值之和进行比较从而确定商誉价值的方法。超额收益法包括超额收益本金化价格法和超额收益折现法。超额收益本金化价格法，是指将被评估企业的超额收益通过资本化还原为该企业商誉价值的评估方法；超额收益折现法，是指将企业可预测的若干年预期超额收益的折现值确定为商誉价值的评估方法。

【例 10-5】　某企业进行股份制改造，根据其过去经营业绩与未来市场形势，预测其未来各年的收益情况如表 10-2 所示。

表 10-2　企业未来各年的收益情况　　　　　　　　　单位：万元

年份	1	2	3	4	5	6
收益额	100	105	98	103	102	100

若从第 7 年起年收益将稳定在 100 万元水平，折现率和本金化率均为 8%，并且采用单项资产评估方法，确定该企业各单项资产评估价值之和（包括有形资产和可确指无形资产）为 1 000 万元。试用割差法确定该企业商誉评估价值；若自第 7 年起年收益较上年递增 2%，其他条件不变，要求评估该企业商誉价值。

（1）若从第 7 年起年收益稳定在 100 万元水平。

企业整体评估价值=100×(1+8%)$^{-1}$+105×(1+8%)$^{-2}$+98×(1+8%)$^{-3}$+103×(1+8%)$^{-4}$+102×(1+8%)$^{-5}$+100×(1+8%)$^{-6}$+［100/8%］×(1+8%)$^{-6}$

≈1 256（万元）

该企业商誉评估价值=1 256-1 000=256（万元）

（2）若自第 7 年起年收益较上年递增 2%。

企业整体评估价值=100×(1+8%)$^{-1}$+105×(1+8%)$^{-2}$+98×(1+8%)$^{-3}$+103×(1+8%)$^{-4}$+102×(1+8%)$^{-5}$+100×(1+8%)$^{-6}$+［100×(1+2%)/(8%-2%)］×(1+8%)$^{-6}$

≈1 540（万元）

该企业商誉评估价值=1 540-1 000=540（万元）

【例 10-6】 某企业准备出售，对企业整体价值及各单项资产价值进行评估。在企业继续经营前提下，评估专业人员估测企业年收益额为 770 万元。经过评估，得出企业各类单项资产评估值之和为 2 000 万元。评估专业人员经调查该行业资产收益率平均为 25%，并根据企业现有情况，确定商誉的风险收益率为 28%。要求应用超额收益法评估该企业商誉价值。

商誉年超额收益=770-2 000×25%=270（万元）

该企业商誉评估价值=270/28%=964（万元）

关 键 概 念

无形资产　　无形资产评估　　分成率法　　剩余法　　倍加系数法　　割差法
超额收益本金化价格法　　超额收益折现法

复习思考题

1. 无形资产的本质特征对其价值评估有何影响？
2. 怎样评估无形资产的非货币效益？
3. 如何确定无形资产预期收益期限？
4. 对同一无形资产可以使用多种评估方法吗？如果可以，应当注意什么问题？
5. 在无形资产评估中，应当采用销售收入分成率还是销售利润分成率？为什么？
6. 为什么专利权评估较少采用市场法？
7. 为什么非专利技术一般不采用成本法进行评估？
8. 影响商标权评估价值的因素有哪些？
9. 什么是特许权？它包括哪些类型？影响特许权评估的因素有哪些？
10. 商誉评估与企业整体资产评估有何关系？
11. 商誉评估应当注意哪些问题？

练习题

一、判断题

1. 共益性是指一项无形资产可以同一个时间在不同地点为不同主体同时控制并使用。（　　）

2. 无形资产最本质的特征是它所具有的超额获利能力。（　　）

3. 同一无形资产的完全产权转让评估值一般会低于其许可使用的评估值。（　　）

4. 采用成本法进行评估时，要注意根据现行条件下重新形成或取得该项无形资产所需的全部费用（含资本成本和合理利润）确定评估值，在评估中要注意扣除实际存在的实体性贬值、功能性贬值和经济性贬值。（　　）

5. 运用收益现值法进行评估需要确定 3 个基本参数，即预期超额收益、收益期限和折现率。（　　）

6. 成本-收益法是以外购成本为基础，综合考虑资产运用将给企业创造的预期净增收益的折现值，从而确定无形资产价值的一种方法。（　　）

7. 专利技术保密性，是指其主要依赖于所有者的自我秘密保护，即它是一项收益性无形资产，而非法定的权利。这是专利技术资产的最主要特征。（　　）

8. 按照国际惯例，商标权是以申请注册时间先后作为审批依据。但是，为了遏制恶意抢注行为，我国《商标法》明确规定："申请商标注册不得损害他人现有的在先权利，也不得以不正当手段抢先注册他人已经使用并有一定影响的商标。"（　　）

9. 割差法是将企业整体评估价值与构成企业的各单项资产评估值之和进行比较从而确定商誉价值的方法，亦称残值法。（　　）

二、计算题

1. 某专利技术预计剩余经济寿命为 2 年，第一年产品销售单价为 250 元，销售量为 4 000 台，第二年产品销售单价为 280 元，销售量为 5 000 台，销售成本为 160 元/台，购买该专利企业的正常资本利润率为 25%，折现率为 25%。要求测算该专利技术价值。

2. 某专利技术预计剩余经济寿命为 5 年，未来 5 年的预测收益额分别为 500 万元、650 万元、800 万元、1 000 万元、1 300 万元，无风险报酬率为 10%，行业风险报酬率为 10%，技术分成率为 5%。要求测算该专利技术价值。

3. 某公司要求对其一项非专利技术进行评估。该公司使用这项技术在未来 5 年内的净资产收益率可望达到 25%，同行业相近规模企业的净资产收益率为 15%，公司未来 5 年的净资产额预计分别为 300 万元、350 万元、350 万元、350 万元、300 万元，折现率为 20%。要求测算该非专利技术价值。

4. A 厂将永久牌自行车注册商标使用权通过许可使用合同让与 B 厂，期限为 5 年，规定利润分成率为 27%。评估专业人员预测，每辆车可增加税前利润 5 元，第 1~5 年各年自行车产量依次为 40 万辆、45 万辆、55 万辆、60 万辆、65 万辆，适用折现率为 14%，B 厂所得税税率为 25%。试确定该商标使用权的评估价值。

5. 假定某公司预期的未来年收益为 80 000 元，该公司拥有资本 400 000 元，商誉本金化率为 15%，所属行业典型的年收益率为 12%，试确定该企业商誉的评估价值。

6. 某企业经预测在今后 5 年内具有超额收益能力，2×19—2×23 年超额预期收益额分别为 90 万元、120 万元、140 万元、110 万元、100 万元，该企业所在行业的平均收益率为 10%，资产评估基准日确定为 2×18 年 12 月 31 日。试评估该企业商誉价值。

7. 某企业进行股份制改组，根据对企业过去经营情况与未来市场形势的分析研究，预测其未来 5 年的净利润分别是 13 万元、14 万元、11 万元、12 万元和 15 万元，并假定从第 6 年开始，以后各年的净利润均为 15 万元，折现率和本金化率均为 10%。采用单项资产评估方法，确定该企业各单项资产评估价值之和（包括有形资产和可确指无形资产）为 90 万元。试应用割差法确定该企业商誉的评估价值。

第11章 企业价值评估

本章导读

  企业价值评估,是指资产评估机构及其评估专业人员遵守法律、行政法规和资产评估准则,根据委托对评估基准日特定目的下的企业整体价值、股东全部权益价值或者股东部分权益价值等进行评定和估算,并出具资产评估报告的专业服务行为。企业价值评估不同于各单项资产的评估,其特点是将评估企业作为一项完整的独立资产,把企业整体获利能力作为特殊商品进行评估,评估的最终价值是其整体资产价值的体现,既包括有形资产的价值,也包括无形资产的价值,是企业资产在现实条件下的资本化价值。

  执行企业价值评估业务,应当根据评估目的,明确评估对象,合理使用评估假设,选择适当的价值类型,运用恰当的评估方法,履行必要的评估程序,形成评估结论。执行企业价值评估业务,应当根据评估目的、评估对象、价值类型、资料收集等情况,分析收益法、市场法、成本法三种基本方法的适用性,选择评估方法。

11.1 企业价值评估概述

11.1.1 企业价值评估的含义

1. 企业价值评估的概念及特点

1) 企业的概念及特点

企业是以盈利为目的、由各种要素资产组成并具有持续经营能力的自负盈亏的法人实体。从资产评估角度考虑,企业是相对于单项资产而言的,是指由各单项资产组成的、具有综合获利能力的特殊有机资产综合体。相对于单项资产而言,企业整体资产具有合法性、盈利性、整体性、持续性等特点。

(1) 合法性

企业首先是依法建立起来的经济组织,它的存在必须接受法律法规的约束。对企业的界定必须首先从法律法规的角度,从合法性、产权状况等方面进行界定。

(2) 盈利性

企业作为一类特殊的资产,其经营目的就是盈利。为了达到盈利的目的,企业需要在既定的生产经营范围内,将若干要素资产有机组合并形成相应的生产经营结构和功能。

(3) 整体性

构成企业的各个要素资产虽然各具不同性能,但它们在服从特定系统目标的前提下构成企业整体。企业的各个要素的资产功能不会很健全,但它们可以被整合为具有良好整体功能的资产综合体。当然，即使构成企业的各个要素资产的个体功能良好，如果它们之间的功能不匹配，组合而成的企业整体功能也未必很好。

（4）持续性

企业要盈利，必须进行经营，而且要在经营过程中要努力降低成本费用。为此，企业要对各种生产经营要素进行有效组合并保持最佳利用状态。影响生产经营要素最佳利用的因素很多，持续经营是保证正常盈利的一个重要方面，是企业价值评估的基本前提。

2）企业价值评估的概念及特点

企业价值评估，是指资产评估机构及其评估专业人员遵守法律、行政法规和资产评估准则，根据委托对评估基准日特定目的下的企业整体价值、股东全部权益价值或者股东部分权益价值等进行评定和估算，并出具资产评估报告的专业服务行为。单项资产评估不属于企业价值评估的范畴。如果被评估的企业不具有独立的生产能力或获利能力，其评估也不属于企业价值评估的范畴。企业价值评估一般具有以下 6 个方面的特点。

（1）整体性

企业价值评估的对象必须是企业的整体资产或某一部分资产有机构成的资产组合，这是企业价值评估的重要特点。从评估对象和内容上看，企业价值评估不再是单一的机器、设备、厂房或单项的专门技术，而是由各类资产组合而形成的企业资产整体，整个企业的资产或一部分资产虽由可分割的各单项资产构成，但整个企业的资产价值并不简单地等于各单项资产价值之和。若一个企业的各类资产在各个生产、经营环节配置比较合理，则整个企业的价值必然大于各单项资产价值之和；反之，就会低于各单项资产价值之和。

（2）预测性

企业价值评估对象的未来收益和相关风险具有预测性，即不确定性。由于企业整体价值是由资产本身的价值和预期收益所决定的，资产的预期收益一般是根据企业资产的历史运营状况、企业产品所处的生命周期阶段及企业资产未来经营的外部环境和内部潜力等因素，按一定的程序和方法推算出来的，其数据结果具有极大的不确定性，隐含着一定的偏差。由于各种原因，当影响资产预期收益的某一因素与预测时的假定情况不一致时，评估得出的整体资产价值必然与未来实际的整体资产价值不同，这就是企业价值评估的不确定性。

（3）动态性

企业整体价值，不仅取决于资产本身的价值和企业在未来的期望收益，而且要考虑货币时间价值变化对预期收益的影响。企业整体价值的这种动态性主要表现在以下 2 个方面：各年的资产运营条件发生变化，则实现的预期收益也会发生变化；各年实现的预期收益，由于货币时间价值的不同，反映在资产上的价值也不一样。

（4）增值性

企业价值评估是在单项资产评估的基础上进行的。企业单项资产的各种不同组合、配置和运营过程表现在企业获得预期收益的过程中。在此过程中，企业单项资产的价值之和是作为成本体现的。如果获得的收益增量大于成本，则企业整体具有比单项资产价值之和更高的价值；如果获得的收益增量等于成本，则两类资产评估结果是一致的；如果获得的收益增量小于成本，则企业整体价值要低于其单项资产价值之和。因此，企业价值评估具有反映资产增值（包括增值为负）的功能。

（5）持续性

企业价值评估的对象必须是能够继续使用的、具有获利能力的资产的有机组合体。企业的未来收益应能预测并能以货币计量，同时与整体资产获得未来收益相关的风险也应可以预测。因此，企业价值评估是持续经营企业的评估，不包括终止经营（如清算企业整体价值）的评估。在对企业价值进行评估时，是基于企业持续经营的前提条件，即假设被评估企业仍按原有设计和建造目的使用，包括原有的经营方式、经营风格等。判断企业是否持续经营，要考虑 2 个方面：一是企业所生产的产品或提供的服务是否满足社会的需要，并产生一定的收益；二是企业要素资产的功能和状态是否良好。企业持续经营是企业价值评估的基本前提，不具备持续获利能力的企业整体或资产整体不能依照整体评估的原理进行评估。

（6）匹配性

匹配性是指企业各类资产的有效配对关系。企业各类资产的匹配性如何是企业价值评估所涉及的一个重要问题。企业在正常的生产经营活动中，需要把投入的各种生产要素有机组合起来，形成较强的匹配功能，使每一种要素都能发挥最大的效能。例如，有的企业连篇累牍地大做广告文章，企业的商誉价值可能提高了，但企业产品的质量没有得到及时的提高，甚至产品的营销渠道没有有效建立起来，最终导致企业的总体效益下降，甚至可能使企业走上破产之路。这就是企业的资产匹配方面出现了问题。

2. 企业价值评估和单项资产评估加和的差异

（1）评估对象的差异

企业价值评估的对象是按特定生产工艺或经营目标有机结合起来的资产综合体。而将构成企业的各个单项资产的评估值加和，则是先就各个单项资产作为独立的评估对象进行评估，然后再加总。

（2）资产价值的差异

由于企业价值评估和单项资产评估的对象不同，因而它们所获得的资产价值的含义便有区别。对企业各单项资产的价值进行评估，然后利用加总的方法所获得的企业全部资产的重估价值，其经济含义或质的规定性仅仅是指在现行价格水平基础上重新购建此企业所有单项资产所需花费的成本，并不能真正地反映现实产权交易市场中企业的价值量。企业价值评估则是将企业作为一个不可分割的、能够带来一定收益的有机整体资产，通过对其收益能力的分析而获得的企业重估价值，其经济含义是指出售整个企业的收益现值。

（3）影响因素的差异

企业价值评估是以企业的获利能力为核心，是综合考虑影响企业获利能力的各种因素及企业面临的各种风险而进行的评估。而将企业单项资产的评估值加和，是在评估时针对影响各个单项资产价值的各种因素展开的。

（4）评估结果的差异

由于企业价值评估和构成企业的单项资产的评估值加和在评估对象、影响因素等方面存在差异，评估的结果亦会有所不同，主要表现在企业价值的评估值中包含不可确指的商誉的价值。

11.1.2　企业价值评估的内容及影响因素

1. 企业价值评估的内容

① 评估企业的现实存量资产。企业现实存量资产，是指企业所拥有的可确指的全部资产，包括流动资产、长期投资、固定资产、可确指的无形资产和自然资源资产等。弄清企业

现实存量资产的价值，是对企业价值进行评估首先需要进行的工作，是企业价值评估的基础。

② 评估企业的预期收益资产。预期收益资产，是指将企业现实存量资产作为一个整体，通过生产、经营活动可能带来的预期收益的能力，是企业价值评估需要解决的根本问题，是企业价值评估的主要内容。把企业能够取得预期收益的资产作为现实资产的原因是企业资产的预期收益同社会上其他物质财富一样具有使用价值。同时，企业预期收益资产是一种不可确指的模糊资产，因为它是由企业内部和外部的多种因素综合而成的一种获利能力，是看不见但又确实存在的一种资产，它附着于企业的现实资产之上而构成了企业整体价值。对企业整体进行评估的目的之一，就是要把这种资产的价值反映出来，而要反映这种资产的价值只能对企业资产进行整体评估，采取单项评估方法是无法反映出来的。

③ 评估企业所处的环境因素。在具体进行企业价值评估时，还必须对企业所处的经济环境因素和社会环境因素有一个概括性的评估。企业所处的经济环境和社会环境是企业外部的客观条件，如企业及其产品在国民经济中的地位与作用、企业所处行业的产业结构、产业布局的调整及由此造成的资金流向等方面的变动。这些因素涉及整个国民经济的发展战略和国家的方针政策，是外部的、客观的因素，因此在对企业价值进行评估时，并不直接计算这部分因素对资产价值的影响。但是，这些因素将最终影响企业产权的交易价格，因为企业价值评估是以整个企业的产权变更为目的的，而通过评估所确定的企业整体价值，将被作为交易时的资产底价。资产的实际交易价格作为企业整体价值的货币表现，有时与底价是一致的，更多的时候则是存在偏差，这主要是由于产权交易市场调节的结果，而企业所处的经济环境和社会环境是影响市场条件的主要因素。

④ 评估企业的无形资产。采用收益法对无形资产进行评估时，必须有效剥离特定的无形资产在总收益中的贡献。这是一个比较难以解决的问题。如果采用收益法，首先评估出企业的价值，然后在此基础上减去企业各单项有形资产评估的价值总和，就可得到企业所有无形资产价值的总和；如果再把除商誉以外的其他无形资产的单项评估价值之和减去，就可得到企业商誉的评估价值。可见，利用企业价值评估的基本方法，采用剔除法评定、估算无形资产的价值总和，特别是评估企业商誉的价值，不失为一种较好的方法，因为商誉的价值在单项资产评估中是无法触及的。

2. 影响企业价值评估的因素

由于单项资产评估与企业价值评估在评估目的、评估对象及计价标准方面都存在很大的差异，因此在进行企业价值评估时需要考虑的因素与单项资产评估也不一样。具体地说，应该考虑以下 6 个方面的因素。

① 整体技术情况。对于各单项资产总价值量相同的两个企业，技术较为先进或者机器设备成新率较高的企业，整体评估值较高。这是因为技术进步有利于企业提高产品质量和生产效率，从而获得较多的竞争优势和利润。企业整体的技术情况主要体现在企业中的可移动长期资产方面，因为社会技术水平进步对不动产的影响相对较小。

② 全部资产价值量。一般而言，随着竞争的加剧，社会资产平均利润率逐渐平均化。在这种情况下，企业资产价值量与其获利能力呈正相关关系，即企业资产的价值量越大，企业的获利能力越强。企业全部资产价值量的大小既可以通过单项资产评估价值的加总得到，也可以通过物价指数调整账面净值的方法得到。

③ 资产匹配状况。企业各类资产通过一定的匹配方式能否最大限度地发挥出生产能力，

资源配置效率是一个非常重要的方面，企业资产匹配状况直接影响着企业资源配置效率的高低。

④ 经营者及员工素质。主要包括企业经营管理者的经营管理思想、策略、领导方式及员工的思想觉悟、文化修养和技术水平等。人是企业中最活跃的因素，也是最为重要的生产要素，他们的素质直接关系到企业的竞争能力和获利能力。

⑤ 企业文化及企业信誉。企业文化，是指企业长期形成的一系列价值观念和行为规范。良好的企业文化能显著地加强企业的凝聚力，极大地调动员工的工作积极性，为企业创造出更大的价值。企业信誉是企业生产经营或提供的产品、劳务在客户心目中的形象，是企业商誉的重要来源之一。

⑥ 地理位置和产业政策。企业所处的地理位置和交通条件直接影响着企业的运输成本，而产业政策直接影响着企业未来的发展潜力和获利能力。

11.1.3　企业价值评估范围的界定和评估程序

1. 企业价值评估的范围

界定评估范围是任何一项资产评估必须做的工作。但就绝大部分有形可确指的单项资产评估而言，其评估范围的界定相对来说是比较容易的，即通过明确评估对象本身就能较为准确地界定评估范围。对企业来讲，情况要复杂一些，企业资产评估的范围界定至少包括以下两个层次：一是企业资产范围的界定；二是企业有效资产的界定。

（1）企业资产范围的界定

从产权的角度，企业评估的范围应该是企业的全部资产，包括企业产权主体自身占用及经营的部分，企业产权主体所能控制的部分，如全资子公司、控股子公司及非控股子公司中的投资部分。在具体界定企业评估的资产范围时应根据以下资料进行：企业提出资产评估申请时的申请报告及上级主管部门的批复文件所规定的评估范围；企业有关产权转让或产权变动的协议、合同、章程中规定的企业资产变动的范围。

（2）企业有效资产的界定

有效资产是指评估专业人员实施评估的具体资产范围，即在评估的资产范围的基础上经过合理必要的重组后的资产范围。企业价值取决于企业的获利能力，而企业的获利能力是企业中有效资产共同作用的结果。将企业中的有效资产与非有效资产进行合理必要的划分，有利于企业价值的合理评估。从这个意义上讲，在企业价值评估时应合理界定其评估的具体的有效资产范围。

在界定企业价值评估有效资产范围时应注意以下几个问题。首先，因产权纠纷暂时难以界定的产权或难以得出结论的资产，应划为"待定产权"，暂不列入企业评估的资产范围。其次，在产权界定范围内，若企业中明显地存在生产能力闲置或浪费，以及某些局部资产的功能与企业的整体功能不一致，并且可以分离，按照效用原则应提醒委托方进行资产重组，重新界定企业价值评估的具体范围，以避免造成委托人的权益损失。最后，资产重组是形成和界定企业价值评估具体范围的重要途径。在企业改制、上市的过程中，资产重组方案都应以正常设计生产经营能力为限，不能人为地缩小或扩大企业的生产经营能力。而且，评估专业人员应充分了解和掌握资产重组方案，但无权决定资产重组方案。

资产重组对资产评估的影响主要有以下几种情况，在资产评估时应予以重视。

① 资产范围的变化。企业中的资产包括经营性资产和非经营性资产，按其发挥效能状

况，可以分为有效资产和无效资产。通常，进行资产重组时，往往剥离非经营性资产和无效资产，有时也会剥离一部分经营性资产，但剥离的经营性资产应以不影响企业正常的生产经营为前提，否则会影响企业获利能力，进而影响企业收益的预测。

② 资产负债结构的变化。根据对上市公司的要求，其资产负债率应不超过 70%。对于大多数企业来说，达到这一水平较困难，需要通过资产重组解决。重组方案会影响企业的资产负债结构，不仅影响企业的获利能力，还会影响企业的偿债能力，这在风险预测时需加以注意。

③ 收益水平的变化。以上市公司为例，经资产重组以后，企业的净资产收益率会超过10%，这种效果不仅通过剥离非经营性资产和无效资产减少资产总额获得，而且非经营性资产减少使得收益计算中的折旧费减少，从而增加收益。所有这些，均作为企业价值评估时对未来收益预测的基础。资产重组方案中，对于土地使用权、商标权等无形资产，出于种种原因（如资产收益率的原因），一般采用租赁方式和许可使用方式，单项资产评估时仍需对这些资产进行价值评估，只是这些评估价值不计入企业整体价值中作为计算依据，但要评估土地使用权租金标准和商标权等许可使用费标准，作为企业签订租赁或许可使用合同的依据。采用收益法对未来收益进行预测时，在管理费用中应增加这些租金和许可使用费，相应减少收益，这在评估时应加以注意。

2. 企业价值评估的程序

企业价值评估是一项复杂的系统工程，制定和执行科学的评估程序，有利于评估效率的提高，有利于评估结果的真实和科学。

① 明确基本事项。资产评估机构受理企业价值评估业务前，应当明确的基本事项包括：委托人的基本情况；被评估单位的基本情况；评估目的；评估对象和评估范围；价值类型；评估基准日；资产评估报告使用范围；评估假设；需要明确的其他事项。

② 明确评估对象。资产评估专业人员应当根据委托事项和评估目的，与委托人协商明确评估对象。企业价值评估中的评估对象包括企业整体价值、股东全部权益价值和股东部分权益价值等。

③ 选择价值类型。执行企业价值评估业务，应当充分考虑评估目的、市场条件、评估对象自身条件等因素，恰当选择价值类型。企业价值评估中常见的价值类型有市场价值和投资价值。

④ 收集整理相关资料。执行企业价值评估业务，应当根据评估业务的具体情况，确定所需资料的清单并收集相关资料[①]，通常包括：

● 评估对象权益状况相关的协议、章程、股权证明等有关法律文件、评估对象涉及的主要资产权属证明资料；

● 被评估单位历史沿革、控股股东及股东持股比例、经营管理结构和产权架构资料；

● 被评估单位的业务、资产、财务、人员及经营状况资料；

● 被评估单位经营计划、发展规划和收益预测资料；

---

① 资产评估专业人员应当尽可能获取被评估单位和可比企业经审计后的财务报表或者公开财务资料，无论财务报表是否经过审计，资产评估专业人员都应当根据所采用评估方法对财务报表的使用要求对其进行分析和判断，但对相关财务报表是否公允反映评估基准日的财务状况和当期经营成果、现金流量发表专业意见并非资产评估专业人员的责任。采用成本法评估，应当对所采用的被评估单位于评估基准日的资产及负债账面价值的真实性进行分析和判断；采用收益法或者市场法评估，应当对所采用的被评估单位和可比企业财务指标的合理性进行分析和判断。

- 评估对象、被评估单位以往的评估及交易资料；
- 影响被评估单位经营的宏观、区域经济因素资料；
- 被评估单位所在行业现状与发展前景资料；
- 证券市场、产权交易市场等市场的有关资料；
- 可比企业的经营情况、财务信息、股票价格或者股权交易价格等资料。

⑤ 选择评估方法，估算企业价值。执行企业价值评估业务，应当根据评估目的、评估对象、价值类型、资料收集等情况，分析收益法、市场法、成本法（资产基础法）三种基本方法的适用性，选择评估方法。对于适合采用不同评估方法进行企业价值评估的，资产评估专业人员应当采用两种以上评估方法进行评估。

采用收益法或者市场法进行企业价值评估时，可以根据评估对象、评估假设、价值类型等相关条件，在与委托人和其他相关当事人协商并获得有关信息的基础上，对被评估单位和可比企业财务报表进行分析和必要的调整，以使评估中采用的财务数据及相关参数适用、可比。根据评估业务的具体情况，分析和调整的事项通常包括：财务报表编制基础；非经常性收入和支出；非经营性资产、负债和溢余资产及其相关的收入和支出。

采用收益法或者市场法进行企业价值评估，应当与委托人和其他相关当事人进行沟通，了解被评估单位资产配置和使用情况，谨慎识别非经营性资产、负债和溢余资产，并根据相关信息获得情况及对评估结论的影响程度，确定是否单独评估。

⑥ 撰写企业价值评估报告。采用收益法或者市场法进行企业价值评估，通常在资产评估报告中重点披露下列内容：

- 影响企业经营的宏观、区域经济因素。在资产评估报告中披露影响企业经营的宏观、区域经济因素时，通常包括：国家、地区有关企业经营的法律、行政法规和其他相关文件；国家、地区经济形势及未来发展趋势；有关财政、货币政策等。
- 所在行业现状与发展前景。在资产评估报告中披露所在行业现状与发展前景时，通常包括：行业主要政策规定；行业竞争情况；行业发展的有利因素和不利因素；行业特有的经营模式，行业的周期性特征、区域性特征和季节性特征等；企业所在行业与上下游行业之间的关联性，上下游行业发展对本行业发展的有利影响和不利影响。
- 企业的业务分析情况。在资产评估报告中披露企业的业务分析情况时，通常包括：主要产品或者服务的用途；经营模式；经营管理状况；企业在行业中的地位、竞争优势及劣势；企业的发展战略及经营策略等。
- 企业主要产品或者服务的经济寿命情况及预期替代产品或者服务的情况。
- 企业的资产、财务分析和调整情况。在资产评估报告中披露企业的资产、财务分析和调整情况时，通常包括：资产配置和使用的情况；历史财务资料的分析总结，一般包括历史年度财务分析、与所在行业或者可比企业的财务比较分析等；对财务报表及评估中使用的资料的重大或者实质性调整。
- 评估方法的运用过程。在资产评估报告中披露评估方法的运用过程时，通常包括：评估方法的选择及其理由；评估方法的运用和逻辑推理过程；主要参数的来源、分析、比较和测算过程；考虑的控制权和流动性影响；对测算结果进行分析，形成最终评估结论的过程。

11.2　企业价值评估的基本方法

在资产评估的实际工作中，可以根据不同的评估目的和资本市场的不同发育情况及被评估企业的商誉状况，分析收益法、市场法、成本法（资产基础法）三种基本方法的适用性，选择评估方法。

11.2.1　收益法

企业价值评估中的收益法，是指将预期收益资本化或者折现，确定评估对象价值的评估方法。资产评估专业人员应当结合被评估单位的企业性质、资产规模、历史经营情况、未来收益可预测情况、所获取评估资料的充分性，恰当考虑收益法的适用性。收益法常用的具体方法包括股利折现法和现金流量折现法。

1. 股利折现法

股利折现法是将预期股利进行折现以确定评估对象价值的方法，通常适用于缺乏控制权的股东的部分权益价值评估。股利折现法的预期股利应当体现市场参与者的通常预期，适用的价值类型通常为市场价值。

2. 现金流量折现法

现金流量折现法通常包括企业自由现金流量折现法和股权自由现金流量折现法。资产评估专业人员应当根据被评估单位所处行业、经营模式、资本结构、发展趋势等，恰当选择现金流量折现法。预测现金流量，既可以从市场参与者角度进行，也可以选择特定投资者的角度。从特定投资者的角度预测现金流量时，适用的价值类型通常为投资价值。

（1）年金法

在企业持续经营的前提下，年金法是把企业未来的各年预期收益年金化，然后再将已年金化的企业预期收益进行本金化处理，以得出企业价值评估值。其基本计算公式如下。

$$P = \frac{A}{r}$$

式中：P——企业价值评估值；

　　　A——年金收益；

　　　r——资本化率。

上式又可写为

$$P = \left\{ \sum_{t=1}^{n} \left[F_t \cdot (1 + i)^{-t} \right] / (P/A, i, n) \right\} / r$$

式中：$\sum_{t=1}^{n} \left[F_t \cdot (1 + i)^{-t} \right]$——前 n 年预期收益折现值之和；

　　　$(P/A, i, n)$——投资回收系数（年金现值系数）。

（2）分段法

分段法是指在对企业未来预期收益进行预测时，将收益预测期分为两段：对于前段（短期——未来前 5 年）的预期收益进行逐年折现累加；对于后段（长期——一般从第 6 年开始）的收益，则要根据收益的变化规律，进行预期折现和本金化处理；最后取两段之和作为企业评估价值的方法。

假设以前段最后一年的收益作为后段各年的年收益，则分段法的计算公式可写为

$$P = \sum_{t=1}^{n} \frac{F_t}{(1+r)^t} + \frac{F_n}{r(1+r)^n}$$

假设从（$n+1$）年开始，企业预期年收益将按一个固定的比率（g）增长，则分段法的计算公式可写为

$$P = \sum_{t=1}^{n} \frac{F_t}{(1+r)^t} + \frac{F_{n+1}}{(r-g)(1+r)^n}$$

具体运用时，可收集评估前 5 年的生产、经营、销售成本，收益及同期的企业外部环境等资料，对其进行全面分析。在此基础上，预测出企业在未来经济寿命（即能够带来预期收益的持续年限）内的年平均期望收益，然后再把平均期望收益进行资本化处理，进而评估得出企业价值。

3. 收益法运用中相关指标的确定

（1）未来收益的预测

资产评估专业人员应当对委托人和其他相关当事人提供的企业未来收益资料进行必要的分析、判断和调整，结合被评估单位的人力资源、技术水平、资本结构、经营状况、历史业绩、发展趋势，考虑宏观经济因素、所在行业现状与发展前景，合理确定评估假设，形成未来收益预测。当委托人和其他相关当事人未提供收益预测，资产评估专业人员应当收集和利用形成未来收益预测的相关资料，并履行核查验证程序，在具备预测条件的情况下编制收益预测表。资产评估专业人员应当关注未来收益预测中经营管理、业务架构、主营业务收入、毛利率、营运资金、资本性支出、资本结构等主要参数与评估假设、价值类型的一致性。当预测趋势与历史业绩和现实经营状况存在重大差异时，资产评估专业人员应当在资产评估报告中予以披露，并对产生差异的原因及其合理性进行说明。

（2）收益期限的确定

资产评估专业人员应当按照法律、行政法规规定，以及被评估企业性质、企业类型、所在行业现状与发展前景、协议与章程约定、经营状况、资产特点和资源条件等，恰当确定收益期。

企业经营达到相对稳定前的时间区间是确定详细预测期的主要因素。资产评估专业人员应当在对企业产品或者服务的剩余经济寿命及替代产品或者服务的研发情况、收入结构、成本结构、资本结构、资本性支出、营运资金、投资收益和风险水平等综合分析的基础上，结合宏观政策、行业周期及其他影响企业进入稳定期的因素合理确定详细预测期。

（3）折现率的选择

资产评估专业人员确定折现率，应当综合考虑评估基准日的利率水平、市场投资收益率等资本市场相关信息和所在行业、被评估单位的特定风险等相关因素。

（4）评估方法的选择

资产评估专业人员应当根据企业提供产品或者服务的剩余经济寿命期限情况、进入稳定

期的因素分析详细预测期后的收益趋势、终止经营后的处置方式等，选择恰当的方法估算详细预测期后的价值。

执行企业价值评估业务可以根据评估对象的特点，选择收益法的不同具体方法进行评估。资产评估专业人员应当根据被评估单位的具体情况选择恰当的预期收益口径，并确信折现率与预期收益的口径保持一致。

【例11-1】 经测算，被评估企业未来 5 年的预期收益额分别为 100 万元、120 万元、150 万元、160 万元和 200 万元，假定评估专业人员确定的本金化率为 15%，折现率为 10%，试用年金法确定企业的评估价值。

$$P = \left\{ \sum_{t=1}^{n} \left[F_t \cdot (1+i)^{-t} \right] / (P/A, i, n) \right\} / r$$

$$= \frac{\dfrac{100}{(1+10\%)^1} + \dfrac{120}{(1+10\%)^2} + \dfrac{150}{(1+10\%)^3} + \dfrac{160}{(1+10\%)^4} + \dfrac{200}{(1+10\%)^5}}{(P/A, 10\%, 5)}}{15\%}$$

$$= 943.02 \ (万元)$$

年金法是以预期收益稳定为前提的，它以企业未来几年的收益水平代表企业未来无限期的收益水平，这种方法一般适用于持续经营假设的前提下，生产经营活动比较稳定，并且市场变化不大的企业价值评估。

【例11-2】 某化工企业欲以全部资产与外商合资，评估专业人员研究决定用收益法对该企业进行评估，具体步骤如下。

第一步，根据有关财务报表资料分析企业近 3 年的经营情况，如表 11-1 所示。

表 11-1　企业近 3 年经营情况　　　　　　　　　　单位：万元

	2×15	2×16	2×17
销售收入	9 850	10 450	10 800
销售税金	210	231	253
销售成本	8 842	9 384	9 695
销售利润	798	835	852
销售利润率	8.1%	8%	7.9%
净利润	724	752	765

从上述资料可知，虽然该企业近年来销售利润率有所下降，但保持在 8% 左右，且销售利润总额大体在 800 万元，这说明企业经营情况比较稳定，有较强的盈利能力。同时根据该企业 2×17 年的执行情况测算，企业净资产利润率为 17.2%（765/4 456，其中 2×17 年该企业净资产占用 4 456 万元），高于同行业平均净资产利润率（14%）3.2 个百分点。

第二步，根据该企业近几年资产负债情况，分析该企业的偿债能力，如表 11-2 所示。

表 11-2　企业近 3 年资产负债情况　　　　　　　　单位：万元

项目	2×15	2×16	2×17
1. 现金和银行存款	65	120	70
2. 应收账款	1 186	1 180	1 020
3. 存货	989	1 076	1 066
流动资产合计	2 240	2 376	2 156
4. 固定资产（净值）	1 130	1 183	1 245
5. 其他资产（净值）	860	761	1 055
资产总额	4 230	4 320	4 456
6. 流动负债	1 120	1 320	980
7. 长期负债	650	942	1 126
负债合计	1 770	2 262	2 106
8. 所有者权益合计	2 460	2 058	2 350
负债和所有者权益合计	4 230	4 320	4 456
9. 流动比率	2：1	1.8：1	2.2：1
10. 速动比率	1.12：1	0.98：1	1.11：1
11. 产权比率	0.72：1	1.1：1	0.9：1

对企业偿债能力的分析，主要是通过对流动比率、速动比率及产权比率的分析进行的。流动比率反映企业的短期偿债能力，该企业近 3 年的流动比率分别为 2：1、1.8：1 和 2.2：1，说明企业具有较强的短期偿债能力。速动比率表示企业立即清偿流动负债的能力，该企业近 3 年的速动比率分别为 1.12：1、0.98：1 和 1.11：1，均接近于 1：1，因此企业立即清偿流动负债的能力较强。产权比率主要反映企业长期偿债能力，一般公认的标准为 0.8：1，该企业的产权比率近 3 年平均为 0.9 左右，说明具有较好的偿还长期债务的能力。

第三步，根据有关的资料预测企业未来若干年内的收益情况。根据企业近 3 年的经营情况，考虑各种影响因素，对企业未来 3 年的经营收益情况预测如表11-3所示。

表 11-3　企业未来 3 年经营收益情况预测　　　　　　单位：万元

项目	2×18	2×19	2×20
销售收入	14 076	14 105	14 280
销售税金	245	214	230
成本费用	12 455	12 390	12 507
营业利润	1 376	1 501	1 543
所得税	420	421	423

续表

项目	2×18	2×19	2×20
净利润	956	1 080	1 120
追加投资	2.5	5	8
净现金流量	953.5	1 075	1 112
折现系数	0.869 6	0.756 2	0.657 5
净现值	829.2	812.9	731.1

第四步，确定被评估企业的折现率（或资本化率）。在对该企业价值进行评估之前，还需要正确确定折现率（或资本化率）。通常根据国库券利率确定无风险报酬率，根据通货膨胀率确定风险调整值。预计未来 3 年国库券利率将维持在 11%，通货膨胀率将控制在 4%左右。因此，未来 3 年的企业收益折现率＝11%＋4%＝15%。

第五步，企业价值评估。假如根据国家产业政策，3 年后企业将保持 3%的增长速度，计算未来前 3 年企业收益现值（净现金流量折现之和），即

$$829.2+812.9+731.1=2\,373.2\text{（万元）}$$

计算未来 3 年后的永久性收益现值（即将第 4 年开始的稳定的收益折现），计算公式为

$$1\,112\times\frac{1+3\%}{15\%-3\%}=9\,544.7\text{（万元）}$$

所以，永久性等值收益折成现值为：$9\,544.7\times0.657\,5=6\,275.6$（万元）

最后将未来 3 年的收益现值和第 3 年后的永久性收益现值相加，得出该化工企业的价值为

$$2\,373.2+6\,275.6=8\,648.8\text{（万元）}$$

【例 11-3】 已知甲企业 2×14 年底因股份制改造需要进行资产评估，其评估基准日为 2×14 年 12 月 31 日。该企业向评估机构提供的近几年企业生产经营状况资料主要体现在表 11-4 和表 11-5 中。另外，已知该企业自 2×15 年后每年追加投资数额见表 11-6。根据企业近几年经营状况和评估目的，评估机构决定采用收益法评估该企业价值。

根据该企业近 3 年的财务分析指标可知，该企业的销售利润率、资产利润率均保持在很高的水平，2×12—2×14 年销售利润率分别为 37.5%、37.7%和 38.6%，资本利润率分别为 36%、37%和 37%。这表明该企业有很强的盈利能力，而且这种盈利能力呈现稳中略升的走向，进而表明该企业的盈利水平会伴随着销售规模的扩大而不断扩大。从流动比率与速动比率看，该企业指标均高于一般比率，尽管其略呈下降趋势，2×14 年仍分别为 2.4∶1 和 1.5∶1，表明企业仍有很强的短期偿债能力。从企业存货周转率看，2×12 年至 2×14 年分别为 25%、26%和 26.5%，略有加快之势，这表明企业资产利用率高且工作效率高。从企业发展规划看，未来几年的追加投资明显增多，企业内部管理将在原有基础上更加规范与严格，这也有助于企业获利能力的保持与提高。

表 11-4 被评估企业 2×10—2×14 年经营概况 单位：万元

项目	2×10	2×11	2×12	2×13	2×14
销售收入	700	750	820	830	850
销售税金	105	120	127.1	131.14	135.15
销售成本	287	315	336.2	340.3	340
其中：折旧	63	75	90.2	95.45	102
其他费用	35	45	49.2	45.65	46.75
营业利润	273	270	307.5	312.91	328.1
营业外支出	9.1	9	10.66	11.62	12.75
营业外收入	7	7.5	11.48	11.62	13.6
利润总额	270.9	268.5	308.32	312.91	328.95
所得税（15%）	40.6	40.28	46.25	46.94	49.34
净利润	230.26	228.22	262.07	265.97	279.61
追加投资	20	25	26	27	29
净现金流量	273.26	278.23	326.27	334.42	352.61

表 11-5 被评估企业近 3 年的主要财务指标

项目	2×12	2×13	2×14
销售利润率	37.5%	37.7%	38.6%
资产利润率	36%	37%	38%
流动比率	3：1	2.5：1	2.4：1
速动比率	2：1	1.8：1	1.5：1
存货周转率	25%	26%	26.5%

从该企业外部环境分析，2×14 年我国出现了高通货膨胀，通胀率达 21.7%，因此宏观经济政策由松变紧，这会影响居民的收入与消费支出，同时导致市场竞争加剧，最终不利于企业收益的增加。但从 2×15 年前几个月的经济形势看，通货膨胀率预计将在 2×16 年降至 10% 左右，并在其后逐步下降或出现小幅波动，进而在提高经济增长的需求压力下宏观经济环境会在 2×16 年底明显放松，这一大环境和与之相关的因素又会有利于企业预期获利能力的加强。

基于综合分析，假设该企业在 2×15—2×22 年的有关收支和净现金流量指标预测值如表 11-6 所示（在已知更多历史资料的情况下，可用回归模型加以预测）。根据我国国库券利率和对未来几年通货膨胀率的分析与判断，假设折现率为 18%，相应的折现系数如表 11-6 所示。

表 11-6　被评估企业 2×15—2×22 年有关预测指标　　　　单位：万元

项目	2×15	2×16	2×17	2×18	2×19	2×20	2×21	2×22
销售收入	880	910	950	1 000	1 100	1 200	1 210	1 218
销售税金	137.28	141.96	149.15	155	172.7	192	189.97	190.01
销售成本	352	373.1	380	410	462	504	508.2	499.38
其中：折旧	105.6	118.3	133	135	165	192	181.5	155.9
其他费用	50	52	56	60	65	76	79	82
营业利润	340.72	342.94	364.85	375	400.3	428	432.83	446.61
营业外支出	13	15	17	19	19.5	21	22	23
营业外收入	14	15.5	17.2	19	19.6	20	22	23.5
利润总额	341.72	343.44	365.05	375	400.4	427	432.83	447.1
所得税	51.26	51.52	54.76	56.25	60.05	64.2	64.92	67.07
净利润	290.46	291.92	310.29	318.75	340.25	363.8	367.91	380.05
追加投资	42	55	70	80	85	90	95	85
净现金流量	354.06	355.22	373.29	373.75	420.24	465.8	454.41	450.95
折现系数	0.847	0.718	0.609	0.516	0.437	0.370	0.314	0.266

运用收益法评估的企业价值为

$$P = \sum_{t=2\times15}^{2\times19} \frac{F_t}{(1+r)^{t-2\times14}} + \frac{F_{2\times20}}{r(1+r)^5}$$

前 5 年净现金流量折现值之和为

$$\sum_{t=2\times15}^{2\times19} \frac{F_t}{(1+r)^{t-2\times14}} = \sum_{t=2\times15}^{2\times19} F_i \cdot (1+r)^{-(i-2\times14)}$$

$$= 354.06\times0.847+355.22\times0.718+373.29\times0.609+373.75\times$$

$$0.516+420.24\times0.437$$

$$= 1\ 158.77 \ (万元)$$

第 6 年后的预期年均收益额（一般采用预期的最后 5 年净现金流量的加权平均值）为

$$F_{2\times20} = \frac{\sum_{t=2\times18}^{2\times22} F_t(1+r)^{i-2\times14}}{\sum_{t=2\times18}^{2\times22} (1+r)^{i-2\times14}}$$

$$= \frac{373.75\times0.516+420.24\times0.437+456.8\times0.37+454.41\times0.314+450.95\times0.266}{0.516+0.437+0.37+0.314+0.266}$$

$$= 426.42 \ (万元)$$

进而

$$F_{2\times20} \cdot r^{-1} \cdot (1+r)^{-5} = 426.42\times\frac{1}{18\%}\times0.437 = 103.525 \ (万元)$$

所以，该企业评估价值为

$$P = 1\ 158.77 + 103.525 = 1\ 262.295\ （万元）$$

11.2.2　市场法

　　企业价值评估中的市场法，是指将评估对象与可比上市公司或者可比交易案例进行比较，确定评估对象价值的评估方法。资产评估专业人员应当根据所获取可比企业经营和财务数据的充分性和可靠性、可收集到的可比企业数量，考虑市场法的适用性。市场法常用的两种具体方法是上市公司比较法和交易案例比较法。

　　1. 上市公司比较法

　　上市公司比较法是指获取并分析可比上市公司的经营和财务数据，计算价值比率，在与被评估单位比较分析的基础上，确定评估对象价值的具体方法。上市公司比较法中的可比公司应当是公开市场上正常交易的上市公司。在切实可行的情况下，评估结论应当考虑控制权和流动性对评估对象价值的影响。

　　价值比率通常包括盈利比率、资产比率、收入比率和其他比率。在选择、计算、应用价值比率时，应当考虑：选择的价值比率有利于合理确定评估对象的价值；计算价值比率的数据口径及计算方式一致；对可比企业和被评估单位间的差异进行合理调整。

　　2. 交易案例比较法

　　交易案例比较法是指获取并分析可比企业的买卖、收购及合并案例资料，计算价值比率，在与被评估单位比较分析的基础上，确定评估对象价值的具体方法。控制权及交易数量可能影响交易案例比较法中的可比企业交易价格。在切实可行的情况下，应当考虑评估对象与交易案例在控制权和流动性方面的差异及其对评估对象价值的影响。如因客观条件限制无法考虑控制权和流动性对评估对象价值的影响，应当在资产评估报告中披露其原因及可能造成的影响。

　　资产评估专业人员应当关注业务结构、经营模式、企业规模、资产配置和使用情况、企业所处经营阶段、成长性、经营风险、财务风险等因素，恰当选择与被评估企业进行比较分析的可比企业。资产评估专业人员所选择的可比企业与被评估企业应当具有可比性。可比企业应当与被评估企业属于同一行业，或者受相同经济因素的影响。

　　【例 11-4】　被评估企业是一个从事房地产开发的企业，净资产为 1 000 万元。经了解，在近期企业转让案例中，有一与被评估企业相似的房地产企业，经营范围与被评估企业相同，净资产为 1 500 万元，交易价格为 3 000 万元。据分析，此交易价格正常，由此可评定被评估企业价值为

$$被评估企业价值 = 3\ 000 \times 1\ 000 / 1\ 500 = 2\ 000\ （万元）$$

11.2.3　资产基础法

　　企业价值评估中的资产基础法，是指以被评估企业评估基准日的资产负债表为基础，合理评估企业表内及可识别的表外各项资产、负债价值，确定评估对象价值的评估方法。资产评估专业人员应当根据会计政策、企业经营等情况，要求被评估企业对资产负债表表内及表外的各项资产、负债进行识别。资产评估专业人员应当知晓并非每项资产和负债都可以被识

别并单独评估。识别出的表外资产与负债应当纳入评估申报文件，并要求委托人或者其指定的相关当事方确认评估范围。当存在对评估对象价值有重大影响且难以识别和评估的资产或者负债时，应当考虑不同评估方法的适用性。

采用资产基础法进行企业价值评估，各项资产的价值应当根据其具体情况选用适当的具体评估方法得出，所选评估方法可能有别于其作为单项资产评估对象时的具体评估方法，应当考虑其对企业价值的贡献。资产评估专业人员应当知晓，在对持续经营前提下的企业价值进行评估时，单项资产或者资产组合作为企业资产的组成部分，其价值通常受其对企业贡献程度的影响。

采用资产基础法进行企业价值评估，应当对长期股权投资项目进行分析，根据被评估单位对长期股权投资项目的实际控制情况及对评估对象价值的影响程度等因素，确定是否将其单独评估。对专门从长期股权投资获取收益的控股型企业进行评估时，应当考虑控股型企业总部的成本和效益对企业价值的影响。对专门从长期股权投资获取收益的控股型企业的子公司单独进行评估时，应当考虑控股型企业管理机构分摊的管理费对企业价值的影响。

11.3　企业价值评估的财务与经济分析

11.3.1　企业价值评估的财务分析

企业价值评估的财务分析是指以企业财务报告等核算资料为基础，对企业财务状况和经营成果进行评价。通过对有关财务数据进行趋势分析，在分析过去变动情况的基础上，分析和评价企业过去和现在的获利能力、偿债能力和财务状况，进而预测其未来的获利能力、偿债能力和财务状况等，为确定企业评估价值提供财务依据。

1. 财务分析的标准

资产评估专业人员在进行财务分析时，必须事先设定一个客观标准，并以此标准衡量企业的有关财务数据，客观地分析企业的财务状况和经营业绩水平。常用的分析标准有以下3类。

（1）以实际数据为标准

以实际数据为标准是指把本年度的有关数据与历史同期的有关数据进行对比和分析，判断企业本年度的财务状况和经营成果等是否有所改善。这种以企业历史的实际数据为标准进行的财务分析属于动态分析。这类分析以企业有关数据的变动情况和变动趋势为主，有助于预测企业的发展前景，同时也有助于发现企业生产经营过程中存在的问题。但采用这一标准也有其不足之处，即这种标准只是一种相对标准，往往难以充分说明企业经营成果和财务状况的实际水平。例如，若企业本期毛利比上期增长了20%，看似成绩显著，但这并不能说明企业经营一定很优秀。因为若同行业的毛利本年度平均增长率为25%，在其他条件不变的情况下，只能得出企业经营不是很好的结论。

（2）以财务计划为标准

以财务计划作为财务分析的标难，有利于评价企业的内部管理绩效。但是，如果制订的计划与实际情况不符，就可能造成标准失效，从而使财务分析失去合理的基础。

（3）以行业平均水平为标准

以行业平均水平为财务分析的标准较为客观，能够克服上面两种标准的不足，但由于不同企业在经营规模、产品结构、地理环境等方面存在差异，有时会使某些分析失去可比性。因此，在采用这一标准进行分析比较时，必须注意剔除不可比因素，使分析和比较更为准确、合理。

上述 3 种标准各有优缺点，资产评估专业人员在进行财务分析时，应根据具体情况，将它们结合起来使用。

2. 财务分析的方法

根据财务分析的目的和要求，可分别采用比率分析法、趋势分析法、综合分析法等。

1）比率分析法

比率分析法是利用同一会计报表的不同项目或类目之间或是在不同会计报表的有关项目或类目之间存在的某种关系，通过对比而形成比率的形式，从而达到某种分析目的的方法。由于会计报表使用者的着眼点和用途不同，应用比率分析法计算的各种比率、名目繁多，实际工作中应根据分析的着眼点和目的确定运用哪些比率进行财务分析。

比率分析具体可分为偿债能力分析、营运能力分析、获利能力分析和发展能力分析 4 个方面。

（1）偿债能力分析

通过偿债能力分析，可以考察企业的持续经营能力与风险，为企业预期收益预测提供基本依据。偿债能力分析又分为短期偿债能力分析和长期偿债能力分析两种类型。

短期偿债能力分析，就是对企业以流动资产偿还流动负债的能力进行分析。它反映了企业偿付日常到期债务的能力，是反映企业财务状况与风险的重要指标。反映短期偿债能力的财务指标主要有流动比率、速动比率和现金比率等。流动比率是流动资产与流动负债的比率。一般而言，企业的流动比率以 2∶1 为合适。速动比率是速动资产与流动负债的比率。速动比率能更好地反映企业的短期偿债能力。一般情况下，企业的速动比率以 1∶1 为合适。现金比率是企业一定时期的货币资金与流动负债的比率。它是从企业现金流入和流出的动态角度反映企业的直接支付能力。这一比率既不能过高也不可以过低，过高意味着企业所筹集的资金未能得到充分合理的运用，而过低则意味着企业的直接偿付能力不足。现金比率的恰当比率因企业的差异而不能一概而论。

长期偿债能力分析，是对企业偿还长期负债能力的分析。反映企业长期偿债能力的指标主要有：资产负债率、负债与权益比率、已获利息倍数、长期资产适合率等。资产负债率，又称负债比率，是负债总额与总资产的比率。该比率越小，表明企业的长期偿债能力越强。负债与权益比率，又称产权比率，是负债总额与所有者权益的比率。该比率越低，说明企业的长期偿债能力越强，承担的财务风险越小。已获利息倍数，又称利息保障倍数，是指企业息税前利润与利息支出的比率。该指标至少应大于 1 且越大越好，它表明企业有较高的长期偿债能力。长期资产适合率是企业所有者权益与长期负债之和同企业固定资产与长期投资之和的比率，是从资源配置的角度反映企业长期偿债能力的指标。该指标的高低与恰当与否是与企业所在的行业和类型密切相关的。对于高新技术企业而言，该指标低一些较好；而对于资金密集型企业和加工型企业而言，该指标大于 1 较好。

（2）营运能力分析

营运能力分析，是通过对企业生产经营资金周转速度有关指标的分析来判断企业的资金利用效率。它可以反映企业管理水平和资金运用水平及企业的整体经营能力。反映营运能力的具体指标主要有：存货周转率、应收账款周转率、流动资产周转率、总资产周转率等。从判断企业经营效益和营运风险的角度看，各种周转率越高越好。存货周转率，是一定时期内企业主营业务成本与存货平均资金占用额的比率。存货周转率越高，存货占用水平越低，表明存货的流动性越好，变现速度越快。应收账款周转率，是企业一定时期内主营业务收入净额与平均应收账款余额的比率。应收账款周转率越高，应收账款周转天数越少，反映企业的营运能力和短期偿债能力越好。流动资产周转率，是企业主营业务收入净额与全部流动资产平均余额的比率。它反映了企业流动资产的周转速度，速度越快，流动资金的利用效率就越高。总资产周转率，是企业主营业务收入净额与平均资产总额的比率。它是反映企业总资产利用效果的指标，该指标越高表明企业的全部资金得到了较好的利用。

（3）获利能力分析

获利能力，是指企业获取利润及其收益的能力。对企业获利能力的分析是企业收益预测的中心和基础。从财务分析角度看，反映企业获利能力的指标主要有：营业利润率、成本费用利润率、总资产报酬率、净资产收益率等。

营业利润率，是企业营业利润与主营业务收入净额的比率。它可以较为全面地反映企业销售获利能力，该指标越高越好。成本费用利润率，是企业利润与成本费用之间的比率。它反映企业主要成本费用的利用效果，该指标越高越好。总资产报酬率，是企业一定时期内获得的报酬总额与平均资产总额的比率。它可以综合反映企业全部资产的利用效果，该指标越高越好。净资产收益率，是企业净利润与平均净资产的比率，也称股东权益报酬率。它是评价企业自有资本及其积累获取报酬水平的最具代表性和综合性的指标，该指标越高说明企业的获利能力越强。

（4）发展能力分析

发展能力，也称企业成长性，是指企业在现有基础上扩大规模、增加收益的潜在能力。反映企业发展能力的财务指标主要有：销售增长率、总资产增长率、资本积累率等。

销售增长率，是企业本年销售收入增长额与去年销售收入总额的比率。该指标是反映企业经营状况和市场占有状况、企业经营扩张和资本扩张的重要参数，该指标越高说明企业的发展潜力越大。

总资产增长率，是企业本年总资产增长额与年初总资产额的比率，它是衡量企业资产规模增长变化的重要参数。在正常情况下，企业资产规模的扩张是企业进一步发展的基础，表明企业所具有的发展潜力。在实际分析中应注意企业资产规模扩张与市场供求、资产质量之间的关系，避免企业资产的盲目扩张。

资本积累率，是企业本年所有者权益增长额与年初所有者权益的比率。该指标反映企业资本积累情况，该指标越高说明企业的发展潜力越大。

上述财务指标从不同侧面反映了企业的实力，是评估专业人员预测企业预期收益的重要依据和参考。

2）趋势分析法

趋势分析法适用于需对企业连续几年财务报表有关项目进行比较分析的情况。通过财务报表各有关项目在连续几年间的增减变动方向和幅度，可以观察这些项目的发展趋势。

会计报表的趋势分析可以使用图示方法，即根据有关项目的关系做出统计图表，以观察其变动趋势。通常采用的方法是编制比较报表，将前后两期或连续多期的同一报表并列在一起加以比较。观察相连数期的报表，不仅能了解增减变动的情况，而且从中可以看出带有规律性的发展趋势。比较时应注意分析关键性的数据，借以确定变动的主要原因，并判断变化的趋势是否对企业有利。

应用趋势分析法分析某些项目连续几年的趋势时，一般选用其中的一年作为基年，然后用基年的数字去除其他各年的数字，计算出趋势百分比。

例如，厦丽公司 2×14 年—2×18 年连续 5 年的销售收入和税后利润如表 11-7 所示。

表 11-7　销售收入和税后利润　　单位：元

	2×14	2×15	2×16	2×17	2×18
销售收入	320 000	250 000	330 000	380 000	400 000
税后利润	125 000	80 000	130 000	158 000	166 000

从表 11-7 可以看出，厦丽公司 5 年来销售收入和税后利润总的来说有一个较好的增长趋势，若计算其趋势百分比，就能更精确地确定其逐年变动的程度。为此，需选其中的一年作为基年。通过对比可以看出，除 2×15 年以外，其他各年均有比较规律的增长。若选择 2×14 年作为基年，可得出如表 11-8 所示的趋势百分比。

表 11-8　趋势百分比

	2×14	2×15	2×16	2×17	2×18
销售收入	100%	78.13%	103.13%	118.75%	125%
税后利润	100%	64.00%	104.00%	126.40%	132.8%

若选择 2×15 年作为基年，计算 2×15 年—2×18 年的趋势百分比，将得出如表 11-9 所示的结果。

表 11-9　趋势百分比

	2×15	2×16	2×17	2×18
销售收入	100%	132%	152%	160%
税后利润	100%	162.50%	197.50%	207.50%

2×15 年因受特殊原因影响，销售收入和税后利润有较大幅度下降，不能代表企业的正常营业额和盈利水平，以其为基期得出的趋势百分比会给人一种增长很快的错觉。因此，进行趋势百分比分析时，基期的选择一定要有代表性，否则得出的结果将使人产生误解。

3）综合分析法

综合分析，就是将企业视作一个完整的大系统，并将营运能力、偿债能力、获利能力和发展能力诸方面的要素分析融合在一个有机的整体中，以便全方位地评价企业财务状况、经营状况和发展潜力。

综合分析法有多种，在实践中，运用较为广泛的是杜邦财务分析法和财务比率综合分析法。

企业财务分析实际上是对企业评估时点及评估时点以前的财务状况所反映出的企业经营情况和获利能力情况进行分析。企业未来的经营情况和获利能力如何，除了与企业自身的努力有关外，国民经济景气情况和市场状况也将发挥重要作用。所以，要想客观地预测企业的未来预期收益和将要面临的风险，还必须对宏观经济、市场结构等进行分析。

11.3.2 企业价值评估的经济分析

企业价值是企业未来预期收益的资本化或折现值，企业未来预期收益与国民经济、市场结构及市场供求有着紧密的联系。企业价值评估的经济分析就是通过对影响企业未来预期收益的宏观经济、产业经济和微观经济的分析，为预测企业未来预期收益和风险提供依据和条件。

1. 企业价值评估的宏观经济分析

在企业价值评估中进行宏观经济分析主要是为确定企业价值评估中的相关参数提供基本依据和基本条件。宏观经济分析涉及一系列经济指标和经济变量，如经济增长速度、经济周期波动、物价水平和就业率等。这些经济指标和经济变量的经济含义和分析方法在宏观经济学和相关教材中有较为全面的论述，读者可查阅，本书不做详细讲解，而只就企业价值评估中与未来收益预测直接相关的宏观经济政策和经济杠杆等进行说明。

（1）宏观经济政策

宏观经济政策是政府对宏观经济进行干预的重要手段，政府通过宏观经济政策的干预以实现充分就业、物价稳定、经济适度增长和国际收支平衡等。在既定的宏观经济形势下，政府采用不同的宏观经济政策会对国民经济产生不同的影响，也会对企业未来预期收益和风险产生不同的影响。最常见的宏观经济政策工具是货币政策和财政政策。

政府运用货币政策调控国民经济运行，主要是通过调高或调低银行法定存款准备金率、中央银行贴现率、采用公开市场政策和调整货币供应量来实现。一般而言，调低银行法定存款准备金率、调高中央银行贴现率、增加货币供应量等属于扩张性货币政策。实行扩张性货币政策能够刺激和增加社会总需求，能给经济增长提供一个较为宽松的外部环境。相反，调高银行法定存款准备金率、调低中央银行贴现率、减少货币供应量等属于紧缩性货币政策。实行紧缩性货币政策能够抑制和减少社会总需求、抑制通货膨胀，在一定程度上能抑制经济增长速度。

政府运用财政政策调控经济运行，主要是通过税收政策和财政支出政策来实现。一般而言，降低税率、增加财政支出等属于扩张性财政政策。实行扩张性财政政策能够刺激和增加社会总需求，能给经济增长提供一个较为宽松的外部环境。相反，提高税率、减少财政支出等属于紧缩性财政政策。实行紧缩性财政政策能够抑制和减少社会总需求、抑制通货膨胀，在一定程度上能抑制经济增长速度。

资产评估专业人员在企业价值评估中应注意政府实施的货币政策和财政政策的性质，以及特定性质的货币政策和财政政策对国民经济、被评估企业所在行业和被评估企业未来发展的影响。政府在实施货币政策和财政政策时，可能会同时采用扩张性的货币政策和财政政策或紧缩性的货币政策和财政政策，当然也不排除政府会采用扩张性的货币政策和紧缩性的财政政策或紧缩性的货币政策和扩张性的财政政策。准确地判断宏观经济政策对企业价值评估的影响是资产评估专业人员进行企业价值评估的重要前提。

（2）经济杠杆

这里所说的经济杠杆是指政府用于调控国民经济运行的具体手段和工具。这些调控手段和工具对国民经济运行具有较大的影响力，或者说这些调控手段的微小变化都会对国民经济运行产生较大影响。对国民经济运行影响较大的经济杠杆主要有利率和汇率。

利率是货币资金的市场价格，也是信贷资金的成本。利率不仅能够反映市场上资金的供给和需求状况，同时利率高低也可以反映出社会无风险投资报酬率的情况。利率不仅是资产评估专业人员确定无风险报酬率的重要依据，而且是判断政府宏观经济政策，对宏观经济环境进行预期的重要信号。高利率是实施紧缩性货币政策的重要标志，而低利率是实施扩张性货币政策的重要标志。

汇率是用一种货币表示的另外一种货币的价格。在国民经济运行中，汇率的变动会通过对外贸易影响国民经济的总量平衡和结构平衡，从而影响企业的生产经营状况和获利能力。在企业价值评估中，汇率变动还会直接影响外向型企业的未来预期收益能力和风险大小，以及相关企业的存量资产价值。在开放的市场经济条件下，资产评估专业人员在进行企业价值评估过程中不可忽视汇率对国民经济的影响，不能忽略汇率对企业未来预期收益和风险的影响。

宏观经济学中所研究的宏观经济变量和指标对企业价值评估也有极大的影响，本书只讨论了宏观经济分析中的一部分，其他部分同样对企业价值评估有意义。

2. 企业价值评估的产业经济分析

企业价值评估的产业经济分析，主要是对被评估企业在其行业中的产业组织和产业结构及产业关联进行分析，为判断被评估企业所在的行业前景、被评估企业在所在行业中的地位、竞争情况和发展前景提供基本依据，从而为预测被评估企业的预期获利能力和风险提供依据。

（1）产业组织分析

对被评估企业所在行业的产业组织进行分析主要是进行市场结构分析。市场结构是指对某一特定产业内部竞争程度和价格形成产生战略性影响的市场组织的特征。从理论上讲，市场结构分为 4 种基本类型：完全垄断型、完全竞争型、寡头垄断型和垄断竞争型。

不同的市场结构决定了被评估企业所面临的市场条件是不同的。在完全垄断的市场条件下，一家厂商控制着市场，决定着市场价格；在完全竞争的市场条件下，同一产业存在大量厂商，市场价格由供求关系决定；在寡头垄断的市场条件下，有若干实力和规模相当的垄断厂商同时存在，它们对市场价格起着重要作用；在垄断竞争的市场条件下，既有垄断市场条件下的特点，又有竞争市场条件下的特点。对资产评估专业人员来说，熟悉不同市场结构和市场类型，了解不同市场结构下市场价格形成机制及其对被评估企业未来预期收益的影响是至关重要的。

判断市场结构的主要经济指标是市场集中度、产品差别化和新企业进入壁垒等。市场集中度是表示某个产业或市场中企业规模和市场容量的指标，如在冶金行业中，销售规模处于前 10 名的最大钢铁生产企业的市场占有率。产品差别化是指同一产业内部不同企业生产的同类产品，由于在性能、质量、规格和型号等方面存在差异，从而使得产品间不完全替代的状况。新企业进入壁垒是指新企业要想进入某一产业会遇到的困难和不利因素，如规模经济障碍、绝对费用障碍、法律及政策障碍等。

（2）产业结构及产业关联分析

产业结构及产业关联分析与企业价值评估相关度比较高的主要有产业生命周期和产业关联。

产业生命周期是指某一产业产生、发展和衰亡的过程。产业生命周期大致分为 4 个阶段，即形成期、成长期、成熟期和衰退期。对产业生命周期的判断一般可依据该产业在国民经济中的比重的增长速度，处在不同生命周期阶段的产业的发展速度是不同的。在产业的形成期，产业发展速度是不稳定的，但其在国民经济中的比重不会很高。当产业的产出在国民经济中的比重迅速增加，且作用也日益增大时，就表明该产业已从形成期步入成长期。处于成长期的产业的一个明显特征是其发展速度大大超过国民经济平均增长速度。当产业增长速度明显放缓、市场容量趋于稳定时，该产业基本上进入了成熟期。当产业发展速度明显低于国民经济发展速度，市场容量逐步萎缩时，表明该产业进入了衰退期。被评估企业所在产业所处的生命周期，可能会对被评估企业的发展前景、预期收益等经济技术参数产生重大影响。

产业关联是指各产业之间的关联关系。在企业价值评估中对各产业之间的关联关系进行分析，是因为产业间关联关系的存在决定了某一产业的变动会连带引起相关产业的变动。在企业价值评估过程中，不仅要注意被评估企业所在产业的生命周期，还应注意与其相关的产业的变化，以及相关产业变化对被评估企业未来发展的影响。

企业价值评估的产业分析还包括产业政策。产业政策是政府为实现某种经济或社会目标，通过行政或经济手段影响、指导、调整国民经济的产业布局、发展速度和发展水平、市场规则等的各种政策的总称。它具体包括产业结构政策和产业组织政策。

3. 企业价值评估的微观经济分析

企业价值评估的微观经济分析的核心是价格分析，这种分析是在逐步深入的层次上进行的。首先，分析单个消费者和单个生产者如何进行最优消费决策、最优生产决策以获得最大效用和最大利润；其次，分析单个市场均衡价格的决定，该均衡价格是单个市场中所有消费者和所有生产者最优经济行为共同作用的结果；最后，分析所有单个市场均衡价格的同时决定，它是所有单个市场相互作用的结果。

在进行微观经济分析的过程中涉及需求和供给的分析，以及需求弹性分析、供给弹性分析和替代分析。从大的方面讲，商品或劳务的市场价格是由它们的市场供求决定的。但在具体分析中还要充分考虑价格的需求弹性和供给弹性，以及替代商品或劳务对某种商品或劳务价格的影响。在企业价值评估过程中，对企业未来的销售量、销售价格和预期收益的预测除了要充分考虑国民经济宏观背景、产业和行业背景外，全面客观的微观经济分析也是十分必要的。

11.4 负债的识别与认定

关于负债的识别与认定，就是对负债进行评估。《资产评估执业准则——企业价值》第36条规定："资产评估专业人员应当根据会计政策、企业经营等情况，要求被评估单位对资产负债表表内及表外的各项资产、负债进行识别。"

由于企业价值评估可以采用不同的评估方法，各种方法评估出的企业价值也不完全相同。有的评估结果是企业全部资产的市场价值，有的则是企业投资资本的市场价值，有的是企业净资产的市场价值。因此，当采用成本加和法或其他方法评估企业价值，而评估目标又是确定企业净资产市场价值时，就会涉及企业负债的真实性及数额问题，这时就需要对企业负债进行识别。

11.4.1　负债识别与认定的内容

企业负债的识别包括两方面内容：一是负债的确认；二是负债的计量。通过负债识别，以确认各项负债的发生、偿还和计息的记录是否完整，评估基准日的金额是否真实、正确。

1. 负债的确认

负债的确认是指通过识别，确认企业账面负债的可免除部分和应免除部分，以及企业的或有负债和潜在负债。

企业账面负债可免除部分，主要是指无主负债，即债权人不存在，如无法偿还的无主贷款。企业账面负债应免除部分，主要是指按照国家或有关部门的规定，企业的部分负债，如应交税费、应付利息等，可以部分或全部豁免。

虽然账面上没有，但企业未来可能会发生的负债，即或有负债，应给予充分的关注。例如，出售商品实行"三包"可能发生的销售费用；处于诉讼中的财产纠纷、税务纠纷、担保、连带责任等。

负债的确认应本着客观、稳健的原则进行，不能出现重大疏漏。

2. 负债的计量

负债的计量主要是识别负债形成的计价依据是否正确，以及是否考虑负债的货币时间价值。

负债基本上都是以货币金额反映，不存在变现困难，只是各类负债的偿付期不同而有流动负债和非流动负债之分。对于流动负债，鉴于偿付期较短，通常不考虑货币时间价值，即不给予折现处理。当然这也要看短期债权是否考虑了货币时间价值因素，两者应尽可能一致。对于非流动负债则要视具体偿付时间、偿付条件等考虑是否应给予折现处理。

11.4.2　负债识别与认定的方法

负债识别的一般做法如下。

① 对于业务往来形成的负债，应以业务是否确实发生为依据，查核各项负债数额的真实性。

② 对于以国家或职工个人为债权人的负债，应根据有关法律、法规和企业制定的制度进行审核，核实负债项目及金额。

③ 对于非实际承担的负债项目或没有明确的债务人和债务特征的负债项目，应按零值计算。

④ 对于担保的债务，应审查、核实担保资产产权是否归属企业，其价值是否真实，担保机构是否具备条件，相关契约是否履行等，对于潜在的债务应予以充分关注。

⑤ 对于内部负债，如职工福利基金、住房周转金等，就不仅仅是审核问题，还需要评估专业人员判断它是否真地构成企业的负债，以便落实企业的净资产。

11.5　商誉与企业价值评估

首先，商誉作为任何一个企业自身所拥有的一种不可确指的无形资产，除了可以反映一个企业的经营状况以外，还是判断是否可以按整体资产评估方法评估企业价值的一个重要标准。在正常情况下，当企业产权发生转移或变动而需要对企业全部资产进行评估时，究竟采用什么方法评估，取决于企业商誉为正值还是负值。只有当企业商誉为正值时，才适宜采用整体资产评估方法评估企业价值。当企业商誉为负值时，企业的收益情况有两种可能：第一，该企业是亏损企业；第二，该企业的收益水平低于同行业平均获利水平。如果是第一种情况，企业长期亏损将使整体资产评估的持续经营假设失去前提，因此不能采用整体评估的方法；如果是第二种情况，根据资产评估的替代原则，在产权交易中，要比较资产的收益现值和可变现净值（或清算价格），选择两者之中价格最高者。而当企业的收益水平低于本行业平均收益水平时，其总体资产价格低于单项资产评估加总价格，因而也不宜采用整体评估。所以，只有当企业的商誉为正值，即企业的收益水平高于同行业平均收益水平时，其总体资产价值才大于单项资产评估价值加总之和，企业评估才宜采用整体评估方法。当企业的商誉为零时，采用整体评估和单项资产评估得出的评估价值加总值将是相等的，此时两种方法均可以采用。

其次，商誉评估又离不开企业价值评估。一方面，商誉不能离开企业而单独存在，也不能与企业可确指的各项资产分开出售；另一方面，形成商誉的个别因素不能用任何方法或公式进行单独计价，只有在把企业作为一个整体看待时，其价值才能按总额加以确定。同时，商誉的未来利益可以在企业合并时确认，它可能和建立商誉过程中所发生的成本没有关系。因为商誉的产生不一定需要支付各种成本，而且商誉本身也不是一项单独产生利益的无形资产，它只是表明该实体资产的合计价值超过了其个别价值的总和，即由于资产的有机组合而提高或降低了单项资产的价值量之和。

最后，商誉是一种未入账的无形资产，它计量了未入账资产的结果，这些未入账的资产可能来源于广告开发、公平交易的信誉等。

可见，只有利用整体资产评估原则，才能正确评估商誉的价值。

关 键 概 念

收益法　市场法　资产基础法　股利折现法　现金流量折现法　上市公司比较法　交易案例比较法

复习思考题

1. 企业价值评估的对象是什么？
2. 企业价值评估的特点有哪些？
3. 企业价值评估涉及哪些内容？
4. 企业价值评估的范围如何界定？
5. 企业价值评估的基本方法有哪些？说明各方法的运用思路。
6. 试述负债识别的内容与方法。
7. 企业价值评估的财务分析方法有哪些？
8. 如何进行企业价值评估的经济分析？

练 习 题

1. 经测算，B 企业未来 5 年的预期收益分别为 100 万元、120 万元、150 万元、160 万元和 200 万元，并根据实际情况推断，从第 6 年起，企业的预期收益将维持在 200 万元的水平。假定评估专业人员确定的本金化率为 15%，折现率为 10%，试用分段法确定 B 企业的评估价值。

2. 根据上题的数据，假定评估专业人员根据实际情况推断，从第 6 年起，收益额在第 5年的基础上以 2% 的增长率增长，其他条件不变，试确定该企业的评估价值。

第12章　资产评估报告

本章导读

资产评估报告是指资产评估机构及其评估专业人员遵守法律、行政法规和资产评估准则，根据委托履行必要的资产评估程序后，由资产评估机构对评估对象在评估基准日特定目的下的价值出具的专业报告。它既是资产评估机构完成资产作价意见，提交给委托方的公证性报告，也是评估机构履行评估合同情况的总结，还是评估机构为资产评估项目承担相应法律责任的证明文件。

按资产评估的范围划分，资产评估报告可分为企业价值评估报告和单项资产评估报告；按评估对象划分，资产评估报告可分为房地产估价报告、土地估价报告等；按评估目的划分，资产评估报告可分为产权发生变动的资产评估报告和产权不发生变动的资产评估报告；按评估报告所提供信息资料的内容和详细程度划分，资产评估报告可分为简明资产评估报告和完整资产评估报告。

资产评估报告的内容包括标题及文号、目录、声明、摘要、正文、附件、评估明细表和评估说明。其中，资产评估报告正文应当包括委托人及其他资产评估报告使用人、评估目的、评估对象和评估范围、价值类型、评估基准日、评估依据、评估方法、评估程序实施过程和情况、评估假设、评估结论、特别事项说明、资产评估报告使用限制说明、资产评估报告日、资产评估专业人员签名和资产评估机构印章等。

资产评估报告的编制，是资产评估机构完成评估工作的最后一个重要环节。资产评估专业人员应按规定步骤与程序编制资产评估报告，主要包括整理工作底稿和归集有关资料、评估明细表的数字汇总、评估初步数据的分析和讨论、编写资产评估报告和资产评估报告的签发和送交等环节。

12.1　资产评估报告概述

12.1.1　资产评估报告的概念

资产评估报告是指资产评估机构及其评估专业人员遵守法律、行政法规和资产评估准则，根据委托履行必要的资产评估程序后，由资产评估机构对评估对象在评估基准日特定目的下的价值出具的专业报告。它是按照一定格式和内容反映评估目的、程序、标准、依据、方法、结果及适用条件等基本情况的报告。资产评估报告既是资产评估机构完成对资产作价意见，提交给委托方的公证性的报告，也是资产评估机构履行资产评估合同情况的总结，还是资产评估机构为资产评估项目承担相应法律责任的证明文件。资产评估机构及其评估专业人员出具的资产评估报告应当符合法律、行政法规等的相关规定。

在不同的国家和地区，政府及行业主管部门对资产评估报告的要求并不一致。在一些国家或地区，资产评估报告不仅仅是一种书面文件，更是一种工作制度。这种工作制度规定资产评估机构在完成资产评估工作之后必须按照一定的程序和要求，用书面形式向委托方及相关主管部门报告资产评估过程和结果。我国目前实行的就是这种资产评估报告制度，也称为广义的资产评估报告。

在我国资产评估发展初期，资产评估报告的特点主要体现在以下 7 个方面。

① 资产评估报告是资产评估机构根据委托方的书面委托，根据独立、客观、公正的资产评估原则，采用各种科学的资产评估方法，有计划、有步骤地进行资产评估工作后提交给委托单位的书面答复。作为资产评估工作的总结，资产评估报告不仅是资产评估机构履行委托合同情况的具体表现，而且是委托单位据以做出相关处理和决定的依据。

② 资产评估报告具有法律效力和公正作用。它不仅对被评估单位负责，而且对涉及资产业务的其他有关各方负责。

③ 资产评估报告是有根据的责任报告，具有权威性。它不仅需要被评估单位盖章，还需由参加该项资产评估业务的评估专业人员和资产评估机构的主要负责人签字盖章。

④ 资产评估报告完成后，必须报送财政部门（国有资产管理部门）核准或报送有关部门备案。

⑤ 资产评估报告要严格遵守国家有关保密的规定。

⑥ 资产评估报告的基本内容与格式要符合国家的有关规定。

⑦ 资产评估报告必须依据客观、公正、实事求是的原则撰写，如实反映资产评估工作的情况。资产评估报告必须由资产评估机构独立撰写，不受资产评估委托方或其主管单位、政府部门或其他经济行为当事人的干预。

12.1.2 资产评估报告的作用

从资产评估机构和评估专业人员的角度，资产评估报告主要有以下 4 个方面的作用。

① 资产评估报告为被委托评估的资产提供作价意见。资产评估报告是资产评估机构根据委托评估资产的特点和要求组织资产评估专业人员，遵循资产评估原则，按照法定的资产评估程序，运用科学的资产评估方法对被评估资产价值进行评定和估算后，通过资产评估报告书的形式提出作价意见。该作价意见不代表任何当事人一方的利益，是一种独立专家估价的意见，具有较强的公正性和客观性，因而成为被委托评估资产作价的重要参考依据。

② 资产评估报告是反映和体现资产评估工作情况、明确有关各方责任的依据。它以文字的形式，对受托资产评估业务的目的、背景、范围、依据、程序、方法等过程和评定的结果进行说明和总结，体现了资产评估机构的工作成果。同时，资产评估报告也反映和体现了受托的资产评估机构及其评估专业人员的权利与义务，并以此明确委托方、受托方等有关各方的法律责任。在资产评估现场工作完成后，资产评估机构及其评估专业人员要根据现场工作取得的有关资料和估算的数据，撰写资产评估报告书，向委托方报告。负责资产评估项目的评估专业人员也同时在报告书上行使签字的权利。

③ 资产评估报告是管理部门对资产评估机构的业务开展情况进行监督和管理的重要依据。资产评估报告是反映资产评估机构及其评估专业人员职业道德、职业能力、评估质量及

机构内部管理机制的重要依据。有关管理部门通过审核资产评估报告，可以有效地对资产评估机构的业务开展情况进行监督和管理。

④ 资产评估报告是建立资产评估档案资料、归集资产评估档案资料的重要信息来源。资产评估机构及其评估专业人员在完成资产评估项目后，应按照档案管理的有关规定，将资产评估过程中收集的资料、工作记录及资产评估过程的有关工作底稿进行归档，以便进行评估档案的管理和使用。由于资产评估报告是整个评估工作过程的总结，其内容包括了评估过程的各个具体环节和各有关资料的收集与记录，因此资产评估报告是资产评估档案的重要信息来源。

12.1.3 资产评估报告的种类

资产评估报告的类型与资产评估机构向委托方或客户表达或披露评估信息的内容和繁简程度直接相关。国际上对资产评估报告有不同的分类。

（1）按资产评估范围划分

按资产评估范围划分，资产评估报告可分为企业价值评估报告和单项资产评估报告。凡是对企业整体资产进行评估所出具的资产评估报告称为企业价值评估报告。凡是对某一部分、某一项资产进行评估所出具的资产评估报告称为单项资产评估报告，如房地产评估报告、无形资产评估报告等。由于企业价值评估和单项资产评估在具体业务上存在差别，因此两种资产评估报告的基本格式虽然一样，但在内容上存在差别。

（2）按资产评估对象划分

按资产评估对象划分，资产评估报告可分为房地产评估报告、土地评估报告等。房地产评估报告是以房地产为评估对象所出具的评估报告。土地评估报告是以土地为评估对象所出具的评估报告。鉴于以上评估标的物之间存在差别，加上房地产评估和土地评估的管理尚未统一，这些报告不仅具体格式不相同，而且内容也存在较大的差别。

（3）按评估目的划分

按评估目的划分，资产评估报告可分为产权发生变动的资产评估报告和产权不发生变动的资产评估报告。产权发生变动的资产评估报告是为资产出售、转让、拍卖、重组等产权变动服务所出具的评估报告。由于评估目的涉及产权变动，因此该类评估报告在资产的权属方面必须清楚，时间界限也要特别明了。产权不发生变动的资产评估报告包括抵押、风险、征纳税等产权不发生变动情形所出具的资产评估报告。由于评估目的不涉及产权变动，这类评估报告的内容可相对简单。

（4）按评估报告所提供信息资料的内容和详细程度划分

根据资产评估报告预期使用人的区别、委托人对评估报告内容和详尽程度的不同要求、评估对象的状况等，资产评估专业人员可出具简明资产评估报告或完整资产评估报告。简明资产评估报告或完整资产评估报告尽管在内容及其披露的详尽程度上有一定的差别，但它们的法律地位和作用是相同的，对评估报告的质量要求也是一样的。

12.1.4 资产评估报告的基本制度

资产评估报告基本制度是规定资产评估机构完成资产评估工作后由相关资产管理部门对资产评估报告进行核准、备案的制度。

1. 我国资产评估报告基本制度的产生与发展

1991 年国务院以 91 号令颁布的《国有资产评估管理办法》规定，资产评估机构对委托单位被评估资产的价值进行评定和估算，要向委托单位提出资产评估报告书，委托单位收到资产评估机构的资产评估报告书后，应当报其主管部门审查，主管部门同意后，报同级国有资产管理行政主管部门确认资产评估结果。经国有资产行政管理部门授权或委托，国有资产占有单位的主管部门也可以确认资产评估结果。该文件还规定，国有资产行政管理部门应当自收到占有单位报送的资产评估报告书之日起 45 日内组织审核、验证、协商、确认资产评估结果，并下达确认通知书，这就是我国最早的资产评估报告制度。

1993 年，国有资产管理局制定和发布了《关于资产评估报告书的规范意见》；1995 年，国有资产管理局又制定和发布了《关于资产评估立项、确认工作的若干规范意见》；1996 年，中国资产评估协会制定了《资产评估操作规范意见（试行）》，规定了资产评估报告书及送审专用材料的具体要求，以及资产评估工作底稿的项目档案管理，进一步完善了资产评估报告制度。

1999 年，财政部制定并发布了《资产评估报告基本内容与格式的暂行规定》，对原有的资产评估报告制度做了进一步修改和完善，使资产评估报告制度不仅适用于国有资产评估，也同样适用于非国有资产评估。

2000 年，财政部又提出了《关于调整涉及股份有限公司资产评估项目管理事权的通知》，其中对涉及股份有限公司资产评估项目的受理审核事权在财政部和省级财政部门之间进行分工。

2001 年 12 月，国务院根据《国务院办公厅转发财政部关于改革国有资产评估行政管理方式 加强资产评估监督管理工作意见的通知》对资产评估项目管理方式进行了重大改革，取消对国有资产评估项目的立项确认审批制度，实现核准制和备案制，并加强对资产评估活动的监督。

2017 年 9 月 8 日，中国资产评估协会印发修订后的《企业国有资产评估报告指南》（自 2017 年 10 月 1 日起施行），该指南规定资产评估报告提供的信息，应当使企业国有资产监督管理机构和相关机构能够全面了解资产评估情况，使资产评估报告使用人正确理解评估结论；同时修订的《金融企业国有资产评估报告指南》规定，资产评估机构及其资产评估师根据金融企业国有资产评估管理的有关规定执行资产评估业务，编制和出具金融企业国有资产评估报告，应当遵守该指南。

2018 年 10 月 29 日，中国资产评估协会印发修订后的《资产评估执业准则——资产评估报告》（2019 年 1 月 1 日起实施），该准则规定资产评估机构及其评估专业人员以"资产评估报告"名义出具书面专业报告，应当遵守该准则。

2. 资产评估报告制度的基本规定

① 资产评估报告必须以《资产评估法》及其他有关法律、法规为依据。资产评估报告的基本内容与格式必须符合财政部印发的《资产评估执业准则——资产评估报告》的各项规定。①

② 资产评估报告应当提供必要信息，使资产评估报告使用人能够正确理解评估结论。

---

① 资产评估机构及其资产评估师根据企业国有资产评估管理的有关规定开展资产评估业务，编制和出具企业国有资产评估报告，应当遵守《企业国有资产评估报告指南》的规定。

③ 资产评估报告的详略程度可以根据评估对象的复杂程度、委托人要求合理确定。

④ 执行资产评估业务，因法律法规规定、客观条件限制，无法或者不能完全履行资产评估基本程序，已经采取措施弥补，且未对评估结论产生重大影响的，可以出具资产评估报告，但应当在资产评估报告中说明资产评估程序受限情况、处理方式及其对评估结论的影响。如果程序受限对评估结论产生重大影响或者无法判断其影响程度，不得出具资产评估报告。

⑤ 资产评估报告应当由至少两名承办该项业务的资产评估专业人员签名并加盖资产评估机构印章。法定资产评估业务的资产评估报告应当由至少两名承办该项业务的资产评估师签名并加盖资产评估机构印章。资产评估机构及其评估专业人员对其出具的评估报告依法承担责任。①

⑥ 资产评估报告应当使用中文撰写。同时出具中外文资产评估报告的，中外文资产评估报告存在不一致的，以中文资产评估报告为准。资产评估报告一般以人民币为计量币种，使用其他币种计量的，应当注明该币种在评估基准日与人民币的汇率。

⑦ 资产评估报告应当明确评估结论的使用有效期。通常，只有当评估基准日与经济行为实现日相距不超过一年时，才可以使用资产评估报告。

⑧ 资产评估工作完毕，资产评估机构应按资产评估项目立档。资产评估档案包括工作底稿、资产评估报告及其他相关资料等，并按规定的保存期限进行保管。

⑨ 委托方和有关单位应依据国家法律、法规的有关规定，按资产评估报告的条款，正确使用资产评估报告。

12.2　资产评估报告的内容

根据财政部印发的《资产评估执业准则——资产评估报告》（自 2019 年 1 月 1 日起实施）和中国资产评估协会印发修订的《企业国有资产评估报告指南》（自 2017 年 10 月 1 日起施行），资产评估报告的内容由标题及文号、目录、声明、摘要、正文、附件、评估明细表和评估说明构成。

12.2.1　资产评估报告封面的内容

资产评估报告封面应当载明的内容包括资产评估报告标题、资产评估报告文号、资产评估报告册数、资产评估机构全称和评估报告提交日期等。

资产评估报告标题应当简明清晰，一般在封面上方居中位置，采用"企业名称+经济行为关键词+评估对象+资产评估报告"的形式，如 A 公司拟 XX 涉及的 B 公司 YY 资产评估报告。

资产评估报告文号一般在封面上方居中位置，包括资产评估机构特征字、种类特征字、年份、报告序号，如××评报字（2×19）第××××号。

资产评估报告册数包括装订总册数、装订序号，如共×册，第 1 册。

---

① 委托人不得串通、唆使评估机构或者评估专业人员出具虚假评估报告。

【例 12-1】　资产评估报告封面实例。

本报告依据中国资产评估准则编制

A 公司拟 XX 涉及的 B 有限公司 YY

资产评估报告

××评报字（2×19）第××××号

（共×册，第 1 册）

××××资产评估有限公司

2×19 年×月×日

12.2.2　资产评估报告声明的内容

资产评估报告声明通常包括以下内容。

① 资产评估报告是依据财政部发布的资产评估基本准则和中国资产评估协会发布的资产评估执业准则和职业道德准则编制的。

② 委托人或者其他资产评估报告使用人应当按照法律、行政法规规定和资产评估报告载明的使用范围使用资产评估报告；委托人或者其他资产评估报告使用人违反规定使用资产评估报告的，资产评估机构及其评估专业人员不承担责任。

③ 资产评估报告仅供委托人、资产评估委托合同中约定的其他资产评估报告使用人和法律、行政法规规定的资产评估报告使用人使用；除此之外，其他任何机构和个人不能成为资产评估报告的使用人。

阅读材料 12-1

④ 资产评估报告使用人应当正确理解和使用评估结论，评估结论不等同于评估对象可实现价格，评估结论不应当被认为是对评估对象可实现价格的保证。

⑤ 资产评估报告使用人应当关注评估结论成立的假设前提、资产评估报告特别事项说明和使用限制。

⑥ 资产评估机构及其评估专业人员遵守法律、行政法规和资产评估准则，坚持独立、客观、公正的原则，并对所出具的资产评估报告依法承担责任。

阅读材料 12-2

⑦ 其他需要声明的内容。

12.2.3　资产评估报告摘要的内容

资产评估报告摘要通常提供资产评估业务的主要信息及评估结论。资产评估报告摘要应当简明扼要地反映经济行为、评估目的、评估对象和评估范围、价值类型、评估基准日、评估方法、评估结论及其使用有效期、对评估结论产生影响的特别事项等关键内容。

资产评估报告摘要与资产评估报告正文具有同等法律效力，由资产评估师、资产评估机构法定代表人及资产评估机构等签字盖章和署名提交日期。资产评估报告摘要应当采用下述文字提醒资产评估报告使用人阅读全文："以上内容摘自资产评估报告正文，欲了解本评估业务的详细情况和正确理解评估结论，应当阅读资产评估报告正文。"

12.2.4 资产评估报告正文的内容

资产评估报告正文应当包括绪言、委托人及其他资产评估报告使用人概况、评估目的、评估对象和评估范围、价值类型、评估基准日、评估依据、评估方法、评估程序实施过程和情况、评估假设、评估结论、特别事项说明、资产评估报告使用限制说明、资产评估报告日、签名盖章等。

1. 绪言

一般采用包含下列内容的表述格式：

"×××（委托人全称）：

×××（资产评估机构全称）接受贵单位（公司）的委托，按照法律、行政法规和资产评估准则的规定，坚持独立、客观和公正的原则，采用×××评估方法（评估方法名称），按照必要的评估程序，对×××（委托人全称）拟实施×××行为（事宜）涉及的×××（资产——单项资产或者资产组合、企业整体价值、股东全部权益、股东部分权益）在××××年××月××日的××价值（价值类型）进行了评估。现将资产评估情况报告如下。"

2. 委托人及其他资产评估报告使用人概况

资产评估报告使用人包括委托人、资产评估委托合同中约定的其他资产评估报告使用人和法律、行政法规规定的资产评估报告使用人。资产评估报告正文应当介绍委托人、被评估单位和资产评估委托合同约定的其他资产评估报告使用人的概况。

① 委托人和资产评估委托合同约定的其他资产评估报告使用人概况一般包括名称、法定住所及经营场所、法定代表人、注册资本及主要经营范围等。

② 企业价值评估中，被评估单位概况一般包括以下内容。

● 名称、法定住所及经营场所、法定代表人、主要经营范围、注册资本、公司股东及持股比例、股权变更情况及必要的公司产权和经营管理结构、历史情况等；

● 近三年资产、财务、经营状况；

● 委托人和被评估单位之间的关系（如产权关系、交易关系）。

③ 单项资产或者资产组合评估，被评估单位概况一般包括名称、法定住所及经营场所、法定代表人、注册资本及主要经营范围等。

④ 委托人与被评估单位为同一企业的，按对被评估单位的要求编写。

⑤ 存在交叉持股的，应当列示交叉持股图并简述交叉持股关系及是否属于同一控制的情形。

⑥ 存在关联交易的，应当说明关联方、交易方式等基本情况。

3. 评估目的

资产评估报告应当说明本次资产评估的目的及其所对应的经济行为，并说明该经济行为获得批准的相关情况或者其他经济行为依据。

4. 评估对象和评估范围

资产评估报告应当对评估对象进行具体描述，以文字、表格的方式说明评估范围。企业价值评估中，应当说明下列内容。

① 委托评估对象和评估范围与经济行为涉及的评估对象和评估范围是否一致，不一致的应当说明原因，并说明是否经过审计。

② 企业申报的表外资产的类型、数量。

③ 引用其他机构出具的报告结论所涉及的资产类型、数量和账面金额（或者评估值）。单项资产或者资产组合评估，应当说明委托评估资产的数量（如土地面积、建筑物面积、设备数量、无形资产数量等）、法律权属状况、经济状况和物理状况等。

5. 价值类型

资产评估报告应当说明选择价值类型的理由，并明确其定义。

6. 评估基准日

资产评估报告应当说明评估基准日及确定评估基准日所考虑的主要因素，包括下列主要内容。

① 本项目评估基准日是××××年××月××日。

② 确定评估基准日考虑的主要因素（如经济行为的实现、会计期末、利率和汇率变化等）。

资产评估报告载明的评估基准日应当与资产评估委托合同约定的评估基准日一致，可以是过去、现在或者未来的时点。

7. 评估依据

资产评估报告应当说明本次评估业务所对应的经济行为、法律法规、评估准则、权属、取价等依据。

① 经济行为依据，应当为有效批复文件以及可以说明经济行为及其所涉及的评估对象与评估范围的其他文件资料。

② 法律法规依据，通常包括与国有资产评估有关的法律法规等。

③ 评估准则依据，包括本评估业务中依据的相关资产评估准则和相关规范。

④ 权属依据，通常包括国有资产产权登记证书、基准日股份持有证明、出资证明、国有土地使用证（或者国有土地使用权出让合同）、房屋所有权证、房地产权证（或者不动产权证书）、采矿许可证、勘查许可证、林权证、专利证（发明专利证书、实用新型专利证书、外观设计专利证书）、商标注册证、著作权（版权）相关权属证明、船舶所有权登记证书、船舶国籍证书、机动车行驶证、有关产权转让合同、其他权属证明文件等。

⑤ 取价依据，通常包括企业提供的财务会计、经营方面的资料，国家有关部门发布的统计资料、技术标准和政策文件，以及评估机构收集的有关询价资料、参数资料等。

⑥ 其他参考依据。

8. 评估方法

资产评估报告应当说明所选用的评估方法及其理由，因适用性受限或者操作条件受限等原因而选择一种评估方法的，应当在资产评估报告中披露并说明原因。采用两种以上方法进行评估的，还应当说明评估结论确定的方法。

9. 评估程序实施过程和情况

资产评估报告应当说明自接受资产评估业务委托起至出具资产评估报告的主要评估工作过程，一般包括以下内容。

① 接受项目委托，确定评估目的、评估对象与评估范围、评估基准日，拟定评估计划等过程。

② 指导被评估单位清查资产、准备评估资料、核实资产与验证资料等过程。

③ 选择评估方法、收集市场信息和估算等过程。

④ 评估结果汇总、评估结论分析、撰写报告和内部审核等过程。

10. 评估假设

资产评估报告应当披露所使用的资产评估假设，应说明依据交易假设、公开市场假设、持续使用假设还是清算假设。

11. 评估结论

资产评估报告应当以文字和数字形式表述评估结论，并明确评估结论的使用有效期。评估结论通常是确定的数值。经与委托人沟通，评估结论可以是区间值或者其他形式的专业意见。

① 采用资产基础法进行企业价值评估，应当以文字形式说明资产、负债、所有者权益（净资产）的账面价值、评估价值及其增减幅度，并同时采用评估结果汇总表反映评估结论。

② 单项资产或者资产组合评估，应当以文字形式说明账面价值、评估价值及其增减幅度。

③ 采用两种以上方法进行企业价值评估，除单独说明评估价值和增减变动幅度外，应当说明两种以上评估方法结果的差异及其原因和最终确定评估结论的理由。

④ 存在多家被评估单位的项目，应当分别说明评估价值。

⑤ 评估结论为区间值的，应当在区间之内确定一个最大可能值，并说明确定依据。

12. 特别事项说明

资产评估报告应当说明评估程序受到的限制、评估特殊处理、评估结论瑕疵等特别事项及期后事项。资产评估报告的特别事项说明应当包括以下内容。

① 权属等主要资料不完整或者存在瑕疵的情形。

② 委托人未提供的其他关键资料情况。

③ 未决事项、法律纠纷等不确定因素。

④ 重要的利用专家工作及相关报告情况。

⑤ 重大期后事项。

⑥ 评估程序受限的有关情况、评估机构采取的弥补措施及对评估结论影响的情况。

⑦ 其他需要说明的事项。

资产评估报告应当重点提示资产评估报告使用人对特别事项予以关注。

13. 资产评估报告使用限制说明

资产评估报告使用限制说明应当载明以下内容。

① 使用范围。

② 委托人或者其他资产评估报告使用人未按照法律、行政法规规定和资产评估报告载明的使用范围使用资产评估报告的，资产评估机构及其评估专业人员不承担责任。

③ 除委托人、资产评估委托合同中约定的其他资产评估报告使用人和法律、行政法规规定的资产评估报告使用人之外，其他任何机构和个人不能成为资产评估报告的使用人。

④ 资产评估报告使用人应当正确理解和使用评估结论。评估结论不等同于评估对象可实现价格，评估结论不应当被认为是对评估对象可实现价格的保证。

14. 资产评估报告日

资产评估报告应当载明资产评估报告日。资产评估报告日通常为评估结论形成的日期，可以不同于资产评估报告的签发日。

15. 签名盖章

资产评估报告应当履行内部审核程序，由至少两名承办该项资产评估业务的资产评估专业人员签名并加盖资产评估机构印章。法定评估业务资产评估报告应当履行内部审核程序，由至少两名承办该项资产评估业务的资产评估师签名并加盖资产评估机构印章。

12.2.5 资产评估报告附件的内容

资产评估报告附件应当与评估目的、评估方法、评估结论相关联，通常包括下列内容。

① 评估对象所涉及的主要权属证明资料。

② 委托人和其他相关当事人的承诺函。

③ 资产评估机构及签名资产评估专业人员的备案文件或者资格证明文件。

④ 资产评估汇总表或者明细表。

⑤ 资产账面价值与评估结论存在较大差异的说明。

资产评估报告附件内容及其所涉及的签章应当清晰、完整，相关内容应当与资产评估报告摘要、正文一致。资产评估报告附件为复印件的，应当与原件一致。

按照法律、行政法规规定需要进行专项审计的，应当将企业提供的与经济行为相对应的评估基准日专项审计报告（含会计报表和附注）作为资产评估报告附件。按有关规定无需进行专项审计的，应当将企业确认的与经济行为相对应的评估基准日企业财务报表作为资产评估报告附件。如果引用其他机构出具的报告结论，根据现行有关规定，所引用的报告应当经相应主管部门批准（备案）的，应当将相应主管部门的相关批准（备案）文件作为资产评估报告的附件。

阅读材料 12-3

12.2.6 资产评估明细表的内容

资产评估明细表可以根据《企业国有资产评估报告指南》的基本要求和企业会计核算所设置的会计科目，结合评估方法特点进行编制。

① 单项资产或者资产组合评估、采用资产基础法进行企业价值评估，评估明细表包括按会计科目设置的资产、负债评估明细表和各级汇总表。

② 采用收益法进行企业价值评估，可以根据收益法评估参数和盈利预测项目的构成等具体情况设计评估明细表的格式和内容。

③ 采用市场法进行企业价值评估，可以根据评估技术说明的详略程度决定是否单独编制符合市场法特点的评估明细表。

资产、负债会计科目的评估明细表格式和内容的基本要求如下。

① 表头应当含有资产或负债类型（会计科目）名称、被评估单位、评估基准日、表号、金额单位、页码。

② 表中应当含有资产负债的名称（明细）、经营业务或者事项内容、技术参数、发生（购、建、创）日期、账面价值、评估价值、评估增减幅度等基本内容。必要时，在备注栏对技术参数或者经营业务、事项情况进行注释。

③ 表尾应当标明被评估单位填表人员、填表日期和评估人员。

④ 评估明细表按会计明细科目、一级科目逐级汇总，并编制资产负债表（方式）的评估汇总表及以人民币万元为金额单位的评估结果汇总表。

⑤ 会计计提的减值准备在相应会计科目（资产负债类型）合计项下和相关科目汇总表中列示。

⑥ 评估结果汇总表应当按以下顺序和项目内容列示：流动资产、非流动资产、资产总计、流动负债、非流动负债、负债总计、净资产等。

采用收益法中的现金流量折现法进行企业价值评估时，评估明细表通常包括以下内容。

① 资产负债、利润调整表（如果有调整时）。

② 现金流量测算表。

③ 营业收入预测表。

④ 营业成本预测表。

⑤ 税金及附加预测表。

⑥ 销售费用预测表。

⑦ 管理费用预测表。

⑧ 财务费用预测表。

⑨ 营运资金预测表。

⑩ 折旧摊销预测表。

⑪ 资本性支出预测表。

⑫ 折现率计算表。

⑬ 溢余资产和非经营性资产分析表。

收益法评估明细表表头应当含有评估参数或者预测项目名称、被评估单位、评估基准日、表号、金额单位等。

被评估单位为两家以上的，评估明细表应当按被评估单位分别归集，自成体系。

12.2.7 资产评估说明的内容

按照《企业国有资产评估报告指南》的规定，资产评估说明包括评估说明、使用范围声明、委托人和被评估单位编写的"企业关于进行资产评估有关事项的说明"和资产评估师编写的"资产评估说明"。

1. 评估说明使用范围声明

关于评估说明使用范围的声明，应当写明评估说明使用单位或部门的范围及限制条款。

2. 企业关于进行资产评估有关事项的说明

委托人和被评估单位可以共同编写或者分别编写"企业关于进行资产评估有关事项的说明"。委托单位负责人和被评估单位负责人应当对所编写的说明签名，加盖相应单位公章并签署日期。"企业关于进行资产评估有关事项的说明"包括以下内容。

（1）委托人、被评估单位各自概况

① 委托人概况。

● 企业名称及简称、住所、注册资本、法定代表人；

● 企业性质、企业历史沿革（包括隶属关系的演变）；

● 经营业务范围及主要经营业绩。

② 被评估单位概况。

● 企业名称及简称、住所、注册资本、法定代表人；

● 企业性质、企业历史沿革（包括隶属关系的演变）；

● 经营业务范围及主要经营业绩；

近三年来企业的资产、财务、负债状况和经营业绩，已经审计的，应当说明注册会计师发表的意见、以往不良资产处置情况；

● 主要产品品种、生产能力，近年实际生产量、销售量，主要市场及其市场占有率，本企业产品在同类产品市场的地位，主要原材料、能源供应情况，环境污染及治理情况；

● 形成企业主要生产能力的状况，正在或者计划进行的投资项目简况，企业的主要资产状况；

● 执行的主要会计政策，生产经营是否存在国家政策、法规的限制或者优惠，生产经营的优势分析和各种因素风险。

③ 委托人与被评估单位的关系。

● 委托人与被评估单位的关系一般包括产权关系、行政隶属关系、交易关系等；

● 存在两家以上被评估单位的，应当分别予以介绍；

● 委托人与被评估单位为同一企业的，按被评估单位要求的内容与格式编写；

● 存在交叉持股的，应当列示交叉持股图并简述交叉持股关系以及是否属于同一控制的情形；

● 存在关联交易的，应当说明关联方、交易方式等基本情况。

（2）关于经济行为的说明

关于经济行为的说明，一般包括以下 2 个方面。

① 说明本次资产评估满足何种需要、所对应的经济行为类型及其经济行为获得批准的相关情况，或者其他经济行为依据。

② 获得有关部门批准的，应当载明批件名称、批准日期及文号。

（3）关于评估对象与评估范围的说明

关于评估对象与评估范围的说明，一般包括以下 5 个方面。

① 说明委托评估对象、评估范围内资产和负债的类型、账面金额及审计情况。

② 对于经营租入资产、特许使用的资产及没有会计记录的无形资产，应当特别说明是否纳入评估范围及其理由。

③ 如果在评估目的实现前有不同的产权持有单位，应当列表载明各产权持有单位待评估资产的类型、账面金额等。

④ 账面资产是否根据以往资产评估结论进行了调账。

⑤ 本次评估前是否存在不良资产核销或者资产剥离行为等。

（4）关于评估基准日的说明

关于评估基准日的说明，一般包括以下 2 个方面。

① 说明所确定的评估基准日，评估基准日表述为：××××年××月××日。

② 说明确定评估基准日的理由，如果评估基准日受特定经济行为文件的约束，应当载明该文件的名称、批准日期及文号。

（5）可能影响评估工作的重大事项说明

可能影响评估工作的重大事项说明一般包括以下 4 个方面。

① 曾经进行过清产核资或者资产评估的情况、调账情况。

② 影响生产经营活动和财务状况的重大合同、重大诉讼事项。

③ 抵（质）押及其或有负债、或有资产的性质、金额及其对应的资产负债情况。

④ 账面未记录的资产负债的类型及其估计金额。

（6）资产负债情况、未来经营和收益状况预测说明

① 资产负债清查情况说明一般包括下列内容：

● 列入清查范围的资产负债的种类、账面金额，产权状况，实物资产分布地点及特点；

● 清查工作的组织，如时间计划、实施方案；

● 清查所采取的措施，待处理、待报废固定资产，高、精、尖设备和特殊建筑物以及毁损、变质存货检测或者鉴定的情况；

● 清查中发现的盘盈、盘亏、毁损、变质、报废存货的数量和金额的确定情况，呆坏账损失及无需偿付负债的判断及原因分析。

② 未来经营和收益状况预测说明一般包括下列内容：

● 所在行业相关经济要素及发展前景、生产经营历史情况、面临的竞争情况及优劣势分析；

● 内部管理制度、人力资源、核心技术、研发状况、无形资产、管理层构成等经营管理状况；

● 近年资产、负债、权益、盈利、利润分配、现金流量等资产财务状况；

● 未来主营收入、成本、费用等的预测过程和结果；

● 如果企业存在关联交易，应当说明关联交易的性质及定价原则等。

（7）资料清单

资料清单一般包括下列内容：资产评估申报表（由资产评估机构出具样式），相关经济行为的批文，审计报告，资产权属证明文件、产权证明文件，重大合同、协议等，生产经营统计资料，其他资料。

3. 资产评估说明

"资产评估说明"是对评估对象进行核实、评定估算的详细说明，应当包括以下内容。

① 评估对象与评估范围说明。评估对象与评估范围说明应当根据企业价值评估、单项资产或者资产组合评估的不同情况确定内容的详略程度。

② 资产核实总体情况说明。资产核实总体情况说明通常包括人员组织、实施时间、核实过程、影响事项及处理方法、核实结论。

③ 评估技术说明。评估技术说明应当考虑不同经济行为和不同评估方法的特点，介绍评定估算的思路及过程。

采用成本法评估单项资产或者资产组合、采用资产基础法评估企业价值，应当根据评估业务的具体情况及资产负债类型编写评估技术说明。各项资产负债评估技术说明应当包含资产负债的内容和金额、核实方法、评估值确定的方法和结论等基本内容。

采用收益法或者市场法评估企业价值，评估技术说明通常包括：影响企业经营的宏观、区域经济因素，所在行业现状与发展前景，企业的业务情况，企业的资产、财务分析和调整情况，评估方法的运用过程。

采用收益法进行企业价值评估，应当根据行业特点、企业经营方式和所确定的预期收益口径及评估的其他具体情况等编写评估技术说明。企业的资产、财务分析和调整情况及评估方法运用过程说明通常包括：收益法的应用前提及选择理由和依据，收益预测的假设条件，企业经营、资产、财务分析，收益模型选择理由及基本参数说明，收益期限及预测期的说明，收益预测的说明，折现率的确定说明，预测期后价值确定说明，其他资产和负债评估说明，评估价值。

采用市场法进行企业价值评估，应当根据行业特点、被评估单位实际情况及上市公司比较法或者交易案例比较法的特点等编写评估技术说明。企业的资产、财务分析和调整情况及评估方法运用过程说明通常包括：具体方法、应用前提及选择理由，企业经营、资产、财务分析，分析选取确定可比企业或者交易案例的说明，价值比率的选择及因素修正说明，评估对象价值比率的测算说明，评估价值。

4. 评估结论及分析

评估结论及分析通常包括以下内容。

① 评估结论，采用两种或两种以上方法进行企业价值评估，应当说明不同评估方法结果的差异及其原因和最终确定评估结论的理由。

② 评估价值与账面价值比较变动情况及说明。

③ 折价或者溢价情况（如有）。

阅读材料 12-4

12.3 资产评估报告的编制

12.3.1 资产评估报告的编制步骤

资产评估报告的编制是资产评估机构完成评估工作的最后一道程序，也是资产评估工作中的一个重要环节。资产评估专业人员应按下列步骤编制资产评估报告。

1. 整理工作底稿和归集有关资料

资产评估现场工作结束后，有关评估专业人员必须着手对现场工作底稿进行整理，按资产的性质进行分类。同时对有关询证函、被评估资产背景材料、技术鉴定情况和价格取证等有关资料进行归集和登记；对现场未予确定的事项，还需进一步落实和查核。这些现场工作底稿和有关资料都是编制资产评估报告的基础。

2. 评估明细表的数字汇总

在完成现场工作底稿和有关资料的归集任务后，评估专业人员应着手评估明细表的数字汇总。明细表的数字汇总应根据明细表的不同级次，先明细表汇总，然后分类汇总，再到资产负债表式的汇总。

3. 评估初步数据的分析和讨论

在完成评估明细表的数字汇总，得出初步的评估数据后，应召集参与评估工作过程的有关人员，对评估报告的初步数据和结论进行分析、讨论，比较各有关评估数据，复核记录估算结果的工作底稿，对存在作价不合理的部分评估数据进行调整。

4. 编写资产评估报告

首先，在完成资产评估初步数据的分析、讨论，对有关数据进行调整后，由具体参加评估的各组负责人草拟出各自负责评估部分的资产的评估说明，同时提交全面负责、熟悉本项目评估具体情况的人员草拟出资产评估报告。

其次，将评估基本情况和评估报告初稿的初步结论与委托方交换意见，听取委托方的反馈意见后，在坚持独立、客观、公正的前提下，认真分析委托方提出的问题和建议，考虑是否应该修改评估报告，对评估报告中存在的疏忽、遗漏和错误之处进行修正，修改完毕后即可撰写资产评估正式报告。

5. 资产评估报告的签发和送交

资产评估机构撰写资产评估正式报告后，经审核无误，按以下程序进行签名盖章：先由负责该项目的资产评估师签章（两名或两名以上），再送复核人审核签章，最后送资产评估机构负责人审核签章并加盖机构公章。

资产评估报告签发盖章后即可连同评估说明和评估明细表送交委托单位。

12.3.2　资产评估报告的编制要求

资产评估报告的编制要求是指在资产评估报告编制过程中的主要技能要求。

1. 文字表达要求

资产评估报告既是一份对被评估资产价值有咨询性和公正性作用的文书，又是一份证明资产评估机构及其评估专业人员工作责任的文字依据，所以它的文字表达既要清楚、准确，又要提供充分的依据说明，还要全面叙述整个评估的具体过程。其文字表达必须清晰、准确，不得使用模棱两可的措辞；其陈述既要简明扼要，又要把有关问题说明清楚，不得带有任何诱导、恭维和推荐性的陈述。

2. 格式和内容要求

资产评估报告的格式和内容必须严格遵循财政部颁发的《资产评估执业准则——资产评估报告》的各项规定。

3. 复核及反馈要求

资产评估报告必须建立多级复核和交叉复核制度，明确复核人的职责，防止流于形式的复核。对委托方或占有方意见的反馈信息，要谨慎对待，应本着独立、客观、公正的态度接受其反馈意见。

4. 编写报告的具体要求

资产评估报告的编制除了需要掌握上述 3 个方面的要点外，在撰写评估报告时还应满足以下具体要求。

① 实事求是，切忌出具虚假报告。资产评估报告必须建立在真实、客观的基础上，不能脱离实际情况，更不能无中生有。资产评估报告拟订人应是参与并全面了解该项目情况的资产评估专业人员。

② 坚持一致性原则，切忌出现表里不一。资产评估报告文字、内容前后要一致，摘要、正文、评估说明、评估明细表内容与格式、数据要一致。

③ 提交报告要及时、齐全和保密。在正式完成资产评估工作后，应按资产评估委托合同的约定时间及时将报告送交委托方。送交报告时，报告及有关文件要送交齐全。涉及外商投资项目的对中方资产评估的评估报告，必须严格按照有关规定办理。此外，要做好客户保密工作，尤其是对评估涉及的商业秘密和技术秘密，更要加强保密工作。

12.3.3　资产评估报告的出具与装订

资产评估报告封面应当载明资产评估报告标题及文号、资产评估机构全称和资产评估报告日。资产评估报告标题及文号一般在封面上方居中位置，资产评估机构名称及资产评估报告日应当在封面下方居中位置。资产评估报告应当用 A4 规格纸张印刷。

资产评估报告一般分册装订，各册应当具有独立的目录。声明、摘要、正文和附件合订成册，其目录中应当含有其他册的目录，但其他册目录的页码不予标注。评估说明和评估明细表一般分别独立成册。必要时附件可以独立成册。单独成册的，其封面格式、标题中的"企业名称+经济行为关键词+评估对象"及文号等应当与资产评估报告相关格式和内容保持一致。资产评估明细表一般按会计科目顺序装订。

资产评估报告封底或者其他适当位置应当标注资产评估机构名称、地址、邮政编码、联系电话、传真、电子邮箱等。

12.4　资产评估报告的利用

资产评估报告，特别是涉及国有资产的评估报告，不仅是评估工作的总结、资产价格的公正性文件和资产交易双方认定资产价格的依据，而且是国有资产管理部门加强国有资产产权变动管理，确认评估方法、评估依据和评估结果的重要依据。

12.4.1　资产评估报告的分析

1. 资产评估报告分析的目的

资产评估报告分析的目的主要体现在以下 2 个方面。

（1）了解评估机构从事评估工作的能力

由于一份完整的资产评估报告基本上能够反映评估机构评估工作的全过程，包括具体思路、评估依据、信息筛选、结果产生等，这样资产评估管理机构就可以根据评估机构提交的评估报告进行全面分析，判断该评估机构是否具有从事评估工作的能力，并做出是否颁发资格证书的决定。

（2）了解评估质量好坏，并做出对评估结果是否予以核准的决定

按国有资产管理的有关规定，应对评估机构评估国有资产的结果进行核准备案工作。核准的一个重要依据就是通过对获得的资产评估报告进行全面分析，了解评估机构进行此项评估工作的基本情况，包括遵循的评估计价原则、评估基本程序、评估方法选择、市场信息可靠性等，综合评价评估质量的好坏，再结合实地勘察情况，最后做出是否核准评估结果的决定。

2. 资产评估报告分析的内容

资产评估报告一般可从以下 2 个方面进行分析。

（1）对评估报告进行书面逻辑分析

一般来说，评估报告所列的评估原因、评估范围、资产权益、评估依据的前提条件、评估方法的选择有着密切的关系，而这种关系就构成了评估报告本身的逻辑关系，同时也反映出评估机构评估的基本思路。分析人员进行评估报告的逻辑分析，就是要根据所掌握的实际情况，对评估机构评估的基本思路及 3 个一致性（即评估目的、评估依据的前提条件和评估方法选择之间的一致性，评估范围和资产权益的一致性，资产权益、作价的前提条件与作价依据之间的一致性）进行分析。通过分析，可以初步得出评估结论是否科学的判断。

（2）对评估中运用的市场信息资料进行对比分析

对资产评估机构在评估中运用的各种市场信息资料进行分析鉴别，首先要求国有资产评估管理机构拥有自己的数据库和随时可取得的信息渠道。只有在占有大量的市场资料的基础上，才能进行信息的对比分析。分析的内容主要包括 2 个方面：一是资产评估机构所选择的参照价格及价格的构成因素与评估的前提条件是否吻合；二是分析评估中运用的参照价格及有关资料是否准确可靠。

通过以上分析，再结合实地勘察情况，最后形成综合评价的意见。

12.4.2　资产评估报告的利用

资产评估报告由资产评估机构按有关规定编制并出具，资产评估委托人、国有资产管理

部门和企业主管部门等可结合实际情况，根据需要合理地加以利用。

1. 委托方对资产评估报告的利用

委托方在收到资产评估机构送交的资产评估报告及有关资料，可以依据资产评估报告所提示的评估目的和评估结论，合理使用资产评估结果。

① 作为资产业务的作价基础。资产评估报告既可以作为以出售、转让、拍卖、股份改造、上市、合资、联营、分拆等为目的的涉及产权变动的资产业务作价的基础，也可以作为以保险、抵押、计税、担保等为目的的非产权变动的资产业务作价的基础。

② 作为企业进行会计记录和账项调整的依据。委托方除根据评估目的合理地使用资产评估报告开展资产评估业务外，还可依照有关规定，根据资产评估报告提供的有关数据资料进行资产评估后的账务处理。但是若按评估值对原会计账目进行调整的，必须经过批准。

③ 作为履行委托协议和支付评估费用的依据。当委托方收到资产评估机构出具的资产评估报告及其相关资料后，若没有异议，委托方就应根据资产评估委托协议中的有关规定支付评估费用。

④ 作为法庭辩论和裁决的举证材料。当事人发生经济纠纷案件时的资产评估报告及其有关资料是法庭裁决的证明材料。

需要强调的是，委托方在使用资产评估报告及有关资料时必须注意以下问题。

● 只能按资产评估报告所揭示的评估目的使用评估报告及其结论，一份评估报告只允许按一个用途使用；

● 只能在资产评估报告有效期内使用，超过评估报告的有效期限，原资产评估结果无效；若要使用评估报告，必须由评估机构重新调整有关数据，并得到有关部门的重新认可后方能使用；

● 在评估报告书有效期内，当资产评估数量发生较大变化时，应有原评估机构或资产占有单位按原评估方法做相应调整后才能使用；

● 涉及国有资产产权变动的评估报告及有关资料必须经国有资产主管部门确认或授权确认后方可使用；

● 作为企业会计记录和账项调整使用的评估报告及有关资料，必须由财政部门批准或认可后方能生效；

● 资产评估报告只能由评估报告中限定的期望使用者使用，评估报告及其结论不适用于其他主体；

● 委托人对评估报告有异议的，可以要求评估机构解释；

● 委托人认为评估机构或者评估专业人员违法开展业务的，可以向有关评估行政管理部门或者行业协会投诉、举报，有关评估行政管理部门或者行业协会应当及时调查处理，并答复委托人；

● 不按评估报告揭示的目的、期望使用者、价值类型、有效期限等限制条件使用评估报告及其结论并造成损失的，应由使用者自负其责。

2. 资产评估管理机构对资产评估报告的利用

资产评估管理机构主要是指对资产评估行业进行行政管理的主管机关和对资产评估行业进行自律管理的行业协会。对资产评估报告的利用本身就是资产评估机构履行行政管理和自律管理的一个过程。资产评估管理机构利用资产评估报告可以实现下列管理目的。

① 了解资产评估机构从事评估工作的业务能力和组织管理水平。因为资产评估报告反

映资产评估业务的全过程，通过对资产评估报告的检查与分析，评估管理机构能判断出该机构的业务能力和管理水平。

② 对资产评估结果的质量进行评价。资产评估管理机构通过对某些按规定需要进行验证、确认的资产评估报告的验证与确认，可对资产评估机构的评估结果的质量好坏做出客观的评价，从而实现对资产评估机构及其评估专业人员的有效监督与管理。

③ 能为国有资产管理提供重要数据资料。通过对资产评估报告的统计与分析，可以及时了解国有资产占有和使用状况及增减值变动情况，进一步加强对国有资产管理的服务功能。

此外，作为研究、分析、完善和改进评估工作的资料，资产评估管理机构也可采集其中有用的价格信息资料。

3. 有关部门对资产评估报告的利用

除了资产评估管理机构可利用资产评估报告和有关资料外，有关部门也需要利用资产评估报告，主要包括证券监管部门、保险监管部门、工商行政管理部门、税务机关、金融机构和法院等。

证券监管部门对资产评估报告的利用，主要表现在对申请上市的公司有关申报材料、招股说明书的审核过程，以及上市公司增发、配售股票时申报材料的审核过程。当然，证券监管部门还可运用资产评估报告和有关资料加强对取得证券业务评估资格的评估机构及有关人员进行业务管理。而保险监管部门、工商行政管理部门、税务机关、金融机构和法院等有关部门也都能够通过对资产评估报告的利用实现其管理职能。

关 键 概 念

资产评估报告　资产评估报告制度

复习思考题

1. 简述资产评估报告的含义及其作用。
2. 资产评估报告的基本要素有哪些？
3. 撰写资产评估报告时应遵循哪些要求？
4. 资产评估报告正文包括哪些内容？
5. 如何利用资产评估报告？
6. 委托方使用资产评估报告应注意哪些问题？
7. 划分不同类型资产评估报告的意义何在？
8. 避免资产评估报告误导社会及其报告使用人的关键是什么？
9. 对资产评估报告进行分析的目的是什么？

练 习 题

一、单项选择题

1. 资产评估报告附件不应提交给（　　）。

A. 国有资产管理部门 B. 评估行业管理机构

C. 行业管理协会 D. 委托方

2. （ ）是完成资产评估工作的最后一道程序。

A. 编制评估报告 B. 收取全部评估费用

C. 提交评估报告 D. 以上答案均不正确

3. 对全民所有制企业的评估资料，只有经（ ）的确认方能生效。

A. 全民所有制企业的所有者 B. 国有资产管理部门

C. 财政部门 D. 省级人民政府

4. 资产评估报告附件的内容包括（ ）。

A. 评估结果有效的其他条件 B. 评估目的

C. 评估基准日后的调整事项 D. 资产评估资格证书复印件

5. 资产评估报告先由（ ）审核，再报评估机构经理（负责人）审核签发。

A. 资产评估师 B. 项目经理

C. 有关人员 D. 有关专家

6. 编制资产评估报告的基础是（ ）。

A. 占有大量的、真实的评估工作记录

B. 资产评估专业人员有足够的专业技术能力

C. 充分考虑评估风险，并采取相应的预防措施

D. 严格按评估程序办事

7. 资产评估报告正文的内容不包括（ ）。

A. 评估结果有效的其他条件 B. 评估目的

C. 评估基准日后的调整事项 D. 资产评估资格证书复印件

8. 资产评估报告应由（ ），由资产评估机构盖章。

A. 资产评估机构法人代表、两名以上资产评估师签名

B. 两名以上资产评估师签名

C. 资产评估机构法人代表、委托企业法人代表、两名以上资产评估师签名

D. 资产评估机构法人代表、1 名以上资产评估师签名

9. 广义的资产评估报告是（ ）。

A. 一种工作制度 B. 资产评估报告书

C. 公证性报告 D. 法律责任文书

10. 关于资产评估报告摘要与资产评估报告正文二者之间的关系，表述正确的是
（ ）。

A. 资产评估报告摘要的法律效力高于资产评估报告正文

B. 资产评估报告正文的法律效力高于资产评估报告摘要

C. 二者具有同等法律效力

D. 二者法律效力的高低由当事人协商确定

11. 按有关规定，资产评估报告说明中进行资产评估有关事项的说明是由（ ）提
供的。

A. 委托方 B. 受托方

C. 资产占有方 D. 委托方与资产占有方

二、多项选择题

1. 资产评估报告正文的基本内容包括（　　）。
   A. 评估目的　　　　　　　　　　B. 评估依据
   C. 资产评估机构　　　　　　　　D. 评估基准日
   E. 资产评估资格证书复印件

2. 客户对资产评估报告的利用包括（　　）。
   A. 作为企业进行会计记录的依据
   B. 作为产权交易作价的基础材料
   C. 作为法庭辩论或裁决时确认资产价格的举证材料
   D. 作为支付评估费用的依据
   E. 作为明确双方法律责任的依据

3. 编写评估报告的目的是通过简明扼要的文字描述，介绍（　　）。
   A. 评估目的　　　　　　　　　　B. 计价依据
   C. 依据前提条件　　　　　　　　D. 评估结果
   E. 履行评估委托合同或协议的情况

4. 根据我国现行制度规定对占有国有资产的单位发生（　　）时必须进行资产评估。
   A. 企业出售　　　　　　　　　　B. 资产转让
   C. 企业兼并　　　　　　　　　　D. 企业租赁
   E. 企业联营

5. 编写资产评估报告时应遵循的基本要求有（　　）。
   A. 报告要及时　　　　　　　　　B. 内容全面、准确而简练
   C. 实事求是　　　　　　　　　　D. 签章齐全
   E. 思路清晰，逻辑严密

三、判断题

1. 资产评估报告对资产业务定价具有强制执行的效力，资产评估专业人员必须对结论本身合乎职业规范要求负责。（　　）

2. 单项资产评估报告一般不考虑负债和以整体资产为依托的无形资产。（　　）

3. 按现行规定，对国有资产评估项目实行立项确认审批制度。（　　）

4. 经使用双方同意，一份资产评估报告可按多个用途使用。（　　）

参 考 答 案

第1章

一、单项选择题

1. B 2. D 3. B 4. C 5. B 6. A

二、多项选择题

1. ACD 2. ABCDE 3. ACD 4. ABCD 5. ABD

三、判断题

1. √ 2. × 3. × 4. × 5. √ 6. √ 7. × 8. ×

第2章

一、多项选择题

1. ABE 2. ABE 3. CDE

二、判断题

1. × 2. √ 3. × 4. √

第3章

一、单项选择题

1. B 2. B 3. C 4. D 5. C 6. B 7. C 8. B 9. C 10. B 11. B 12. D

二、多项选择题

1. ABCD 2. BCD 3. ABC 4. AB

三、判断题

1. × 2. × 3. √ 4. × 5. ×

四、计算题

1.（1）未来5年收益现值

$$=\frac{20}{(1+10\%)^1}+\frac{30}{(1+10\%)^2}+\frac{32}{(1+10\%)^3}+\frac{35}{(1+10\%)^4}+\frac{30}{(1+10\%)^5}=109.55（万元）$$

（2）5年后的永久性收益现值$=\frac{30}{9\%}\times0.6\,209=206.966\,7$（万元）

（3）企业评估价值$=109.5\,476+206.966\,7=316.51$（万元）

2.（1）该设备重置成本$=100\times\dfrac{120\%}{100\%}=120$（万元）

（2）资产利用率 $= \dfrac{6}{8} \times 100\% = 75\%$

（3）实体性贬值：$2 \times 75\% = 1.5$（年）；$120 \times \dfrac{1.5}{1.5+8} = 18.95$（万元）

（4）评估值 $= 120 - 18.95 = 101.05$（万元）

3．（1）设备重置成本 $= 100 \times \dfrac{60}{50} = 120$（万元）

（2）实体性贬值 $= 120 \times \dfrac{2}{2+8} = 24$（万元）

（3）功能性贬值 $= 1.2 \times (1-25\%) \times 5.3\,349 = 4.80$（万元）

（4）评估值 $= 120 - 24 - 4.8 = 91.2$（万元）

4．功能性贬值 $= (6-4) \times 12\,000 \times (1-25\%) \times (P/A, 10\%, 3) = 44\,764.2$（元）

5．被评估设备的重置成本 $= 1\,000 \times \dfrac{180}{150} = 1\,200$（万元）

6．资本化率 $= 10\% \times 20\% + 80\% \times (11\% + 5\%) = 14.8\%$

7．A 设备的功能性贬值 $= 40 \times (1-25\%) \times (P/A, 8\%, 5) = 119.78$（万元）

8．该生产线的经济性贬值率 $= \left[1 - \left(\dfrac{1\,200}{2\,000} \right)^{0.6} \right] 100\% = 26.4\%$

9．该企业评估价值

$$= \dfrac{\dfrac{13}{1+10\%} + \dfrac{14}{(1+10\%)^2} + \dfrac{11}{(1+10\%)^3} + \dfrac{12}{(1+10\%)^4} + \dfrac{15}{(1+10\%)^5}}{\dfrac{(P/A, 10\%, 5)}{11\%}} = 117.9$$（万元）

第 4 章

判断题

1. √ 2. × 3. √ 4. √ 5. √ 6. √ 7. × 8. × 9. × 10. √

第 5 章

一、单项选择题

1. C 2. A 3. A 4. A 5. D 6. A 7. D 8. C 9. A

二、多项选择题

1. ABCDE 2. BC 3. ABCD 4. ABCDE 5. ACD 6. AB 7. ABC 8. AB 9. CD

10. AD

三、判断题

1. √ 2. × 3. × 4. × 5. √ 6. × 7. × 8. × 9. √

四、计算题

1．库存燃料评估值 $= 50 \times (1-1\%) \times (4\,000+100+40) = 204\,930$（元）

2. 在制品评估值 = 5 000×(10×10+5×6) = 65（万元）

3. 该类化工原料评估值 = [（200-5）-（100-2.5）×25%×0.04]×(1+2%)^3 = 205.90（万元）

4. 系列在产品评估值

$$= 200 - \frac{150 \times 100}{10\ 000} - 5 + （200-1.5-5）\times 70\% \times 10\% + 0.35 = 2\ 073\ 950（元）$$

5. 该企业在产品评估值 = 1 000×20+500×10×90%-100+500 = 24 900（元）

6. 该在产品评估值 = $2\ 000 \times \dfrac{135.6}{1+13\%} \times (1-3\%-2\%-20\%\times25\%)$ = 216 000（元）

第6章

一、单项选择题

1. C 2. C 3. B 4. A 5. C

二、计算题

1. $F = A(1+m \cdot i) = 10\ 000 \times (1+18\% \times 4) = 17\ 200$（元）

$P = 17\ 200 \times (1+12\%)^1 = 15\ 357$（元）

2. $P = \dfrac{900\ 000 \times 10\%}{12\% - 20\% \times 15\%} = 1\ 000\ 000$（元）

3. 该企业长期待摊费用评估价值 $= \dfrac{28}{4} \times (P/A,\ 12\%,\ 2) = 7 \times 1.6\% = 11.83$（万元）

第7章

一、单项选择题

1. C 2. C 3. D 4. A 5. C 6. C 7. D 8. C 9. C 10. B 11. A 12. C

二、多项选择题

1. ABCE 2. ABCD 3. ABCDE 4. ABC

三、判断题

1. × 2. × 3. × 4. √

四、计算题

1.（1）海运费 = 100×5% = 5（万美元）

保险费 $= \dfrac{100+5}{1-0.04\%} \times 0.04\% = 0.042$（万美元）

CIF =（100+5+0.042）×6.3 = 661.764 6（万元）

（2）关税 = 661.764 6×16% = 105.882 3（万元）

银行财务费用 = 100×0.4%×6.3 = 2.52（万元）

外贸手续费 = 661.764 6×1% = 6.617 6（万元）

国内运杂费 = 6.617 6（万元）

重置成本 = 661.764 6+105.882 3+2.52+6.617 6+6.617 6+5 = 788.40（万元）

2. （1）每年超额运营成本 = 10 000×0.6 = 6 000 （元）

（2）每年净超额运营成本 = 6 000×（1-25%） = 4 500 （元）

（3）旧设备功能性贬值 = 4 500×（P/A，10%，10） = 4 500×6.1446 = 27 650.7 （元）

3. （1）该设备重置成本 = 2 000×$\dfrac{140\%}{110\%}$+800×$\dfrac{140\%}{120\%}$ = 3 478.79 （万元）

（2）该设备已使用年限 = $\dfrac{2\ 545.45}{3\ 478.79}$×4+$\dfrac{933.33}{3\ 478.79}$×3 = 3.73 （年）

（3）该设备贬值额 = 3 478.79×$\dfrac{3.73}{3.73+6}$ = 1 333.60 （万元）

（4）该设备价值 = 3 478.79-1333.60 = 2 145.19 （万元）

4. （1）该机床重置成本 = 54×$\dfrac{160\%}{120\%}$+4.5×150%+1 = 79.75 （万元）

（2）实体性贬值 = 4+79.75×$\dfrac{3}{20}$ = 15.96 （万元）

（3）评估价值 = 79.75-15.96 = 63.79 （万元）

第8章

一、单项选择题

1. B　2. B　3. C　4. C　5. D

二、多项选择题

1. BCD　2. ABD　3. ADE　4. AC　5. BDE

三、计算题

1. （1）开发成本 = 4 151 497.07×（1+27%+1.7%+5%+6%）-47 812.39 = 5 751 829.02 （元）

5 751 829.02×（1+3.22%+0.18%） = 5 947 391.21 （万元）

（2）前期费用 = 5 947 391.21×5.77% = 343 164.47 （元）

（3）资本成本 = （5 947 391.21+343 164.47） × $\left[（1+5.94\%）^1-1 \right]$ = 373 659 （元）

（4）重置成本 = 5 947 391.21+343 164.47+373 659 = 6 664 214.68 （元）

（5）成新率 = $\dfrac{20}{25}$×100% = 80%

（6）评估价值 = 6 664 214.68×80% = 5 331 371.74 （元）

2. 重置成本 = 500×（1+8%）×（1+12%）×（1+12%）×（1+15%）×（1+20%） = 934.78 （万元）

成新率 = $\dfrac{80×0.75+70×0.12+60×0.13}{100}$×100% = 76.2%

评估值 = 934.78×76.2% = 712.30 （万元）

3. （1）交易时间修正系数 = 1+0.5%×12 = 1.06

交通便捷修正系数 = $\dfrac{1}{1+6\%}$ = 0.943

基础设施修正系数 = $\dfrac{1}{95\%}$ = 1.053

$$土地年限修正系数 = \frac{1-(1+10\%)^{-50}}{1-(1+10\%)^{-60}} = 0.995$$

（2）修正后地价 $= 600 \times 1.06 \times 0.943 \times 1.053 \times 0.995 = 628.38$（万元）

4. 不动产总价 $= 300 \times 3\ 200 \times 2.5 \times 90\% \times (1-25\%) \times (P/A,\ 8\%,\ 47) = 19\ 706\ 113$（元）

建筑专业费 $= 1\ 000 \times (1+10\%) \times 8\ 000 = 880$（万元）

利息 $=$ 地价 $\times [(1+7\%)^3-1] + 880 \times [(1+7\%)^{1.5}-1] = 0.225 \times$ 地价 $+ 939\ 986$

利润 $= 19\ 706\ 113 \times 15\% = 2\ 955\ 917$（元）

地价 $= 19\ 706\ 113 - 8\ 800\ 000 - 0.225 \times$ 地价 $- 939\ 986 - 2\ 955\ 917$

地价 $= 57\ 226\ 209$（元）

5. 楼价现值 $= (2\ 000 \times 6 \times 50\% \times 4\ 000) \times (1+10\%)^{-2} = 1\ 983.47$（万元）

$$建筑物现值 = \frac{2\ 000 \times 80\%}{(1+10\%)^{0.5}} + \frac{2\ 000 \times 20\%}{(1+10\%)^{1.5}} = 936.79（万元）$$

专业费用 $= 936.79 \times 5\% = 46.81$（万元）

销售税费 $= 1\ 983.47 \times 5\% = 99.17$（万元）

投资利润 $=$（地价 $+ 936.79 + 46.81$）$\times 20\% =$ 地价 $\times 20\% + 196.72$

总地价 $= 1\ 983.47 - 936.79 - 46.81 - 99.17 -$ 总地价 $\times 20\% - 196.72$

总地价 $= 586.65$（万元）

第 9 章

一、单项选择题

1. D 2. D 3. B 4. B 5. C 6. C 7. A 8. A 9. C 10. A

二、多项选择题

1. ABCD 2. ABCD 3. BC 4. AB 5. AB 6. ABCD 7. ABCDE 8. ABC 9. ABCD

三、判断题

1. × 2. √ 3. × 4. √ 5. × 6. × 7. × 8. √ 9. √

第 10 章

一、判断题

1. √ 2. √ 3. × 4. × 5. √ 6. × 7. √ 8. × 9. √ 10. √

二、计算题

1. $160 \times (1+25\%) = 200$（元/台）

$$该专利技术评估值 = \frac{(250-200) \times 4000}{1+20\%} + \frac{(280-200) \times 5\ 000}{(1+20\%)^2} = 44.45（万元）$$

2. 该专利技术价值 $= (500 \times 0.833\ 3 + 650 \times 0.694\ 4 + 800 \times 0.578\ 7 + 1\ 000 \times 0.482\ 3 + 1\ 300 \times 0.401\ 9) \times 5\% = 116.79$（万元）

3. 该非专利技术价值 $= \dfrac{300 \times (25\%-15\%)}{(1+20\%)} + \dfrac{350 \times (25\%-15\%)}{(1+20\%)^2} + \dfrac{350 \times (25\%-15\%)}{(1+20\%)^3} +$

$$\frac{350\times(25\%-15\%)}{(1+20\%)^4}+\frac{350\times(25\%-15\%)}{(1+20\%)^5}=98.49（万元）$$

4. 该商标使用权的评估价值 $=\left[\dfrac{200}{(1+14\%)^1}+\dfrac{225}{(1+14\%)^2}+\dfrac{275}{(1+14\%)^3}+\dfrac{300}{(1+14\%)^4}+\dfrac{325}{(1+14\%)^5}\right]\times$ 27%×(1−25%) = 178.33（万元）

5. 该企业商誉的评估价值 $=\dfrac{80\,000-0.12\times400\,000}{0.15}=213\,333（元）$

6. 该企业商誉评估价值 $=90\times(1+10)^{-1}+120\times(1+10)^{-2}+140\times(1+10)^{-3}+110\times(1+10)^{-4}+$ $100\times(1+10)^{-5}=423（万元）$

7. 该企业未来5年净收益现值=13×0.9 091+14×0.8 264+11×0.7 513+12×0.6 830+15× $0.6\,209+\dfrac{15}{10\%}\times0.6\,209=142（万元）$

该企业商誉的评估价值=142−90=52（万元）

第 11 章

计算题

1. B企业的评估价值 $=\dfrac{100}{(1+10\%)^1}+\dfrac{120}{(1+10\%)^2}+\dfrac{150}{(1+10\%)^3}+\dfrac{160}{(1+10\%)^4}+\dfrac{200}{(1+10\%)^5}+\dfrac{200}{15\%}\times$ $\dfrac{1}{(1+10\%)^5}=1\,363.78（万元）$

2. 该企业的评估价值 $=\dfrac{100}{(1+10\%)^1}+\dfrac{120}{(1+10\%)^2}+\dfrac{150}{(1+10\%)^3}+\dfrac{160}{(1+10\%)^4}+\dfrac{200}{(1+10\%)^5}+$ $\dfrac{200\times(1+2\%)}{(15\%-2\%)}\times\dfrac{1}{(1+10\%)^5}=1\,510.34（万元）$

第 12 章

一、单项选择题

1. D 2. A 3. B 4. D 5. A 6. A 7. D 8. A 9. A 10. C 11. D

二、多项选择题

1. ABD 2. ABCDE 3. ABCDE 4. ABCE 5. ABC

三、判断题

1. × 2. √ 3. × 4. ×

参 考 文 献

[1] 全国注册资产评估师考试用书编写组. 资产评估. 北京：中国财政经济出版社，2018.
[2] 于鸿君. 资产评估教程. 北京：北京大学出版社，2000.
[3] 刘丽松. 资产评估前沿报告. 北京：中国经济出版社，2001.
[4] 斯蒂格利茨. 经济学. 北京：中国人民大学出版社，1997.
[5] 朱萍. 资产评估学. 上海：复旦大学出版社，2005.
[6] 肖翔，何琳. 资产评估学. 北京：北京交通大学出版社，2004.
[7] 乔志敏. 资产评估学教程. 上海：立信会计出版社，2002.
[8] 王宝库. 世界资产评估概览. 北京：中华工商联合出版社，1997.
[9] 岸根卓郎. 环境论：人类最终的选择. 何鉴，译. 南京：南京大学出版社，1999.
[10] 刘国仁. 资源性资产评估. 北京：中国人民大学出版社，2003.
[11] 苑泽明. 无形资产评估. 上海：复旦大学出版社，2005.
[12] 北京注册会计师协会. 资产评估理论与实务研究. 北京：中国财政经济出版社，2004.
[13] 贾俊平. 统计学. 北京：中国人民大学出版社，2000.
[14] 王淑珍. 资产评估统计与预测. 北京：中国财政经济出版社，2001.
[15] 刘萍，俞明轩. 注册资产评估师责任与风险防范. 北京：中国财政经济出版社，2003.
[16] 评估准则委员会. 专业评估执业统一准则. 张燕敏，王诚军，译. 北京：经济科学出版社，1998.
[17] 中国资产评估协会. 国际资产评估标准：94、95 卷. 北京：经济科学出版社，1996.
[18] 陈昌龙. 新企业会计准则讲解. 北京：北京交通大学出版社，2006.